easy eBay

eBay

sicher kaufen und verkaufen

Plus Power Tricks und Tipps

JOE BETZ

Markt+Technik

→leicht →klar →sofort

Bibliografische Information Der Deutschen Bibliothek
Die Deutsche Bibliothek verzeichnet diese Publikation in der Deutschen Nationalbibliografie; detaillierte bibliografische Daten sind im Internet über http://dnb.ddb.de abrufbar.

Umwelthinweis:
Dieses Buch wurde auf chlorfrei gebleichtem Papier gedruckt.

10 9 8 7 6 5 4 3 2 1

07 06 05 04

ISBN 3-8272-6633-5

ein Imprint der Pearson Education Deutschland GmbH,
Martin-Kollar-Straße 10–12, D-81829 München/Germany

Coverkonzept: independent Medien-Design, Widenmayerstraße 16, 80538 München
Coverlayout: adesso 21, Thomas Arlt, München
Titelfoto: getty images
Lektorat: Birgit Ellissen, bellissen@pearson.de
Herstellung: Monika Weiher, mweiher@pearson.de
Satz: mediaService, Siegen (www.media-service.tv)
Druck und Verarbeitung: Kösel, Kempten (www.KoeselBuch.de)
Printed in Germany

Inhaltsverzeichnis

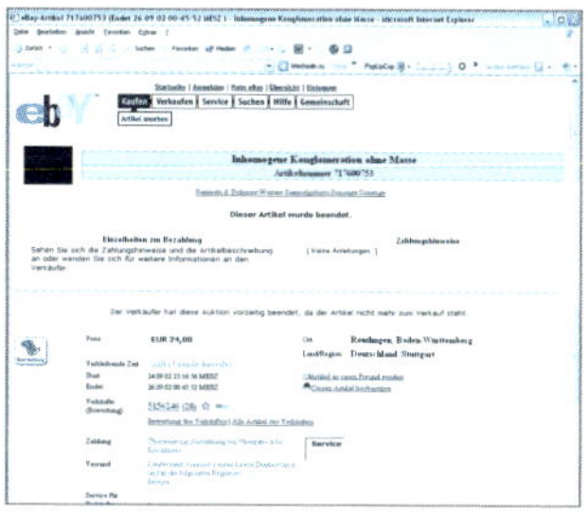

4 Sicherheit wird groß geschrieben 144

5 Die besten Tipps und Tricks 174

6 Helferlein 186

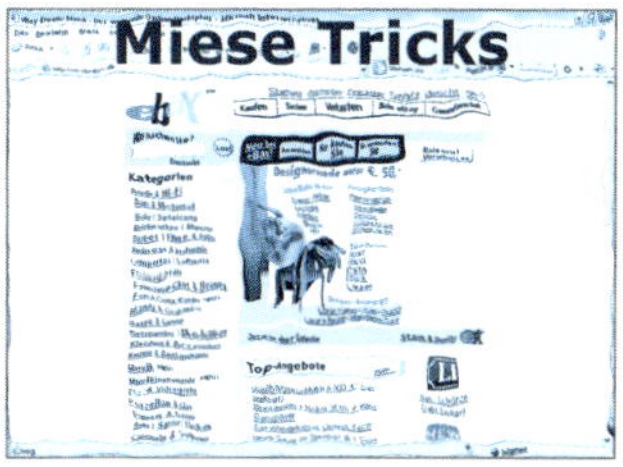

Miese Tricks

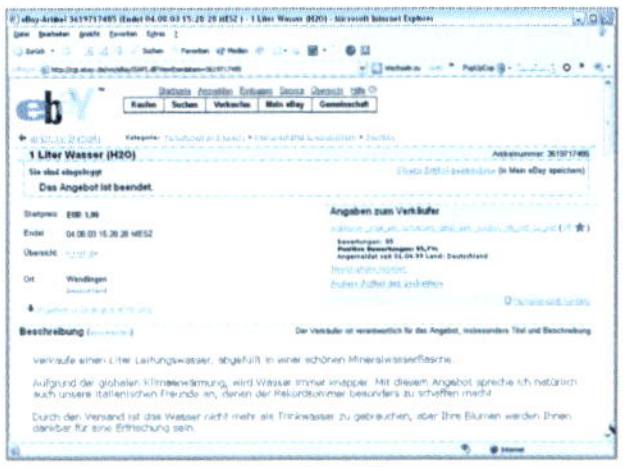

ERFOLG
MISSERFOLG
STATUS QUO

Zahlen, bitte!
50
50

Liebe Leserin, lieber Leser!

Sie haben schon von eBay gehört? eBay, das größte Online-Auktionshaus der Welt, ein Platz, an dem Sie Teures günstig einkaufen, aber auch eigene Dinge und Artikel, die vielleicht zu schade zum Wegwerfen sind, ähnlich wie auf einem Flohmarkt verkaufen können. Und das Tag für Tag, rund um die Uhr.

Doch wie funktioniert das überhaupt? Wie kann man per eBay etwas kaufen oder verkaufen? Wie schützt man sich vor Betrügereien? Worauf muss man beim Bezahlen achten? Wann fallen Gebühren an? Und so weiter und so weiter. Und vor allem, wie kommt man überhaupt ins Internet?

Keine Angst, Sie haben ja dieses Buch gekauft. Nun brauchen Sie nur noch einen Personal Computer mit Modem, ISDN-Karte oder Breitbandanschluss (xDSL) und die entsprechende Verbindung zum Telefonnetz. Und los geht's.

Über ein Feedback zum Buch freue ich mich. Sie können mich über den Verlag unter der E-Mail-Adresse *Joe.Betz@mut.de* erreichen.

Viel Spaß!

Joe Betz

Kapitel 1

Start

Zuerst gibt es zum »Aufwärmen« Wissenswertes und Kurioses rund um eBay. Dann geht es gleich los und Sie werden »eBayer«.

Das lernen Sie neu:

Wissenswertes und Kurioses

eBay, das derzeit größte Auktionshaus der Welt, wurde im September 1995 von Pierre Omidyar in den USA gegründet.

eBay-Gründer Pierre Omidyar
(Bild-Quelle: www.sbqm.gwu.edu/news/speakers.htm)

Bei eBay können Sie (fast) alle Arten von Produkten kaufen und verkaufen. Das Verkaufsprinzip dabei ist einfach, zumindest auf dem Papier. Jemand stellt ein Produkt ins Netz, ein Buch, eine CD, ein Video oder gar ein Auto, und legt einen Mindestpreis fest. Und wer nach einer festgelegten Zeit – drei, fünf, sieben oder zehn Tagen – das höchste Gebot abgegeben hat, bekommt den Zuschlag. Vielfach gibt es auch die Möglichkeit, das Produkt zu einem Festpreis sofort zu erwerben. In Wirklichkeit ist alles komplizierter, denn man will einerseits das Produkt erwerben, andererseits nicht mehr als nötig zahlen.

Rechtlich betrachtet besteht kaum ein Unterschied zwischen einer Online-Auktion und einer Auktion klassischen Stils. Nach Ende der Auktion kommt zwischen Käufer und Verkäufer ein bindender Kaufvertrag zu Stande, der je nach Rechtsform des Anbieters und Käufers (z. B. eine Privatperson, ein gewerblicher Käufer/Verkäufer, eine GmbH etc.) im Bürgerlichen Gesetzbuch (BGB) oder im Handelsgesetzbuch (HGB) geregelt ist. Hierbei ist eBay nur der Vermittler zwischen dem Käufer und dem Verkäufer, was bedeutet, dass diese (Käufer und Verkäufer) allein für die Erfüllung des Vertrags verantwortlich sind und bezüglich der eigentlichen Kaufhandlung keine Ansprüche an eBay richten können. eBay hat jedoch dafür eine Umgebung mit genauen Regeln geschaffen, die ein weitgehend sicheres Kaufen und Verkaufen ermöglicht.

Weltweit tummeln sich inzwischen fast 50 Millionen Mitglieder auf diesem virtuellen Marktplatz – zunehmend auch Hersteller und professionelle Händler – und steigern und versteigern. So wird etwa alle acht Sekunden ein Videospiel, alle 20 Sekunden eine Kamera und alle 30 Sekunden ein Laptop verkauft. Dieses emsige Treiben führte schon zu mancher Kuriosität:

- Den höchsten Preis für eine eBay-Auktion erzielte ein Gulfstream Düsenjet. Die Auktion lief über einen Zeitraum von zehn Tagen und erbrachte rund fünf Millionen Dollar.
- Etwa 80 000 Euro erbrachte die Wohltätigkeitsauktion einer *Glashütte*-Uhr für die UNESCO.
- Rund 17 000 Euro gab es für die Lederjacke von Freddy Mercury, dem verstorbenen Mitglied der Rockgruppe Queen.
- Am 20. Juni 2002 wurde das russische Atom-U-Boot Kursnaják mit intakten Atomreaktoren und voller Bewaffnung angeboten. Startpreis: 10 Millionen Euro. Verständlicherweise stoppte eBay diese Auktion.

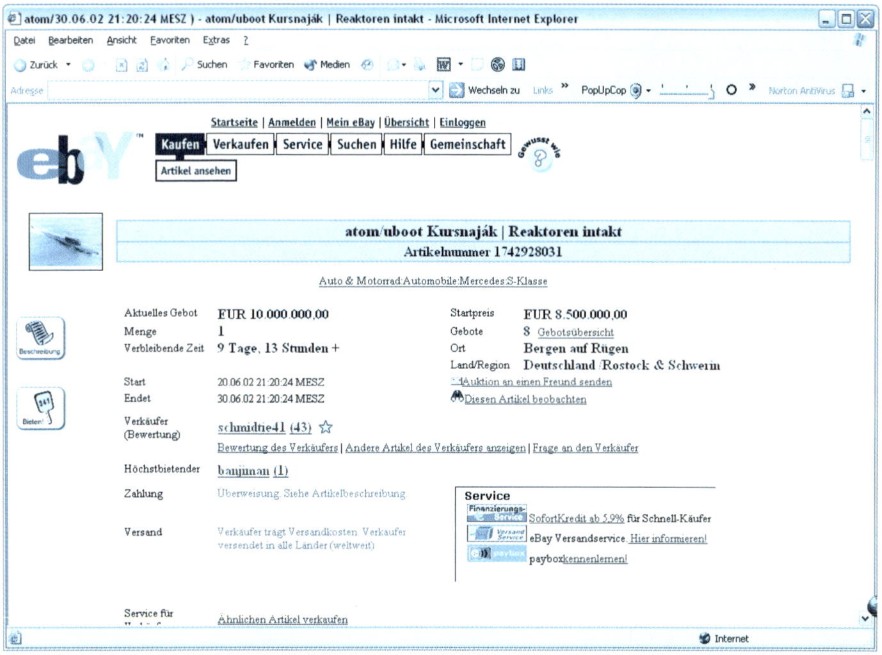

- »Eine Portion Respekt« erzielte immerhin einen Euro.
- Ein 26-jähriger Brite verkaufte seine Seele für 16,95 Dollar. Käufer war ein Amerikaner, der seine eigene Seele durch eine Wette verloren hatte.

Es fanden auch schon Auktionen statt, auf denen beispielsweise Wurstbrote oder Konservendosen ohne Inhalt versteigert wurden. Es soll auch einen Mann gegeben haben, der seine eigene Leiche zu Forschungszwecken versteigern wollte. Weitere spektakuläre und unglaubliche Auktionen finden Sie im Internet unter *www.intrado.de* und *www.whowouldbuythat.com.*

Der Erfolg von eBay scheint unaufhaltsam. Andere Online-Auktionshäuser wie z. B. Yahoo, Hood, Ricardo, Amazon etc. sind dagegen verschwindend klein. Man kann schon fast von einer Monopolstellung eBays sprechen, was sich leider auch im regelmäßigen Anheben der Preise dokumentiert. Nichtsdestotrotz sind die Preise bei Online-Auktionen wesentlich geringer als die klassischer Auktionen.

So wird man eBayer

Ich hoffe, dass Sie jetzt neugierig auf eBay geworden sind und der Website zunächst einmal anonym und unverbindlich einen Besuch abstatten wollen. Dazu müssen Sie zunächst ins Internet.

Was, Sie waren noch nie dort? Kein Problem, lesen Sie einfach weiter. Leserinnen und Leser mit ein wenig »Interneterfahrung« können in Abschnitt »Die eBay-Website« weiterlesen.

Eine Internetverbindung einrichten

Das Internet ist nichts weiter als ein weltweites Netzwerk von Computern, die miteinander kommunizieren. Wenn Sie im Internet auf die Jagd nach Informationen gehen wollen, benötigen Sie lediglich eine Verbindung zu diesem globalen Netz.

Diese Internetverbindung kann auf verschiedene Arten erfolgen. Die gebräuchlichsten Methoden dafür sind:

- Per Modem nutzen Sie die Telefonleitung als Zugang. Dazu muss das Modem einen Internetprovider – darunter versteht man ein Dienstleistungsunternehmen, das Anwendern den Zugang zum Internet verschafft – anrufen, der die Verbindung zum Internet herstellt. Die Daten werden vom Modem in akustische Signale umgewandelt und wie die normale Sprache analog übertragen. Das hat aber leider eine geringere Übertragungsgeschwindigkeit zur Folge: Es können maximal nur 56 Kbyte pro Sekunde erreicht werden.
- Über eine ISDN-Karte wird ebenfalls die Telefonleitung als Zugang verwendet, allerdings werden die Daten hier nicht in analoge Signale verwandelt, sondern digital übertragen. Maximal 64 Kbps sind hiermit möglich. Zusätzlich lassen sich zwei ISDN-Kanäle zusammenschalten, was Ihnen eine maximale Geschwindigkeit von 128 Kbps einbringt, leider auch doppelte Telefonkosten.
- Mit einer Netzwerkkarte und xDSL nutzen Sie gleichfalls die Telefonleitung als Zugangsweg. Die Daten werden jedoch nicht auf herkömmliche Weise über die Telefonleitung transportiert, sondern mittels einer neuartigen Technik, die wesentlich höhere Übertragungsgeschwindigkeiten ermöglicht. Beim verbreiteten asynchronen DSL (ADSL) können Daten mit bis zu 712 Kbps empfangen und mit maximal 64 Kbps gesendet werden. Die synchronen DSL-Verbindungen (SDSL) erlauben gleich hohe Geschwindigkeiten in beide Richtungen.

Sehen wir uns nun an, wie die angeführten Internetverbindungen unter Microsofts aktuellem Betriebssystem Windows XP eingerichtet werden.

Internetzugang per Modem

Für den Zugang über ein Modem genügt jede herkömmliche Telefonleitung. Er ist der anspruchloseste Internetzugang, allerdings ist die mögliche Maximalgeschwindigkeit hier am niedrigsten.

1 Wählen Sie im Startmenü *Systemsteuerung,* …

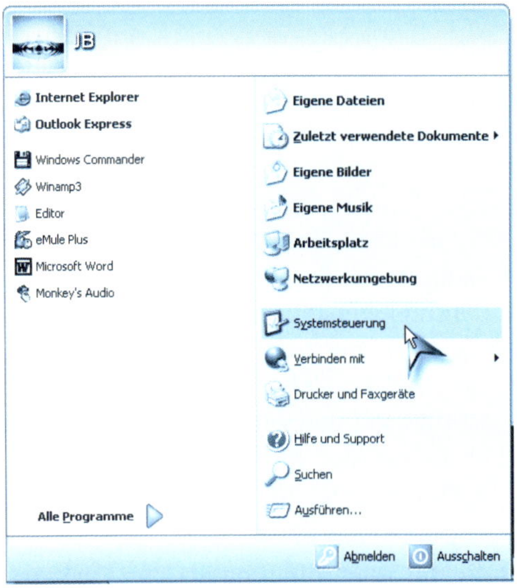

… und doppelklicken Sie auf das Symbol *Internetoptionen.*

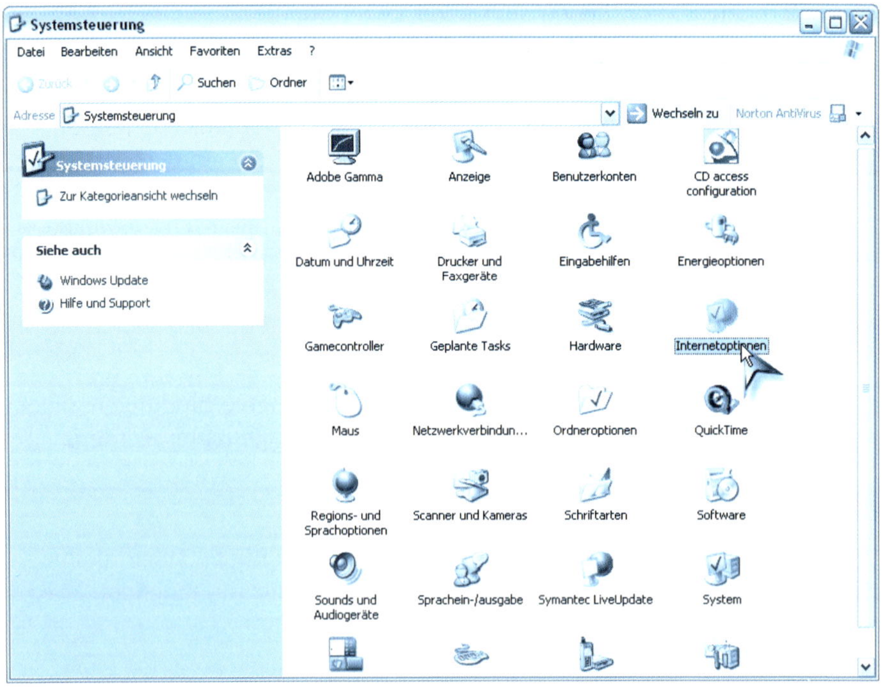

2 Im Dialogfenster *Eigenschaften von Internet* aktivieren Sie die Registerkarte *Verbindungen* und klicken im Bereich *DFÜ- und VPN-Einstellungen* auf die Schaltfläche *Hinzufügen*.

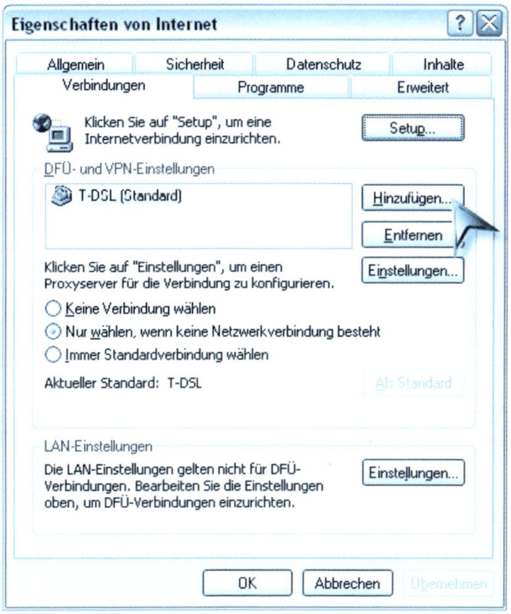

3 Weiter geht es im folgenden Fenster *Assistent für neue Verbindungen*, wo Sie bitte die Option *In ein privates Netzwerk einwählen* aktivieren und anschließend auf die Schaltfläche *Weiter* klicken.

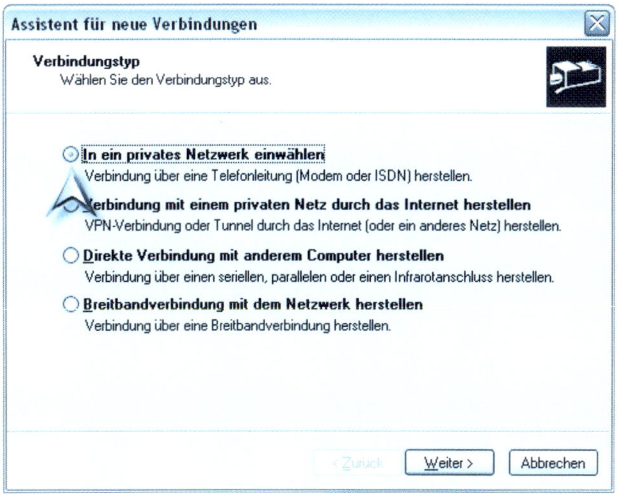

4 Sie werden nun nach der Telefonnummer gefragt, die das Modem anrufen soll. Geben Sie hier die Rufnummer Ihres Internetproviders an. Wahrscheinlich haben Sie sich bisher noch keine großen Gedanken darüber gemacht, also würde ich an dieser Stelle vorschlagen, den Microsoft-Service MSN zu verwenden. Er verbindet Sie ohne große Umstände mit dem Internet. Abgerechnet wird im Sekundentakt über die Telefonrechnung. Die Einwahlnummer von MSN lautet 01088 0192658. Geben Sie die Rufnummer ein, und klicken Sie wieder auf *Weiter*.

5 Geben Sie Ihrer Verbindung nun einen Namen, beispielsweise MSN, und bestätigen Sie per Klick auf die Schaltfläche *Fertig stellen*.

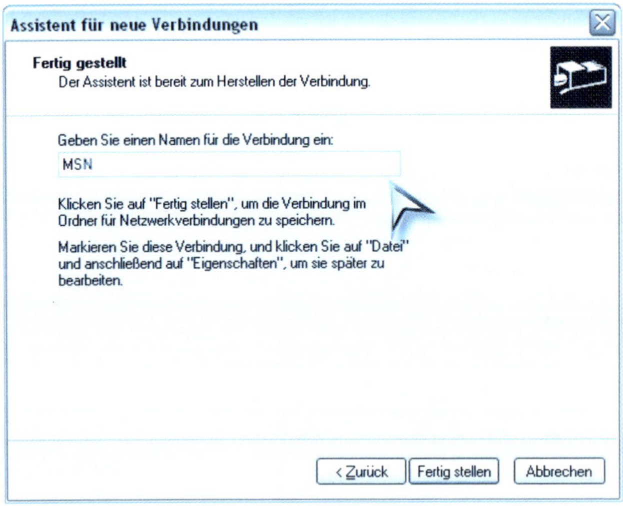

6 Im jetzt auftauchenden Dialogfenster *MSN Einstellungen* geben Sie im Bereich *DFÜ-Einstellungen* den Benutzernamen und das Kennwort Ihres Internetproviders ein. Bei MSN lauten beide Angaben »msn«. Lassen Sie die übrigen Einstellungen unverändert, und bestätigen Sie mit einem Klick auf die Schaltfläche *OK*.

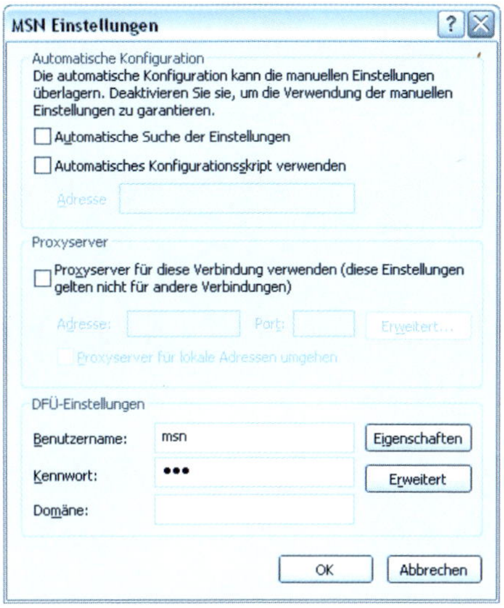

7 Die neue Verbindung erscheint in der Liste *DFÜ- und VPN-Einstellungen*. Sind in der Liste mehrere Verbindungen aufgeführt, so markieren Sie die Hauptverbindung und klicken anschließend auf *Als Standard*.

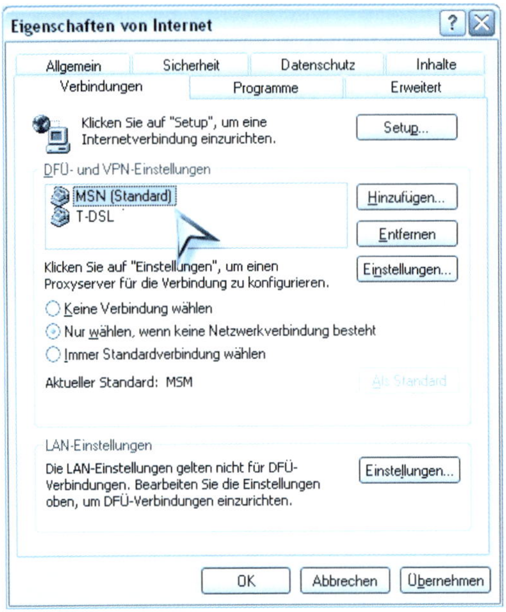

8 Klicken Sie auf die Schaltfläche *OK*. Die Internetverbindung per Modem ist eingerichtet.

Tipp

Bei der Vielzahl der Provider ist es oft schwierig, das für den eigenen Bedarf günstigste Angebot herauszufinden. Auf verschiedenen Websites stehen so genannte Tarifrechner zur Verfügung (z. B. www.onlinekosten.de/isdn/tarifrechner) mit deren Hilfe Sie kostenlos, schnell und einfach einen für Sie optimalen Provider finden können.

Internetverbindung über ISDN-Karte

Eine Internetverbindung über eine ISDN-Karte unterscheidet sich kaum von der Konfiguration über ein Modem. Dabei ändert sich schließlich nur das Gerät, welches den Internetprovider anruft. Gehen Sie also genauso vor wie bei der Konfiguration des Modems, und verwenden Sie zur Herstellung der Verbindung statt des Modems die ISDN-Karte.

Was ist das?

ISDN: (Integrated Services Digital Network); das digitale Telefonnetz der deutschen Telekom (europaweit ist ISDN unter dem Namen Euro-ISDN genormt). Der Unterschied zum althergebrachten Telefonnetz besteht darin, dass ausschließlich digitale Signale verwendet werden. Der Anschluss eines PCs erfolgt über eine ISDN-Steckkarte und dem ISDN-Basisanschluss der Telekom. Ein ISDN-Basisanschluss besitzt zwei Kanäle, die jeweils eine Datentransferrate von 64 Kbps und einen Steuerkanal mit 16 Kbps möglich machen. Neben dem normalen Telefonieren können mit dem digitalen Netz auch Funktionen parallel ausgeführt werden, wie z. B. das Bildschirmtelefon, Faxen oder die Anzeige der Telefonnummer des Anrufers, da zwei Kanäle zur Datenübertragung zur Verfügung stehen.

Internetverbindung über Breitband und xDSL

ISDN- und Modemverbindungen sind eine aussterbende Spezies. Diese Verbindungen zum Internet sind nicht nur langsam, sie belegen auch wertvolle Telefonleitung und sind vergleichsweise teuer.

Hier sind xDSL-Verbindungen, hinter denen die ADSL-Technik steckt, wesentlich praktischer. Bei ADSL handelt es sich um ein asymmetrisches Übertragungsverfahren, bei dem Sie Daten mit bis zu 12facher ISDN-Geschwindigkeit empfangen. Informationen, die von Ihnen ins Internet gesendet werden, verwenden einfache ISDN-Geschwindigkeit.

Damit sind ADSL-Verbindungen nicht nur wesentlich schneller als die herkömmlichen Einwahlverbindungen, sie sind für Vielnutzer auch wesentlich günstiger. Fast alle Telekommunikationsgesellschaften bieten Flatrates für ADSL an, über die Ihr Rechner rund um die Uhr mit dem Internet verbunden ist. Zusatzkosten wie etwa Telefongebühren fallen nicht an.

Meistens setzen sich ADSL-Kosten aus zwei Teilen zusammen: der eine Teil bezieht sich auf die Benutzung von ADSL als Transportweg für die Daten und der andere auf den Internetprovider, über den Sie ins Internet kommen. So zahlen Sie beispielweise bei T-DSL der Telekom einerseits eine Grundgebühr für den T-DSL-Zugang und andererseits eine Flatrate für die unbegrenzte Nutzung von T-Online als Internetanbieter.

Mit Windows XP als Ihrem Betriebssystem ist es sehr einfach, xDSL zu nutzen.

xDSL – Voraussetzungen

Die Voraussetzungen, um xDSL nutzen zu können, sind:

- Ihr Rechner muss mit einer Netzwerkkarte ausgerüstet sein.
- Sie benötigen einen ISDN-Telefonanschluss und müssen den xDSL-Anschluss zusätzlich beantragen. (Informieren Sie sich vorher, ob xDSL in Ihrem Anschlussbereich schon unterstützt wird.)
- Der ISDN-Anschluss wird mit einem so genannten Splitter verbunden, der die ISDN-Telefonkanäle und den xDSL-Kanal trennt. An den Splitter wird dann das NTBA der ISDN-Telefonleitung sowie das xDSL-Modem angeschlossen.
- Dieses xDSL-Modem wird über ein Netzwerkkabel mit der Netzwerkkarte des Computers verbunden, der xDSL nutzen soll.

Der xDSL-Zugang

Sie haben den Computer mit dem xDSL-Modem verbunden, jetzt muss nur noch der Zugang eingerichtet werden. Dies geschieht folgendermaßen:

1 Wählen Sie im Startmenü *Systemsteuerung*.

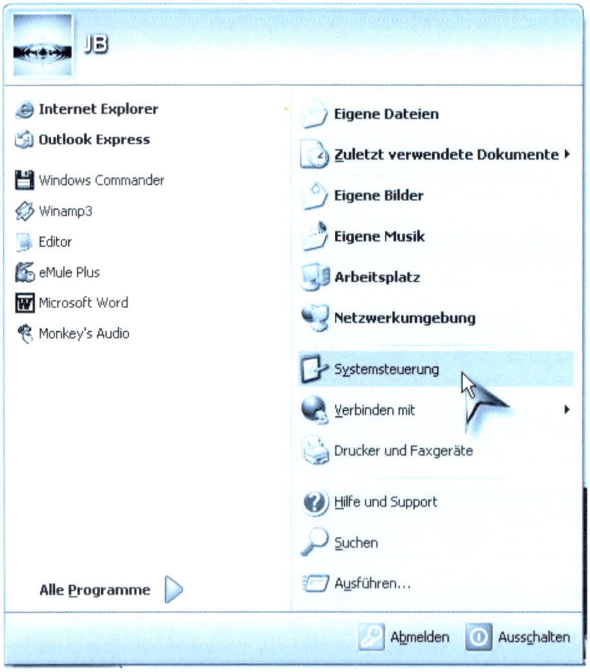

2 Doppelklicken Sie nun auf das Symbol *Netzwerkverbindungen* (Pfeil).

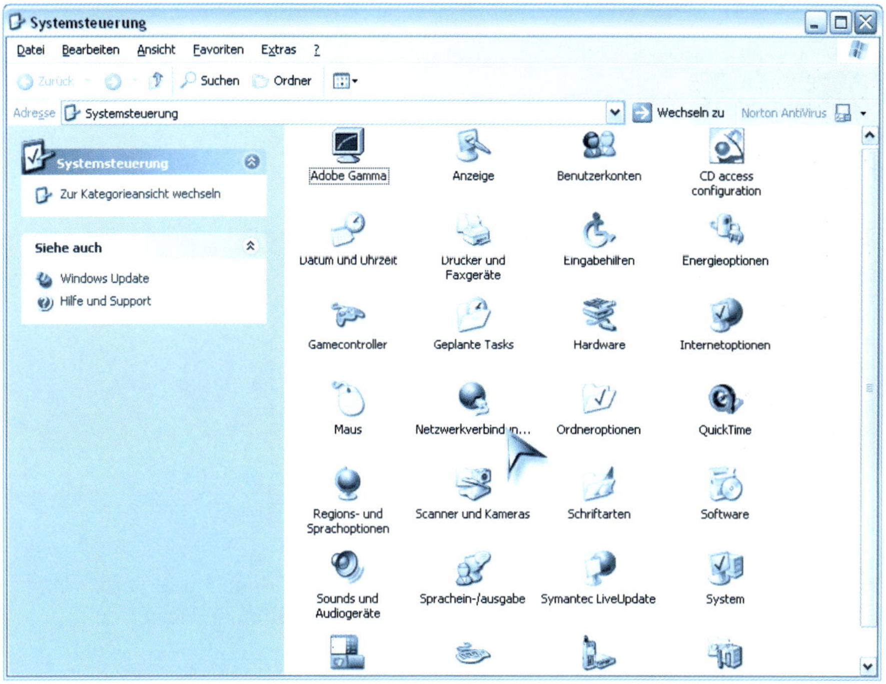

3 Im Dialogfenster *Netzwerkverbindungen* klicken Sie links im Bereich *Netzwerkaufgaben* auf den Punkt *Neue Verbindung erstellen*.

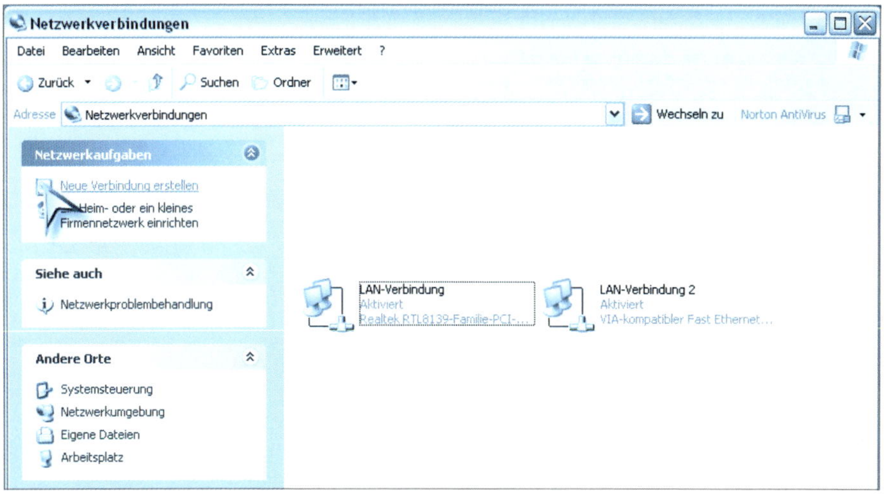

4 Nun öffnet sich der *Assistent für neue Verbindungen*; klicken Sie einfach auf *Weiter*.

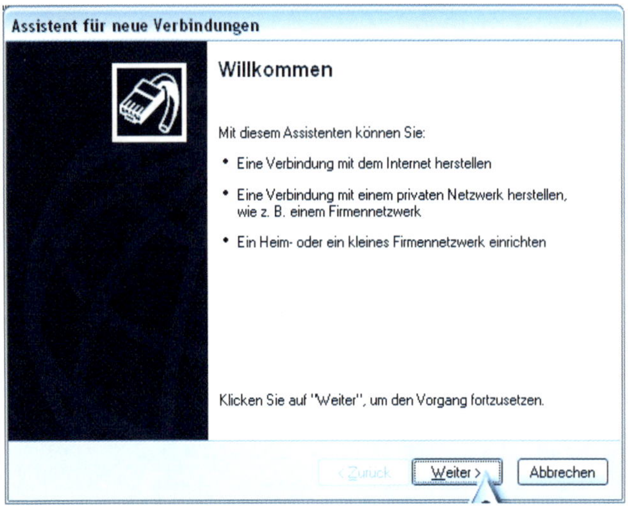

5 Im nachfolgenden Fenster aktivieren Sie per Mausklick den Eintrag *Verbindung mit dem Internet herstellen* und klicken dann auf die Schaltfläche *Weiter*.

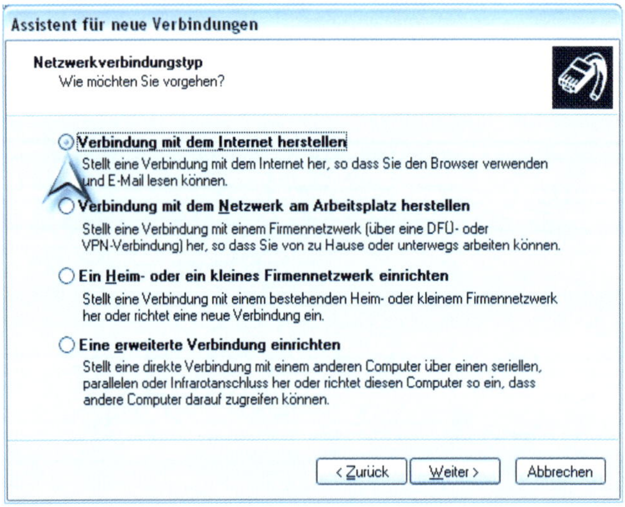

6 Aktivieren Sie die Option *Verbindung manuell einrichten*, und bestätigen Sie mit *Weiter*.

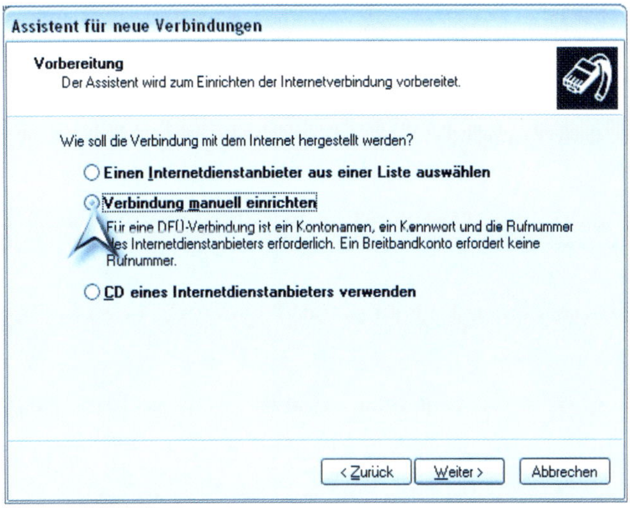

7 Im nächsten Fenster aktivieren Sie die Option *Verbindung über eine Breitbandverbindung herstellen, die Benutzername und Kennwort erfordert*. Klicken Sie auf *Weiter*.

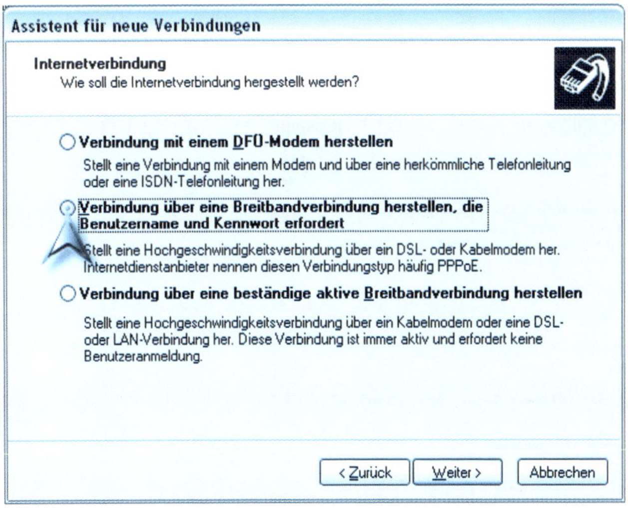

8 Wählen Sie einen Namen für die Verbindung, z. B. »T-DSL«, und klicken Sie auf *Weiter*.

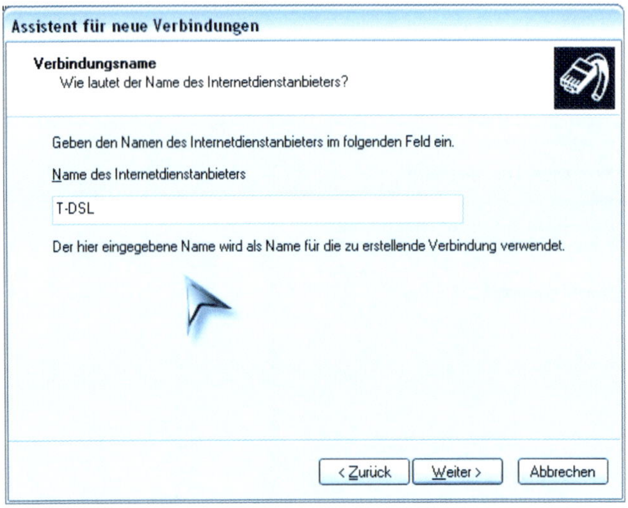

9 Tippen Sie jetzt den Benutzernamen ein, mit dem Sie sich bei xDSL anmelden (diesen entnehmen Sie den Unterlagen, die Sie bei der Einrichtung des xDSL-Anschlusses erhalten haben). Im Fall von T-DSL besteht der Benutzername aus der Anschlusskennung, der T-Online-Nummer, der Zahl *0001* und dem Zusatz *@t-online.de*.

Geben Sie das Kennwort ein, und bestätigen Sie es im Feld darunter.

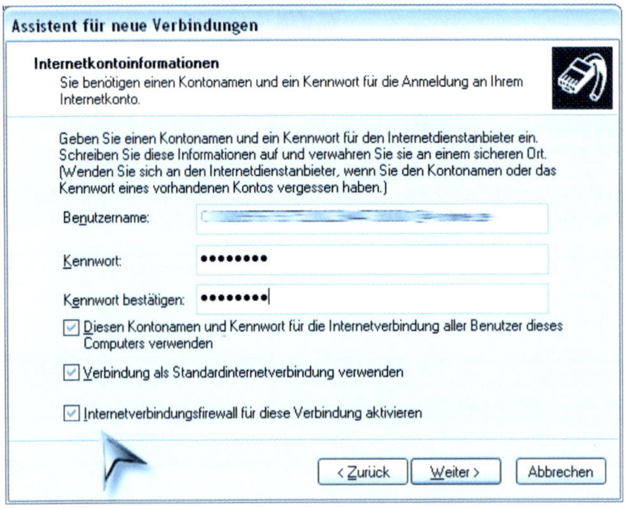

10 Aktivieren Sie die Option *Diesen Kontonamen und Kennwort für die Internetverbindung aller Benutzer dieses Computers verwenden*. Schalten Sie auch die Option *Verbindung als Standardinternetverbindung verwenden* an. Setzen Sie schließlich ein Häkchen vor den Eintrag *Internetverbindungsfirewall für diese Verbindung aktivieren*, um Ihren Computer vor Hackerangriffen aus dem Internet zu schützen. Dann klicken Sie auf *Weiter*.

11 Sie haben es fast geschafft. Aktivieren Sie nur noch die Option *Verknüpfung auf dem Desktop hinzufügen*, und klicken Sie abschließend auf *Fertig stellen*.

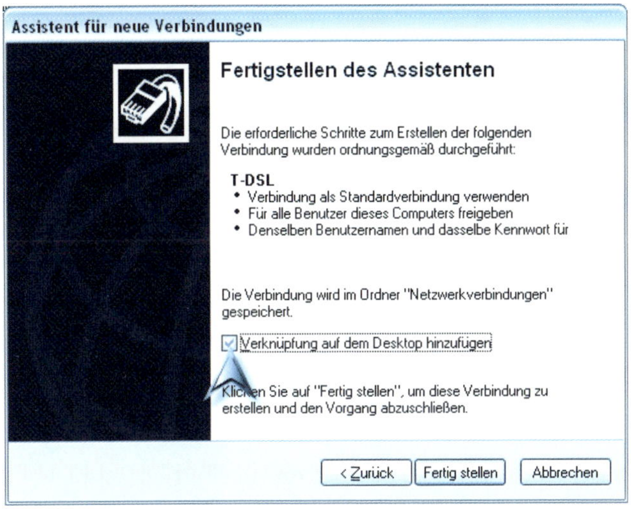

Die Verbindung ist nun eingerichtet. Per Doppelklick auf das Desktopsymbol beginnt der Verbindungsaufbau, Benutzername und Kennwort werden überprüft, und dann wird die Verbindung hergestellt. Schon befinden Sie sich mit High Speed im Internet.

Internetverbindung testen

Ihr Internetzugang ist eingerichtet, und wir sind bereit für einen ersten Verbindungstest.

1 Wählen Sie im Startmenü *Ausführen.*

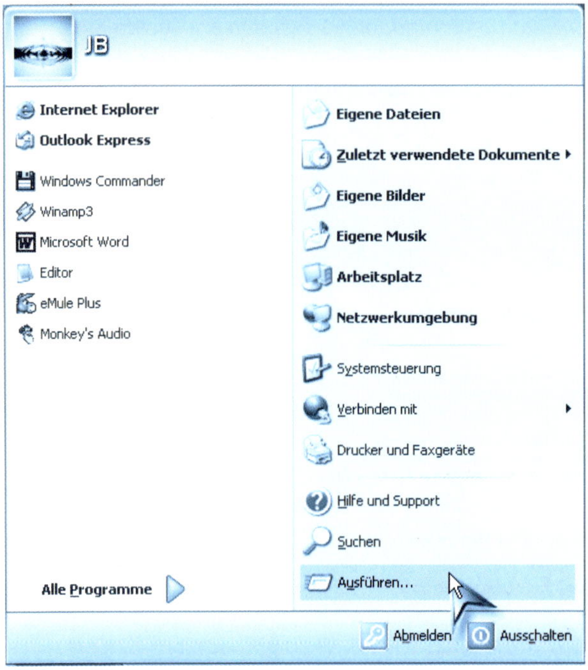

2 Geben Sie im Dialogfenster *Ausführen* eine Internetadresse ein, zum Beispiel *www.mut.de,* und bestätigen Sie per Klick auf die Schaltfläche *OK.*

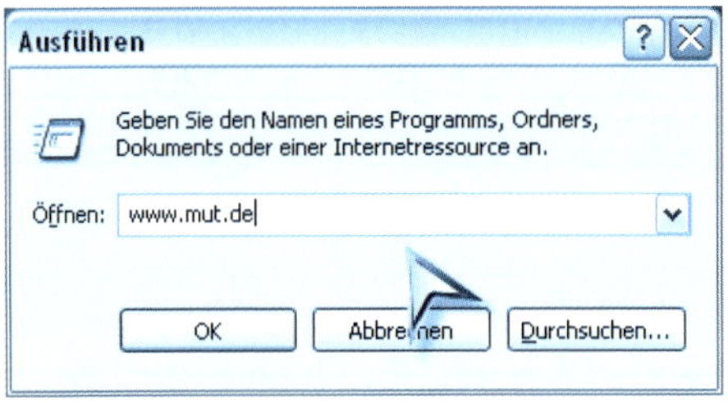

3 Im nachfolgenden Dialogfeld *DFÜ-Verbindung* ist im Bereich *Verbindung herstellen mit:* die DFÜ-Verbindung aufgelistet, die Sie als Standard gewählt haben. Klicken Sie auf *Verbinden.*

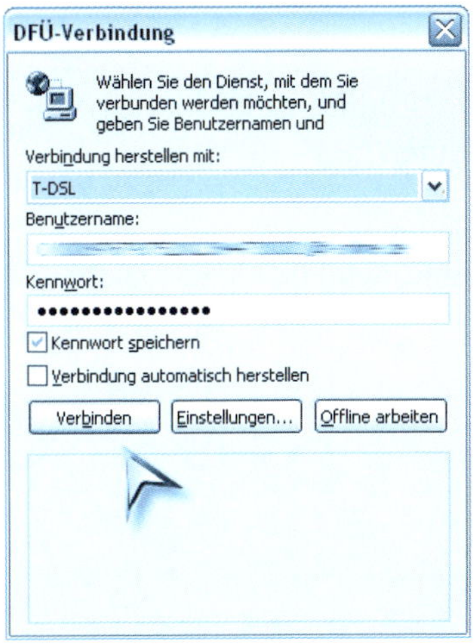

4 Die angegebene Nummer wird gewählt, und sobald die Verbindung hergestellt ist, werden Benutzername und Kennwort überprüft. Wurden Sie als berechtigter Benutzer erkannt, wird die Verbindung aktiviert, und der Internet Explorer zeigt die Homepage der Website an.

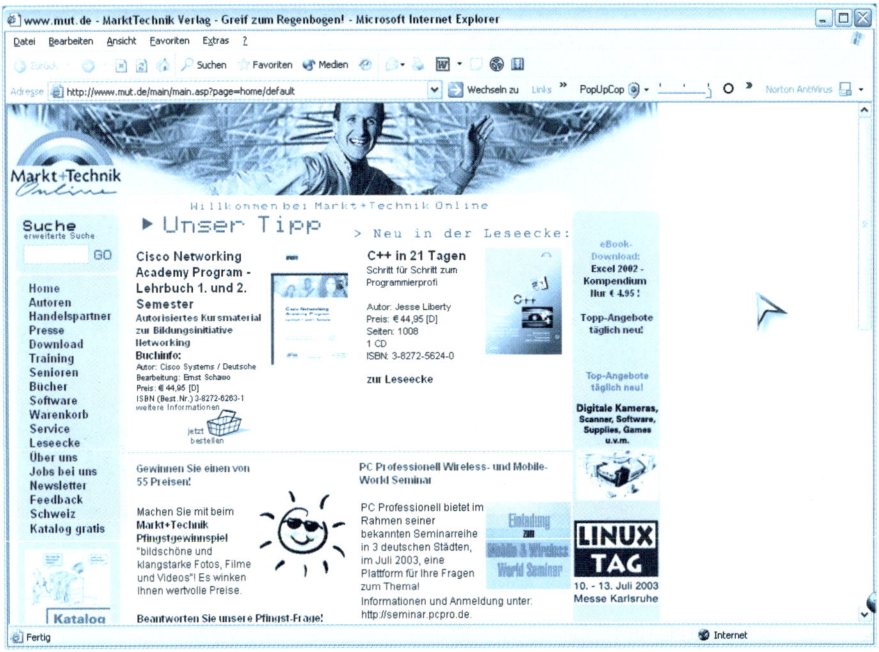

Willkommen im Internet!

Die eBay-Website

Nun wird es Zeit, den ersten Schritt in die Welt der Online-Auktionen zu wagen und der eBay-Website einen Besuch abzustatten.

1 Überprüfen Sie doch zuvor, ob das Symbol für den Internet Explorer auf Ihrem Bildschirm angezeigt wird. Das Starten dieses Programms wird dadurch einfacher und komfortabler.

Sollte das nicht der Fall sein, bewegen Sie den Mauszeiger auf einen freien Bereich Ihres Bildschirms.

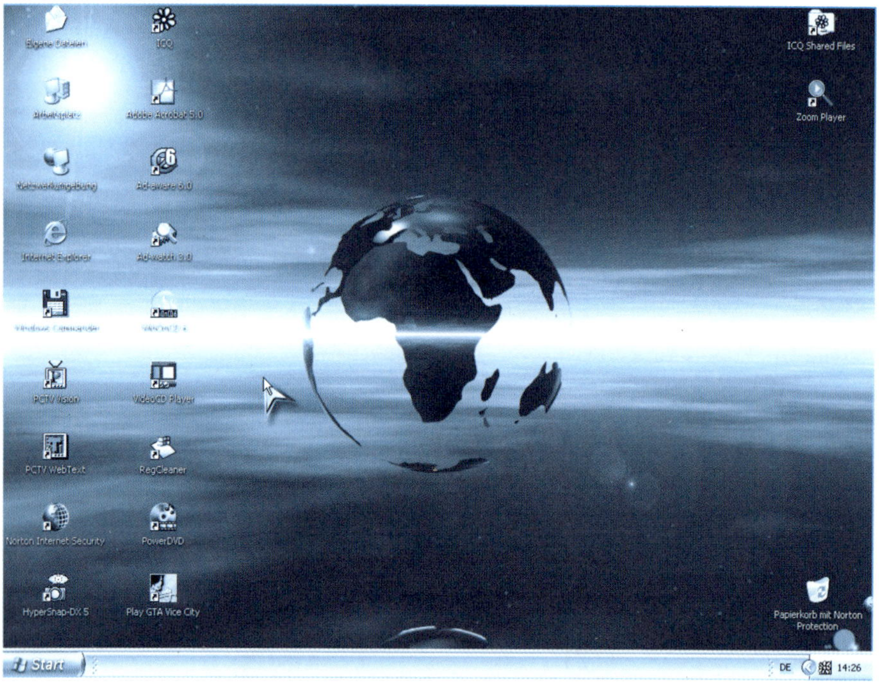

2 An diese Stelle klicken Sie mit der rechten Maustaste und wählen in dem nun erscheinenden Menü den Punkt *Eigenschaften* aus.

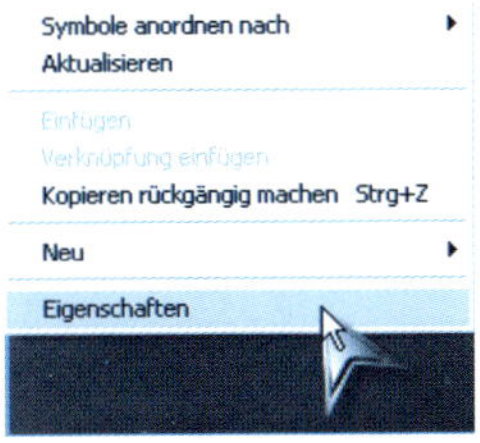

3 Es erscheint das Fenster *Eigenschaften von Anzeige*, in dem Sie die Registerkarte *Desktop* auswählen und dort auf die Schaltfläche *Desktop anpassen* klicken.

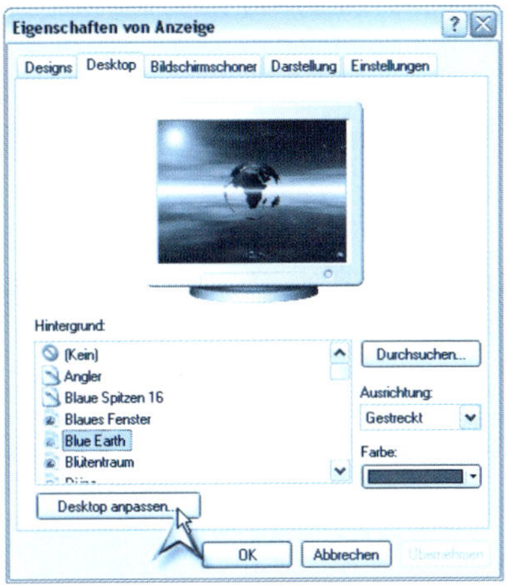

4 Öffnen Sie die Registerkarte *Allgemein*, setzen Sie im Bereich *Desktopsymbole* per Mausklick ein Häkchen vor den Eintrag *Internet Explorer*, und bestätigen Sie mit *OK*.

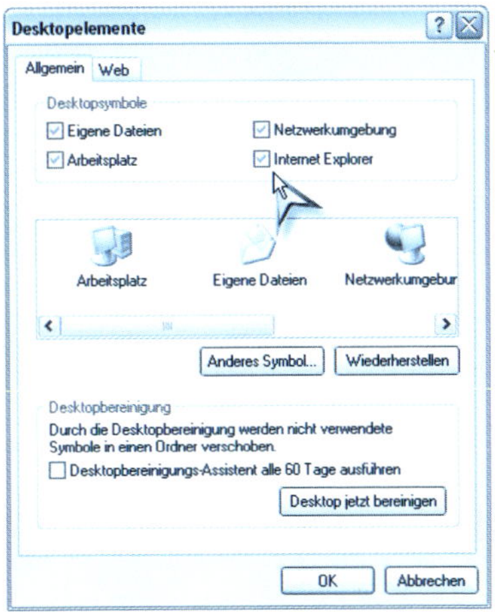

Und jetzt: Auf, auf zu eBay!

Wenn Sie meiner Anleitung bisher gefolgt sind, befindet sich auf der Arbeitsoberfläche Ihres Bildschirms (Desktop) ein so genanntes Desktopsymbol für Ihre Internetverbindung.

5 Das brauchen wir jetzt! Führen Sie einen Doppelklick darauf aus, und klicken Sie im nachfolgenden Fenster auf die Schaltfläche *Verbinden*.

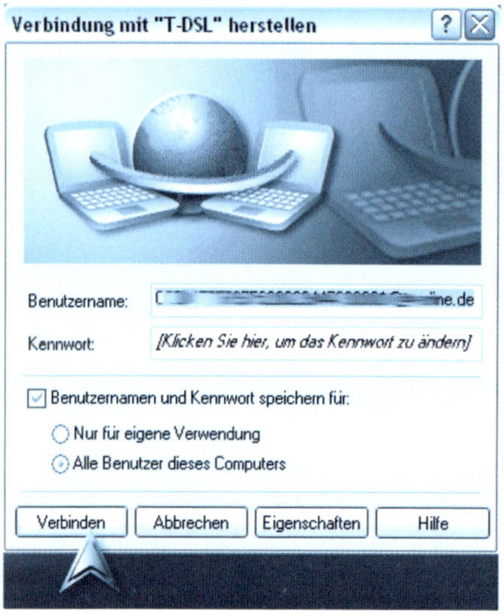

Die Verbindung wird nun hergestellt, Benutzername und Kennwort werden überprüft. Wurden Sie als berechtigter Benutzer erkannt, wird die Verbindung aktiviert. Sie erkennen das an einem kleinen Symbol in der Taskleiste (im Bild das dritte von links).

Gleichzeitig erhalten Sie für kurze Zeit eine Bestätigung in Form einer Art »Sprechblase«.

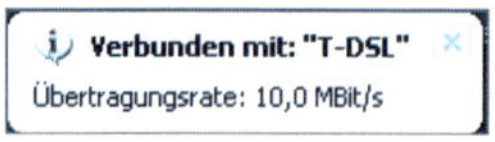

Verwenden Sie keine Breitbandverbindung, verläuft der Vorgang ähnlich: Doppelklicken Sie auf das Desktopsymbol des jeweiligen Providers (z. B. MSN).

6 Im nun folgenden Fenster *Verbindung mit »MSN« herstellen* klicken Sie auf die Schaltfläche *Wählen*.

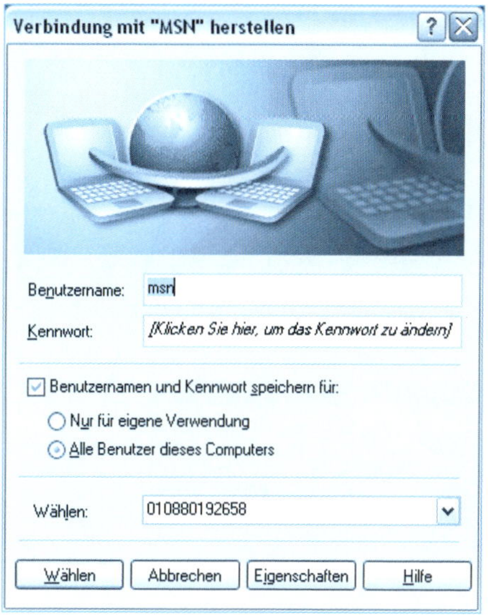

7 Widmen wir uns nun wieder dem Desktop. Doppelklicken Sie auf das Symbol für den Internet Explorer (Pfeil).

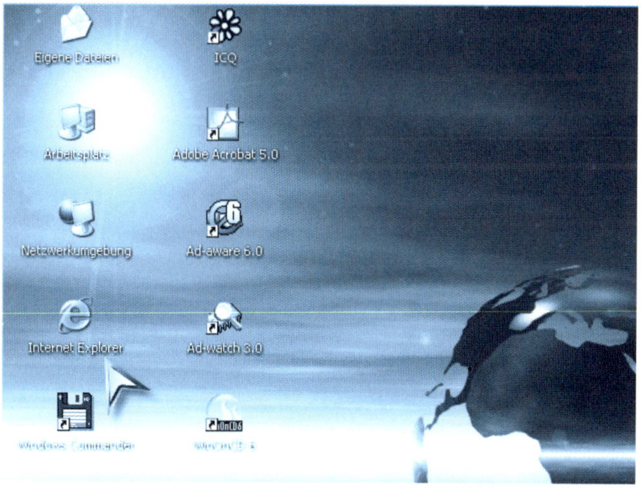

Der Internet Explorer startet, und Sie sehen unterhalb der Schaltflächen *Zurück, Suchen, Favoriten* etc. ein Texteingabefeld *Adresse*.

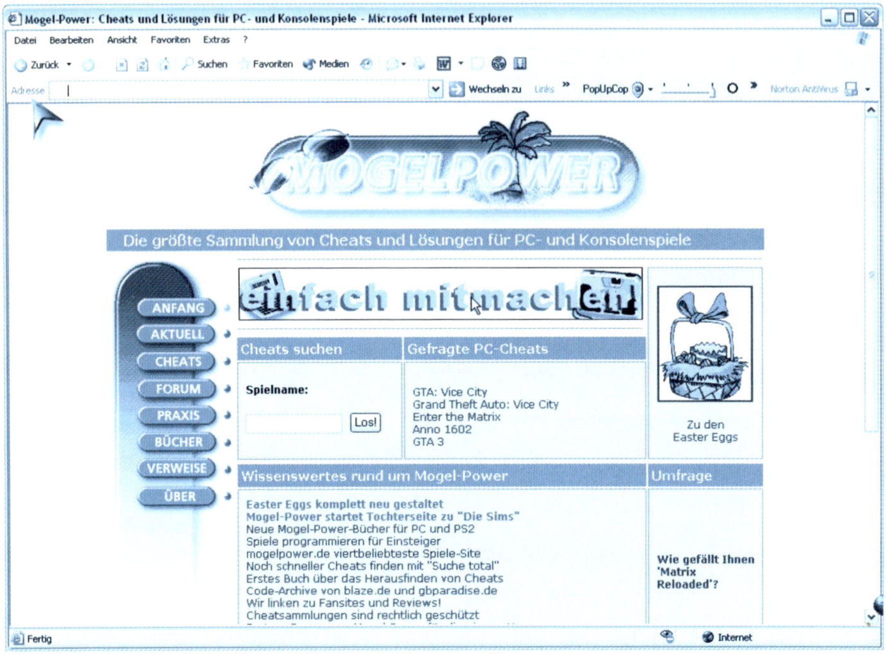

8 Tragen Sie hier *www.ebay.de* ein, und drücken Sie die [↵]-Taste.

Sogleich beginnt sich die Startseite von eBay aufzubauen und zeigt sich nach kurzer Zeit in voller Pracht.

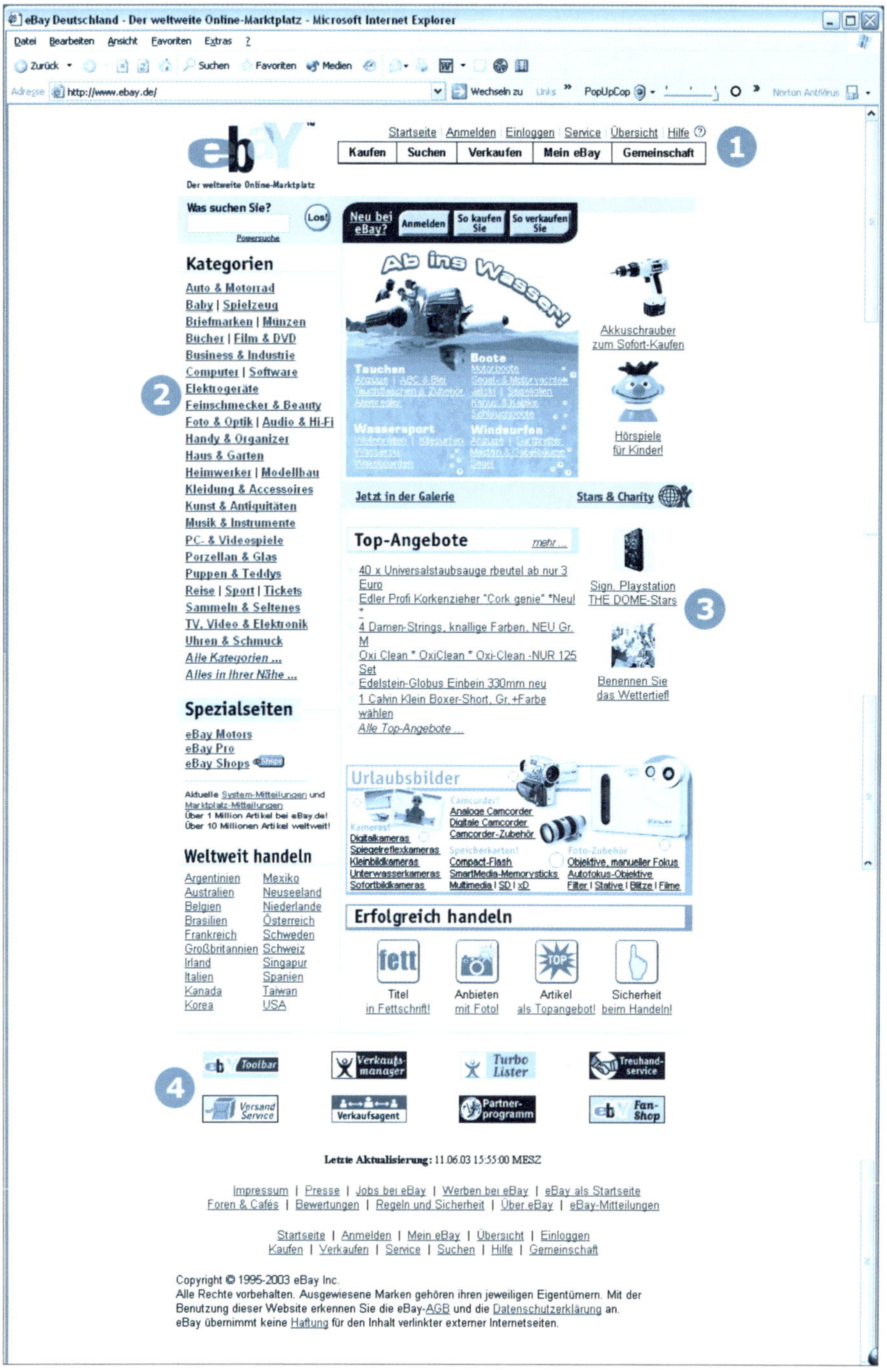
eBay Deutschland - Der weltweite Online-Marktplatz - Microsoft Internet Explorer
Datei Bearbeiten Ansicht Favoriten Extras ?
Zurück Suchen Favoriten Medien
Adresse http://www.ebay.de/
Wechseln zu Links PopUpCop Norton AntiVirus
Startseite Anmelden Einloggen Service Übersicht Hilfe
Kaufen Suchen Verkaufen Mein eBay Gemeinschaft
1
Der weltweite Online-Marktplatz
Was suchen Sie?
Los!
Powersuche
Neu bei eBay?
Anmelden
So kaufen Sie
So verkaufen Sie
Kategorien
Auto & Motorrad
Baby | Spielzeug
Briefmarken | Münzen
Bücher | Film & DVD
Business & Industrie
Computer | Software
Elektrogeräte
Feinschmecker & Beauty
Foto & Optik | Audio & Hi-Fi
Handy & Organizer
Haus & Garten
Heimwerker | Modellbau
Kleidung & Accessoires
Kunst & Antiquitäten
Musik & Instrumente
PC- & Videospiele
Porzellan & Glas
Puppen & Teddys
Reise | Sport | Tickets
Sammeln & Seltenes
TV, Video & Elektronik
Uhren & Schmuck
Alle Kategorien ...
Alles in Ihrer Nähe ...
2
Ab ins Wasser!
Tauchen
Boote
Wassersport
Windsurfen
Akkuschrauber zum Sofort-Kaufen
Hörspiele für Kinder!
Jetzt in der Galerie
Stars & Charity
Top-Angebote
mehr ...
40 x Universalstaubsauge rbeutel ab nur 3 Euro
Edler Profi Korkenzieher "Cork genie" *Neu!*
4 Damen-Strings, knallige Farben, NEU Gr. M
Oxi Clean * OxiClean * Oxi-Clean -NUR 125 Set
Edelstein-Globus Einbein 330mm neu
1 Calvin Klein Boxer-Short, Gr.+Farbe wählen
Alle Top-Angebote ...
Sign. Playstation THE DOME-Stars
3
Benennen Sie das Wettertier!
Spezialseiten
eBay Motors
eBay Pro
eBay Shops
Aktuelle System-Mitteilungen und Marktplatz-Mitteilungen
Über 1 Million Artikel bei eBay.de!
Über 10 Millionen Artikel weltweit!
Urlaubsbilder
Kameras!
Digitalkameras
Spiegelreflexkameras
Kleinbildkameras
Unterwasserkameras
Sofortbildkameras
Camcorder!
Analoge Camcorder
Digitale Camcorder
Camcorder-Zubehör
Speicherkarten!
Compact-Flash
SmartMedia-Memorysticks
Multimedia | SD | xD
Foto-Zubehör
Objektive, manueller Fokus
Autofokus-Objektive
Filter | Stative | Blitze | Filme
Weltweit handeln
Argentinien
Australien
Belgien
Brasilien
Frankreich
Großbritannien
Irland
Italien
Kanada
Korea
Mexiko
Neuseeland
Niederlande
Österreich
Schweden
Schweiz
Singapur
Spanien
Taiwan
USA
Erfolgreich handeln
fett
Titel in Fettschrift!
Anbieten mit Foto!
TOP
Artikel als Topangebot!
Sicherheit beim Handeln!
Toolbar
Verkaufs-manager
Turbo Lister
Treuhand-service
4
Versand Service
Verkaufsagent
Partner-programm
Fan-Shop
Letzte Aktualisierung: 11.06.03 15:55:00 MESZ
Impressum | Presse | Jobs bei eBay | Werben bei eBay | eBay als Startseite
Foren & Cafés | Bewertungen | Regeln und Sicherheit | Über eBay | eBay-Mitteilungen
Startseite | Anmelden | Mein eBay | Übersicht | Einloggen
Kaufen | Verkaufen | Service | Suchen | Hilfe | Gemeinschaft
Copyright © 1995-2003 eBay Inc.
Alle Rechte vorbehalten. Ausgewiesene Marken gehören ihren jeweiligen Eigentümern. Mit der Benutzung dieser Website erkennen Sie die eBay-AGB und die Datenschutzerklärung an.
eBay übernimmt keine Haftung für den Inhalt verlinkter externer Internetseiten.

Sie haben den ersten Kontakt hergestellt. Beginnen wir damit, die Website zu erkunden. Schon bald werden Sie feststellen, dass diese recht übersichtlich aufgebaut ist, sodass sich auch Neueinsteiger schnell zurechtfinden:

Ganz oben ist Ihre Menüleiste (1), von der aus Sie alle wichtigen Funktionen, wie Ihre Seite mit Einstellungen oder Such- und Hilfefunktionen, aufrufen können. Links befinden sich die Kategorien (2), hinter denen sich die vielen Auktionen verbergen, die Aktionsfläche (3) in der Mitte zeigt Ihnen beispielsweise Sonderaktionen bei eBay und präsentiert Tipps und Tricks zu erfolgreichem Handeln, und im unteren Bereich (4) werden Partner und Sonderseiten aufgeführt. Das Aussehen der Startseite von eBay wechselt nahezu täglich, Aufteilung und Funktion bleiben jedoch erhalten.

Tipp

Neueinsteiger können auf der Seite pages.ebay.de/help/basics/tours.html zu einer virtuellen Reise durch die eBay-Welt starten.

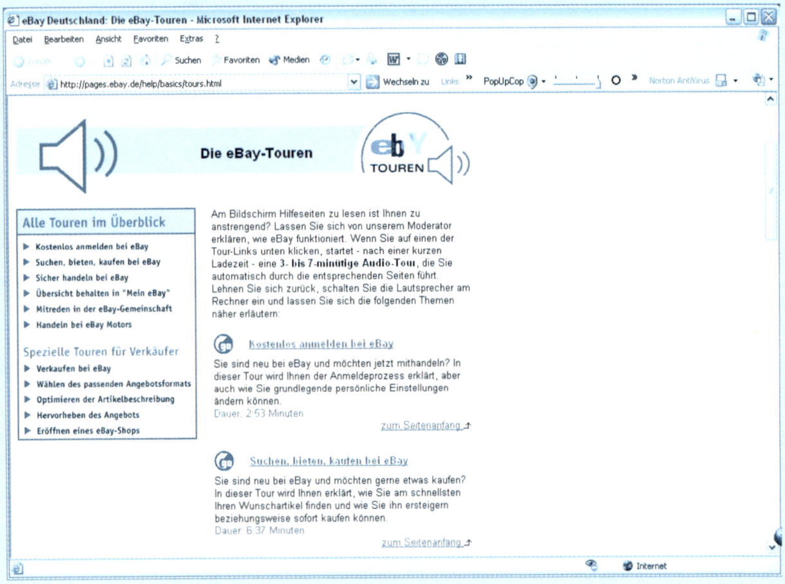

Die Menüleiste

Betrachten wir die Menüleiste näher. Sie besteht aus einer oberen und einer unteren Leiste.

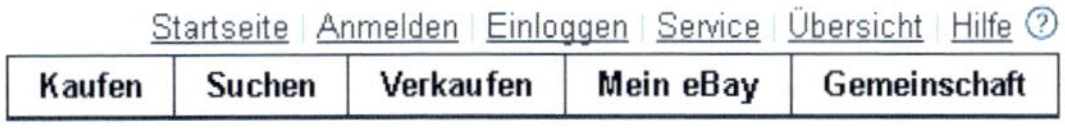

Die obere Menüleiste

Menüpunkt	Funktion
Startseite	Öffnet die eBay-Homepage
Anmelden	Ermöglicht Einsteigern das Erstellen eines eBay-Kontos (Account)
Einloggen	Hier können Sie sich (als angemeldetes eBay-Mitglied) einloggen. Sind Sie einmal eingeloggt, heißt dieser Menüpunkt folglich *Ausloggen*.
Service	Bei eBay angebotene, nach Themen gegliederte Unterstützung
Übersicht	Nach Themen gegliederte Übersicht der wichtigsten eBay-Bereiche
Hilfe	Öffnet ein kleines Zusatzfenster, über das Sie sämtliche von eBay bereitgestellten Hilfethemen abrufen können

Hilfethemen sind:

Thema	Inhalt
Neu bei eBay	Tipps für Einsteiger
Anmelden	Wichtige Informationen zur Anmeldung
Kaufen	Einige Infos für Käufer
Verkaufen	Wirklich viele Infos für Verkäufer
Mitgliedschaft & Konto	Informationen über das Ändern Ihrer persönlichen Daten oder Ihrer eBay-Homepage; es geht um Geld, anfallende Gebühren, Hinweise und Service zum eBay-Konto.
Sicher handeln	Erfahren Sie einiges über Schutzmaßnahmen.
eBay-Grundsätze	Das »Grundgesetz« von eBay

Die untere Menüleiste

Sie ist wirklich wichtig, um sich bei eBay zurechtzufinden. Die dort aufgeführten Menüpunkte öffnen ein weiteres Untermenü. Zunächst eine Übersicht:

- *Kaufen*

Steigen Sie über den Menüpunkt *Kaufen* ein, wenn Sie einen bestimmten Artikel erwerben wollen, sich aber noch keine Gedanken über Hersteller, Marke usw. gemacht haben.

Das Aktivieren des Menüpunkts *Kaufen* führt zu diesem Untermenü mit folgenden Funktionen:

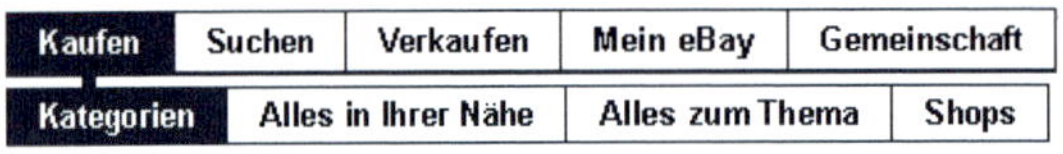

Untermenüpunkt	Funktion
Kategorie	Sie können hier gezielt in über 18 000 Kategorien herumstöbern.
Alles in Ihrer Nähe	Finden Sie einen Artikel in räumlicher Nähe zur Erleichterung des Transports oder der Übergabe (z. B. bei wertvollen Objekten).
Alles zum Thema	eBay stellt hier regelmäßig wechselnde Themenbereiche besonders heraus.
Shops	Sie können direkt bei den Profis kaufen.

- *Suchen*

Wählen Sie *Suchen*, um zu diesem Untermenü zu gelangen:

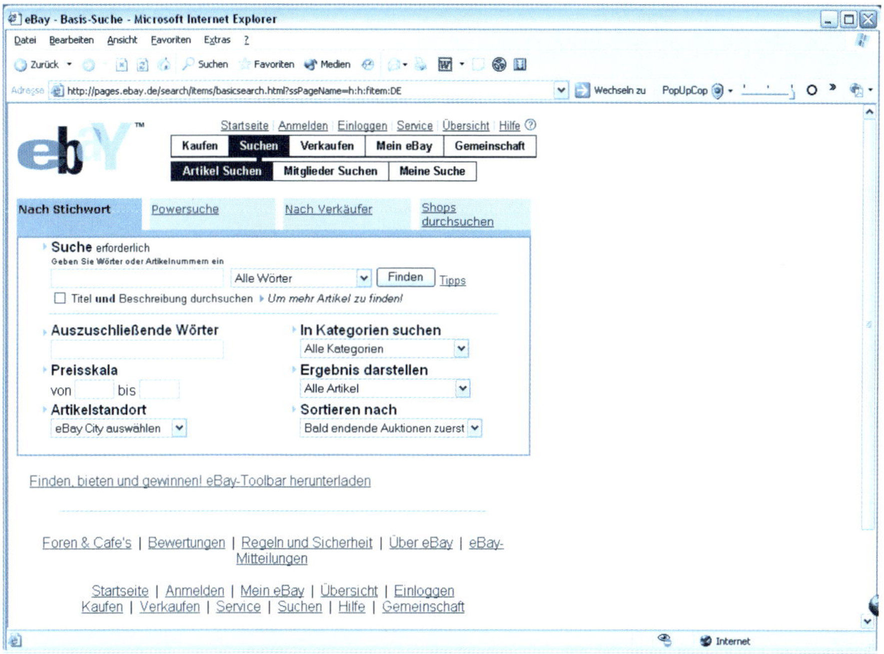

Untermenüpunkt	Funktion
Artikel suchen	Suchen Sie gezielt nach Eigenschaften von Artikeln. Auf vier Registerkarten haben Sie Zugriff auf alle eBay-Suchfunktionen.
Mitglieder suchen	Öffnet ein Formular, über das Sie das Bewertungsprofil, die Homepage, den bisherigen Mitgliedsnamen sowie die Kontaktdaten eines eBayers anfordern können.
Meine Suche	Öffnet das Register *Favoriten* auf der Seite *Mein eBay*. Dort können Sie Suchabfragen speichern.

- *Verkaufen*

Durch Aktivieren des Punkts *Verkaufen* kommen Sie direkt zum Eingabeformular für eine Artikelbeschreibung.

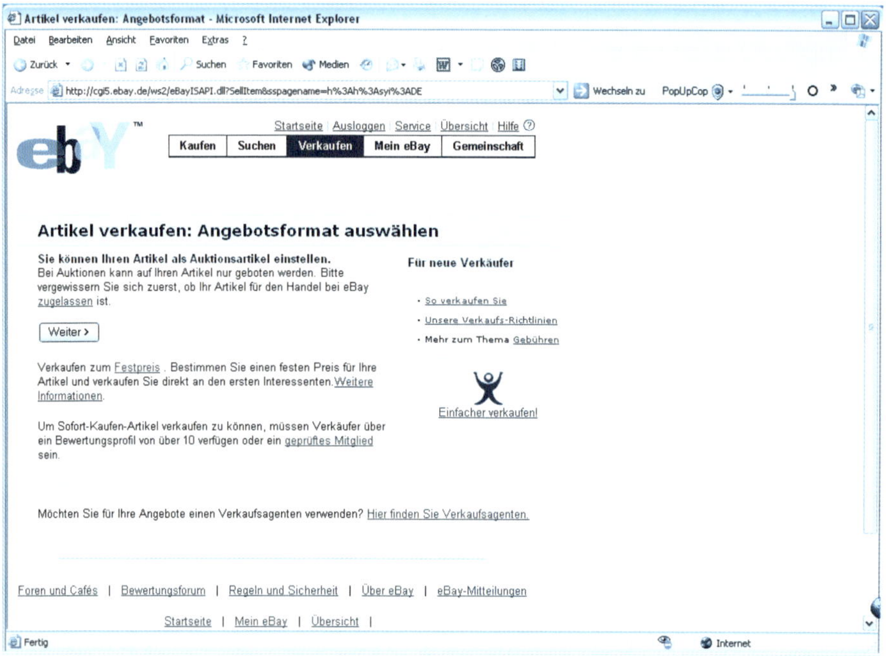

- *Mein Ebay*

Mit einem Klick auf diese Schaltfläche erreichen Sie Ihre persönliche Steuerungszentrale. Sie dient zur Verwaltung Ihrer Gebote, Ihrer persönlichen Daten, Ihres eBay-Kontos sowie der Administration Ihrer Auktionen. Ich werde später noch genauer darauf eingehen.

- *Gemeinschaft*

Sie können sich hier mit anderen eBayern austauschen oder sich direkt an eBay wenden.

Dazu stehen folgende Untermenüpunkte zur Verfügung:

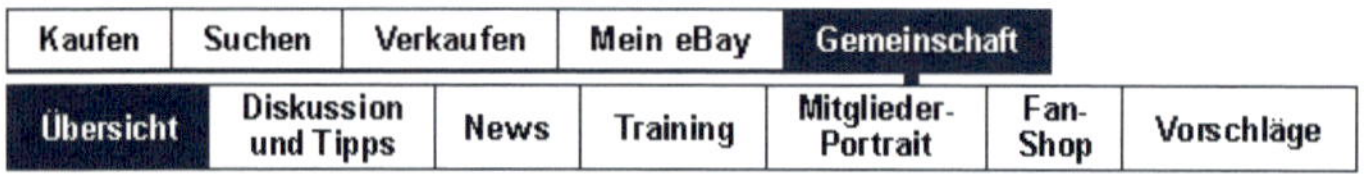

Untermenüpunkt	**Funktion**
Übersicht	Selbsterklärend
Diskussion und Tipps	Dahinter verbergen sich Chaträume, in denen eBayer anderen eBayern helfen.
News	Meldungen und Vorankündigungen von eBay an die Mitglieder (z. B. Neuigkeiten, Änderung der Preisstruktur, Systemmitteilungen etc.)
Training	Workshops, Touren und Kurse; Informationen über den Handel bei eBay
Mitglieder-Portrait	eBayer erzählen ihre Geschichte.
Fanshop	eBay-Fanartikel (Uhren, Kleidung usw.)
Vorschläge	Verbesserungsvorschläge rund um eBay einsenden

Klären wir nun noch die Funktion des Bereichs *Kategorien* (2).

Kategorien

Dies ist eine Auflistung der Produkt- und Dienstleistungskategorien. Unter jeder Kategorie sind weitere Unterkategorien eingerichtet. Darüber befindet sich die Suchmaschine der eBay-Site. Tippen Sie den Suchbegriff in das freie Feld, und klicken Sie auf *Los*, ...

... oder gehen Sie gleich auf *Powersuche* und verfeinern die Suche dann im folgenden Fenster etwa nach Artikelstandort, Preisbereich etc.

Geben Sie also beispielsweise als Suchbegriff *Rolex Daytona*, eine Schweizer Edeluhr, ein, und klicken Sie dann auf die Schaltfläche *Los*. Schon nach kurzer Zeit erhalten Sie das gewünschte Ergebnis.

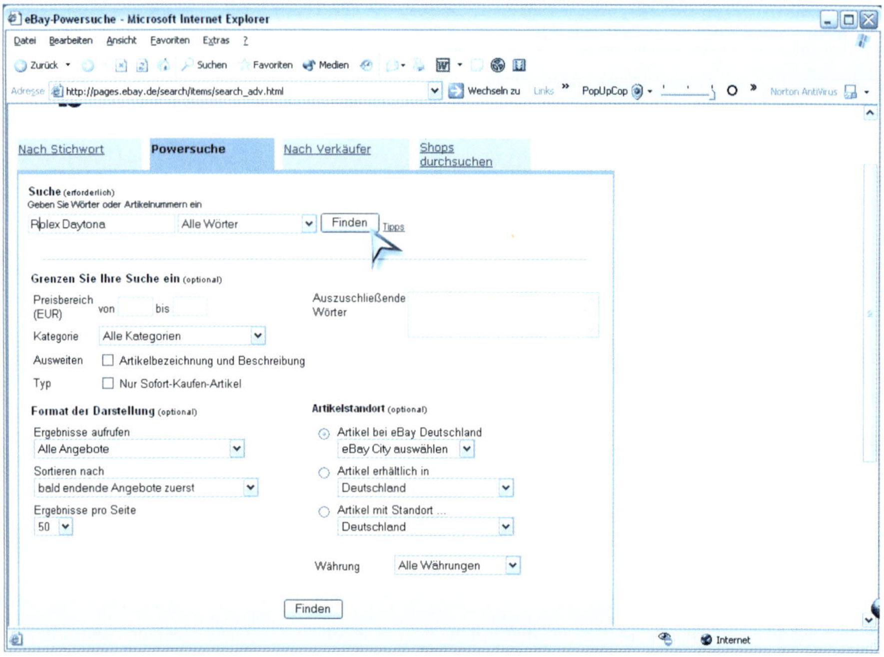
eBay-Powersuche - Microsoft Internet Explorer
Datei Bearbeiten Ansicht Favoriten Extras ?
Zurück Suchen Favoriten Medien
Adresse http://pages.ebay.de/search/items/search_adv.html
Wechseln zu Links PopUpCop Norton AntiVirus
Nach Stichwort
Powersuche
Nach Verkäufer
Shops durchsuchen
Suche (erforderlich)
Geben Sie Wörter oder Artikelnummern ein
Rolex Daytona
Alle Wörter
Finden
Tipps
Grenzen Sie Ihre Suche ein (optional)
Preisbereich (EUR) von bis
Auszuschließende Wörter
Kategorie Alle Kategorien
Ausweiten Artikelbezeichnung und Beschreibung
Typ Nur Sofort-Kaufen-Artikel
Format der Darstellung (optional)
Artikelstandort (optional)
Ergebnisse aufrufen
Alle Angebote
Artikel bei eBay Deutschland
eBay City auswählen
Sortieren nach
bald endende Angebote zuerst
Artikel erhältlich in
Deutschland
Ergebnisse pro Seite
50
Artikel mit Standort ...
Deutschland
Währung Alle Währungen
Finden
Internet

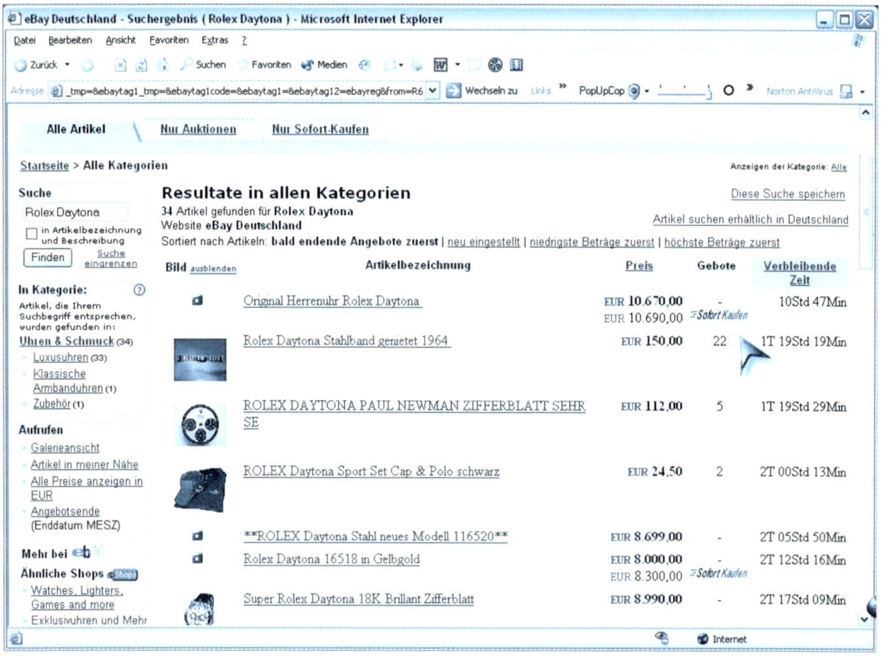
eBay Deutschland - Suchergebnis (Rolex Daytona) - Microsoft Internet Explorer
Datei Bearbeiten Ansicht Favoriten Extras ?
Zurück Suchen Favoriten Medien
Adresse _tmp=&ebaytag1_tmp=&ebaytag1code=&ebaytag1=&ebaytag12=ebayreg&from=R6
Wechseln zu Links PopUpCop Norton AntiVirus
Alle Artikel
Nur Auktionen
Nur Sofort-Kaufen
Startseite > Alle Kategorien
Anzeigen der Kategorie: Alle
Suche
Rolex Daytona
in Artikelbezeichnung und Beschreibung
Finden
Suche eingrenzen
Resultate in allen Kategorien
Diese Suche speichern
34 Artikel gefunden für Rolex Daytona
Website eBay Deutschland
Artikel suchen erhältlich in Deutschland
Sortiert nach Artikeln: bald endende Angebote zuerst | neu eingestellt | niedrigste Beträge zuerst | höchste Beträge zuerst
Bild ausblenden
Artikelbezeichnung
Preis
Gebote
Verbleibende Zeit
Original Herrenuhr Rolex Daytona
EUR 10.670,00
EUR 10.690,00
Sofort Kaufen
10Std 47Min
Rolex Daytona Stahlband genietet 1964
EUR 150,00
22
1T 19Std 19Min
ROLEX DAYTONA PAUL NEWMAN ZIFFERBLATT SEHR SE
EUR 112,00
5
1T 19Std 29Min
ROLEX Daytona Sport Set Cap & Polo schwarz
EUR 24,50
2
2T 00Std 13Min
ROLEX Daytona Stahl neues Modell 116520
EUR 8.699,00
2T 05Std 50Min
Rolex Daytona 16518 in Gelbgold
EUR 8.000,00
EUR 8.300,00
Sofort Kaufen
2T 12Std 16Min
Super Rolex Daytona 18K Brillant Zifferblatt
EUR 8.990,00
2T 17Std 09Min
In Kategorie:
Artikel, die Ihrem Suchbegriff entsprechen, wurden gefunden in:
Uhren & Schmuck (34)
Luxusuhren (33)
Klassische Armbanduhren (1)
Zubehör (1)
Aufrufen
Galerieansicht
Artikel in meiner Nähe
Alle Preise anzeigen in EUR
Angebotsende (Enddatum MESZ)
Mehr bei eBay
Ähnliche Shops
Watches, Lighters, Games and more
Exklusivuhren und Mehr
Internet

Machen Sie sich mit den Suchfunktionen vertraut, und stöbern Sie ein wenig in der überwältigenden Vielfalt der Angebote herum.

Sie haben nun den Aufbau der eBay-Website kennen gelernt, Sie wissen, wie Sie navigieren können, und haben auch schon einen klitzekleinen Einblick in die Angebote auf eBay bekommen. Jetzt wird es aber höchste Zeit, selbst eBayer zu werden.

Anmelden eines eBay-Accounts

Ob Privatperson oder Händler, bei eBay kann jeder kaufen. Doch noch sind Sie kein angemeldetes Mitglied bei eBay. Sie müssen sich also, um die Leistungen eBays nutzen zu können, zunächst anmelden, einen so genannten Account (Konto, Mitgliedschaft) erstellen.

Voraussetzung dafür ist, dass Sie mindestens 18 Jahre alt sind, eine E-Mail-Adresse haben und natürlich über einen Internetzugang verfügen. Sind Sie bereit? Es geht los!

1 Stellen Sie eine Verbindung zum Internet her, und rufen Sie über den Internet Explorer die Homepage von eBay, *www.ebay.de*, auf. Klicken Sie unterhalb der Menüleiste auf den Menüpunkt *Anmelden* (Pfeil).

2 Sie gelangen zu einem Formular, in dem Sie Ihre persönlichen Daten eintragen. Füllen Sie es sorgfältig aus, da Ihre Adresse am Ende einer Auktion an den Geschäftspartner übertragen wird – eine fehlerhafte Adresse führt unweigerlich zu Problemen!

eBay DeutschlandAnmeldung: Daten eingeben - Microsoft Internet Explorer
Datei Bearbeiten Ansicht Favoriten Extras ?
Zurück Suchen Favoriten Medien
Adresse -cgi/eBayISAPI.dll?RegisterEnterInfo&siteid=77&co_partnerid=2&usage=0&ru=default Wechseln zu Links PopUpCop Norton AntiVirus
Anmeldung: Daten eingeben
Benötigen Sie Hilfe?
1 Daten eingeben 2 Bedingungen akzeptieren 3 Anmeldung bestätigen
Vorname
Nachname
Straße und Hausnummer (Bitte kein Postfach angeben)
Ergänzende Angaben (optional)
Postleitzahl
Ort
Land
Deutschland
Land ändern
Telefonnummer
Zweitnummer
Beispiel: 0222-3334455
Hinweis: Wichtig: Um die Anmeldung abzuschließen, benötigen Sie eine gültige E-Mail-Adresse, unter der Sie Ihre E-Mails abrufen können.
E-Mail-Adresse
E-Mail-Adresse erneut eingeben
eBay-Mitgliedsnamen wählen
Beispiel: Rose789 (Verwenden Sie nicht Ihre E-Mail-Adresse)
Mit Ihrem Mitgliedsnamen weisen Sie sich gegenüber anderen eBay-Mitgliedern aus.
Passwort wählen
Mindestens 6 Zeichen
Geben Sie ein Passwort ein, das Sie sich leicht merken können, aber für andere schwer zu erraten ist.
Tipps zur Passwortwahl
Passwort erneut eingeben
Geheime Frage
Wählen Sie eine der vorgeschlagenen Fragen aus...
Geheime Antwort
Sollten Sie Ihr Passwort vergessen, werden Sie nach der Antwort auf Ihre geheime Frage gefragt
Geburtsdatum
– Tag – – Monat – Jahr
Indem Sie „Weiter" klicken, willigen Sie ein, dass die eBay International AG Ihre eingegebenen Daten an die eBay Inc., USA, weiterleitet, die die Daten über eine sichere Verbindung an die SCHUFA übermittelt. Dort werden Ihre Angaben mit den entsprechenden Daten der SCHUFA abgeglichen, ohne diese jedoch zu speichern und ohne eine Kreditwürdigkeitsprüfung durchzuführen. Mehr zum Thema SCHUFA-Prüfung.
Weiter >
Copyright © 1995-2003 eBay Inc.
Alle Rechte vorbehalten. Ausgewiesene Marken gehören ihren jeweiligen Eigentümern. Mit der Benutzung dieser Seite erkennen Sie die eBay-AGB und die Datenschutzerklärung an.
eBay übernimmt keine Haftung für den Inhalt verlinkter externer Internetseiten.
Internet

Bezüglich der E-Mail-Adresse gibt es einige Punkte zu beachten:

- Sie benötigen eine verifizierbare E-Mail-Adresse für die sofortige Anmeldung. Darunter ist eine Adresse zu verstehen, bei der Sie sich – aus der Sicht von eBay – bereits identifiziert haben. Das trifft beispielsweise bei T-Online-Adressen zu.
- Viele unter Ihnen werden E-Mail-Adressen bei Freemailern (Web.de, GMX, Arcor, Hotmail etc.) benutzen. Auch hier ist eine sofortige Anmeldung möglich, sofern Sie über eine Kreditkarte verfügen. eBay wird dann im Verlauf der Anmeldung nach Ihren Kreditkartendaten fragen, ausschließlich zum Zweck der Verifizierung. Der Anmeldevorgang ist kostenlos, und Ihr Kreditkartenkonto wird nicht durch eine Gebühr belastet. Ohne Kreditkartendaten wird eBay Ihnen einen Registrierungscode per Post zusenden. Das dauert allerdings ein paar Tage. Sie können nach Erhalt dieses Codes Ihre Anmeldung durch Aufruf einer in einer E-Mail genannten Adresse abschließen.

Weiterhin sollten Sie sich bei der Wahl Ihres eBay-Mitgliedsnamens Gedanken machen. Bitte keine verwerflichen oder anstößigen Namen (z. B. *Abzocker*), auch von scheinbar willkürlichen Namen (etwa *dhfuwicv*) rate ich ab. Beides wirkt nicht gerade vertrauenerweckend bei potentiellen Handelspartnern.

Noch etwas zum Passwort: Es muss aus mindestens sechs Zeichen bestehen. Erlaubt sind die Buchstaben A–Z, die Zahlen 0–9 sowie einige Sonderzeichen. Nicht erlaubt sind:

- das Symbol @
- das Ampersand-Symbol **&**
- der Buchstabe **e** gefolgt von Zahlen
- URLs (z. B. *zxy.com*)

  Auch das Wort **eBay** zählt übrigens dazu. Es steht nur Mitarbeitern von eBay zu Verfügung. So wird verhindert, dass sich Nichtberechtigte als eBay-Mitarbeiter ausgeben.

3 Alles ausgefüllt? Fein, klicken Sie nun unten links auf den Menüpunkt *Weiter* (Pfeil).

4 Im nächsten Fenster müssen Sie noch den Allgemeinen Geschäftsbedingungen von eBay zustimmen (und sie natürlich auch lesen). Markieren Sie dann die beiden Kästchen links unten mit einem Häkchen, und klicken Sie auf *Ich stimme diesen Bedingungen zu.*

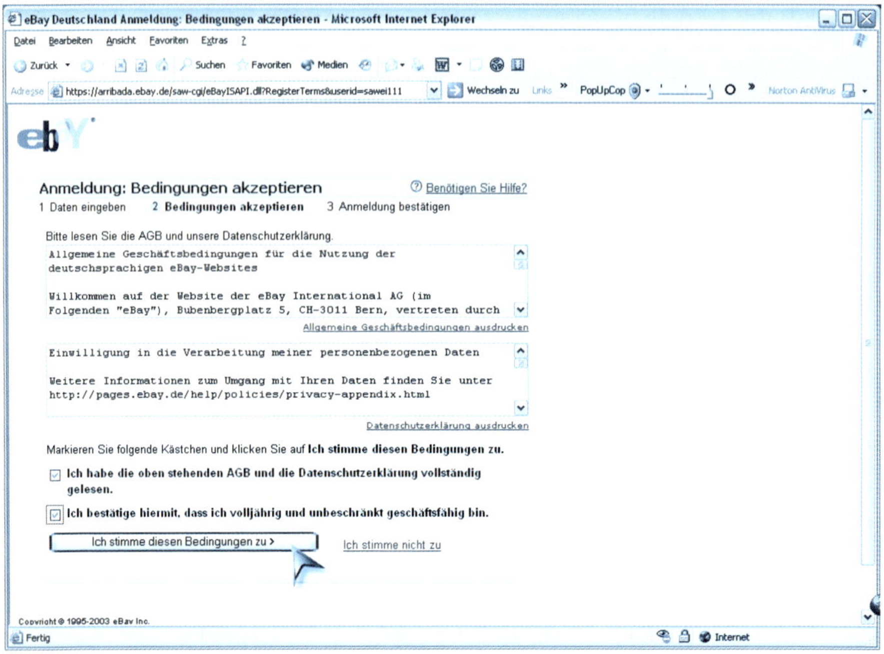

Es erfolgt nun eine Überprüfung Ihrer Daten durch die Schufa. Laut eBay wird nur die Existenz Ihrer Person und nicht die Kreditwürdigkeit überprüft. Kurze Zeit später erhalten Sie eine Erfolgsmeldung.

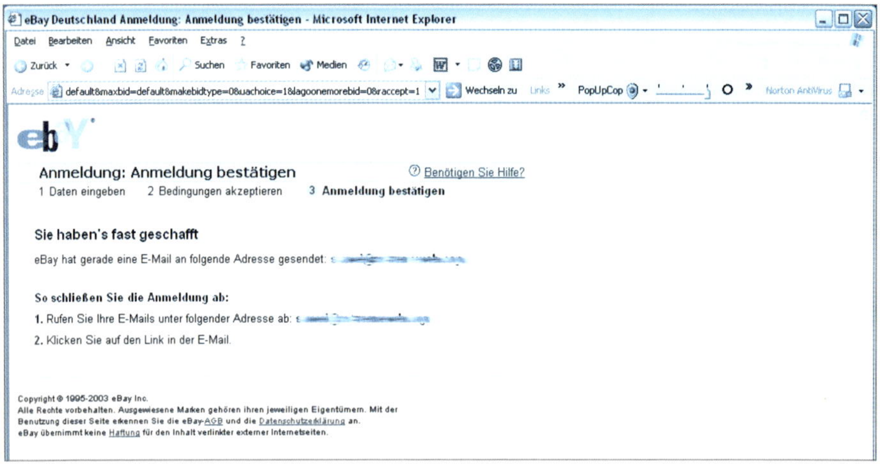

5 Es ist vollbracht! Überprüfen Sie nun Ihr Postfach, denn Sie haben Nachricht von eBay mit dem Betreff: *»Jetzt öffnen: eBay-Anmeldung durchführen«*.

6 Öffnen Sie diese E-Mail, und klicken Sie auf den Menüpunkt *eBay-Anmeldung abschließen* (Pfeil).

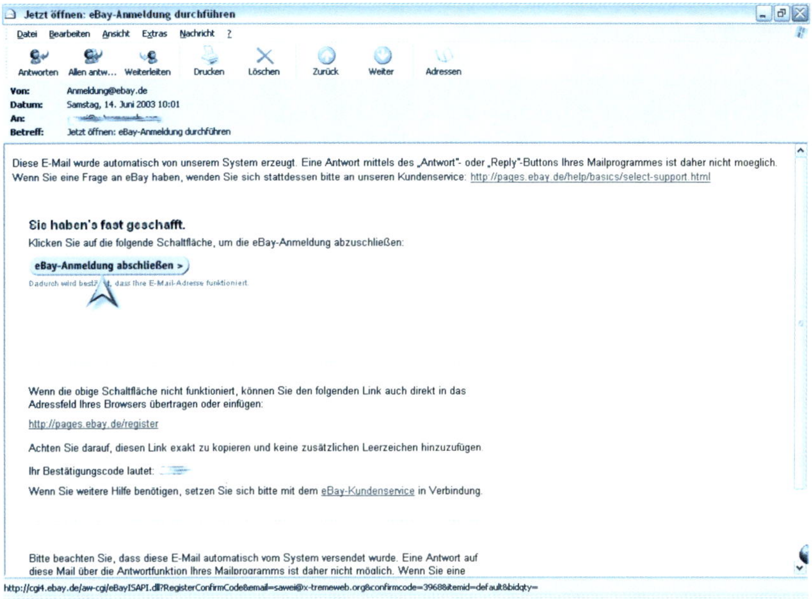

Ihr Internet Explorer öffnet sich und zeigt Ihnen folgende Webseite:

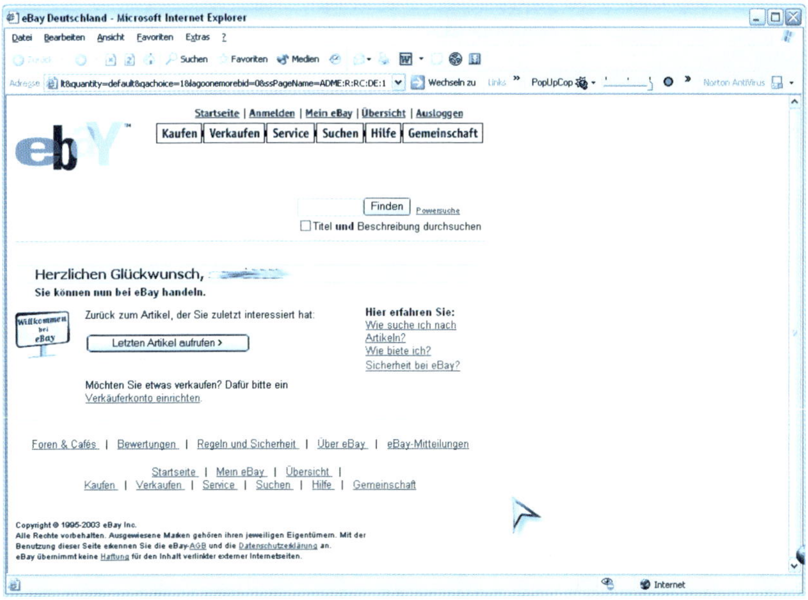

Herzlichen Glückwunsch und willkommen in der eBay-Gemeinde.

Mein eBay

Egal ob Sie kaufen oder verkaufen, als registriertes eBay-Mitglied haben Sie eine persönliche Webseite innerhalb von eBay zur Verfügung: *Mein eBay*. Von dieser Kommandozentrale aus können Sie Ihre eigenen Auktionen verwalten, fremde Auktionen beobachten und sämtliche Einstellungen bezüglich Ihres Accounts vornehmen. Zudem haben Sie Einblick auf Ihr Bewertungsprofil.

1 Stellen Sie eine Verbindung zum Internet her.

2 Starten Sie den Internet Explorer, und rufen Sie die eBay-Homepage (*www.ebay.de*) auf.

3 Klicken Sie auf den Menüpunkt *Einloggen* in der Menüleiste.

4 Geben Sie im nächsten Fenster Ihren eBay-Mitgliedsnamen und Ihr Passwort ein. Klicken sie anschließend auf *Einloggen*.

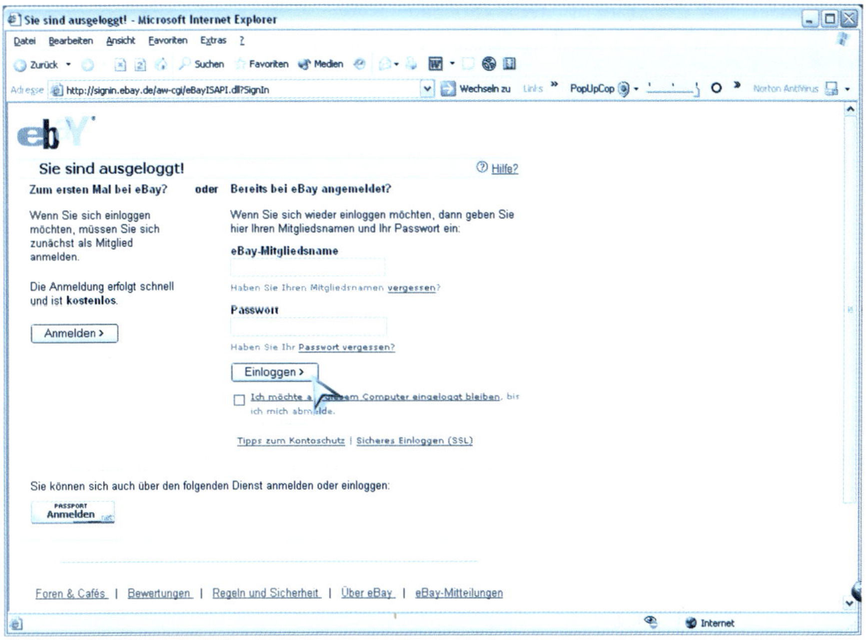

5 Das System erkennt und begrüßt Sie. Wählen Sie den Menüpunkt *Mein eBay* aus.

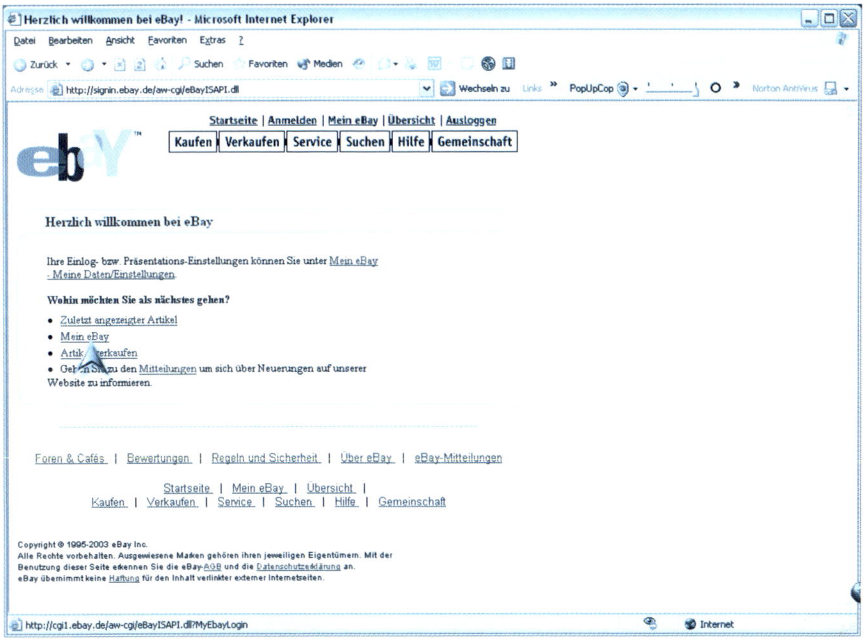

6 *Mein eBay*, Ihre persönliche Steuerzentrale.

Diese Form der Übersicht ist jedoch etwas problematisch in der Handhabung, da die jeweiligen Abschnitte noch »zusammengeklappt« dargestellt werden und Sie so gezwungen sind, in der »ausgeklappten« Darstellung häufig mit der vertikalen Bildlaufleiste zu arbeiten.

Ich empfehle Ihnen, die einzelnen Teilbereiche gezielt über die jeweiligen Registerkarten zu aktivieren.

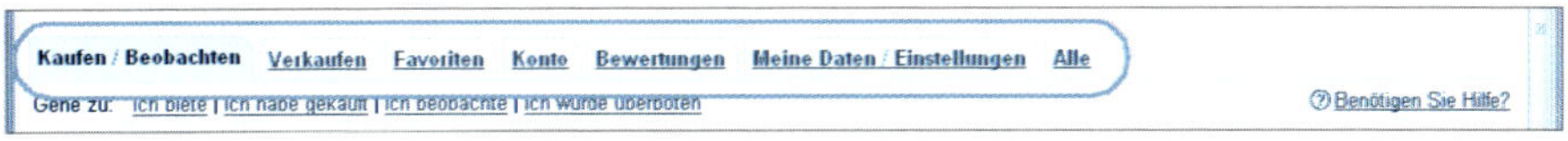

Innerhalb dieser Teilbereiche stehen Ihnen zusätzlich drei Schaltflächentypen zur Verfügung:

 Mit dieser Schaltfläche werden Bereiche, die Sie zurzeit nicht benötigen, einfach »zusammengeklappt«. So ist nur noch die Überschrift zu sehen.

 Ein Klick auf diese Schaltfläche bewirkt das Gegenteil: Ein Abschnitt wird »ausgeklappt« (ähnlich dem Maximieren eines Fensters bei Windows).

 Diese Schaltfläche zeigt stilisiert einen kleinen nach oben und einen kleinen nach unten gerichteten Pfeil. Sie können damit komplette Abschnitte nach oben oder unten verschieben. Mit deren Hilfe passen Sie *Mein eBay* Ihren Wünschen an, indem Sie die für Sie relevanten Bereiche nach oben und die weniger wichtigen nach unten schieben.

Die für Sie als Käufer (momentan sogar erst einmal nur Bieter) wichtigste Ansicht ist die Registerkarte *Kaufen/Verkaufen*. Hier verwalten Sie die Artikel, die Sie beobachten, für die Sie aktuell ein Gebot abgegeben haben, bei denen Sie überboten wurden und die Sie bereits ersteigert haben. Eben das, was man als Käufer stets vor Augen haben sollte.

Auch der Bereich *Ich wurde überboten* sollte Sie als Bieter interessieren. Hier erhalten sie sofort Überblick darüber, bei welchen Auktionen Sie das Gebot erhöhen müssen, sollte Ihr persönliches Limit noch nicht erreicht sein.

Auf der Registerkarte *Verkaufen* dreht sich alles um Ihre Angebote, und das Erfolgserlebnis, einen Artikel aus dem Abschnitt *Meine aktuellen Angebote* in den Bereich *Meine verkauften Artikel* wechseln zu sehen, sollten Sie sich nicht entgehen lassen.

Der Bereich *Meine nicht verkauften Artikel* enthält die Möglichkeit, die dort aufgelisteten Artikel in der Spalte *Auswählen* zu markieren und sie dann per Klick auf *Wiedereinstellen* nochmals zur Auktion anzubieten.

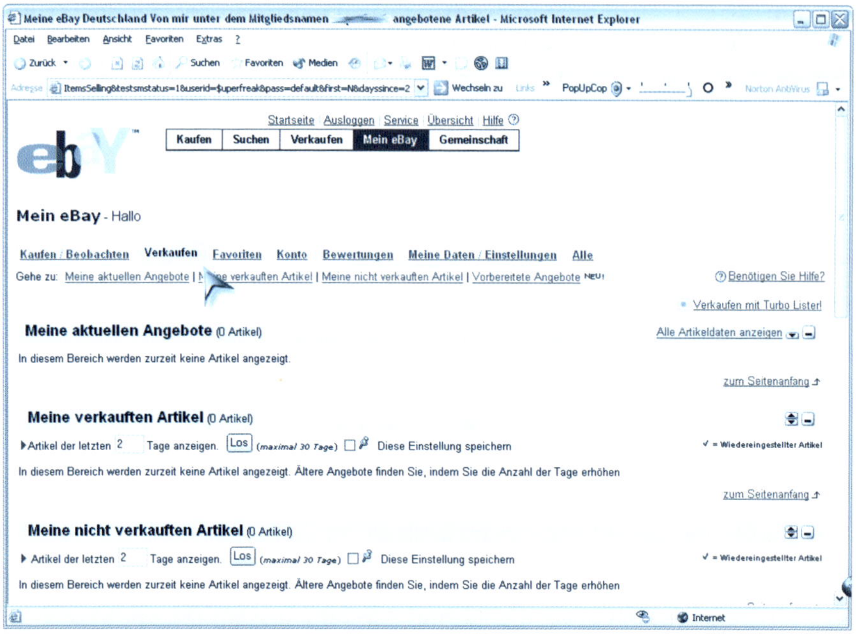

Kommen wir zur Registerkarte *Favoriten*.

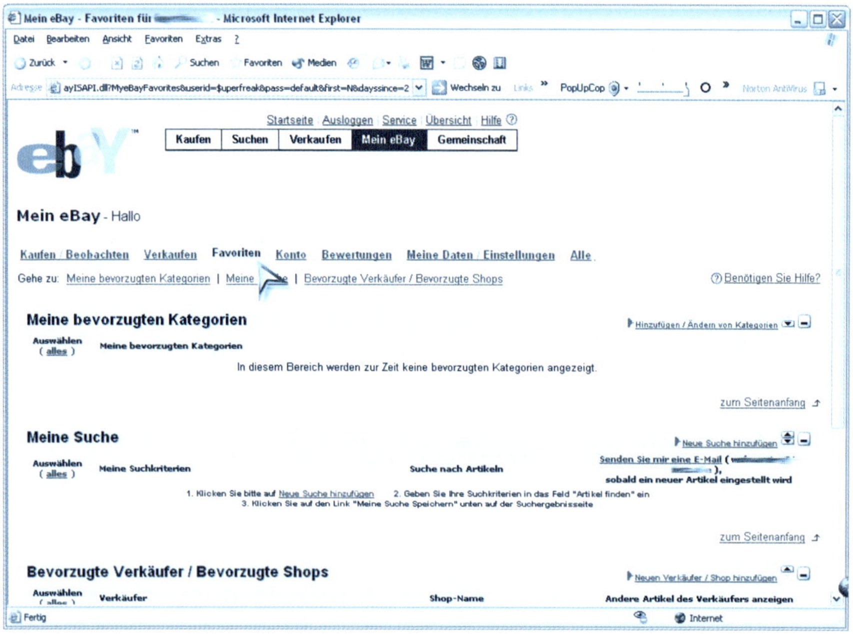

Unter *Meine bevorzugten Kategorien* und *Meine Suche* können Sie Kategorien bzw. Artikel hinzufügen, in denen bzw. nach denen Sie regelmäßig suchen möchten. Das erspart das häufige Eingeben ein und derselben Suchanfrage und macht das Stöbern einfach, da Sie sich nicht mehr umständlich durch die vielen Unterkategorien klicken müssen.

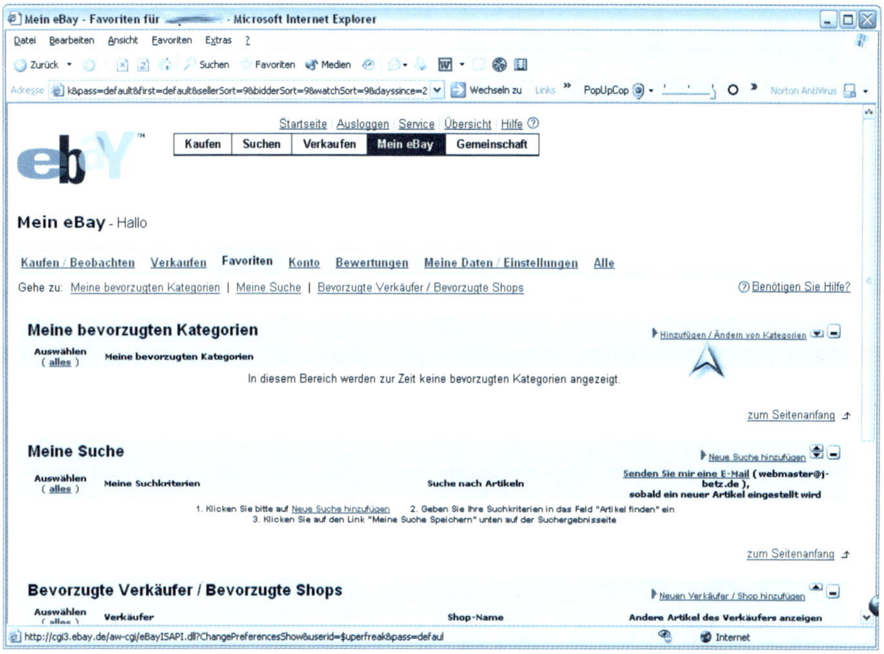

1 Durch einen Klick auf den Link *Hinzufügen/Ändern von Kategorien* können Sie bis zu vier bevorzugte Kategorien auswählen, die Ihnen dann auf einen Schlag zur Verfügung stehen.

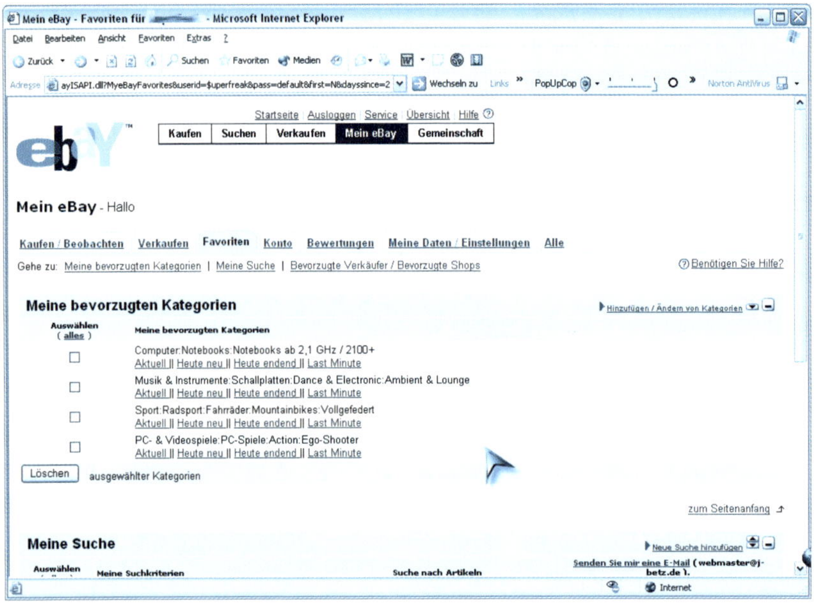

2 Unter *Meine Suche* verwalten Sie Suchkriterien, die Sie so lange ausführen können, bis das gewünschte Schnäppchen gefunden ist. Ein Klick auf den Link *Neue Suche hinzufügen* ...

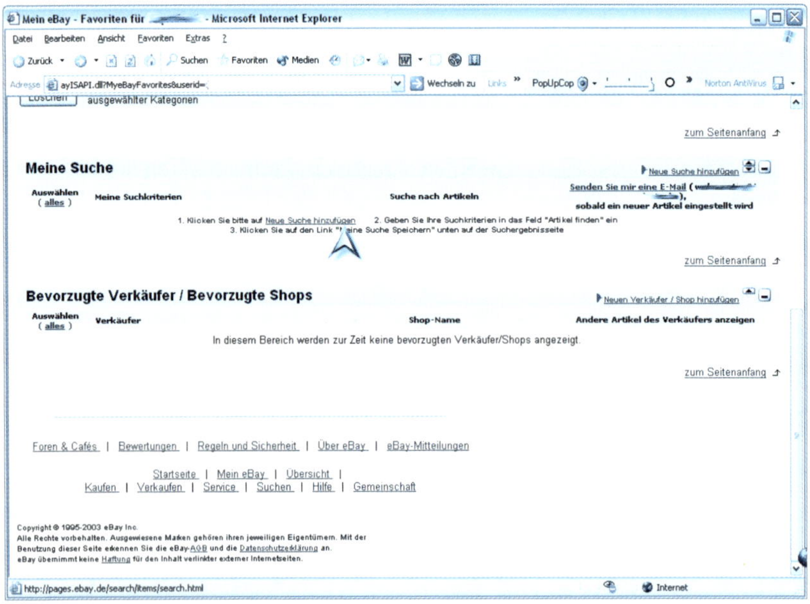

... führt Sie zu diesem Fenster:

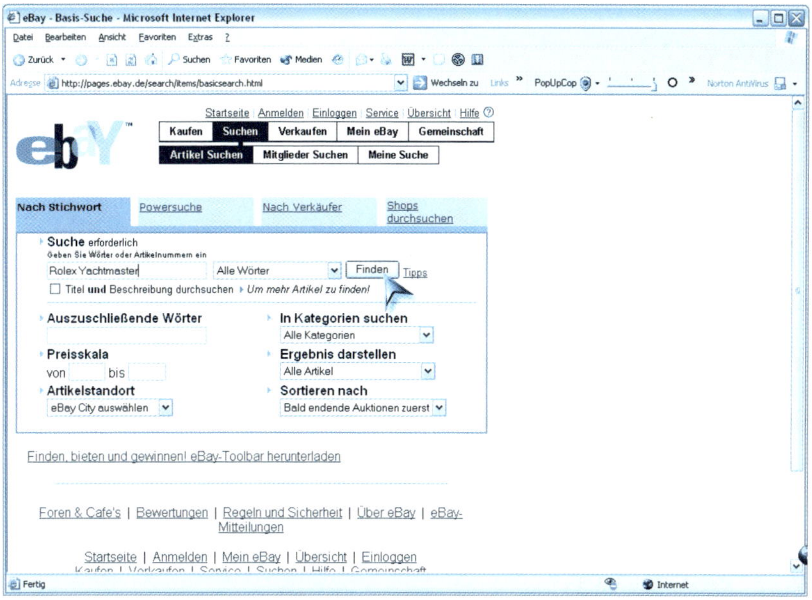

3 Hier geben Sie die Suchkriterien ein und klicken dann auf *Finden*. Nach kurzer Zeit erhalten Sie ein Suchergebnis.

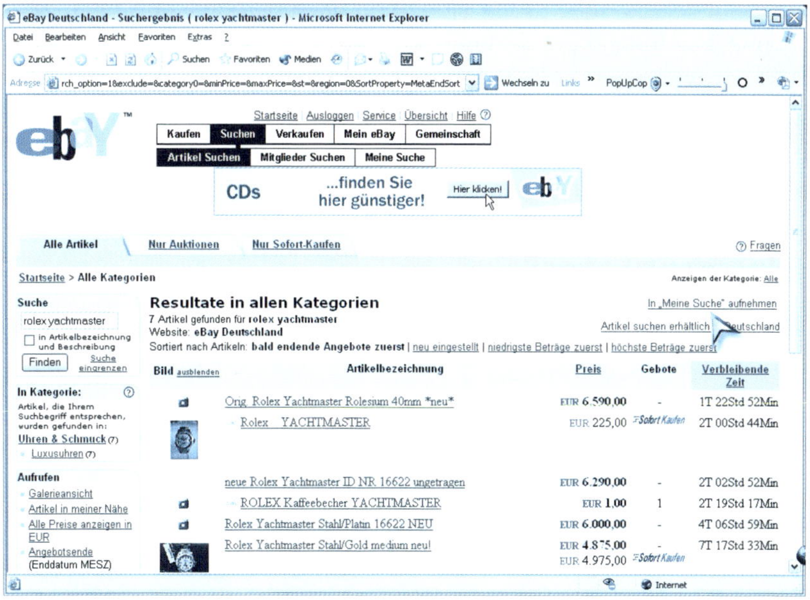

4 Klicken Sie nun auf den Link *In »Meine Suche« aufnehmen*, um dieses Suchkriterium unter *Favoriten* in den Abschnitt *Meine Suche* aufzunehmen.

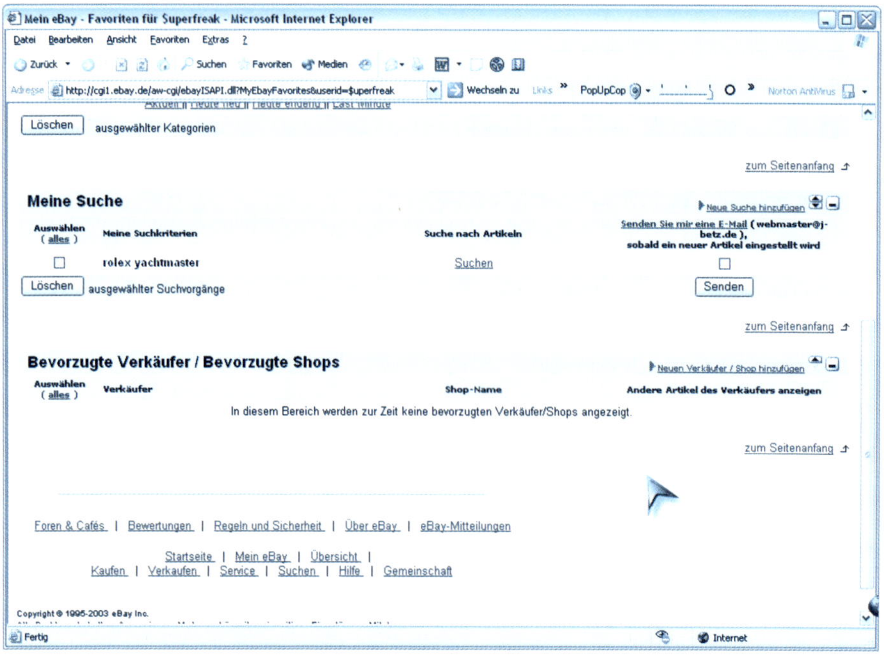

So können Sie jederzeit ohne große Tipparbeit nach dem gewünschten Produkt suchen und sich sogar per E-Mail benachrichtigen lassen, falls ein neuer Artikel zur Auktion ausgeschrieben ist.

Im Bereich *Bevorzugte Verkäufer/Bevorzugte Shops* können Sie eintragen, wo Sie positive Erfahrungen gemacht haben und vielleicht später nochmals mitbieten möchten. Ebenso können Sie auf diesem Weg überwachen, was Bekannte und Freunde so kaufen und verkaufen.

Was sich wohl hinter der Registerkarte *Konto* verbirgt? Richtig, hier können Sie sich informieren, was eBay demnächst von Ihrem Konto abbuchen wird. Ebenso können Sie sämtliche Rechnungsdaten einsehen und sich auf diese Weise jederzeit einen Überblick über jedes einzelne Geldgeschäft verschaffen. Als »nur« Käufer ist dieser Bereich für Sie natürlich bedeutungslos.

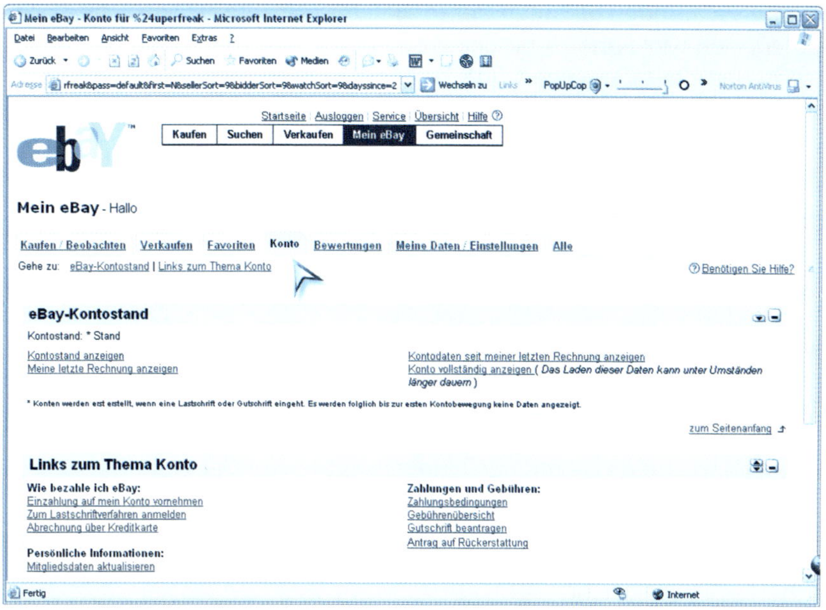

Die Registerkarte *Bewertungen* ist für jeden eBayer sehr wichtig. Hier können Sie sowohl Bewertungen über Ihre Handelspartner abgeben als auch einsehen, wie Sie selbst bei Ihren Transaktionspartnern wegkommen.

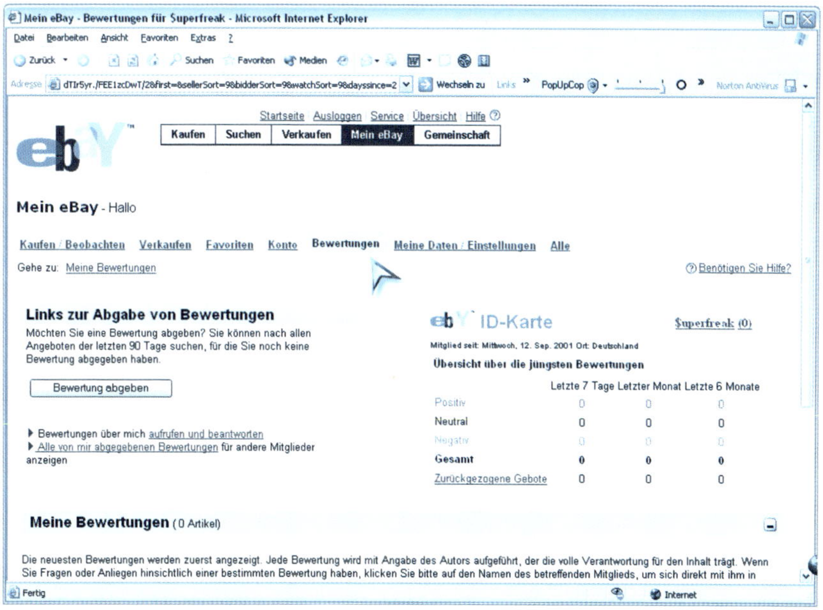

In diesem Bereich finden Sie auch die *eBay ID-Karte*, Ihre persönliche Visitenkarte. Jeder eBayer kann diese einsehen und sich so ein Bild von Ihrem Verhalten in der eBay-Gemeinschaft machen.

ID-Karte : (0)

Mitglied seit: Mittwoch, 12. Sep. 2001 Ort: Deutschland

Übersicht über die jüngsten Bewertungen

	Letzte 7 Tage	Letzter Monat	Letzte 6 Monate
Positiv	0	0	0
Neutral	0	0	0
Negativ	0	0	0
Gesamt	**0**	**0**	**0**
Zurückgezogene Gebote	0	0	0

Überprüfen Sie so einen potentiellen Handelspartner vor der Gebotsabgabe.

Die Bedeutung der Sterne, die man aus der Anzahl der positiven abzüglich der Anzahl der negativen Bewertungen erhält, sollte man jedoch nicht überbewerten.

Auch das schmuckvolle PowerSeller-Logo ist kein Qualitätsgarant, sagt es doch hauptsächlich nur etwas über den monatlichen Mindestumsatz des entsprechenden Mitglieds bei eBay aus.

Power Seller

Ein aussagekräftigeres Bild verschaffen Sie sich per Klick auf die Punktzahl hinter dem Mitgliedsnamen.

(522)

Die Registerkarte *Meine Daten/Einstellungen* beinhaltet die Option, alle persönlichen Daten (Mitgliedsname, E-Mail-Adresse, Passwort etc.) zu ändern und auch einige Verkäuferaufgaben zu automatisieren.

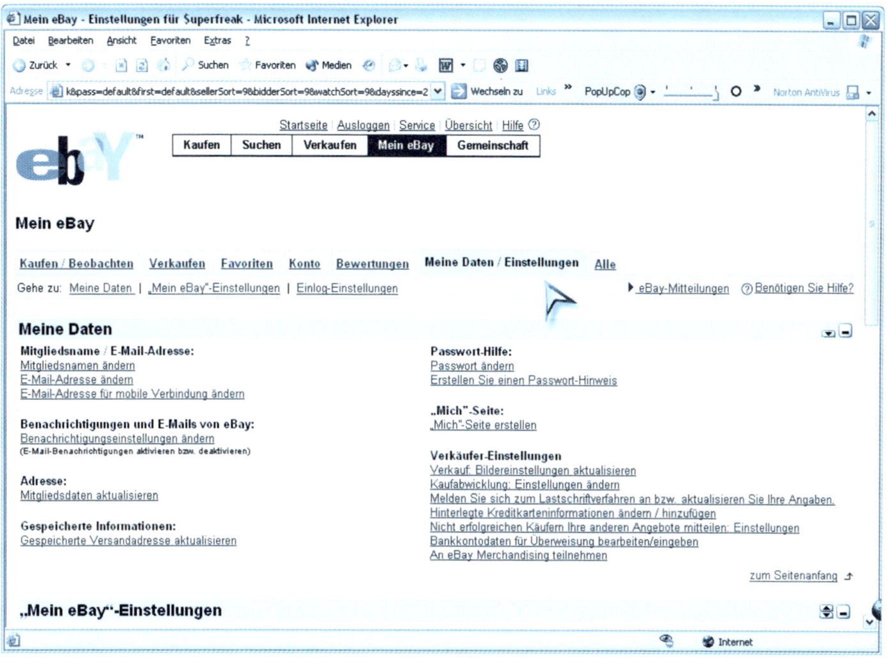

Beachtung sollten Sie auch den Bereichen *»Mein eBay«-Einstellungen* und *Einlog-Einstellungen* schenken.

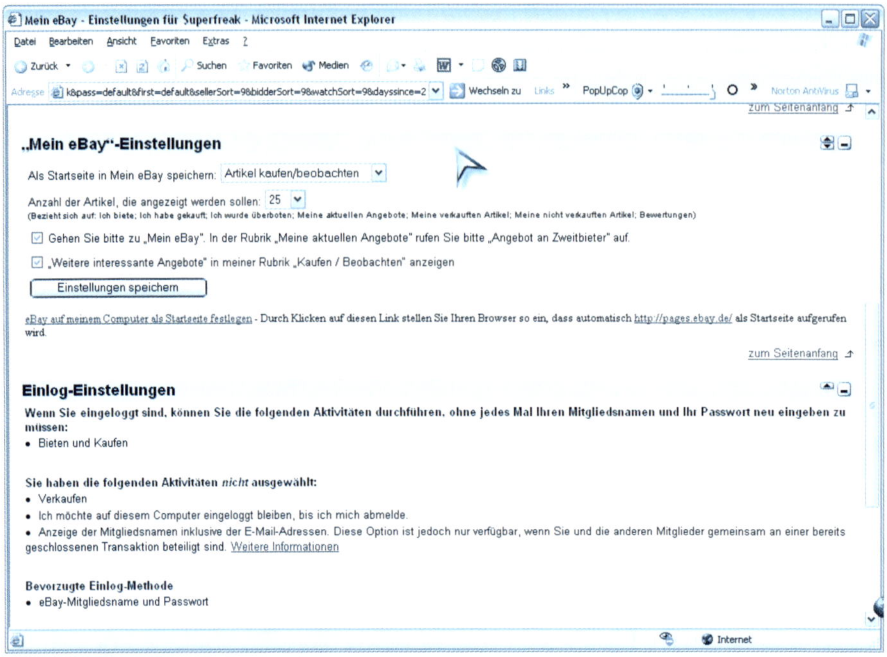

Legen Sie dort fest, welche Registerkarte beim Aufruf von *Mein eBay* geöffnet werden soll oder ob Sie sich bei jeder Transaktion erneut anmelden oder immer eingeloggt bleiben wollen.

> **Hinweis**
>
> *Aus Sicherheitsgründen sollten Sie Letzteres nur am Privat-PC zulassen. So vermeiden Sie Missbräuche mit Ihrem Mitgliedsnamen.*

Zum Schluss!

Kuriose Auktionen bei eBay

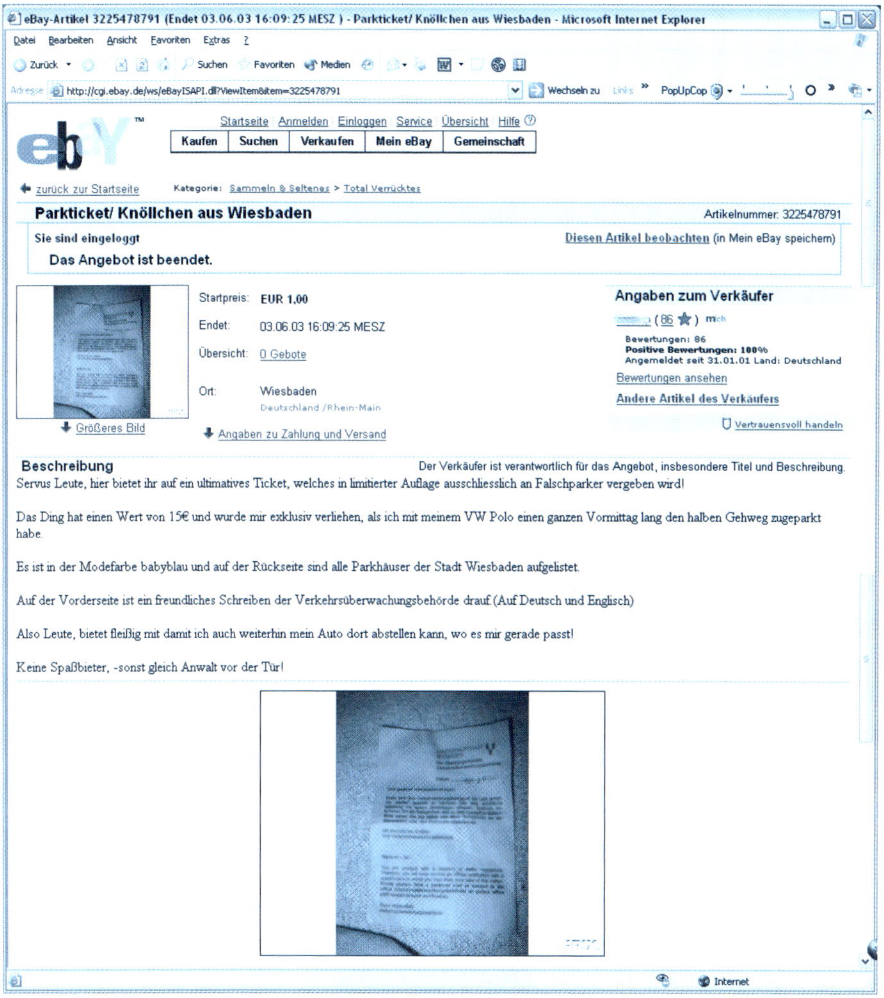

Ebenfalls ein Verstoß gegen die eBay-AGB. Die Strafzettel-Auktion wurde vorzeitig beendet.

Kapitel 2

Kaufen

Schenkt man eBay Glauben, so werden allein auf der deutschen Website täglich etwa eine Million Artikel angeboten. Weltweit sind es ca. zehn Millionen. Eine unbeschreibliche Verlockung: Teure Waren werden zu einem Preis ab 1,– Euro angeboten, und mit etwas Glück macht man ein Superschnäppchen. Leider fällt es bei so einer Angebotsvielfalt nicht gerade leicht, die richtigen Artikel herauszufinden. Angenommen, Sie möchten ein Handy ersteigern, dann ist die Wahrscheinlichkeit, dass bei einer Million Artikel auch einige Handys dabei sind, sehr hoch. Wie finden Sie also Ihr Traumhandy? Bei eBay bieten sich dafür zwei Suchwege an.

Das können Sie schon:

Das lernen Sie neu:

Suchen nach Kategorie

Alle Auktionen bei eBay sind einer oder mehreren Kategorien zugeordnet. Im Regelfall sind die Artikel in diesen Kategorien sehr sorgfältig platziert, da jeder Anbieter ein großes Interesse hat, dass sein Artikel auch gefunden wird. Diese Kategorien sind natürlich sehr allgemein gehalten und passen nicht in jedem Fall. Doch zurück zu unserem Handy-Beispiel.

Lassen Sie uns doch einmal nach einem Handy suchen. Objekt der Begierde soll das Samsung SGH-N500 sein. Los geht's!

1 Stellen Sie eine Internetverbindung her, öffnen Sie die eBay-Homepage. Wählen Sie im Bereich *Kategorien* den Link *Handy & Organizer*.

> **Link**
>
> *(Quer-)Verweis auf Folgeseiten im W(orld) W(ide) W(eb). Der Autor einer Webseite kann einen Verweis mithilfe der Programmiersprache HTML auf seine Seite einfügen, d. h. er muss nicht »siehe Seite Soundso« schreiben, sondern der Leser kann mit einem Mausklick auf diesen Verweis zu der betreffenden Seite und auch wieder zurückgelangen. Diese Verbindungen zu anderen Textstellen und Dokumenten nennt man Links.*

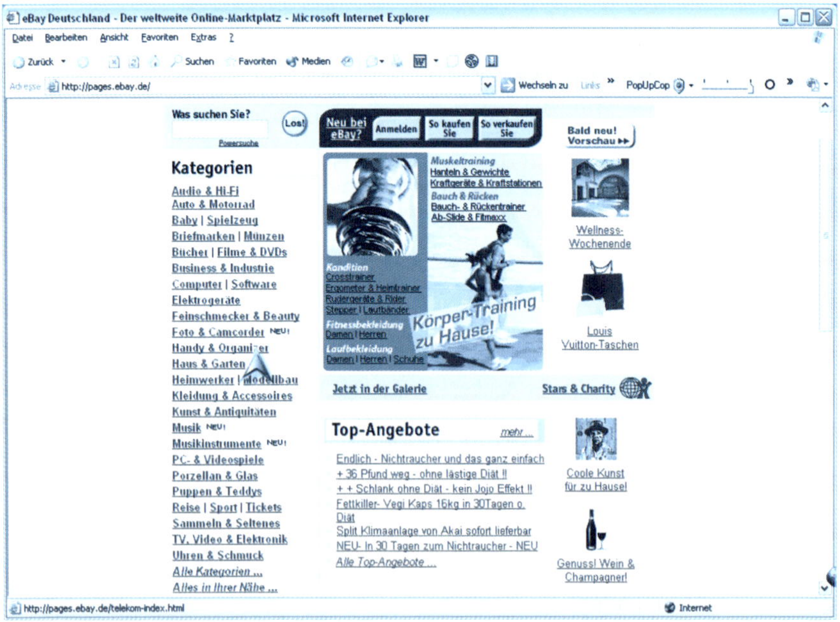

2 Das bringt Sie zu einer weiteren, verfeinerten Kategorisierung. Denn es gibt ja bekanntlich jede Menge Hersteller für Handys. Wählen Sie die Firma *Samsung* für unser Beispiel aus, und klicken Sie im Bereich *Handys ohne Vertrag* auf den entsprechenden Link (Pfeil).

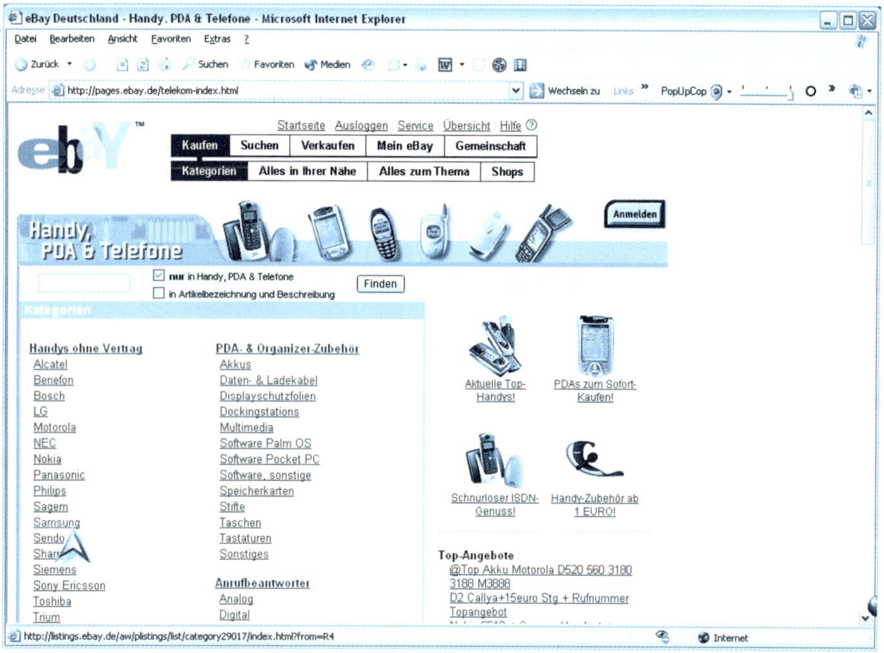

Sie sehen nun alle laufenden Auktionen, die in irgendeiner Form mit Samsung-Handys zu tun haben.

3 Zur weiteren Eingrenzung lenken Sie Ihren Blick nun erneut auf den Bereich *Kategorien*. Dort sind die verfügbaren Modelle/Gerätetypen aufgelistet. Die Zahlen in den Klammern dahinter geben an, wie viele Auktionen gerade in den einzelnen Bereichen eingestellt sind. Wir wählen – unserem Beispiel folgend – den Typ *SGH-N500* aus, für den es immerhin 25 laufende Auktionen gibt. Betrachten Sie das Suchergebnis!

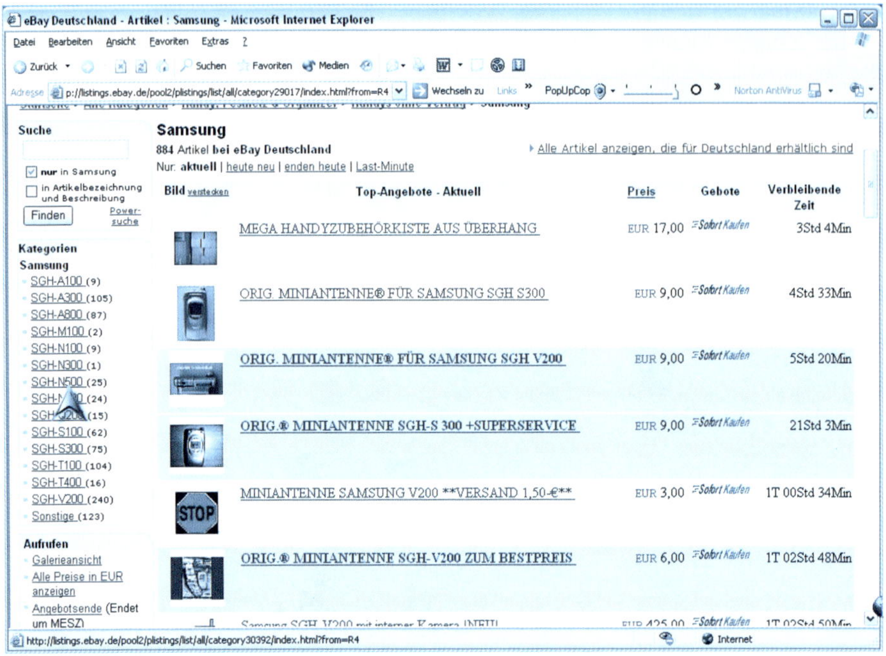
eBay Deutschland - Artikel : Samsung - Microsoft Internet Explorer
Datei Bearbeiten Ansicht Favoriten Extras ?
Zurück Suchen Favoriten Medien
Adresse p://listings.ebay.de/pool2/plistings/list/all/category29017/index.html?from=R4 Wechseln zu Links PopUpCop Norton AntiVirus
Suche
nur in Samsung
in Artikelbezeichnung und Beschreibung
Finden
Power-suche
Kategorien
Samsung
SGH-A100 (9)
SGH-A300 (105)
SGH-A800 (87)
SGH-M100 (2)
SGH-N100 (9)
SGH-N300 (1)
SGH-N500 (25)
SGH-S100 (62)
SGH-S300 (75)
SGH-T100 (104)
SGH-T400 (16)
SGH-V200 (240)
Sonstige (123)
Aufrufen
Galerieansicht
Alle Preise in EUR anzeigen
Angebotsende (Endet um MESZ)
Samsung
884 Artikel bei eBay Deutschland
Alle Artikel anzeigen, die für Deutschland erhältlich sind
Nur: aktuell | heute neu | enden heute | Last-Minute
Bild verstecken
Top-Angebote - Aktuell
Preis
Gebote
Verbleibende Zeit
MEGA HANDYZUBEHÖRKISTE AUS ÜBERHANG EUR 17,00 Sofort Kaufen 3Std 4Min
ORIG. MINIANTENNE® FÜR SAMSUNG SGH S300 EUR 9,00 Sofort Kaufen 4Std 33Min
ORIG. MINIANTENNE® FÜR SAMSUNG SGH V200 EUR 9,00 Sofort Kaufen 5Std 20Min
ORIG.® MINIANTENNE SGH-S 300 +SUPERSERVICE EUR 9,00 Sofort Kaufen 21Std 3Min
MINIANTENNE SAMSUNG V200 **VERSAND 1,50-€** EUR 3,00 Sofort Kaufen 1T 00Std 34Min
STOP
ORIG.® MINIANTENNE SGH-V200 ZUM BESTPREIS EUR 6,00 Sofort Kaufen 1T 02Std 48Min
http://listings.ebay.de/pool2/plistings/list/all/category30392/index.html?from=R4
Internet

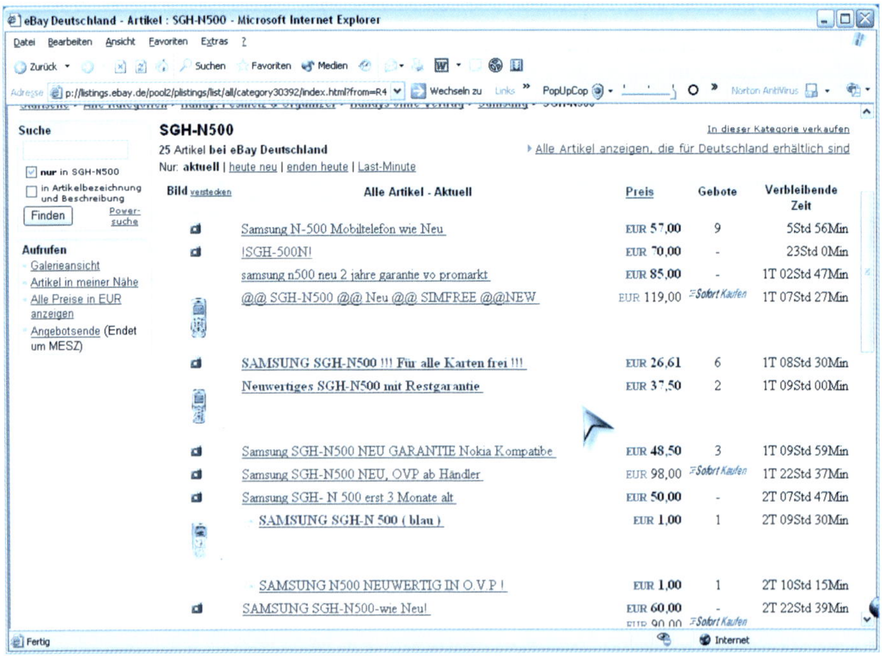
eBay Deutschland - Artikel : SGH-N500 - Microsoft Internet Explorer
Datei Bearbeiten Ansicht Favoriten Extras ?
Zurück Suchen Favoriten Medien
Adresse p://listings.ebay.de/pool2/plistings/list/all/category30392/index.html?from=R4 Wechseln zu Links PopUpCop Norton AntiVirus
Suche
nur in SGH-N500
in Artikelbezeichnung und Beschreibung
Finden
Power-suche
Aufrufen
Galerieansicht
Artikel in meiner Nähe
Alle Preise in EUR anzeigen
Angebotsende (Endet um MESZ)
SGH-N500
In dieser Kategorie verkaufen
25 Artikel bei eBay Deutschland
Alle Artikel anzeigen, die für Deutschland erhältlich sind
Nur: aktuell | heute neu | enden heute | Last-Minute
Bild verstecken
Alle Artikel - Aktuell
Preis
Gebote
Verbleibende Zeit
Samsung N-500 Mobiltelefon wie Neu EUR 57,00 9 5Std 56Min
!SGH-500N! EUR 70,00 - 23Std 0Min
samsung n500 neu 2 jahre garantie vo promarkt EUR 85,00 - 1T 02Std 47Min
@@ SGH-N500 @@ Neu @@ SIMFREE @@NEW EUR 119,00 Sofort Kaufen 1T 07Std 27Min
SAMSUNG SGH-N500 !!! Für alle Karten frei !!! EUR 26,61 6 1T 08Std 30Min
Neuwertiges SGH-N500 mit Restgarantie EUR 37,50 2 1T 09Std 00Min
Samsung SGH-N500 NEU GARANTIE Nokia Kompatibe EUR 48,50 3 1T 09Std 59Min
Samsung SGH-N500 NEU, OVP ab Händler EUR 98,00 Sofort Kaufen 1T 22Std 37Min
Samsung SGH- N 500 erst 3 Monate alt EUR 50,00 - 2T 07Std 47Min
SAMSUNG SGH-N 500 (blau) EUR 1,00 1 2T 09Std 30Min
SAMSUNG N500 NEUWERTIG IN O.V.P ! EUR 1,00 1 2T 10Std 15Min
SAMSUNG SGH-N500-wie Neu! EUR 60,00 - 2T 22Std 39Min
Fertig
Internet

eBay-Schlagwortsuche

1 Gehen Sie zurück auf die eBay-Startseite, und geben Sie in das Feld *Suche* den Begriff »Samsung SGH-N500«, ein und klicken Sie auf *Los*.

Hinweis

Groß- bzw. Kleinschreibung ist bei den Suchfunktionen bedeutungslos.

Ihr aktuelles Suchergebnis wird mit Sicherheit von dem hier abgebildeten abweichen, dennoch ist zu erwarten, dass Sie eine ganze Reihe von Treffern haben werden. Da wir aber nur eine Liste aller Artikel, in denen unser Suchbegriff zu finden ist, erhalten haben, muss die Suche weiter präzisiert werden.

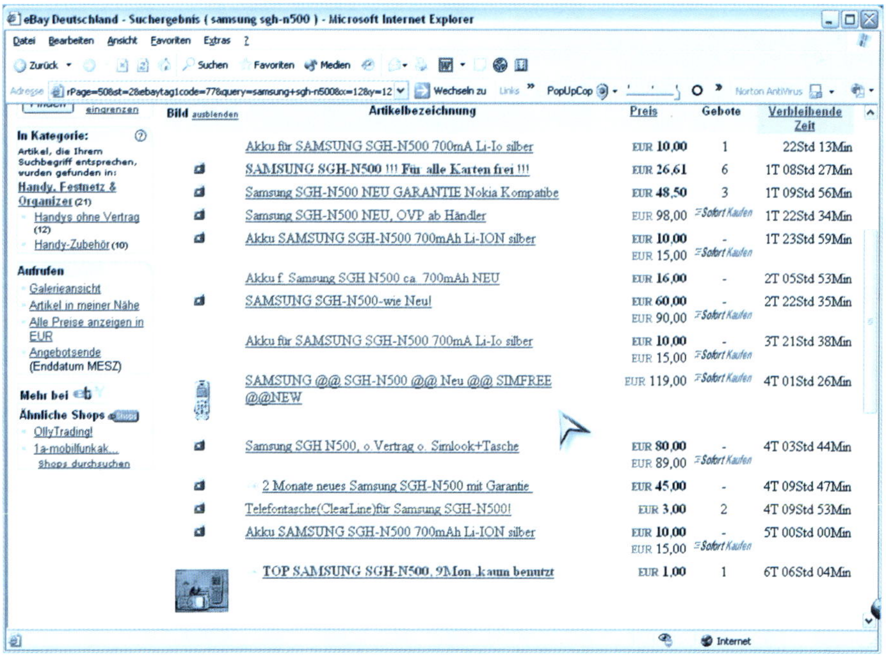

Anfangs wird Ihnen die Kombination beider Suchmechanismen die besten Ergebnisse liefern. Mit zunehmender Erfahrung werden Sie Ihre Suche wahrscheinlich genauer eingrenzen und dafür die *eBay-Powersuche* nutzen.

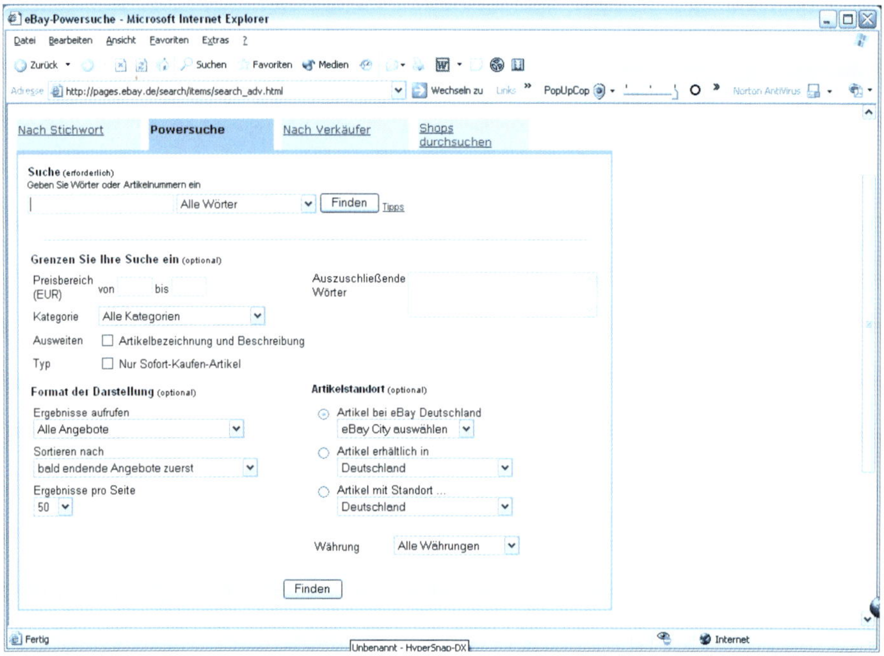

Suchergebnis auswerten

Bestimmt haben Sie bemerkt, dass in den Ergebnislisten verschiedene kleine Bilder (so genannte Thumbnails) und Symbole zu finden sind. Das Bild erschließt sich meistens sofort, die Symbole allerdings sind nicht immer selbsterklärend.

Symbol	Bedeutung
	Sie können diese Auktion vor Ablauf der Auktionszeit durch Zahlung eines festen Preises beenden.
	Artikel wurde in der *eBay-Galerie* eingestellt.
	Diese Auktion ist in den letzten 24 Stunden eingetragen worden.

Symbol	Bedeutung
	»Heiß begehrt«-Artikel – Zu diesem Artikel wurden mehr als 30 Gebote abgegeben.
	Zum Listeneintrag dieses Artikels ist ein Bild vorhanden.

Hinweis

»Heiß begehrt« bezieht sich wirklich nur auf die Anzahl abgegebener Gebote. Es sagt weder etwas über die Qualität des Artikels aus noch ist es ein Zeichen für einen besonders günstigen Preis.

Die Gesamtansicht einer Auktion

Haben Sie einen Artikel gefunden, der Sie interessiert, sollten Sie die Details näher betrachten. Wenn Sie in Ihrer Ergebnisliste auf eine einzelne Zeile klicken, erscheint die Gesamtansicht dieser Auktion. Was auf den ersten Blick etwas unübersichtlich wirkt, enthält sehr viele wichtige Informationen.

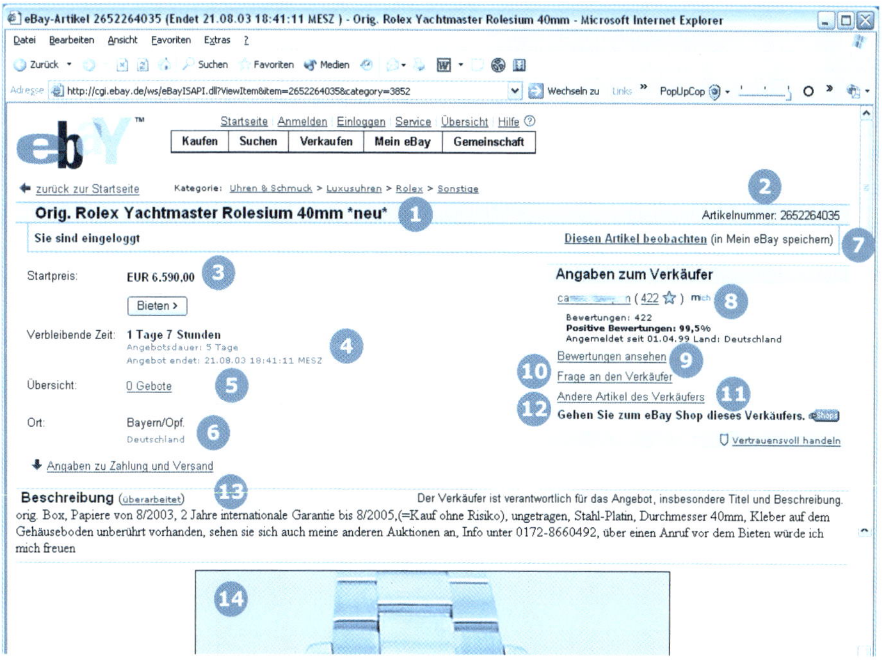

15 00243
Kostenlose Besucherzähler von Andale.

Angaben zu Zahlung und Versand 16

Verpackung und Versand: **EUR 30,00** (innerhalb Deutschland)
Käufer trägt Versandkosten

Versandversicherung: In Versand enthalten

Versand nach: Deutschland, Europa

Zahlungshinweise des Verkäufers:
Nach Eingang der Zahlung wird Ihnen das Paket per Wertpaket (versichert) zugesendet.

Akzeptierte Zahlungsmethoden

- Überweisung
- Verrechnungsscheck
- Barzahlung bei Abholung
- Siehe Artikelbeschreibung

Informationen zu Zahlungsmethoden.

Service

Treuhand-service Sicherheit bei eBay -Treuhandservice
Postbank Noch'n Schnäppchen: Privatkredit online
Uhren und Schmuck sicher versenden

Gebot abgeben

Orig. Rolex Yachtmaster Rolesium 40mm *neu*

Startpreis: EUR 6.590,00

Ihr Maximalgebot: **EUR** (Geben Sie mindestens **EUR 6.590,00** ein)

Bieten >

eBay bietet automatisch für Sie mit bis zur Höhe Ihres **Maximalgebots**.
Mehr zum Thema Bieten.

Internet

Auktionsname (1)

Die Artikelbezeichnung, die Sie bereits in der Ergebnisliste gelesen haben

Artikelnummer (2)

Eine eindeutige Auktionsnummer, durch die Sie die Auktion jederzeit identifizieren können

Startpreis (3) (solange noch kein Gebot vorliegt) oder **Aktuelles Gebot** der Auktion

Zeitangabe (4)

Die verbleibende Zeit der Auktion. Bei Auktionen mit mehr als einem Artikel finden Sie hier unter der Zeit- noch eine Mengenangabe.

> **Hinweis**
>
> *Lassen Sie sich hier nicht verwirren! Bei Artikelbeschreibungen wie etwa »50 CD-Rohlinge« bezieht sich die Mengenangabe 1 auf das gesamte Paket, also 50 Stück.*

Gebote (5)

Sie sehen hier die Anzahl der aktuell abgegebenen Gebote und, sofern bereits ein Gebot vorliegt, den Startpreis. Klicken Sie auf *Gebote*, sehen Sie den gesamten bisherigen Verlauf der Auktion.

Ort (6)

Aus zwei Gründen kann diese Angabe wichtig für Sie sein:

- Der Artikel ist so groß und sperrig, dass er nur schwer mit der Post oder einer Spedition verschickt werden kann. Er müsste also von Ihnen abgeholt werden.
- Sie haben gewichtige Gründe, das Geschäft vor Ort, direkt abzuwickeln (Sie vertrauen dem Anbieter nicht, der Artikel hat einen hohen Wert usw.).

Diesen Artikel beobachten (7)

Sehr wichtige Funktion!

Es gibt Artikel, die Sie nicht erwerben möchten, deren Auktionsausgang Sie aber interessiert. Andere Artikel wiederum haben vielleicht einen so hohen Startpreis, dass Sie nur beobachten wollen, ob überhaupt jemand bietet, um dem Anbieter nach erfolglosem Ablauf der Auktion vielleicht ein schlechteres Angebot machen zu können. Möglicherweise möchten Sie ja auch den Auktionspreis nicht frühzeitig hochtreiben, um erst im letzten Moment Ihr Gebot abzugeben. Es gibt also viele Gründe, sich einen direkten Weg zu einigen für Sie interessanten Auktionen offen zu halten. Wenn Sie einen Artikel beobachten, können Sie ihn aus *Mein eBay* heraus immer wieder aufrufen.

Verkäufer (8)

An dieser Stelle finden Sie den Mitgliedsnamen des Anbieters, gefolgt von einer Zahl und eventuell diversen Symbolen. Den Mitgliedsnamen wählt jeder Anwender bei der Erstanmeldung aus. Die Zahl hinter dem Namen repräsentiert die Anzahl an Bewertungspunkten, die der eBayer bereits angesammelt hat.

Bewertungen ansehen (9)

Frage an den Verkäufer (10)

Haben Sie Fragen an den Verkäufer des angebotenen Produkts? Das können Sie während der Auktion hier tun. Der Link führt Sie zu einem Formular auf der Website von eBay, das Sie entsprechend ausfüllen und abschicken können. Erst wenn der Verkäufer Ihnen antwortet, haben Sie seine eBay-Adresse.

Hinweis

Vorsicht bei derartigen Formularen, denn man weiß nie genau, ob nicht doch jemand »mitliest«. Auch wenn eBay laut eigener Aussage diese Formulare ungelesen weiterleitet, sollten Sie bei dieser ersten Kontaktaufnahme den Verkäufer nicht zum Verkauf außerhalb von eBay auffordern. Das wäre ein grober Verstoß gegen die AGBs von eBay.

Andere Artikel des Verkäufers (11)

Zum einen können Sie hier die Seriosität des Anbieters prüfen: Bietet er aktuell viele teure Artikel an, ist aber sein Bewertungsprofil wenig aussagekräftig? Vorsicht! Zum anderen können Sie, scheint das Angebot seriös, durch eventuelle Zusatzeinkäufe beim Porto sparen.

Gehen Sie zum eBay Shop dieses Verkäufers (12)

Bei Interesse können Sie einen Abstecher in den eBay-Shop des Verkäufers machen.

Tipp

Wenn Sie in verschiedenen Auktionen eines Verkäufers bieten, nehmen Sie nach der ersten Auktion mit ihm Kontakt auf und teilen Sie ihm mit, dass Sie noch für einen seiner Artikel in einer anderen Auktion bieten und deshalb mit der Transaktion warten wollen. Oft besitzt der Anbieter nämlich diesen Artikel mehr als nur einmal und macht außerhalb von eBay ein gutes Angebot.

Artikelbeschreibung (13)

Hier heißt es genau hinsehen! Der Verkäufer bewirbt sein Produkt. Lassen Sie sich nicht von bunten Bildern und blumigen Worten verführen, sondern sieben Sie die Informationen heraus:

- Handelt es sich bei dem Artikel um Markenware oder ein No-Name-Produkt oder gar um ein Plagiat?
- Handelt es sich um Neuware oder Gebrauchtware?
- Und wenn es Gebrauchtware ist: Wie ist deren Zustand?
- Hat der Artikel noch (Rest-)Garantie? Räumt der Verkäufer eventuell Garantien oder ein Umtauschrecht ein?
- Ist das beigefügte Foto ein aktuelles Originalfoto?
- Erhalten Sie eine Rechnung über das Produkt?

Wer bei eBay die Unwahrheit schreibt, muss mit einer Rückabwicklung des Geschäfts rechnen und riskiert schlechte Bewertungen. Wer die Wahrheit aber etwas streckt und dehnt, handelt nicht unbedingt illegal. Meiden Sie solche Geschäftspartner, sobald Sie sie erkennen. Und ganz wichtig: Fragen Sie immer dann beim Verkäufer nach, wenn Sie sich nicht 100-prozentig sicher sind.

Leider sieht man einer Ware auch nicht an, ob es sich um Diebesgut handelt oder nicht. Denken Sie daran, dass viele teure Artikel (z. B. Uhren) oft über Seriennummern verfügen. Sie können sie im Zweifelsfall beim Verkäufer erfragen und per Internet, Hersteller oder Polizei überprüfen. An seiner Bereitschaft, Ihnen diese Nummer zur Verfügung zu stellen, lässt sich bereits erkennen, dass er sich bezüglich seiner Ware recht sicher ist.

Produktabbildung (14)

Hier befindet sich hoffentlich ein Bild des angebotenen Artikels. Es gibt leider immer noch zu viele Anbieter, die keine Abbildung ihres Produkts ins Internet stellen. Seien Sie jedoch vorsichtig, wenn das Bild von der Herstellerseite stammt, der angebotene Artikel also im Neuzustand gezeigt wird. Bei gebrauchter Ware sollte es sich auf jeden Fall um ein Originalfoto handeln.

Besucherzähler (15)

Der Besucherzähler zeigt an, wie oft diese Artikelvollansicht von eBayern aufgerufen wurde. Dies ist sowohl für Sie als Verkäufer als auch als Käufer sehr wesentlich, denn es sagt viel über das Interesse der eBay-Mitglieder an diesem Produkt aus. Da Sie keine Informationen darüber erhalten, wie viele eBayer diesen Artikel beobachten, ist der Besucherzähler ein wichtiges Instrument, um den Ausgang der Auktion abzuschätzen. Als Käufer werden Sie ab einer vierstelligen Zahl wohl kaum auf ein Schnäppchen hoffen dürfen.

Zahlung und Versand (16)

Sozusagen die Spielregeln des Verkäufers. Sollte das Produkt sehr teuer sein oder wirft das Bewertungsprofil des Verkäufers Fragen bei Ihnen auf, kann es nicht schaden, vor Ablauf der Auktion mit dem Verkäufer Kontakt aufzunehmen und mit ihm über die Abwicklungsmodalitäten zu sprechen. Fast immer werden Sie dabei auf Verhandlungsbereitschaft stoßen.

Bieten

Genug graue Theorie, jetzt wird es ernst. Haben Sie schon einen interessanten Artikel ausgemacht? Dann ist Mitbieten angesagt.

Hinweis

Vorsicht, verfallen Sie nicht einem Kaufrausch, denn es besteht die Gefahr, dass Sie für einen Artikel mehr bezahlen, als dieser eigentlich wert war. Setzen Sie sich schon vor dem ersten Gebot ein Limit. Wenn es überschritten wird, verzichten Sie.

Manuelles Bieten – umständlich, aber sicher

Am naheliegendsten ist es, das aktuelle Gebot zu erhöhen, und genau das werden wir jetzt tun:

1 Suchen Sie sich eine Auktion, bei der Sie mitbieten möchten, und wechseln Sie in die Gesamtansicht.

2 Im unteren Bereich der Auktion können Sie nun Ihr Gebot abgeben.

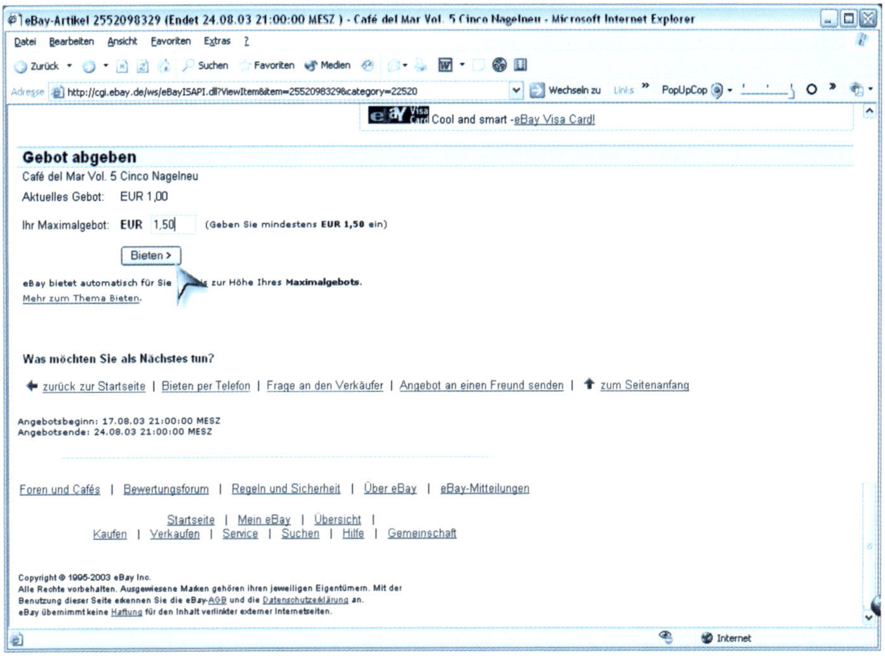

3 Tippen Sie das angegebene Mindestgebot ein, und klicken Sie auf die Schaltfläche *Bieten*. Sollten Sie nicht angemeldet sein, erscheint noch die Eingabemaske zum Einloggen.

4 Sie werden anschließend aufgefordert, eine Bestätigung Ihres Gebots abzugeben – vielleicht haben Sie sich ja vertippt. Überprüfen Sie noch einmal alles, und klicken Sie dann auf *Senden*.

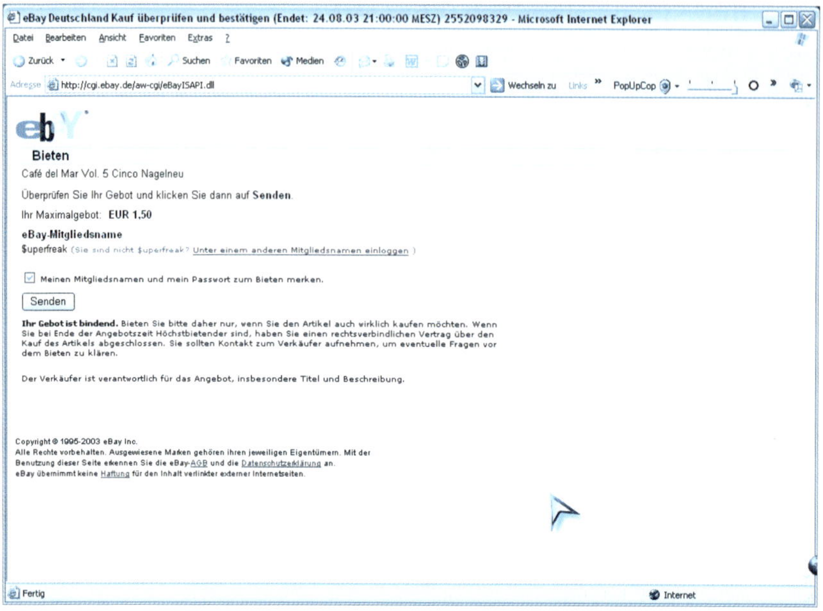

Gratulation, Sie haben soeben ein rechtsverbindliches Gebot auf die aktuelle Auktion abgegeben. Jetzt sehen Sie entweder dieses Fenster, das Sie als Höchstbietenden ausweist, ...

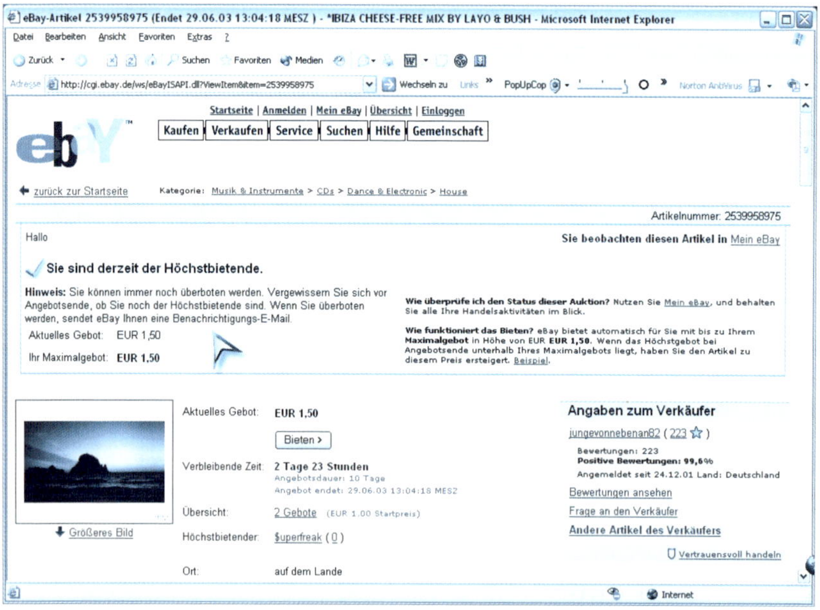

… oder es gibt da jemanden, der mehr bietet als Sie.

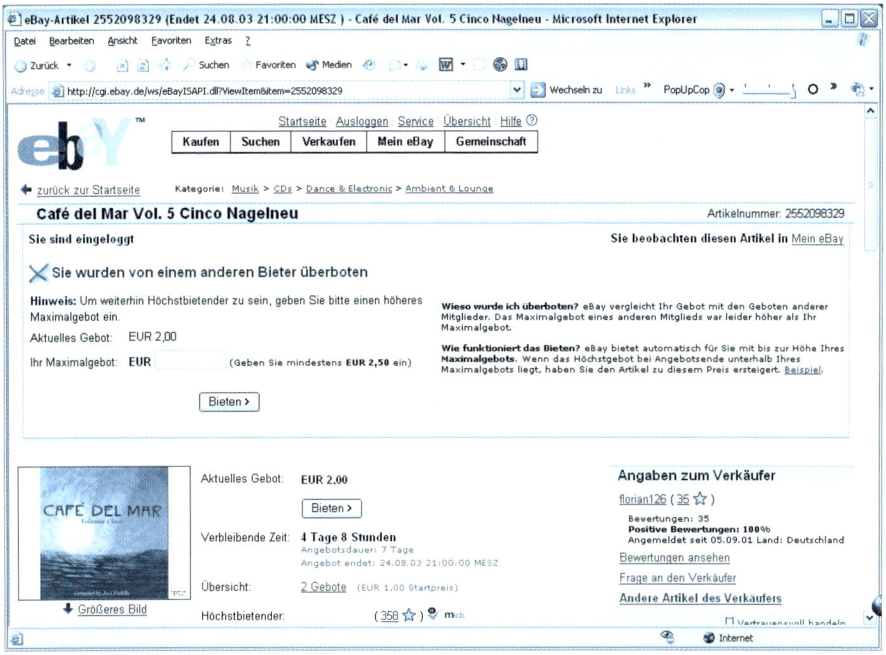

Was ist passiert? Genau in dem Moment, in dem Sie Ihr Angebot abgegeben haben, wurden Sie überboten. Das Werk eines Agentengebots: eBay erlaubt diese Agentengebote, Sie können also eBay beauftragen, bis zu einem von Ihnen festgelegten Betrag auf Gebote anderer Bieter zu reagieren und den Betrag zu erhöhen. Genau das ist eben durch den Bietagenten eines anderen Interessenten passiert. Wir befassen uns gleich näher damit.

5 Haben Sie Ihr gesetztes Limit noch nicht erreicht, so wiederholen Sie die gesamte Prozedur noch einmal. Liegt der Preis aber weit von dem zu erwartenden Endpreis entfernt (z. B. 1,– Euro für eine Breitling-Uhr), sollten Sie lieber weiterlesen, bevor Sie blutige Finger von der Tipperei bekommen.

Bieten mit dem Bietagenten

Eine Auktion über deren gesamte Laufzeit live zu verfolgen ist nahezu unmöglich. Aus diesem Grund gibt es bei eBay die Möglichkeit, den Computer mit dieser Arbeit zu beauftragen. Ein solches Agentengebot abzugeben ist recht einfach: Statt des Mindestbetrags geben Sie in das Feld für die Gebotsabgabe einen höheren Betrag ein. Der eBay-Computer wird nun so lange in Ihrem Namen und Auftrag bieten, bis dieser Betrag erreicht ist. Der Bietagent ist oft die einzige Chance, am Ende aus einer Auktion als Sieger hervorzugehen. Wenn der »Bietendspurt« losgeht, haben manuelle Gebote kaum eine Chance, denn dabei geht es um Sekunden.

Tipp

Wenn Sie Bietagenten verwenden, sollten Sie Ihr Höchstgebot auf keinen Fall zu einem zu frühen Zeitpunkt der Auktion bekannt geben, am besten setzen Sie den Bietagenten erst kurz vor dem Ende der Auktion ein.

1 Lassen Sie uns als Beispiel eine Auktion für einen MP3-Player wählen. Zunächst wechseln wir in die Gesamtansicht dieser Auktion.

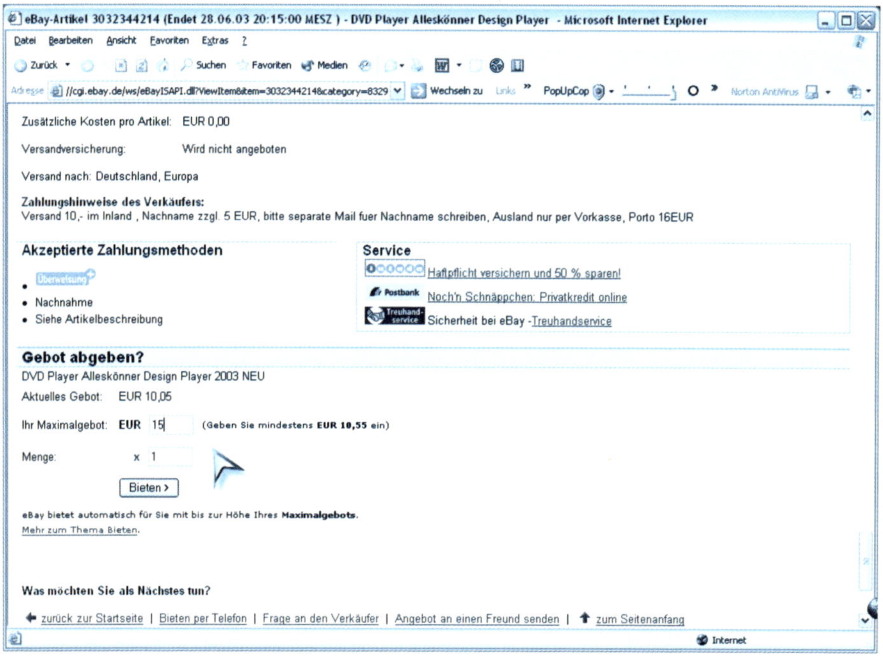

2 In das Feld zur Gebotsabgabe wird nun nicht das Mindestgebot, sondern ein höheres Gebot eingetragen.

3 Sie erhalten den Hinweis, dass Sie ein Maximalangebot abgegeben haben, das Sie mit einem Klick auf *Senden* bestätigen.

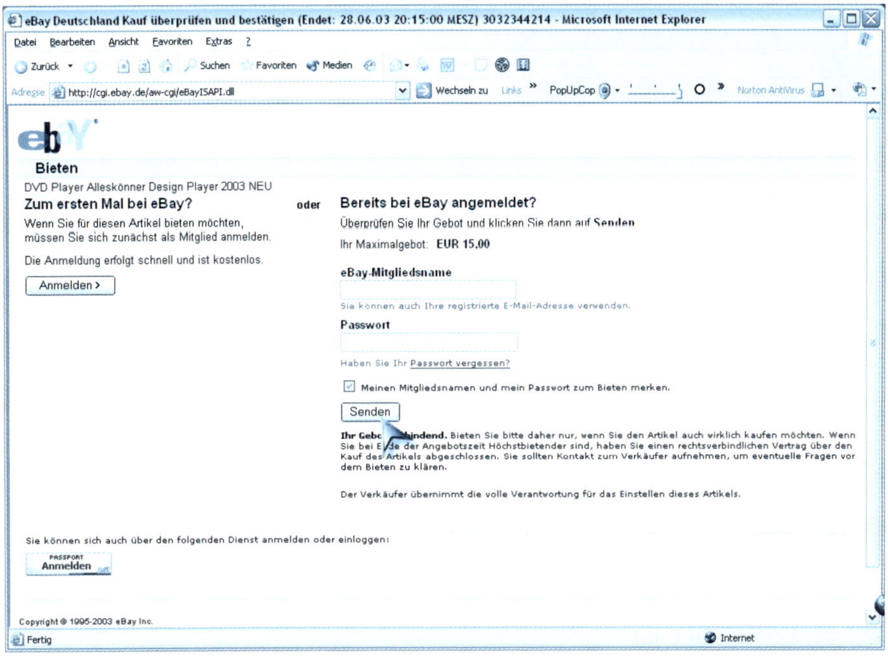

Bei eBay wird der von Ihnen gesetzte Bietagent nun mit dem im System befindlichen Gebot eines oder mehrerer Bieter verglichen. eBay reizt den gesetzten Bietagenten nicht sofort aus, sondern bietet stets nur das erforderliche Minimum. Es ist also durchaus möglich, eine Auktion zu gewinnen, obwohl der Bietagent noch »Luft« für höhere Gebote hätte.

4 Falls Sie momentan Höchstbietender einer Auktion sind, in deren Verlauf Sie jedoch überboten werden, erhalten Sie eine E-Mail, um unter Umständen noch reagieren zu können.

In unserem Beispiel hatte ich kein Glück. Trotz Bietagent und obwohl ich die Schritte bis zur Preis-Schmerzgrenze wiederholte, hat man mich mehrfach überboten.

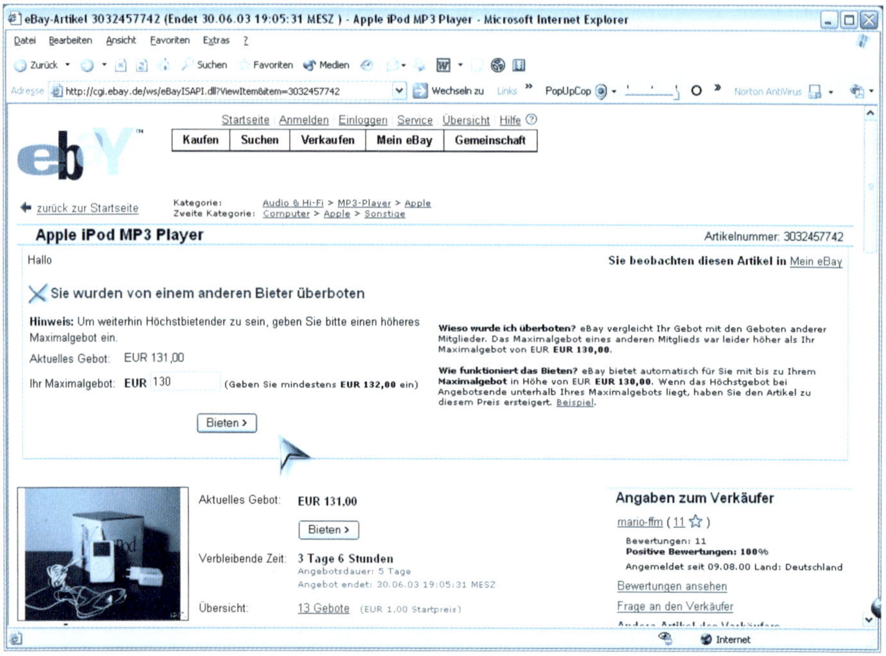

Powerauktionen

Bei einer Powerauktion sieht es allerdings ganz anders aus. Dummerweise kennzeichnet eBay diese noch nicht in den Trefferlisten, sodass Sie erst in der Gesamtansicht merken, dass es sich bei dieser Auktion um eine Powerauktion handelt.

1 Wechseln Sie also in die Gesamtansicht der Auktion.

Eine Powerauktion erkennen Sie daran, dass die Zahl bei der *Menge*-Angabe größer als *1* ist.

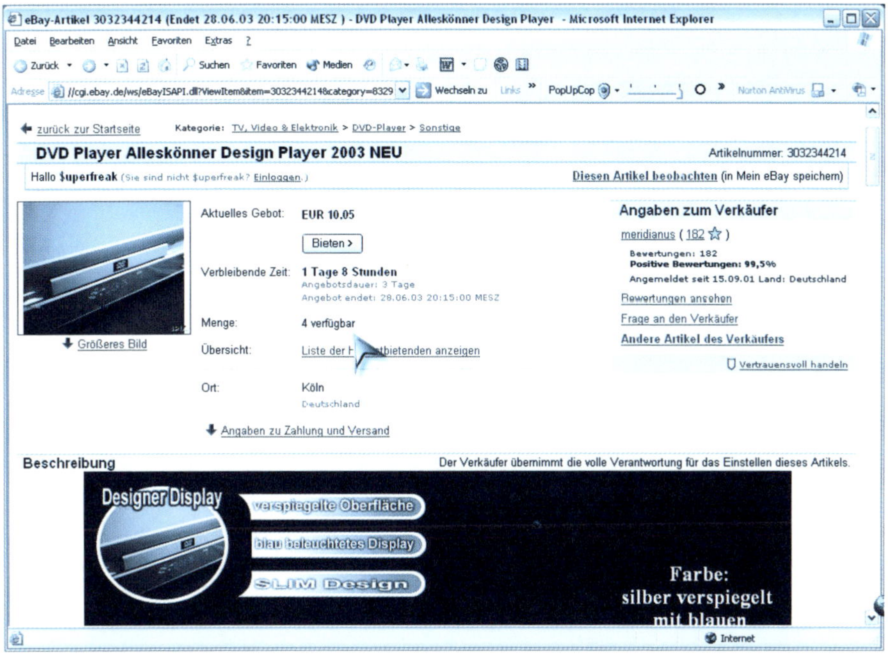

Zudem müssen Sie unten im Bieterfeld neben dem aktuellen Gebot auch die gewünschte Stückzahl angeben.

Hinweis

Das abgegebene Angebot gilt pro Stück und es gibt keine Garantie dafür, dass Sie auch die volle Stückzahl erhalten.

2 Im Bieterbereich finden Sie jetzt zwei Felder vor. In das obere setzen Sie Ihr Maximalgebot pro Stück. Beachten Sie bitte, dass es bei Powerauktionen keinen Bietagenten gibt, das bedeutet, dass das von Ihnen abgegebene Angebot in voller Höhe für alle anderen Bieter sichtbar ist. Bieten Sie also erst im letzten Moment, um Ihre Zahlungsbereitschaft so lange wie möglich geheim zu halten.

3 Darunter geben Sie bei *Menge* die maximale Stückzahl ein, für die Sie bieten wollen. Anschließend klicken Sie auf *Bieten*.

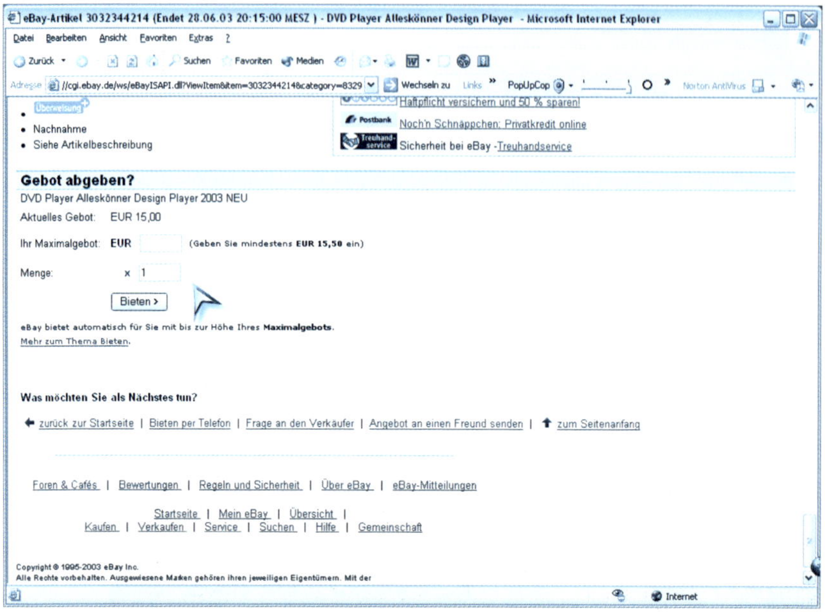

4 Auf der nun auftauchenden Gebotsliste sehen Sie, wie viele Gebote über dem Ihren liegen. Diese werden zuerst mit Ware beliefert. Erhöhen Sie bei Bedarf den Betrag. Auch hier ist Mitbieten in letzter Sekunde von Vorteil.

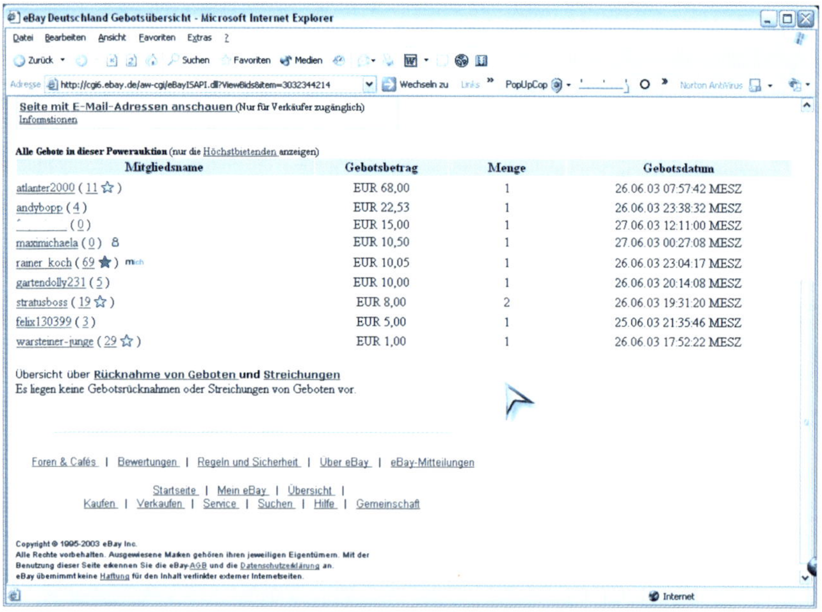

Die Sofort-Kaufen-Option

Viele Auktionen bieten Ihnen entweder die Möglichkeit, direkt zu kaufen, oder sind genau genommen gar keine Auktionen, weil sie nur einen Sofortkauf zu einem festen Preis zulassen. Diese Sofort-Kaufen-Option hat den Vorteil, dass Sie nicht mehr überboten werden können und auch nicht bis zum Ende der Auktion warten müssen, denn Sie beenden die Auktion in dem Moment, in dem Sie die Sofort-Kaufen-Option wahrnehmen.

1 Auktionen, die Sie durch einen Sofortkauf beenden können, erkennen Sie bereits in der Listenansicht am *Sofort Kaufen*-Logo. Wechseln Sie bei einer solchen Auktion zunächst wieder in die Gesamtansicht.

2 Innerhalb dieser Gesamtansicht unterscheiden sich beide Auktionsarten durch das Bieterfeld unten. Es gibt einerseits die Option zu bieten oder zu kaufen.

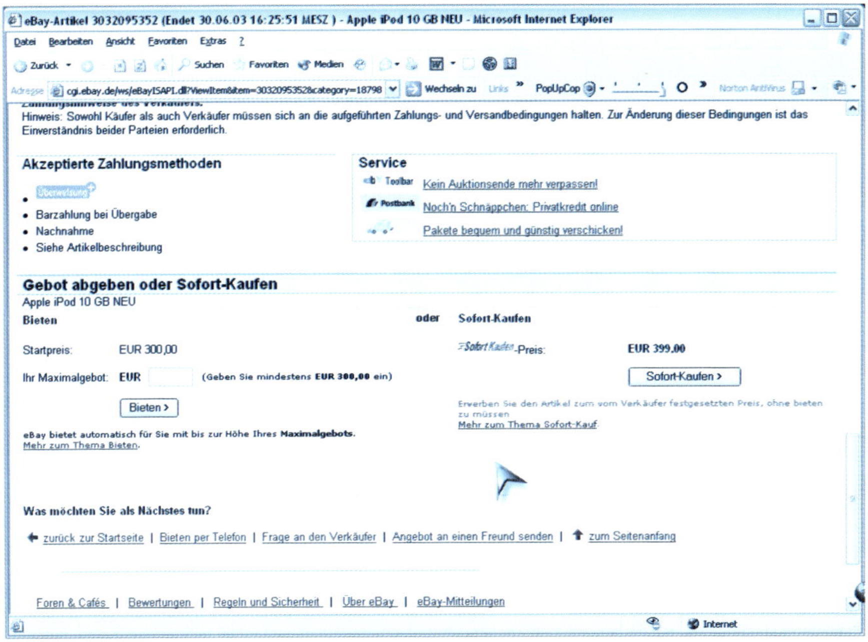

Andererseits können Sie Angebote ausschließlich zum Festpreis erwerben.

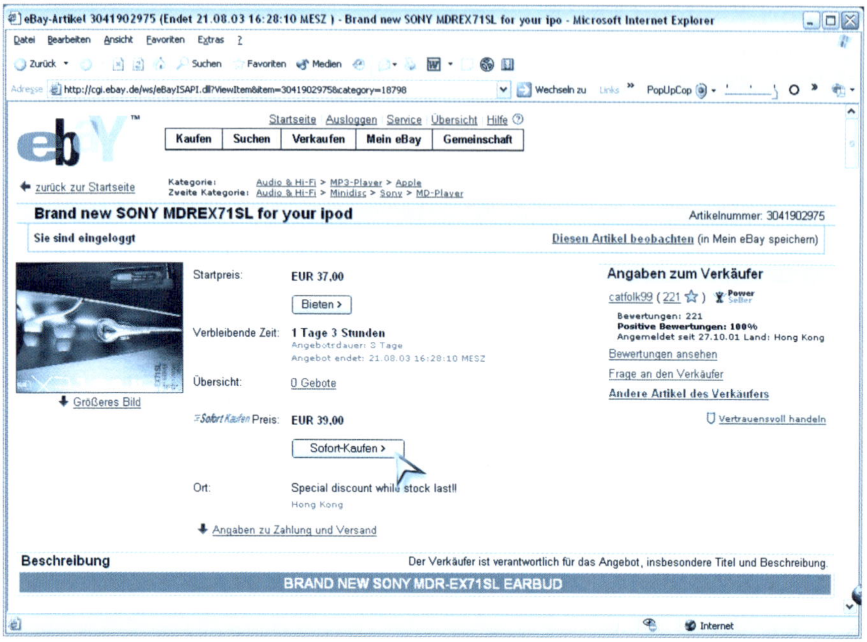

In beiden Fällen führt ein Klick auf die Schaltfläche *Sofort-Kaufen* zum Ende der Auktion.

3 Dieser Sofortkauf ist ein unmittelbares Rechtsgeschäft, weshalb auch hier eine erneute Bestätigung verlangt wird (gegebenenfalls ist ein Einloggen erforderlich).

4 Jetzt haben Sie noch die Möglichkeit, dem Verkäufer eine Nachricht zu hinterlassen. Unbedingt notwendig ist das allerdings nicht.

Die Notbremse: Zurücknahme eines Gebots

Haben Sie sich vertan? Etwa die Artikelbeschreibung nicht richtig durchgelesen und nun statt für ein Handy nur für eine Handytasche geboten? In diesem Fall stimmt das abgegebene Agentengebot natürlich nicht. Sie müssen es schleunigst zurückziehen. Und das geht so:

1 Haben Sie zum Beispiel statt 10,– Euro 10 000,– Euro eingegeben, können Sie unter dem Link *http://pages.ebay.de/help/basics/g-bid-retranction.html* das Gebot zurückziehen.

Hinweis

Dies sollte Ihnen so selten wie möglich passieren, denn ein Gebot kann nur in Ausnahmefällen zurückgezogen werden, und eine Rücknahme des Gebots wird in Ihrem Bewertungsprofil vermerkt.

2 Identifizieren Sie sich mit Ihrem eBay-Mitgliedsnamen und dem Passwort (diese Anmeldung müssen Sie auch durchführen, wenn Sie bereits eingeloggt sind). Mit dieser Sicherheitsabfrage möchte eBay vermeiden, dass jemand so einschneidende Dinge wie eine Gebotsrücknahme in Ihrem Namen durchführen kann (z. B. wenn Ihr PC unbeaufsichtigt ist).

3 Geben Sie die Nummer der Auktion ein, von der Sie ein Gebot zurückziehen wollen. Außerdem müssen Sie noch die Rücknahme eines Gebots begründen.

Hinweis

Bei einer Auktion haben Sie während der Laufzeit die Möglichkeit, Ihr Gebot zurückzuziehen. Beim Aktivieren der Sofort-Kaufen-Option dagegen entsteht ein unmittelbar bindender Kaufvertrag zwischen Ihnen und dem Verkäufer. Überlegen Sie also genau, bevor Sie zuschlagen!

Kurz nach einer Fehleingabe ist es noch einfach, ein Gebot zurückzuziehen, in den letzten 12 Stunden der Auktion ist es dagegen so gut wie unmöglich.

Sollte der Fall der Fälle nun doch eingetreten sein, dass Sie versehentlich einen Artikel ersteigert haben, den Sie gar nicht wollten, gibt es noch die Möglichkeit, dem Verkäufer anzubieten, die eBay-Gebühren zu übernehmen, damit er seine Ware ohne zusätzliche Kosten erneut einstellen kann. Eine Verpflichtung dazu besteht nicht, jedoch wird er es wohl nur in Ausnahmefällen auf einen Rechtsstreit anlegen.

Tipp

Um den Ausgang der Auktion nicht zu gefährden, hat eBay die Rücknahme von Geboten in den letzten 12 Stunden einer Auktion nahezu unmöglich gemacht. Wer dennoch dringend ein Gebot zurückziehen muss, setzt sich am besten mit dem Verkäufer in Verbindung. Dieser darf nämlich Gebote bis zur letzten Sekunde streichen. Rechtlich gesehen ist er nicht dazu verpflichtet, Ihr Gebot zu streichen. Wenn Sie jedoch vor Auktionsende bereits Ihren Fehler signalisieren, wird er kaum darauf bestehen.

Telefonbieten – ohne Computer bieten

Telefonbieten ist ein kostenpflichtiger Zusatzdienst von eBay. Ein Computer ruft Sie zwei Minuten vor Ende der Auktion an und informiert Sie über den aktuellen Auktionsstand. Dabei können Sie entscheiden, ob Sie telefonisch live mitbieten möchten.

Sie gelangen zur Anmeldung für das *Telefonbieten* unter *http://www.voicebidding.de/default.asp.* Dort identifizieren Sie sich mit Ihrem eBay-Namen und Ihrem Passwort.

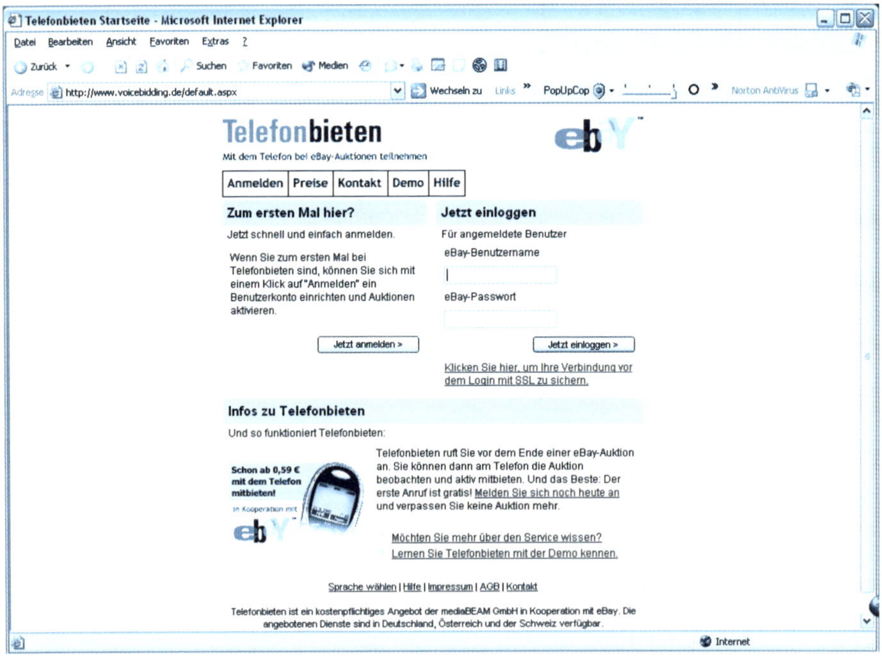

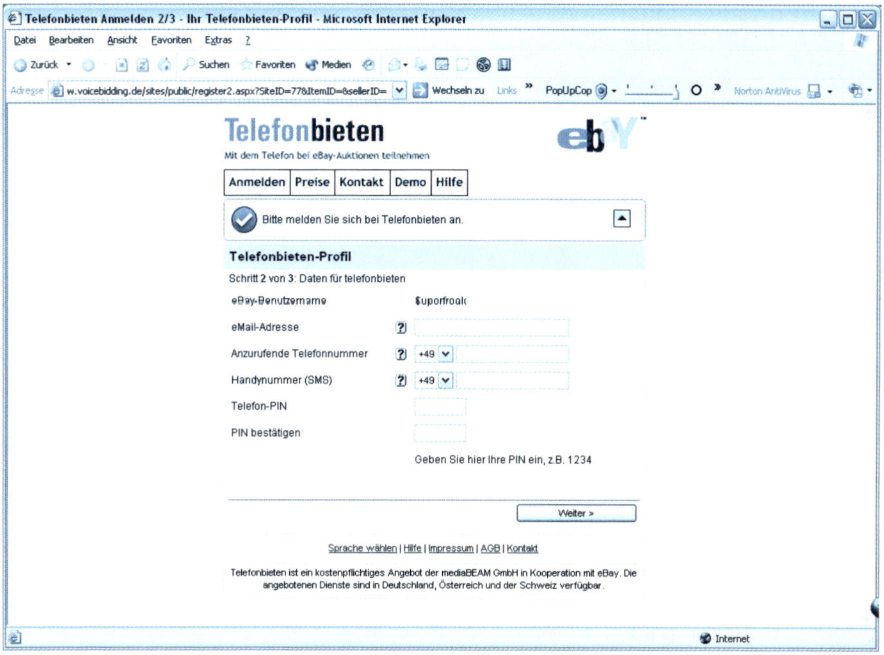

Nachdem Sie das Anmeldeformular vollständig ausgefüllt haben, gelangen Sie auf die Hauptseite von *Telefonbieten*. Dort können Sie die Auktionen, von denen Sie benachrichtigt werden wollen, aktivieren.

Auktion gewonnen – und jetzt?

Sobald eine Auktion beendet ist, werden Verkäufer und Höchstbieter von eBay per E-Mail benachrichtigt. Diese E-Mail beinhaltet alle wichtigen Kontaktinformationen beider Handelspartner, den Endpreis der Auktion sowie eventuell zusätzliche Informationen wie Versandkosten oder die Bankverbindung des Verkäufers.

Mit einer schnellen Reaktion können Sie jetzt Punkte sammeln. Wenn Sie sich die Zeit nehmen, die Bewertungen anderer eBay-Mitglieder anzusehen, werden Sie schnell feststellen, dass fast in jeder zweiten positiven Bewertung die schnelle Abwicklung der Transaktion gelobt wurde. Das gilt sowohl für eine schnelle Überweisung durch den Käufer als auch für eine schnelle Lieferung seitens des Verkäufers. Sorgen Sie also von Anfang an für eine schnelle Abwicklung, und Ihr Bewertungskonto wird schon bald die gewünschten Sterne zeigen.

Leider ist dies nicht immer ganz einfach, denn bei eBay gibt es zum Teil einen nicht unerheblichen Zeitversatz zwischen dem tatsächlichen Ende der Auktion und der Benachrichtigung per E-Mail. Ist die Nachricht angekommen, sollten Sie innerhalb von 24 Stunden Kontakt zu Ihrem Handelspartner aufnehmen. Schicken Sie ihm eine E-Mail mit folgenden Angaben:

- Auktionsnummer
- mögliche Zahlungsarten (je nach Versandart eventuell Bankverbindung)
- Gesamtkosten
- Kontaktadresse

Das könnte so aussehen:

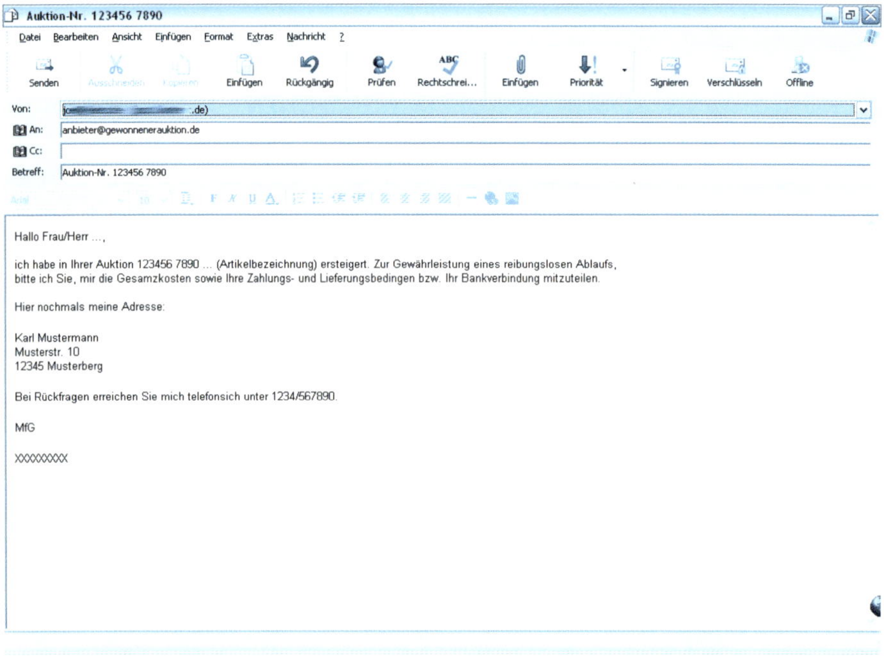

Die Bezahlung eines Artikels ist immer Vertrauenssache, und obgleich die Zahlungsbedingungen meistens durch den Verkäufer vorgegeben sind, besteht z. B. bei wertvollen Artikeln oftmals Verhandlungsbereitschaft bezüglich der Zahlungsmodalitäten. Mit einem seriösen Verkäufer wird man sich hier stets einigen können. Dies sollten Sie jedoch vor Ihrer Gebotsabgabe tun! Genauere Informationen über die unterschiedlichen Zahlungsmöglichkeiten, ihre Vor- und Nachteile erhalten Sie in *Kapitel 4, »Sicherheit wird groß geschrieben«*.

Bewertung abgeben

Egal ob Sie nun Käufer oder Verkäufer sind, nach jeder Transaktion können (und sollten) Sie eine Bewertung abgeben. Waren Sie zufrieden, verdient der Handelspartner ein Lob. Falls es dagegen Probleme gab und es nicht zu einer gütlichen Einigung kam, sollten Sie die anderen eBayer durch eine negative Bewertung darauf hinweisen.

1 Klicken Sie auf der eBay-Startseite auf *Mein eBay* (eventuell vorher einloggen, wenn erforderlich).

2 Dort aktivieren Sie die Registerkarte *Bewertungen*.

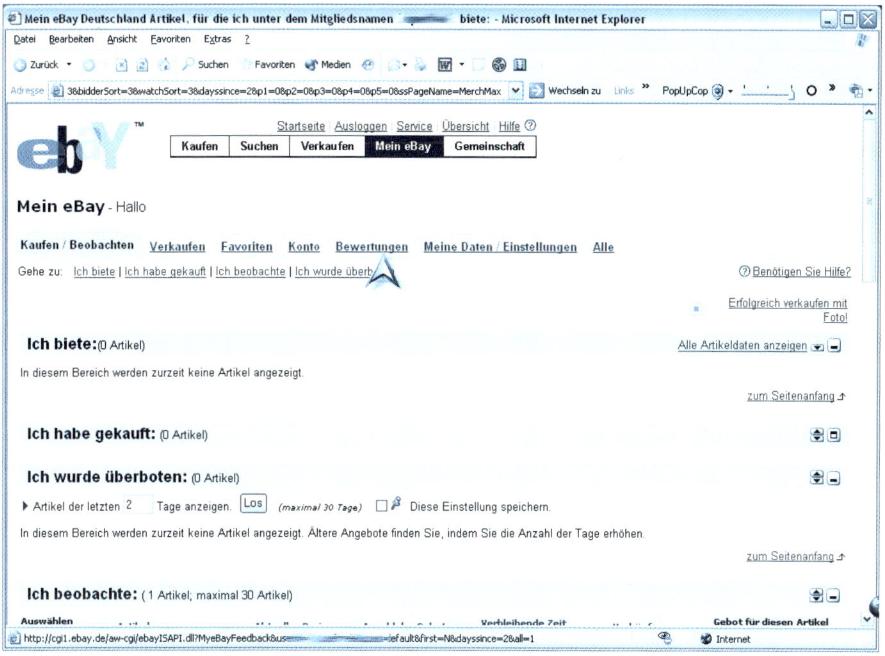

3 Klicken Sie auf die Schaltfläche *Bewertung abgeben.*

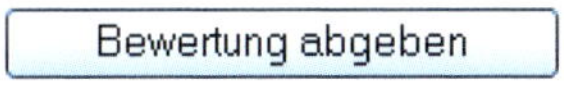

4 Nun klicken Sie auf die Schaltfläche *alle Transaktionen der vergangenen 90 Tage finden.*

5 Endlich erhalten Sie eine Liste der noch zu bewertenden Transaktionen.

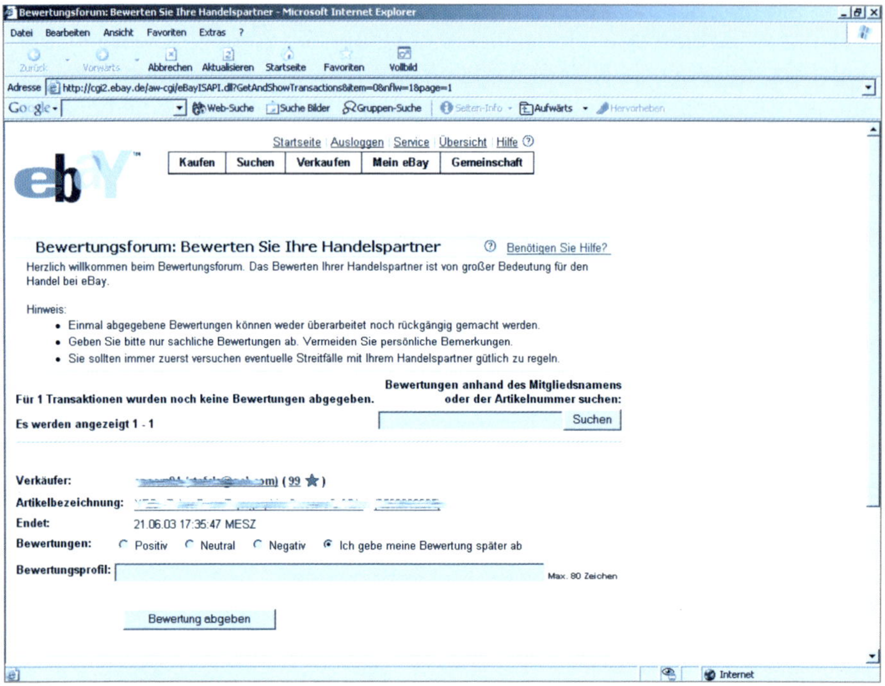

6 Für jeden abgeschlossenen Vorgang können Sie eine Bewertung abgeben, *Positiv*, *Neutral* oder *Negativ*.

7 Aktivieren Sie das Entsprechende, und geben Sie im Feld *Bewertungsprofil* eine Begründung (maximal 80 Zeichen) ab.

8 Klicken Sie auf *Bewertung abgeben* (und bestätigen Sie dies im Falle einer negativen Bewertung nochmals). Das war es auch schon.

Das Resultat können Sie nun im Gesamtprofil des Handelspartners einsehen. Dieser kann jetzt seinerseits die Bewertung kommentieren.

Zum Schluss!

Kuriose Auktionen bei eBay

Mit dem Verkauf eines Alibis wollte sich dieser eBayer ein paar Euro verdienen. eBay stoppte die Auktion.

Kapitel 3

Verkaufen

Beim Aufräumen des Dachbodens bzw. Kellers oder beim Aussortieren Ihres Kleiderschranks werden Sie immer wieder auf Artikel stoßen, die eigentlich zu schade für Sperrmüll, Mülltonne oder Altkleidersammlung sind. Bieten Sie diese doch einfach bei eBay an. Sie schaffen auf diesem Wege die gewünschte Ordnung und bessern ganz nebenbei Ihre Kasse auf.

Das können Sie schon:

Das lernen Sie neu:

Was Sie verkaufen dürfen

Prinzipiell lässt sich bei eBay alles verkaufen, was nicht gegen Gesetz und gute Sitten verstößt. Weiterhin unterteilt eBay die für eine Versteigerung mehr oder weniger erwünschten Objekte in drei Kategorien:

- **Verbotene Artikel:** Dazu zählen u. a.:
  - Aktien, Obligationen etc.
  - Beschreibbare Medien (Videobänder, Musikkassetten, MDs, DVDs, CDs)
  - Drogen, Betäubungsmittel, bewusstseinsverändernde Stoffe
  - Tabakwaren
  - Medikamente und medizinische Produkte
  - Gesundheitsgefährdende Stoffe, Chemikalien
  - Organe, Körperteile und Überreste von Menschen
  - Lebende Tiere und Tierprodukte
  - Nationalsozialistische Artikel
  - Fahrscheine, Flugtickets, Eintrittskarten
  - Herunterladbare Medien
  - Kataloge, Bezugsquellen, Internetadressen, Informationen
  - Lizenzen und behördliche Ausweise
  - Waffen und Waffenzubehör
  - Abhörtechnik
  - Ent- und Verschlüsselungstechnik und -materialien
  - Schriften und Medien mit jugendgefährdendem Inhalt
  - Pornografische Medien, Sexartikel
  - Grundstücke
- **Fragwürdige Artikel:** Hierzu zählt eBay folgende Produkte:
  - Wertpapiere
  - Medizinische Geräte und Medizinprodukte
  - Uniformen
  - Gebrauchte Kleidung (Vermeiden Sie dabei beim Anbieten jegliche sexuellen Anspielungen, und beachten Sie, dass Unterwäsche, Strumpfhosen etc. tabu sind.)

- **Artikel, die möglicherweise das Urheber- oder Markenrecht verletzen:**
  - Software (dazu zählen auch Video- und Computerspiele)
  - Musik, Fotos, Filme
  - Domainnamen (z. B. *Google.de, Mogel-Power.de* usw.)
  - Markenartikel und Warenzeichen

Software dürfen Sie verkaufen. Dabei sollten Sie sicher sein, wirklich alle dazugehörigen Teile (Lizenz, Original-CD, Handbuch, eventuell Verpackung) liefern zu können.

Das Wichtigste ist, dass Sie Eigentümer der Sache sind, die Sie verkaufen möchten. Dazu möchte ich ganz kurz auf den Unterschied zwischen Eigentum und Besitz zu sprechen kommen, denn oftmals werden diese Begriffe nur zu leicht verwechselt – doch spielen sie beim Kaufen und Verkaufen die entscheidende Rolle.

Hinweis

Eine Sache, die sich in Ihrem Besitz befindet, muss nicht zwingend auch Ihr Eigentum sein. So ist z. B. der Fahrer oder Halter eines Leasingfahrzeugs zwar der Besitzer, niemals aber der Eigentümer. Sie dürfen normalerweise als Besitzer eines Artikels diesen nicht ohne die Zustimmung des Eigentümers veräußern.

Eine Ausnahme stellen die Verkaufsagenten dar, von denen an anderer Stelle noch die Rede sein wird.

Vorsicht ist auch beim Export von Artikeln geboten. Wenn Sie einen Artikel ins Ausland verkaufen, müssen Sie sicherstellen, dass Sie dabei die jeweils geltenden Gesetze nicht verletzen. Mehr dazu finden Sie unter *http://www.zoll-d.de/b0_zoll_und_steuern/d0_verbote_und_beschraenkungen/index.html.*

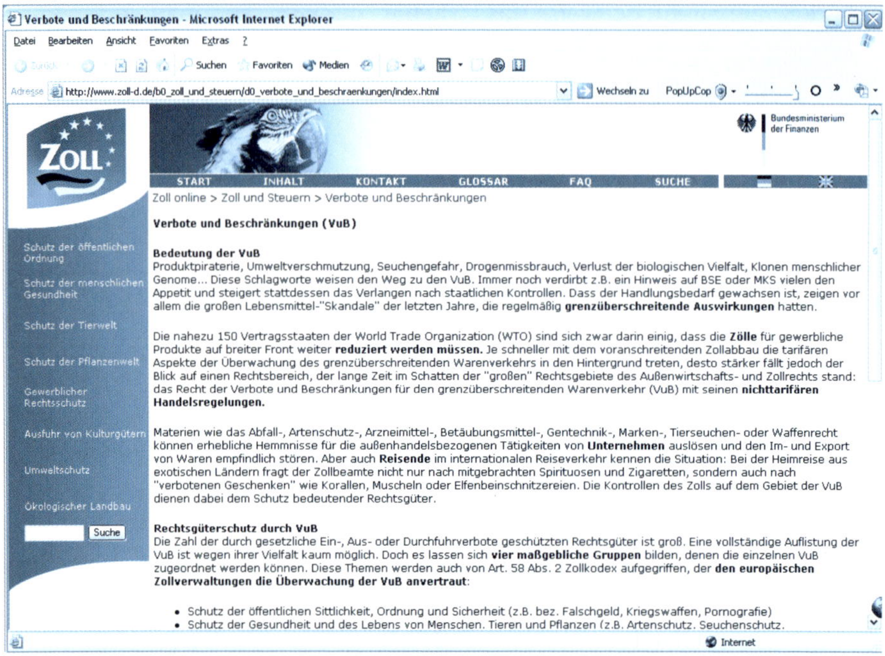

Kommen wir zu den Grundvoraussetzungen:

- Sie müssen sich bei eBay angemeldet haben.
- Sie sind Eigentümer der Verkaufsware.
- Sie verfügen über ein Girokonto, optional eine Kreditkarte.
- Sie haben Zugang zum Internet.

Nun aber auf zur ersten eigenen Auktion.

Verkäufer werden

Da Sie bisher bei eBay nur als Käufer aufgetreten sind, muss zunächst Ihr eBay-Account entsprechend erweitert werden.

1 Stellen Sie eine Verbindung zum Internet her, besuchen Sie die eBay-Startseite, und loggen Sie sich ein – das kennen Sie ja schon.

2 Klicken Sie in der Menüleiste auf *Verkaufen*.

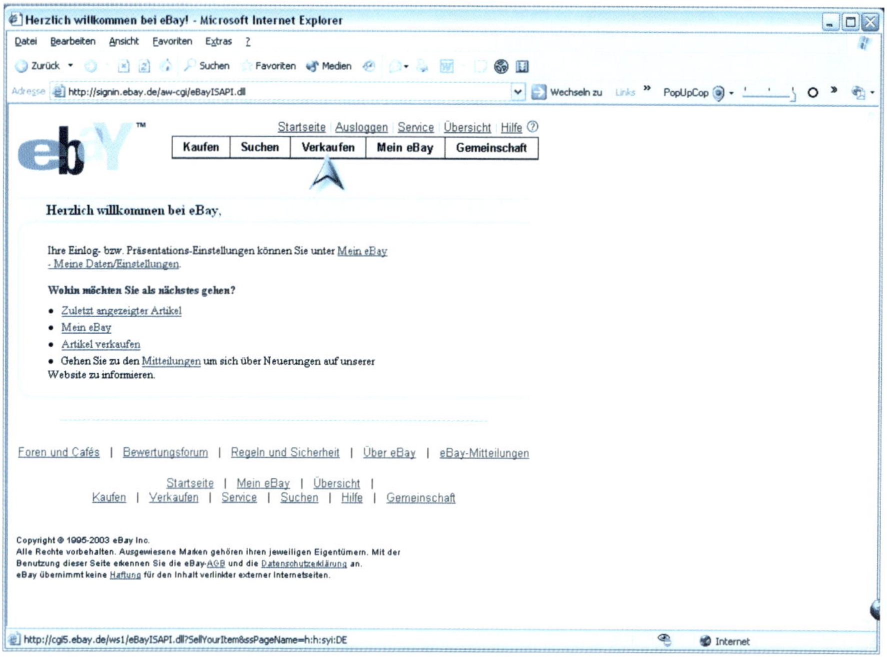

3 Im folgenden Fenster können Sie nun entscheiden, in welcher Form Sie die anfallenden eBay-Gebühren begleichen wollen. Dies kann per Lastschrift von Ihrem Konto oder mittels Ihrer Kreditkarte geschehen. Im Beispiel habe ich mich per Klick auf *Zum Lastschriftverfahren anmelden* für die erste Variante entschieden.

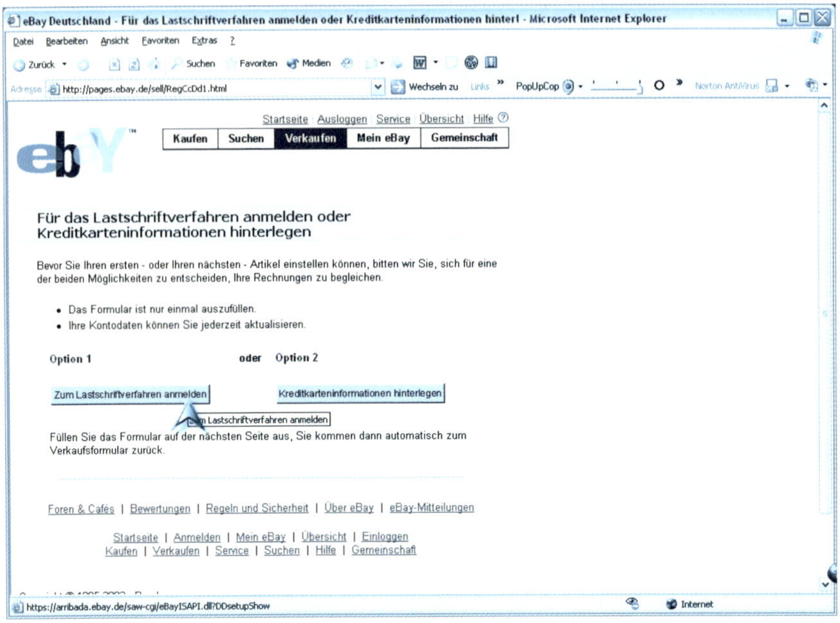

4 Geben Sie nachfolgend Ihren e-Bay-Mitgliedsnamen und Ihr Passwort ein, und klicken Sie auf die Schaltfläche *Sicheres Einloggen*.

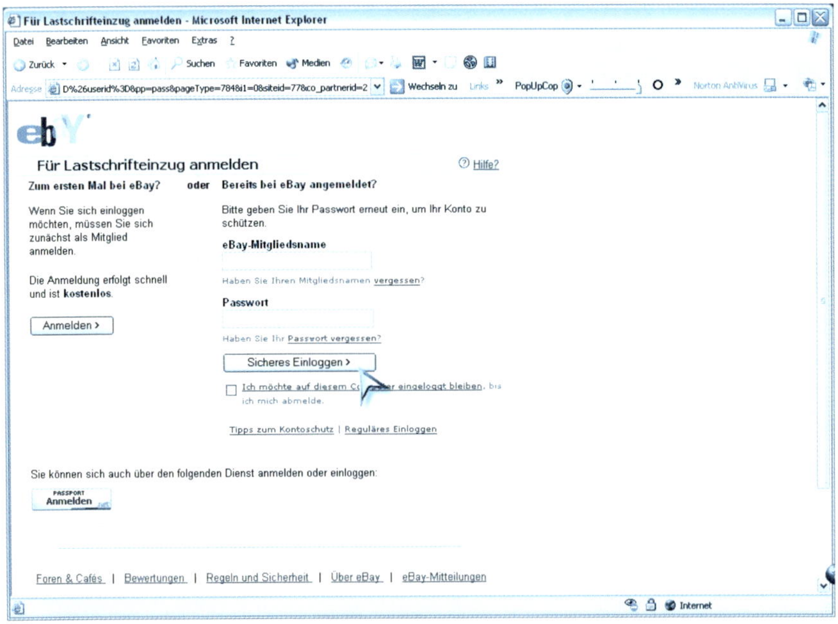

5 Tragen Sie Ihren Namen, die Rechnungsadresse, Ihre Postleitzahl, den Sitz der Bank und den Namen des Kreditinstituts ein, und klicken Sie auf *Weiter*. Im folgenden Formular ergänzen Sie die fehlenden Angaben (u. a. die Kontonummer) und klicken nochmals auf *Weiter*.

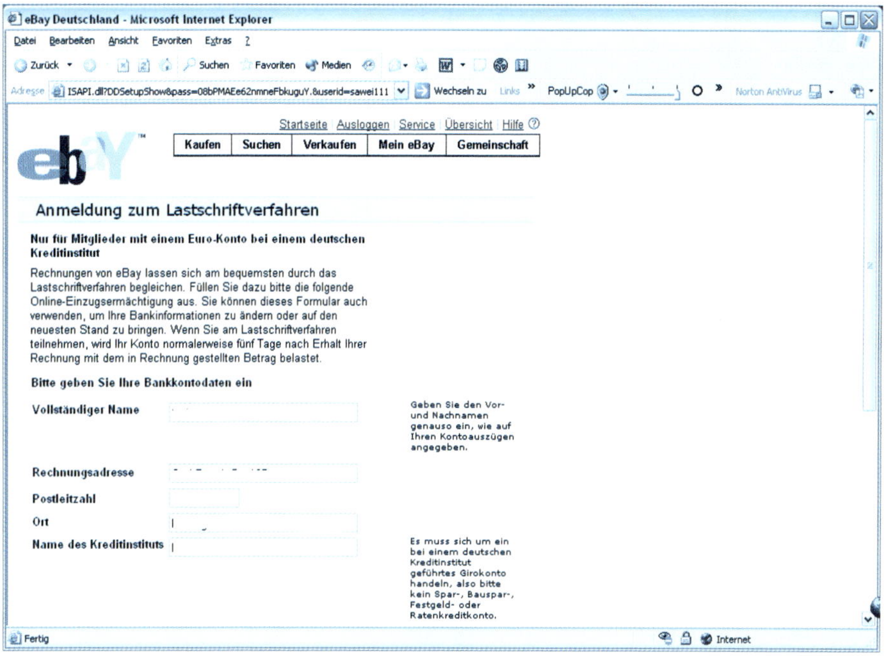

6 Sie erhalten jetzt eine Übersicht der übermittelten Bankverbindung. Überprüfen Sie noch einmal alles, lassen Sie sich das Ganze bei Bedarf ausdrucken, und bestätigen Sie per Klick auf die Schaltfläche *Ich bin einverstanden*.

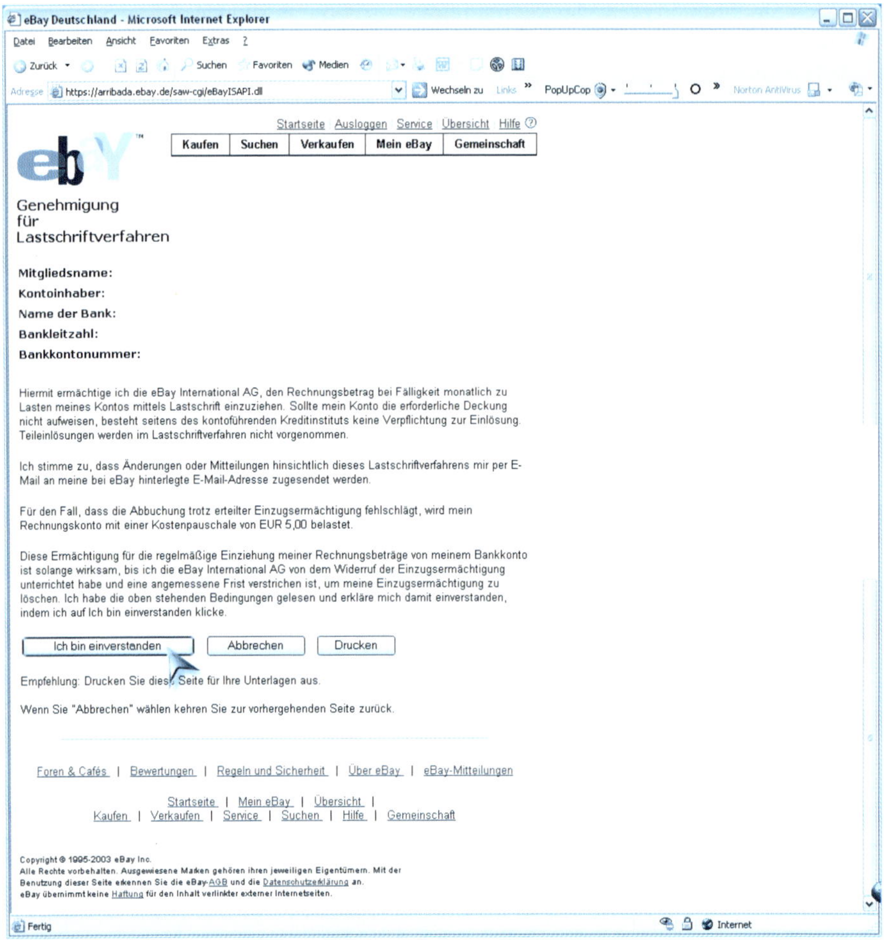

7 Sie erhalten umgehend eine Erfolgsmeldung.

Willkommen im Kreis der Verkäufer bei eBay.

Jetzt könnten Sie mit einem Klick auf *Zum Verkaufsformular* Ihre eigene Auktion erstellen. Aber so weit sind wir im Moment noch nicht. Zunächst sollten Sie grundsätzliche Überlegungen zum Startpreis, dem Termin und der Dauer sowie der Art Ihrer Auktion anstellen.

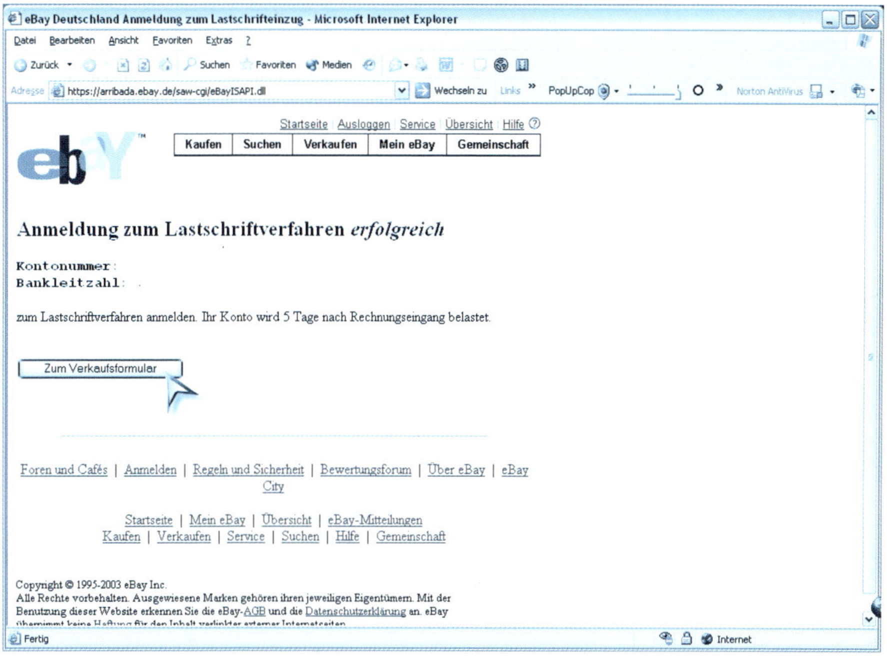

Der Startpreis

Eine wichtige Entscheidung für Ihre Auktionen ist der Startpreis, zu dem Ihre Auktion beginnen soll. Wenn Sie einen niedrigen Startpreis wählen, werden Sie viele Gebote erhalten, denn Ihr Artikel ist ja ein »Schnäppchen«.

Hinweis

Aufpassen, denken Sie an die eBay-Verkaufsprovision und die Gebühren. Diese sollten Sie bei Ihrer Kalkulation nicht vergessen.

Auf der anderen Seite riskieren Sie natürlich, die angebotene Ware unter Preis verkaufen zu müssen, falls eben doch nicht bis zu dem erwarteten Preis geboten wird. Wenn Sie dagegen einen hohen Startpreis wählen, kann es passieren, dass Sie keine Gebote auf Ihre Auktion erhalten.

Die jeweils aktuellen Angebotsgebühren finden Sie unter *pages.ebay.de/help/sellerguide/selliag-fees.html*.

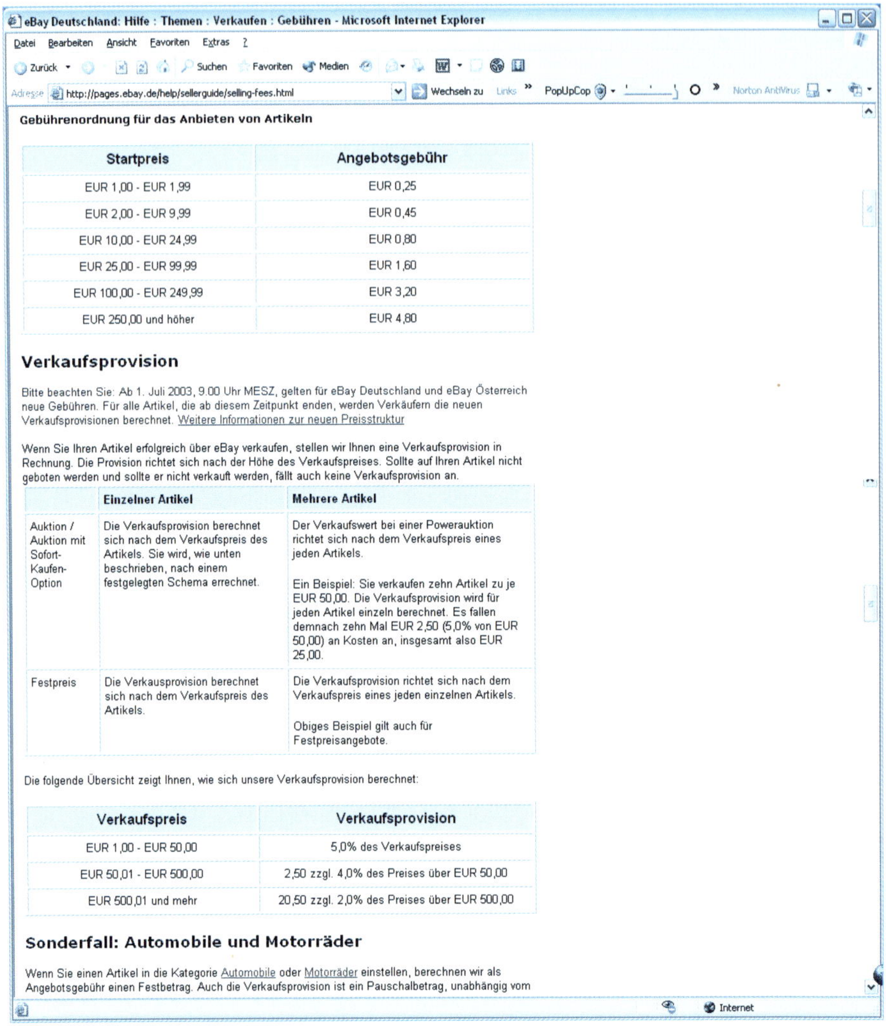

Gebührenordnung für das Anbieten von Artikeln

Startpreis	Angebotsgebühr
EUR 1,00 - EUR 1,99	EUR 0,25
EUR 2,00 - EUR 9,99	EUR 0,45
EUR 10,00 - EUR 24,99	EUR 0,80
EUR 25,00 - EUR 99,99	EUR 1,60
EUR 100,00 - EUR 249,99	EUR 3,20
EUR 250,00 und höher	EUR 4,80

Verkaufsprovision

Bitte beachten Sie: Ab 1. Juli 2003, 9.00 Uhr MESZ, gelten für eBay Deutschland und eBay Österreich neue Gebühren. Für alle Artikel, die ab diesem Zeitpunkt enden, werden Verkäufern die neuen Verkaufsprovisionen berechnet. Weitere Informationen zur neuen Preisstruktur

Wenn Sie Ihren Artikel erfolgreich über eBay verkaufen, stellen wir Ihnen eine Verkaufsprovision in Rechnung. Die Provision richtet sich nach der Höhe des Verkaufspreises. Sollte auf Ihren Artikel nicht geboten werden und sollte er nicht verkauft werden, fällt auch keine Verkaufsprovision an.

	Einzelner Artikel	Mehrere Artikel
Auktion / Auktion mit Sofort-Kaufen-Option	Die Verkaufsprovision berechnet sich nach dem Verkaufspreis des Artikels. Sie wird, wie unten beschrieben, nach einem festgelegten Schema errechnet.	Der Verkaufswert bei einer Powerauktion richtet sich nach dem Verkaufspreis eines jeden Artikels. Ein Beispiel: Sie verkaufen zehn Artikel zu je EUR 50,00. Die Verkaufsprovision wird für jeden Artikel einzeln berechnet. Es fallen demnach zehn Mal EUR 2,50 (5,0% von EUR 50,00) an Kosten an, insgesamt also EUR 25,00.
Festpreis	Die Verkausprovision berechnet sich nach dem Verkaufspreis des Artikels.	Die Verkaufsprovision richtet sich nach dem Verkaufspreis eines jeden einzelnen Artikels. Obiges Beispiel gilt auch für Festpreisangebote.

Die folgende Übersicht zeigt Ihnen, wie sich unsere Verkaufsprovision berechnet:

Verkaufspreis	Verkaufsprovision
EUR 1,00 - EUR 50,00	5,0% des Verkaufspreises
EUR 50,01 - EUR 500,00	2,50 zzgl. 4,0% des Preises über EUR 50,00
EUR 500,01 und mehr	20,50 zzgl. 2,0% des Preises über EUR 500,00

Sonderfall: Automobile und Motorräder

Wenn Sie einen Artikel in die Kategorie Automobile oder Motorräder einstellen, berechnen wir als Angebotsgebühr einen Festbetrag. Auch die Verkaufsprovision ist ein Pauschalbetrag, unabhängig vom

Am besten wählen Sie als Anfänger den Startpreis so, dass er die untere Schmerzgrenze, zu der Sie gerade noch verkaufen würden, darstellt. Generell gilt: Ein niedrigerer Startpreis führt oftmals zu einem höheren Endergebnis, da eine große Anzahl von Geboten den anderen Bietern suggeriert, dass hier gute Ware angeboten wird.

Tipp

Vergessen Sie die Kosten für Porto und Verpackung bei Ihrer Kalkulation nicht.

Machen Sie sich im Vorfeld durch Recherche bei gleichartigen Auktionen schlau, und stellen Sie, wenn möglich, niedrig ein.

Auktionsstartzeit und -dauer

Als Nächstes stellt sich die Frage nach der Festlegung von Startzeit und Dauer der Auktion.

Bei der Auktionsdauer haben Sie die Wahl zwischen drei, fünf, sieben und zehn Tagen. Viel wichtiger aber erscheint mir der Endzeitpunkt der Auktion. Meiner Erfahrung nach geht in den ersten acht und in den letzten ein bis zwei Stunden einer Auktion die Mehrheit aller Gebote ein. Die Zeit dazwischen dümpelt die Auktion häufig etwas unbeachtet in der eBay-Datenbank herum. Wichtiger als eine besonders lange Auktionsdauer ist deshalb der richtige Endzeitpunkt. Dieser sollte so gesetzt werden, dass eine möglichst große Zahl von eBayern zu diesem Zeitpunkt am Bildschirm sitzt. Ideal sind also Wochenenden und Feiertage.

Auktionsarten

Neben der normalen Standardauktion bietet eBay die Optionen *Sofort-Kaufen*, *Powerauktionen* und *Privatauktionen* an.

Sofort-Kaufen

Sofort-Kaufen ist ein Online-Kaufangebot und hat mit einer Versteigerung eigentlich nicht mehr viel zu tun. Es bietet sich allerdings bei eBay die Möglichkeit, eine Auktion und die Sofort-Kaufen-Option zu kombinieren.

Ein Käufer hat dann die Möglichkeit, vor dem ersten Gebot den Artikel zu einem Festpreis zu erwerben. Dazu klickt er einfach auf die Schaltfläche *Sofort-Kaufen*.

Sobald jedoch das erste Gebot für diesen Artikel abgegeben wurde, steht die Sofort-Kaufen-Option nicht mehr zur Verfügung. Von da an handelt es sich wieder um eine klassische Auktion.

Hinweis

Um einen Sofort-Kaufen-Artikel verkaufen zu können, müssen Sie entweder ein geprüftes Mitglied sein oder über ein Bewertungsprofil von über 10 verfügen.

Sie unterscheiden die klassische Auktion mit der Sofort-Kaufen-Option von dem Verkauf zum Festpreis an den zwei aufgelisteten Preisen: Dem Gebotspreis und dem Sofort-Kaufen-Preis. Eine klassische Auktion hat in der Listenansicht nur eine Preisangabe.

Bild	Alle Artikel - Aktuell	Preis	Gebote	Verbleibende Zeit
	WinTV Fernseher auf PC & Notbook**NEUWERTIG**	EUR 66,00	33	1Std 40Min
	Funklautsprecher XS-480	EUR 53,00 EUR 55,00 Sofort Kaufen	-	5Std 23Min
	Hercules Gamesurround Fortissimo III ab 1 €	EUR 14,50	4	6Std 45Min
	Fast/Dazzle DVD.Master	EUR 101,00	13	8Std 12Min

Viele Verkäufer fangen Auktionen grundsätzlich bei 1,– Euro an. Dies führt dann dazu, dass sie sehr viele Gebote auf ihre Auktionen erhalten. In einem solchen Fall ist die Sofort-Kaufen-Option die falsche Wahl, da sich bei einem derartigen Schnäppchen innerhalb kürzester Zeit der erste Bieter für 1,– Euro findet und die Sofort-Kaufen-Option fortan nicht mehr verfügbar ist. Sollten Sie also diese Zusatzoption verwenden wollen, sollten Sie den Einstiegspreis für die normalen Gebote nicht zu weit unter den Sofort-Kaufen-Preis ansetzen.

Verkauf zum Festpreis

Diese Art des Verkaufens entspricht der eines regulären Webshops. Artikel werden in einer bestimmten Stückzahl zu einem bestimmten Preis angeboten und können einzeln oder in größeren Stückzahlen zum festgesetzten Preis erworben werden. Vorteil: Der Verkäufer kann den Endpreis bestimmen, was bei einer Auktion nicht möglich ist. Dies ermöglicht eine große Kontrolle über die erzielten Erträge. Der Käufer ist nicht gezwungen, bis zum Ende der Auktion zu warten und eventuell noch überboten zu werden, sondern kann sofort zuschlagen. Nachteil: Niemand wird glauben, hier wirklich ein Schnäppchen machen zu können. Daher sind diese Angebote nicht immer sehr gefragt. Es kann sein, dass der Verkäufer auf seinen Artikeln sitzen bleibt, was bei den klassischen Auktionen, zumindest bei denen ab 1,– Euro, so gut wie unmöglich ist.

Powerauktion

Diese Auktionsform führt bei eBay häufig zu vielen Missverständnissen. Bei der Powerauktion (engl.: *dutch auction*) legt der Anbieter fest, wie viele Einheiten des angebotenen Artikels in dieser Auktion versteigert werden sollen. Die Bieter können nun auf eine beliebige Stückzahl aus der angebotenen Gesamtzahl bieten.

Am Ende der Auktion bekommen die Höchstbieter die Ware zugeteilt. Unabhängig von den individuell abgegebenen Geboten zahlen alle den gleichen Preis, und zwar den niedrigsten Preis, zu dem die gesamte Ware verkauft wurde.

Hinweis

Zwar ist die Angebotsgebühr nur einmal fällig, doch werden natürlich für jeden einzelnen Artikel die Verkaufsgebühren berechnet.

Wählen Sie bei Powerauktionen die Stückzahl nicht zu groß! Wenn Sie einen Artikel in großen Stückzahlen haben, bieten Sie ihn entweder später noch einmal an oder stellen Sie parallel eine Festpreis-Auktion ein.

Setzen Sie den Startpreis einer Powerauktion nicht zu niedrig an, sondern legen Sie diesen bei größeren Stückzahlen bereits auf Ihre Schmerzgrenze.

Privatauktion

Bei dieser Auktionsart bleibt die Identität der Bieter geschützt, während normalerweise ja jeder sehen kann, welches Mitglied auf einen Artikel geboten hat.

Beim Verkauf von Erotikartikeln, Wäsche, Kunstwerken und Schmuck werden Privatauktionen vorzugsweise eingesetzt. Wählen Sie also diese Option, wenn Sie der Meinung sind, dass die Käufer ihre Identität ausschließlich dem Verkäufer preisgeben möchten.

Das Foto

Natürlich können Sie jeden Artikel auch ohne Foto verkaufen. Doch das Auge »kauft« mit, und Sie erzielen durch das Einstellen eines Fotos einen höheren Ertrag. Und ganz nebenbei kostet das **erste** Foto bei eBay nichts.

Wohl dem, der jetzt eine Digitalkamera sein Eigen nennt. Leicht können Sie damit von dem Artikel eine Reihe von Bildern machen, sich aus dieser Serie das Beste heraussuchen und es eventuell unter Verwendung eines Bildbearbeitungsprogramms noch etwas aufpolieren. Natürlich erfüllt auch ein aktuelles Foto mit einer klassischen Kamera oder ein Polaroid diesen Zweck. Sie müssen es unter Verwendung eines Scanners nur digitalisieren, damit es »eBay-tauglich« wird. Flache Gegenstände wie z. B. CDs/DVDs, Münzen, Bücher, Briefmarken usw. können gleich mit einem Scanner erfasst werden.

Was ist das?

Scanner:
Eingabegerät, das Texte und/oder Grafiken einliest und digitalisiert

Digitalisieren, Digitalisierung:
Daten oder Signale, die vorher in einer anderen Form vorlagen, werden digital dargestellt, um sie mit dem Computer bearbeiten zu können

Digitalkamera:
Eine Kamera, die Bilder nicht auf chemischem Weg mit einem Film erzeugt, sondern eine digitale Datei erstellt

Bei Neuware oder neuwertigen Artikeln können Sie zur Not auch auf Bilder aus dem Internet zurückgreifen. Bedenken Sie aber, dass »eigene« Bilder in jedem Fall seriöser wirken.

Die eigene Auktion

Artikel einstellen

1 Stellen Sie eine Internetverbindung her, und surfen Sie zur eBay-Homepage.

> **Was ist das?**
>
> *Surfen: Darunter versteht man die Benutzung des Internets. Der Begriff wurde erstmals 1992 von der Bibliothekarin Jean Amour Polly in einem Aufsatz benutzt: »Surfing the Internet: An Introduction«.*

2 Dort angekommen, klicken Sie in der Menüleiste auf *Verkaufen*.

3 Autorisieren Sie sich mit Ihrem eBay-Mitgliedsnamen und Passwort, und klicken Sie dann auf *Einloggen*.

Als eBay-Neuling können Sie nun eine Standardauktion erstellen oder Ihren Artikel zum Festpreis verkaufen. Als *geprüftes Mitglied* bzw. später mit einem Bewertungsprofil von über 10 können Sie hier dann auch die Sofort-Kaufen-Option auswählen.

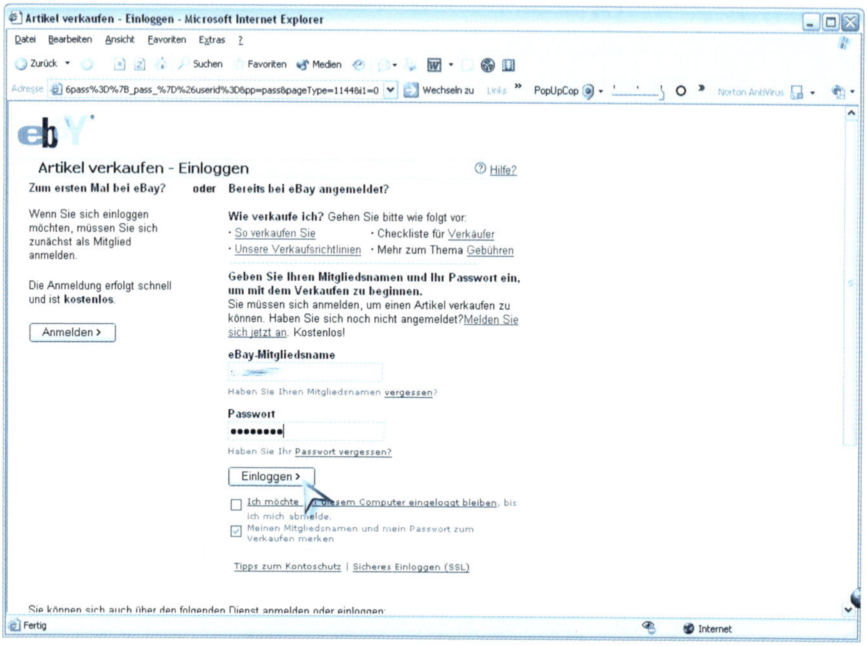

4 Wir wollen eine Standardauktion erstellen, klicken Sie darum auf *Weiter*.

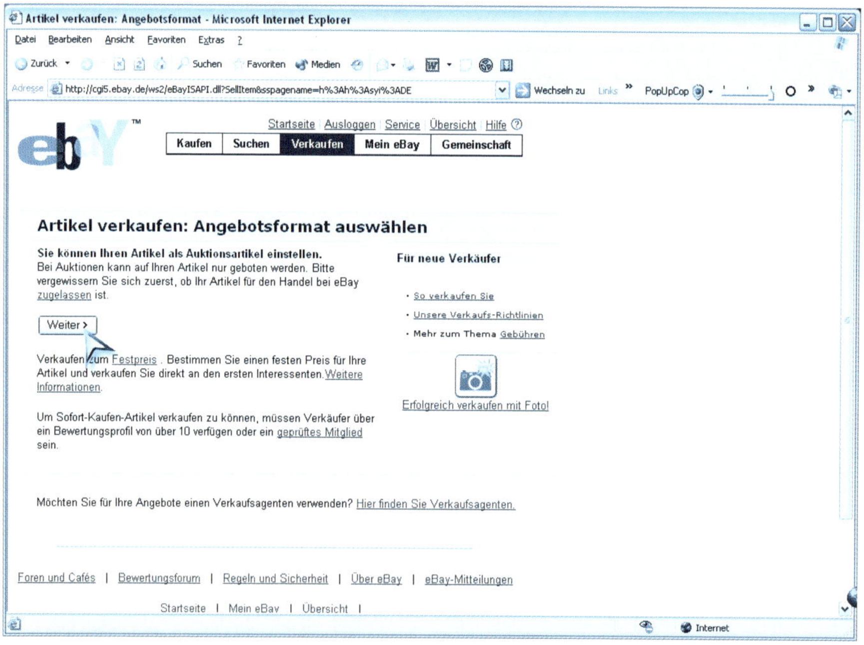

Kategorie(n) festlegen

1 Der nächste Schritt ist die Auswahl der Kategorie (mindestens einer). Wenn Sie zufällig die Kategorienummer im Kopf haben (vielleicht von der Gebotsabgabe bei einer ähnlichen Auktion), können Sie diese unten im Feld *Kategorienummer* (Rahmen) gleich eintragen. Wenn nicht, klicken Sie sich einfach durch die Auswahlboxen.

2 Klicken Sie nach Festlegung der Kategorie auf *Weiter*.

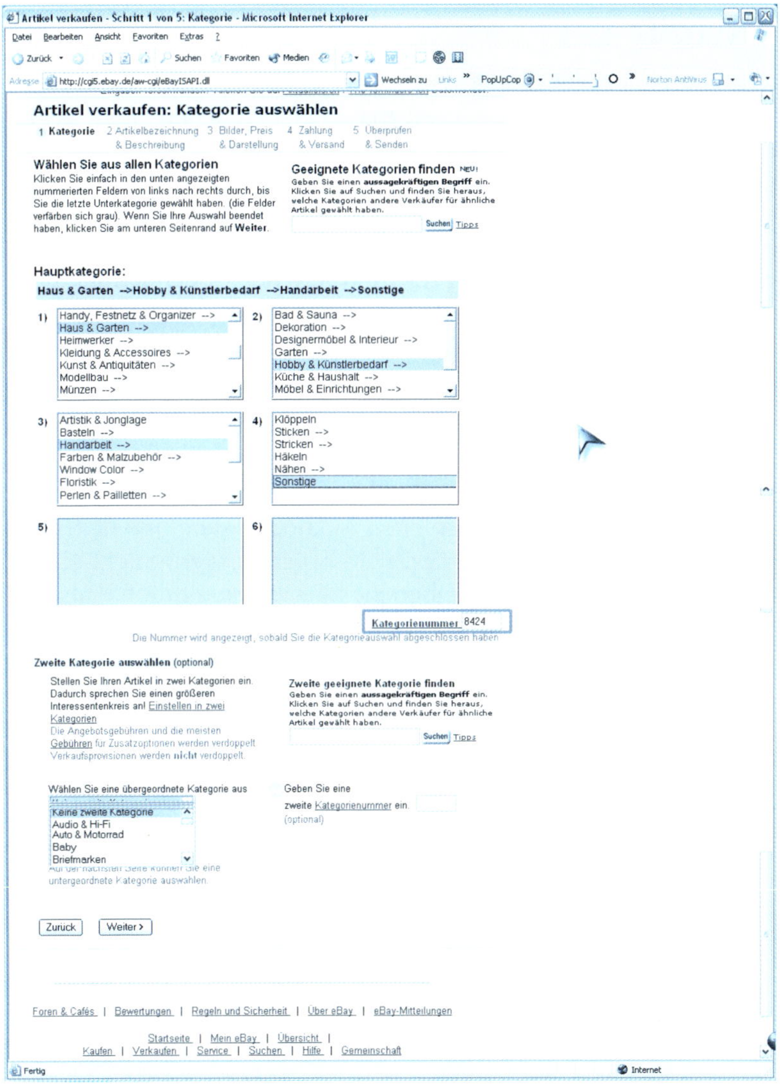

Hinweis

Ginge es nach eBay, dann sollten Sie nun gleich im unteren Bereich der Seite Ihren Artikel in einer zweiten Kategorie anbieten. Das würde dann zumindest für eBay einen Gewinn bringen. Ich persönlich halte das Listen in zwei Kategorien in den meisten Fällen für überflüssig.

Die Überschrift

Kurz und prägnant lautet hier die Devise. Denn was die potentiellen Bieter zuerst von Ihrem Artikel sehen, das ist diese maximal 45 Zeichen lange Überschrift der Auktion. Diese Zeile taucht in den Produktlisten auf und sollte deshalb eine möglichst präzise und attraktive Beschreibung abgeben. Bedenken Sie: Ob ein potentieller Käufer Ihren Artikel aus der langen Liste von Artikelbezeichnungen auswählt, öffnet und dann vielleicht sogar noch mitbietet, hängt maßgeblich von diesen 45 Zeichen ab. Ihre Auktion steht mit Millionen anderer Auktionen auf einer Plattform. Ein Suchender sieht also womöglich nur einen Bruchteil der Auktionen in der Listenansicht und noch weniger in der Artikelvollansicht. Ihre Artikelbezeichnung ist also äußerst wichtig.

Erwähnen Sie den Markennamen – falls bekannt – und den Zustand wenn möglich in der Überschrift, z. B. NEU oder OVP (für Originalverpackung). Bei eBay finden sich immer mehr gewerbliche Anbieter, die Neuware verkaufen. Wenn Ihre Auktion zwischen solchen Auktionen steht und der Preis ähnlich ist, wird keiner mehr Ihre Auktion herauspicken, wenn nicht ebenfalls dieses »NEU« erwähnt wurde. Bleiben Sie aber immer ehrlich! Falsche Angaben bringen jede Menge Stress in der Nachbearbeitung der Auktion.

Die Angabe »Herrenuhr, Rolex Submariner, bimetall« reicht vollkommen.

1 Tragen Sie die Überschrift in das freie Feld *Artikelbezeichnung* ein.

Hinweis

Verwenden Sie keine Markennamen bei Kopien oder Plagiaten. eBay löscht unkorrekt be-/überschriebene Artikel ohne Vorwarnung.

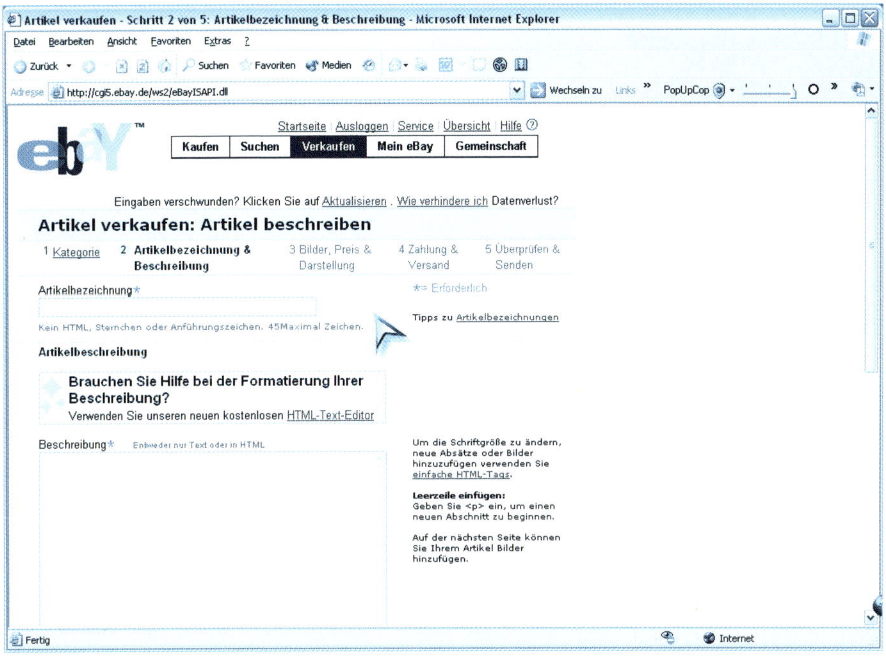

Die Beschreibung

Nach der Überschrift folgt die ausführliche Artikelbeschreibung. In dieser Artikelbeschreibung können Sie sich frei entfalten. Auch wenn das kleine Eingabefeld auf den ersten Blick nicht gerade diesen Eindruck vermittelt, bietet es Ihnen genug Platz für eine umfassende Produktbeschreibung. Beschränken Sie sich auf Informationen, die für einen potentiellen Bieter interessant sein könnten. Beispielsweise:

- Menge
- Marke
- Farbe
- Größe/Abmessung, Gewicht (z. B. Karat bei Goldschmuck)
- Alter
- Zustand

1 Tragen Sie Ihre Beschreibung in das Eingabefeld *Beschreibung* ein.

2 Klicken Sie auf *Vorschau zeigen*, um sich ein Bild davon zu machen, wie der Text später aussehen wird.

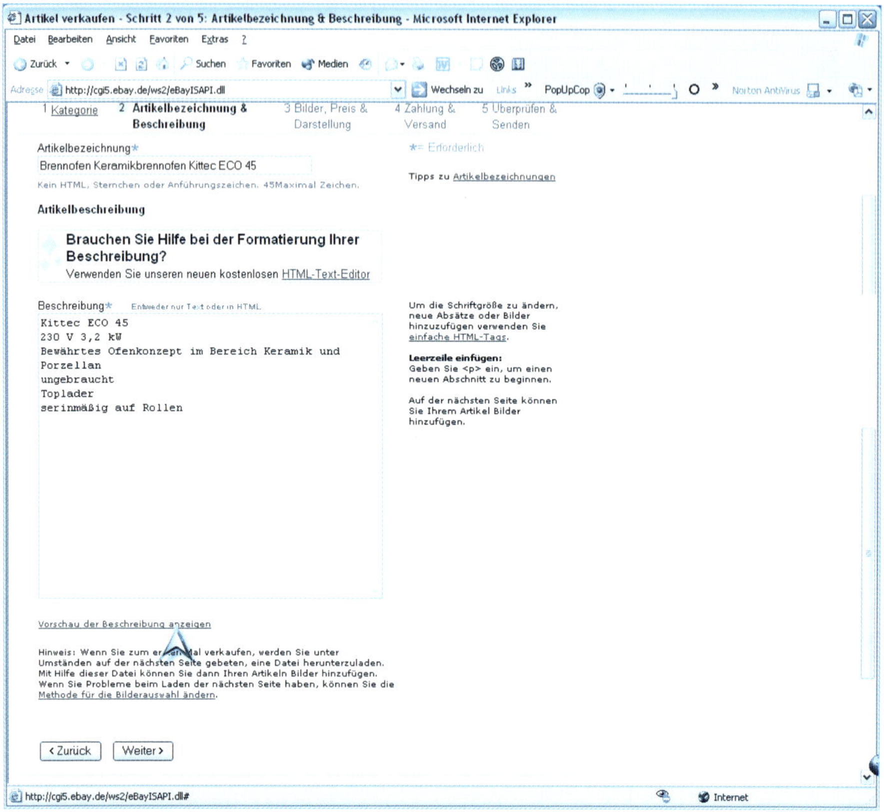

Das sieht nun wirklich nicht sonderlich hinreißend aus.

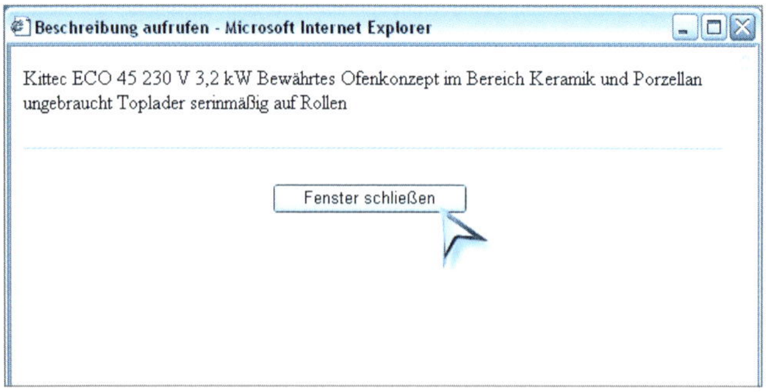

Wie Sie sehen, ist das Ergebnis nicht sonderlich befriedigend.

Sie haben einfachen Text hineingeschrieben, was Ihnen jedoch sämtliche Möglichkeiten der Formatierung nimmt. Nicht einmal ein Zeilenumbruch (nach Betätigen der [↵]-Taste), den Sie gesetzt haben, bleibt in der Artikelbeschreibung des eingestellten Artikels erhalten.

HTML

HTML steht für **H**yper**T**ext **M**arkup **L**anguage und ist eine der Grundsprachen, die im Internet zur Seitengestaltung verwendet werden. Der Browser übersetzt dann den HTML-Code in das sichtbare Endergebnis. HTML-Seiten sind also einfache Textseiten. Der mit Windows mitgelieferte *Editor* reicht zunächst vollkommen aus. Sehen wir uns zunächst die Grundlagen einer HTML-Seite an.

Eine HTML-Seite enthält Text und Programmcode. Der Programmcode, die so genannten *Tags*, ist in spitzen Klammern < > (dem mathematischen Größer-als- und Kleiner-als-Zeichen) verpackt, zum Beispiel `<b>` für Fettdruck (von engl. *bold*).

Alles, was Sie mit einem solchen *Tag* einleiten, müssen Sie am Ende auch wieder abschließen. Dafür benutzen Sie das gleiche Element wie zuvor, jedoch mit einem Schrägstrich / vor dem Inhalt der spitzen Klammern, in unserem Beispiel wäre das also `</b>`.

Ein HTML-Dokument beginnt mit dem einleitenden `<html>`-*Tag* und endet entsprechend wieder mit `</html>`, danach kommt der so genannte Kopf, der mit `<head>` anfängt und mit `</head>` aufhört, und am Schluss der Body (Körper), der mit `<body>` anfängt und mit `</body>` endet. Da die eBay-Seite, in der Sie Ihren HTML-Text einbetten, über all das schon verfügt, benötigen Sie dies nicht, allerdings kann es jedoch nicht schaden, sich mit dem gesamten Aufbau einer HTML-Seite auszukennen. Im Folgenden habe ich die wichtigsten HTML-Tags für Sie aufgelistet:

Tag	Funktion	Verwendung
`<p>`	Neuer Absatz	Definiert einen Absatz.
` `	Zeilenumbruch	Wird dort eingesetzt, wo ein Zeilenumbruch entstehen soll.
`<b>`	Fettschrift	Der Text nach dem Tag wird so lange in Fettschrift dargestellt, bis Sie `</b>` einfügen.
`<i>`	Kursivschrift	Der Text nach dem Tag wird so lange kursiv dargestellt, bis Sie `</i>` einfügen.

Tag	Funktion	Verwendung
<u>	Unterstrichener Text	Der Text nach dem Tag wird so lange unterstrichen dargestellt, bis Sie </u> einfügen.
<hr>	Horizontale Linie	An dieser Stelle wird eine horizontale Linie eingefügt.
<h1>	Überschrift, größtes Format	Der Text nach dem Tag wird so lange im größten Überschriftenformat dargestellt, bis Sie </h1> einfügen.
<h2>	Überschrift, zweitgrößtes Format	Der Text nach dem Tag wird so lange im zweitgrößten Überschriftenformat dargestellt, bis Sie </h2> einfügen.
...	...	...
<h6>	Kleinstes Überschriftenformat	Der Text nach dem Tag wird so lange im kleinsten Überschriftenformat dargestellt, bis Sie </h6> einfügen.
<center>	Zentrierter Text	Der zwischen <center> und </center> stehende Text wird auf der Seite mittig dargestellt.
<img>	Bild einfügen	Anstelle der Tags wird im Browser ein Bild angezeigt, z. B. <img src=http://www.webseite.de/bilder/meinbild.jpg>.
<ol>	Geordnete Liste erstellen	Wenn Sie eine geordnete Liste erstellen wollen, beginnen Sie mit <ol Type="x">. »x« ist der Platzhalter für folgende Optionen: Type="1" – Liste mit arabischen Zahlen Type="A" – Liste mit Großbuchstaben Type="a" – Liste mit Kleinbuchstaben Type="I" – Liste mit römischen Zahlen aus Großbuchstaben Type="i" – Liste mit römischen Zahlen aus Kleinbuchstaben Vor jedem Artikel in der Liste setzen Sie ein <li>-Tag und nach jedem Artikel ein </li>-Tag. Beenden Sie die Liste mit </ol>.

Tag	Funktion	Verwendung
<ul>	Ungeordnete Liste mit Aufzählungszeichen erstellen	Wenn Sie eine ungeordnete Liste erstellen wollen, beginnen Sie mit <ul Type="x">. »x« ist der Platzhalter für folgende Optionen: Type="disc" – gefüllte Kreise als Aufzählungszeichen Type="square" – gefüllte Quadrate als Aufzählungszeichen Type="circle" – leere Kreise als Aufzählungszeichen Vor jedem Artikel in der Liste setzen Sie ein <li>-Tag und nach jedem Artikel ein </li>-Tag. Beenden Sie die Liste mit </ul>.
<font color= ...>	Farbiger Text	Der zwischen <font color="x"> und </font> stehende Text wird in der Farbe dargestellt, die statt des Platzhalters »x« eingesetzt wird. Geben Sie das jeweilige englische Wort für die folgenden Farben ein: Aquamarin – aqua Blau – blue Blaugrün – teal Fuchsia – fuchsia Gelb – yellow Grau – grey Grün – green Hellgrün – lime Marine – navy Oliv – olive Rot – red Schwarz – black Silber – silver Rot – red Rotbraun – maroon Violett – purple

Wenn Sie Umlaute verwenden, ergibt sich das nächste Problem. Ä, ä, Ö, ö, Ü oder ü sind Sonderzeichen, die von Ihrem Browser evtl. falsch interpretiert werden. Um sie nutzen zu können, müssen sie entsprechend kodiert werden.

Was ist das?

Browser: Ein Programm, das es ermöglicht, im Internet Kontakt mit einem Server aufzunehmen und Webseiten darzustellen. Die bekanntesten sind der Internet Explorer von Microsoft, der Navigator von Netscape und Opera.

Zeichen	Kodierung
Ä	Ä
ä	ä
Ö	Ö
ö	ö
Ü	Ü
ü	ü
ß	ß
>	>
>	<
&	&
"	"
' (Apostroph)	'

Demnach müssen Sie innerhalb eines Textes »Käufer« schreiben, um in Ihrem Browser »Käufer« angezeigt zu bekommen.

Verweise auf externe Bilder und Webseiten

Sie haben die Möglichkeit, aus Ihrer HTML-Seite heraus Verknüpfungen zu anderen Elementen (z. B. Bilder) oder Webseiten herzustellen. Damit bewegen Sie sich außerhalb der Beschränkungen der eBay-Seite, denn was dort nicht mehr hineinpasst, das verlagern Sie einfach auf eine andere Webseite und verweisen dorthin. Außerdem sparen Sie so das Geld für das Einstellen weiterer Bilder, denn diese werden einfach kostenlos in Ihre eBay-Seite eingebunden.

Hinweis

Wer auf Informationen anderer verweist, sollte sich vorher genau über die möglichen Konsequenzen klar werden. Die deutsche Rechtsprechung geht derzeit davon aus, dass der Autor einer Webseite nicht nur für deren Inhalt verantwortlich ist, sondern auch für den Inhalt der fremden Webseiten, zu denen er verweist. Schauen Sie sich also die verlinkte Seite genau an, bevor Sie eine Verbindung dazu herstellen. Platzieren Sie im Zweifelsfall einen gut sichtbaren Haftungsausschluss auf Ihrer Seite.

Wenn Sie auf eine andere Webseite verweisen wollen, benötigen Sie dafür das <a></a>-Tag (häufig auch Anker-Tag genannt), eine Sprungadresse, also einen URL im Internet, und einen Text.

Beispiel:

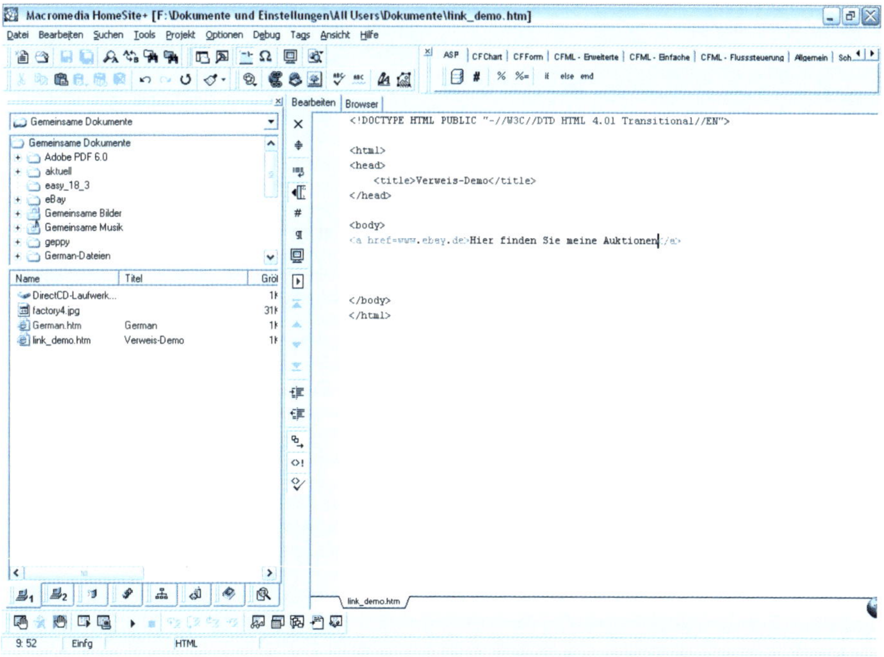

Das ergibt im Browser den unterstrichenen Text »Hier finden Sie meine Auktionen«. Bei einem Mausklick darauf wird auf die Webseite von eBay gesprungen.

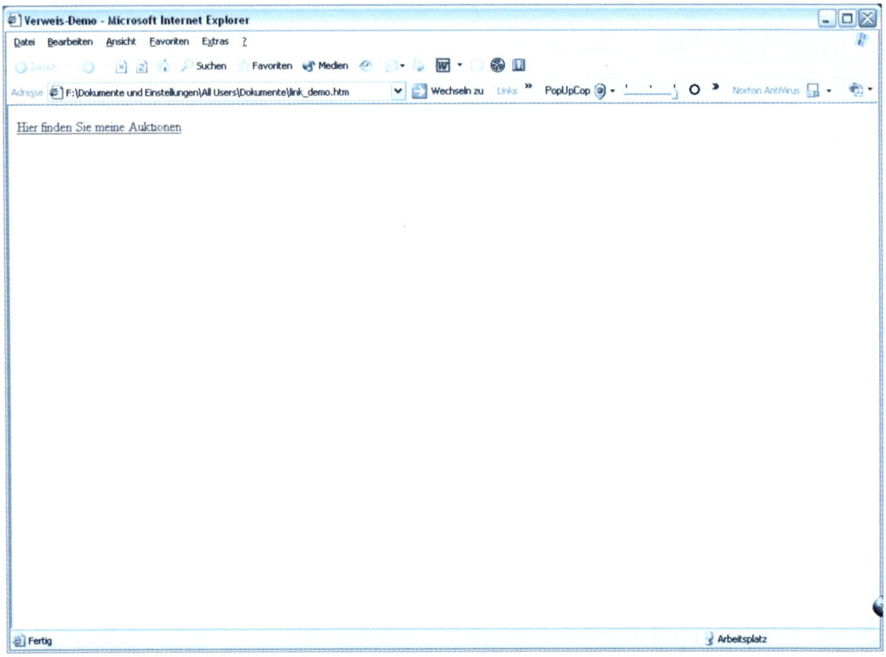

Wer eine Seite für eine eBay-Auktion plant, will aber möglicherweise nur einen langen Text innerhalb einer anderen Webseite an verschiedenen Punkten ansteuern können. Dafür gibt es die Möglichkeit, spezielle Ankerpunkte innerhalb einer Seite festzulegen. Das funktioniert ähnlich wie eine Verknüpfung auf eine andere Seite. Benutzen Sie wieder das <a>-Tag, nur diesmal gefolgt von name anstelle von href. Die Zeile

```
<a name="zahlmod">Beachten Sie meine Zahlungsbedingungen.</a>
```

schreibt den Text »Beachten Sie meine Zahlungsbedingungen« ins Browserfenster, und das ohne einen sichtbaren Verweis auf das name-Tag. Wollen Sie diese Stelle der Webseite nun ansteuern, verwenden Sie das href-*Attribut,* als würden Sie eine komplette Webseite ansteuern. Wichtig ist, dass Sie, egal ob Sie eine Verknüpfung im aktuellen Dokument oder in einem anderen Dokument ansteuern, immer den Namen des Dokuments mit angeben. Ein Beispiel: Angenommen, Ihr aktives Dokument heißt *auktion.htm.* Wenn Sie nun von einer Stelle dieses Dokuments auf die im gleichen Dokument weiter unten befindlichen Zahlungsbedingungen verweisen wollen, gehen Sie folgendermaßen vor:

```
<a href="auktion.htm#zahlmod">Beachten Sie meine
Zahlungsbedingungen.</a>
```

Dabei ist `zahlmod` der zuvor gesetzte Anker und bezeichnet das #-Zeichen als Ergänzung zum Dokumentennamen eine Sprungstelle innerhalb des ausgewählten Dokuments.

Kommen wir zum Einbinden von Bildern und Grafiken. Auch das funktioniert sehr ähnlich wie das Verlinken, wobei hier häufig hinzukommt, dass Sie die Bilder, auf die Sie verweisen wollen, noch im Internet bereitstellen müssen. Dazu benötigen Sie Speicherplatz auf einem Webserver. Diesen bekommen Sie sehr günstig bei zahlreichen Providern, z. B. *www.tripod.lycos.de*, oder speziell für Bilder auch bei einigen Anbietern, die sich auf das Hochladen und die Bereitstellung von Fotos im Internet spezialisiert haben.

Wenn Sie Bilder per HTML in Ihre Webseite einbinden, bezahlen Sie keine Zusatzgebühr für jedes weitere Bild, was Sie beim offiziellen Einstellen bei eBay zu tun hätten. Ebenso sind Sie den Größenbeschränkungen von eBay nicht unterworfen, die bei Artikeln, bei denen Detailansichten notwendig sind, ziemlich lästig sind.

Tipp

Abbildungen sollten Sie zur größtmöglichen Kompatibilität am besten im GIF- oder im JPEG-Format (.jpg) speichern. Liegt das Bild nicht in diesem Format vor, können Sie es mit fast jedem gängigen Bildbearbeitungsprogramm umwandeln. Empfehlen würde ich Fireworks von Macromedia oder Paint Shop Pro von Jasc.

Abbildungen werden im HTML-Code mit dem Tag `<img>` ausgezeichnet. Es hat wie `<br>` und `<hr>` kein Abschluss-Tag, dafür zahlreiche Attribute. Das wichtigste Attribut ist `src`, was abgekürzt für das englische source = Quelle steht. Das `src`-Attribut bezeichnet in Anführungszeichen gesetzt den Pfad- und Dateinamen der Abbildung, die Sie integrieren wollen. Wenn die HTML-Datei im gleichen Pfad steht wie die Bilddatei, nennen wir sie *MeinBild.jpg*, lautet der Quellcode zum Einbinden dieser Datei:

```
<img src="MeinBild.jpg">
```

Bei eBay müssen Sie die Datei von einem anderen Server einbinden, folglich ist der komplette Pfad einzugeben, den die Datei im Internet hat, also beispielsweise:

```
<img src="http://www.meine-domain.de/pfad/unterpfad/
MeinBild.jpg">
```

Selbstverständlich können Sie das `<img>`-Tag auch in Verbindung mit allen anderen Tags verwenden:

```
<p><img src="MeinBild.jpg"></p>
```

lässt im Browser das Bild in einem eigenen Abschnitt erscheinen.

So fügen Sie Grafiken und Bilder ein, gestalten Ihre Auktion ansprechender und sparen auch noch Gebühren.

Tipp

Um die Sache zu vereinfachen, legen Sie das Bild in den gleichen Pfad wie das HTML-Dokument. Ist dies nicht möglich, geben Sie den vollständigen Pfad zusammen mit dem Bildnamen ein.

Auch wenn Sie alle Bilder schon in den Entwurf der Artikelbeschreibung integriert haben, empfiehlt es sich, eines der Bilder an der offiziell dafür vorgesehenen Stelle einstellen. Grund dafür ist, dass Ihre Auktion in der Listenansicht sonst nicht das Kamerasymbol erhält, das darauf hinweist, dass diese Auktion mit einem Bild versehen ist. Steht dieses Symbol jedoch nicht bei Ihrer Auktion, werden womöglich viele potentielle Bieter erst gar nicht die Vollansicht Ihrer Auktion aufrufen und Ihr mühsam gestaltetes Angebot ansehen. Wenn Sie regelmäßig Auktionen mit HTML-Artikelbeschreibung einstellen, können Sie auch ein Logo (Symbol, Schriftzug etc.) ins Internet stellen und dieses jedes Mal über *eigener Bilderservice* verlinken; so müssen Sie nicht bei jeder Auktion darüber nachdenken, welche Namen die darin enthaltenen Bilder haben; außerdem verhilft ein solches Logo zu einem höheren Wiedererkennungswert.

Nun wird es Zeit, das eben Erfahrene umzusetzen:

1 Wählen Sie *Start/Alle Programme/Zubehör/Editor.*

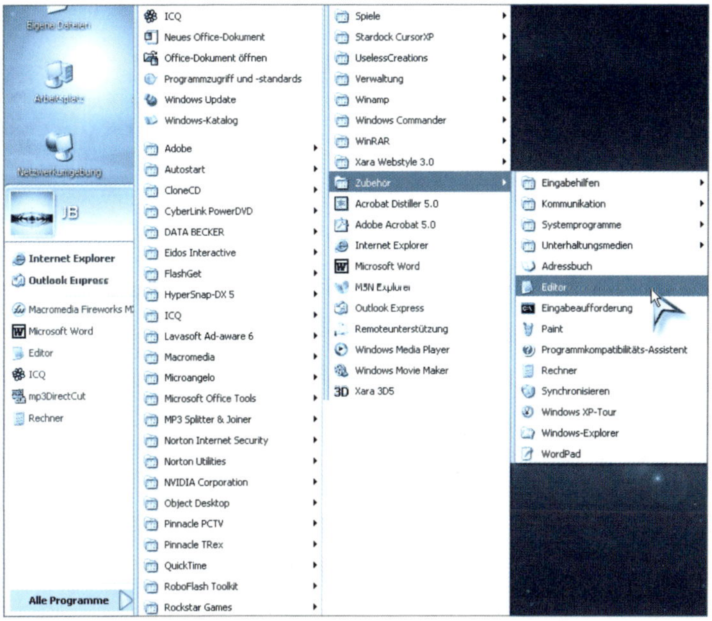

2 Der Editor öffnet sich, und Sie können nun die Artikelbeschreibung Ihren Wünschen gemäß eintippen. Beispielsweise:

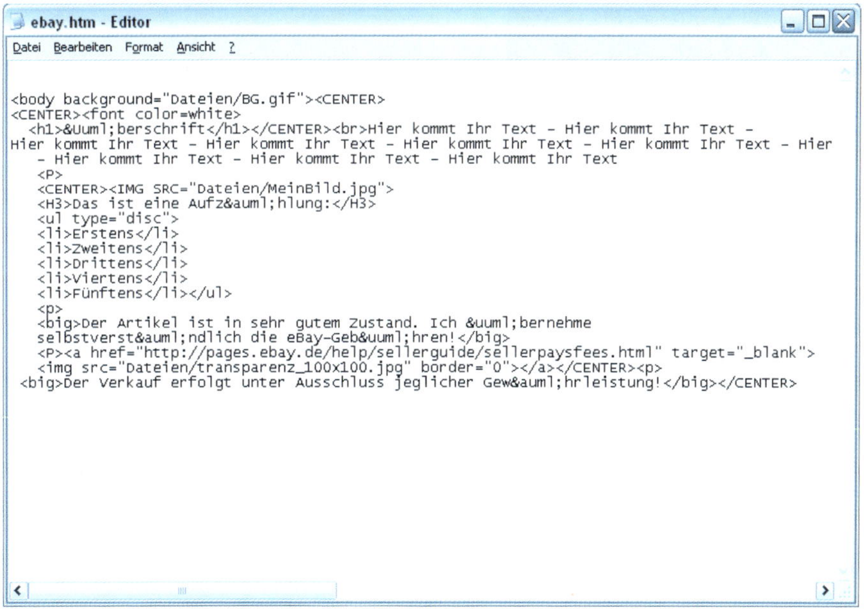

Das sieht dann im Browser so aus:

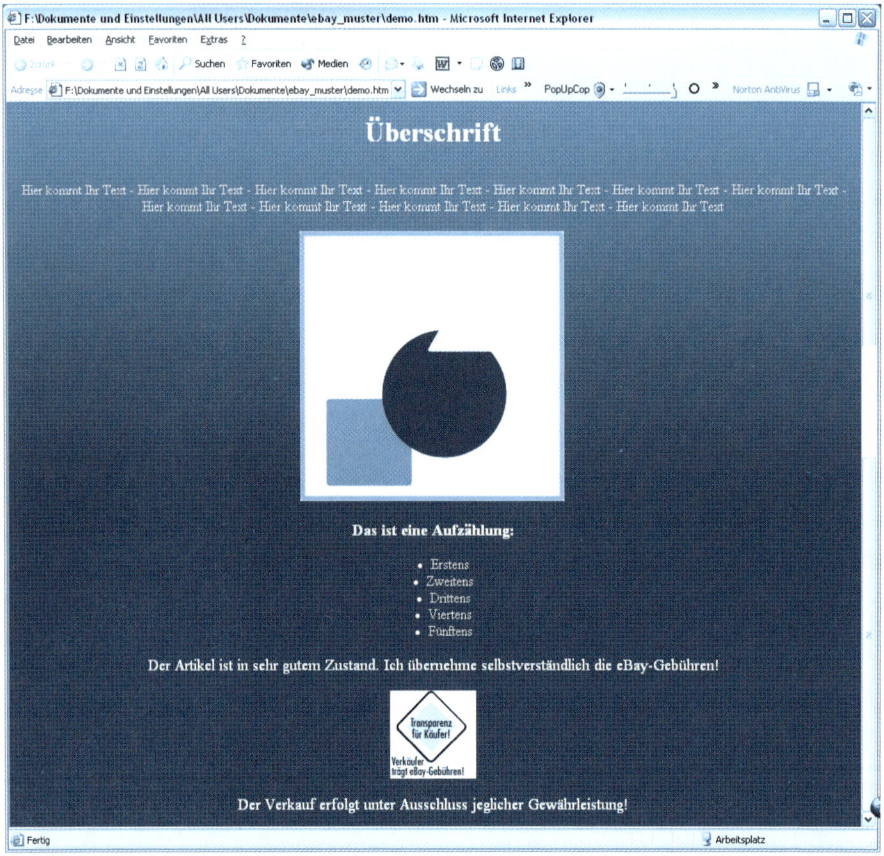

Vergleicht man das Ergebnis mit unserer ersten Vorschau, ist dieses nun zum Niederknien.

Tipp

Unter www.j-betz.de/eBay/ebay_muster.zip können Sie sich diese Vorlage herunterladen und den Text samt den Pfaden an Ihre Bedürfnisse anpassen.

3 Im geöffneten Editor-Fenster drücken Sie nun [Strg]+[C] und speichern so den kompletten Inhalt dieses Fensters in der Zwischenablage.

4 Wieder im Eingabeformular, brauchen Sie jetzt nur noch per [Strg]+[V] den Text aus der Zwischenablage in das Feld *Beschreibung* einzufügen.

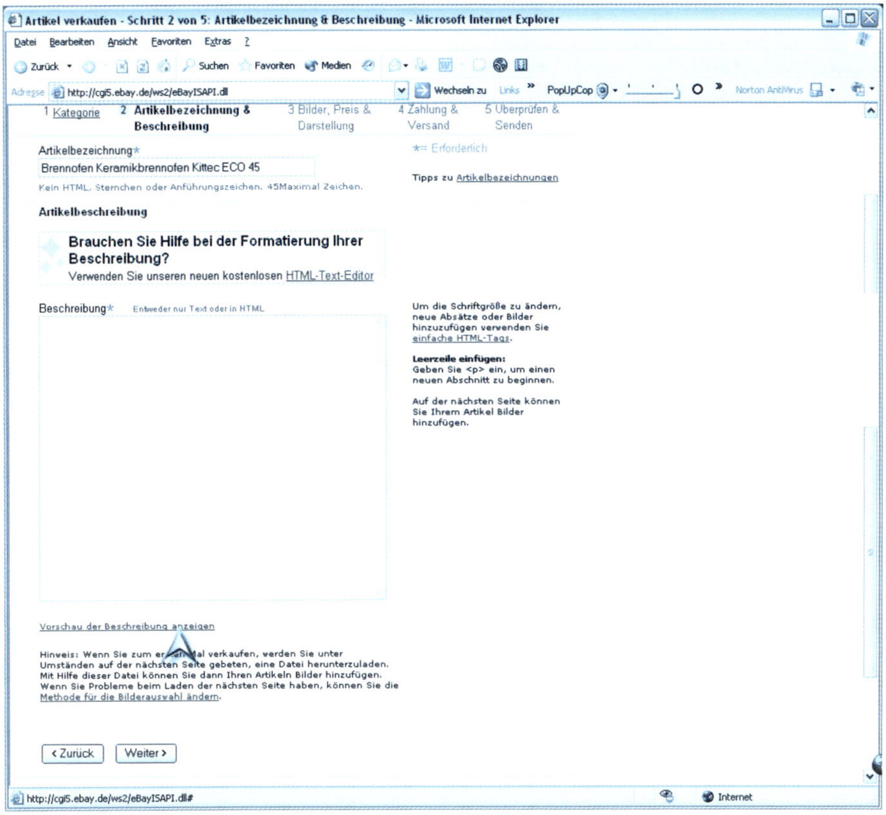

5 Kontrollieren Sie das Ergebnis nochmals in der Vorschau, und klicken Sie, wenn Sie zufrieden sind, auf die Schaltfläche *Weiter*.

Bilder und Artikeldetails

Da es Ihre erste eBay-Auktion ist, werden Sie nun gebeten, ein kleines Programm, das der Übertragung von Bildern dient, herunterzuladen. Ist das geschehen, öffnet sich eine wahre »Mammutseite«. Zu den nun folgenden Punkten haben wir uns bereits im Vorfeld Gedanken gemacht, dementsprechend wird das Formular jetzt ausgefüllt. Beginnen wir also ganz oben.

Artikel verkaufen Schritt 3 von 5: Bilder, Preis & Darstellung - Microsoft Internet Explorer
Datei Bearbeiten Ansicht Favoriten Extras ?
Zurück Suchen Favoriten Medien
Adresse http://cgi5.ebay.de/ws2/eBayISAPI.dll
Wechseln zu Links PopUpCop Norton AntiVirus
Startseite Ausloggen Service Übersicht Hilfe
Kaufen Suchen Verkaufen Mein eBay Gemeinschaft
Eingaben verschwunden? Klicken Sie auf Aktualisieren. Wie verhindere ich Datenverlust?
Artikel verkaufen: Bilder & Artikeldetails angeben
1 Kategorie
2 Artikelbezeichnung & Beschreibung
3 Bilder, Preis & Darstellung
4 Zahlung & Versand
5 Überprüfen & Senden
Artikelbezeichnung Brennofen Keramikbrennofen Kittec ECO 45
* = Erforderlich
Preis und Dauer
Dauer* 7 Tage
Angebotsbeginn
Angebot sofort starten (Kostenlos)
Start am:
Für geplante Angebote fällt eine Gebühr von EUR 0,10 an
Datum Uhrzeit MESZ
Mehr zum Thema vorbereitete Angebote und eBay-Zeit
Menge* 1
Wenn Sie mehr als einen Artikel verkaufen möchten, müssen Sie
über ein Bewertungsprofil von über 20 verfügen und
mindestens 14 Tage Mitglied sein
oder ein Geprüftes Mitglied sein.
Mehr zum Thema Powerauktionen.
Startpreis* EUR
Mehr zum Thema Startpreis.
Sofort-Kaufen-Preis optional EUR 0,10
Nicht verfügbar. Sie benötigen ein Bewertungsprofil von mindestens 10 oder Sie müssen ein geprüftes Mitglied sein.
Sie geben hiermit Interessenten dieOption , sich zu entscheiden, ob sie bieten oder den Artikel direkt zu einem festgelegten Preis kaufen möchten. Weitere Informationen
Privatauktion
Mitgliedsnamen der Bieter sollen für andere nicht sichtbar sein.
Mehr zum Thema Privatauktionen
Artikelstandort
Minimieren
Ort*
Region* Nicht regional anbieten
Land:* Deutschland [bearbeiten]
Zusätzlich und kostenlos den Artikel in Ihrer Region anbieten. Weitere Informationen.
Bilder hinzufügen
eBay-Bilderservice
Laden Sie Ihre Bilder bei eBay hoch
Eigener Bilderservice
Geben Sie Ihre Bild-URL ein
Powered by iPIX
Bilder hinzufügen:
1 Klicken Sie in das unten angezeigte Feld.
2 Laden Sie das gewünschte Bild hoch. Daraufhin sollte Ihr Bild im Feld unten angezeigt werden.
Mehr zum Thema „Hinzufügen von Bildern" finden Sie in der Foto-Einführung
Bringen Sie Ihr Bild noch besser zur Geltung - kostenlos:
Um 90 Grad drehen
Durch Ziehen der Ecken und Seiten zurechtschneiden
Löschen
eBay-Basis-Bilderservice mit eingeschränkten Funktionen.
Erstes Bild - kostenlos
2. EUR 0,15
3. EUR 0,15
Hier klicken, um ein Bild auszuwählen
4. EUR 0,15
5. EUR 0,15
6. EUR 0,15
Titelleistenfoto: Das erste Bild wird im Kleinformat neben der
Beispiel für Titelleistenfoto
Standard Gratis
Dia-Show EUR 0,75 Präsentieren Sie Ihren Artikel in verschiedenen Ansichten
Beispiel für Dia-Show und XXL-Foto

Ansprechendere Gestaltung Ihrer Angebote mit attraktiven Angebotsvorlagen.
Eine Gebühr von EUR 0,10 wird berechnet.
Gestalten Sie Ihr Angebot professionell: Wählen Sie aus den Angebotsvorlagen ein Thema und ein Layout aus.
Wählen Sie ein Thema aus
Keines
Baby
Blaue Blasen
Bücher
Computerplatine
Film
Foto&Fernsehen
Gaumenfreuden
Handy&Organizer
Das Thema bestimmt das Hintergrundmotiv.
Das Layout bestimmt die Anordnung von Foto und Beschreibungstext.
Wählen Sie ein Layout aus
Standard
Bild links
Bild rechts
Bild unten
Bild oben
Angebotsvorschau
Artikel hervorheben
(Ihr erstes Bild erscheint auch als Galeriebild)
Um die URL für ein Galeriebild einzugeben, klicken Sie auf die Registerkarte „Bilderservice"oben
Kein Galeriebild
Beispiele für Galerie und Top-Angebot in Galerie
Galerie
EUR 0,75
Fügen Sie Ihren Artikeln eine Bildvorschau hinzu, die auch in Suchergebnissen angezeigt wird, und präsentieren Sie Ihr Angebot in der Galerie
Top-Angebot in Galerie
EUR 12,95
Nutzen Sie alle Vorteile der Galerie, und präsentieren Sie Ihren Artikel als Top-Angebot in der Galerie.
Zusatzoptionen
Fettschrift
EUR 1,00
Wecken Sie das Interesse der Käufer, und heben Sie Ihre Artikel hervor, z. B. mit Fettschrift
Beispiel für Fettschrift
Highlight
EUR 1,50
Gestalten Sie Ihr Angebot noch attraktiver, z. B. mit einem farbigen Band
Beispiel für Highlight
Top-Angebot in Kategorie und Suche
Nicht verfügbar
Sie müssen über ein Bewertungsprofil von mindestens 10 verfügen
Beispiel für Top-Angebot in Kategorie und Suche
Top-Angebot auf der Startseite
Nicht verfügbar
Sie müssen über ein Bewertungsprofil von mindestens 10 verfügen.
Beispiel für Top-Angebot auf der Startseite
Kostenloser Zähler
Keinen Zähler hinzufügen
Grüne LED 1234
Andale-Stil 1234
Mit einem Zähler von Andale können Sie sehen, wie oft Ihr Artikel angeklickt wurde. Weitere Informationen.
< Zurück
Weiter >
Gebühren enthalten 16% Mehrwertsteuer für Mitglieder, die in Deutschland ansässig sind oder Ihren Wohnsitz oder Sitz haben. Mehr zum Thema Mehrwertsteuer.
Foren und Cafés | Bewertungsforum | Regeln und Sicherheit | Über eBay | eBay-Mitteilungen
Startseite | Mein eBay | Übersicht |
Kaufen | Verkaufen | Service | Suchen | Hilfe | Gemeinschaft
Copyright © 1995-2003 eBay Inc.
Alle Rechte vorbehalten. Ausgewiesene Marken gehören ihren jeweiligen Eigentümern. Mit der Benutzung dieser Seite erkennen Sie die eBay-AGB und die Datenschutzerklärung an.
eBay übernimmt keine Haftung für den Inhalt verlinkter externer Internetseiten.
Internet

1 Im Bereich *Preis und Dauer* legen Sie *Dauer, Angebotsbeginn*, den *Startpreis* sowie die Auktionsart (Standardauktion oder Privatauktion) fest. (Die Sofort-Kaufen-Option ist für Sie als eBay-Neuling noch nicht verfügbar).

2 Im Bereich *Artikelstandort* geben Sie den Ort, die Region (sofern gewünscht) und das Land ein. *Deutschland* ist hierbei die Grundeinstellung und kann per Klick auf den Verweis *bearbeiten* geändert werden, sofern der Artikel international angeboten werden soll.

3 Im Bereich *Bilder hinzufügen* begnügen wir uns mit dem Einstellen des ersten kostenlosen Bilds; klicken Sie also auf den ersten Rahmen von links (Pfeil).

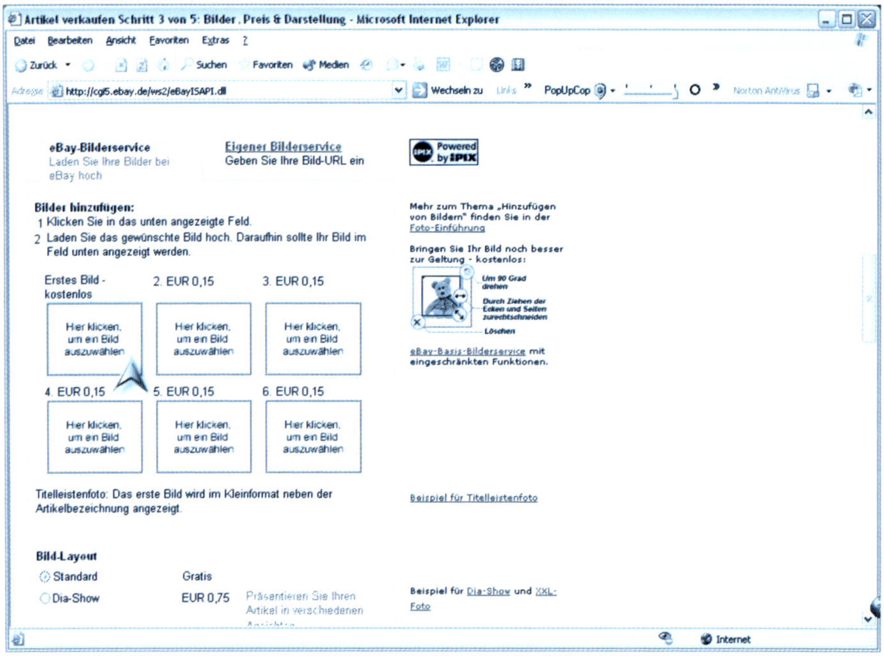

4 Ein neues Fenster öffnet sich daraufhin, und Sie können zum Speicherort des gewünschten Bilds navigieren. Markieren Sie die entsprechende Datei, und klicken Sie dann auf *Öffnen*.

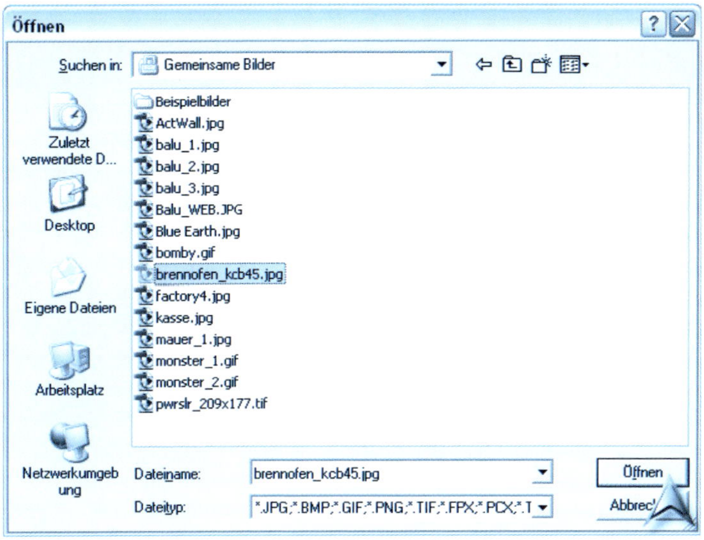

5 Bei *Bildlayout* lassen Sie die Einstellung auf *Standard.* eBay ist teuer genug, und Sie können das Bildlayout problemlos mit HTML anpassen.

6 Im Bereich *Angebotsvorlagen* haben Sie die Möglichkeit, durch Verwendung verschiedener Designvorlagen Ihre Auktion attraktiver zu gestalten. Es bleibt Ihnen überlasen, ob Sie dieses Angebot nutzen wollen. Sofern Sie eine Vorlage auswählen, können Sie sich per Klick auf den Verweis *Angebotsvorschau* das Layout Ihrer Auktion anzeigen lasen.

7 Zurückhaltung ist im Bereich *Artikel hervorheben* angebracht. Setzen Sie die dort angebotenen Optionen gezielt und sparsam ein – wenn überhaupt. Bei *Kostenloser Zähler* können Sie gerne zugreifen. Oft genug unterstreicht dieser die Attraktivität Ihres Artikels.

8 Überprüfen Sie noch einmal Ihre Eingaben, und klicken Sie dann auf die Schaltfläche *Weiter.*

Zahlungs- und Versandart

Auf der nun folgenden Seite dreht sich alles um Zahlung und Versand.

Zunächst geht es darum, die Zahlungsmethode festzulegen. Hier setzen Sie ein Häkchen vor die Einträge *Überweisung* und *Barzahlung bei Übergabe,* denn damit sind Sie fast immer auf der sicheren Seite.

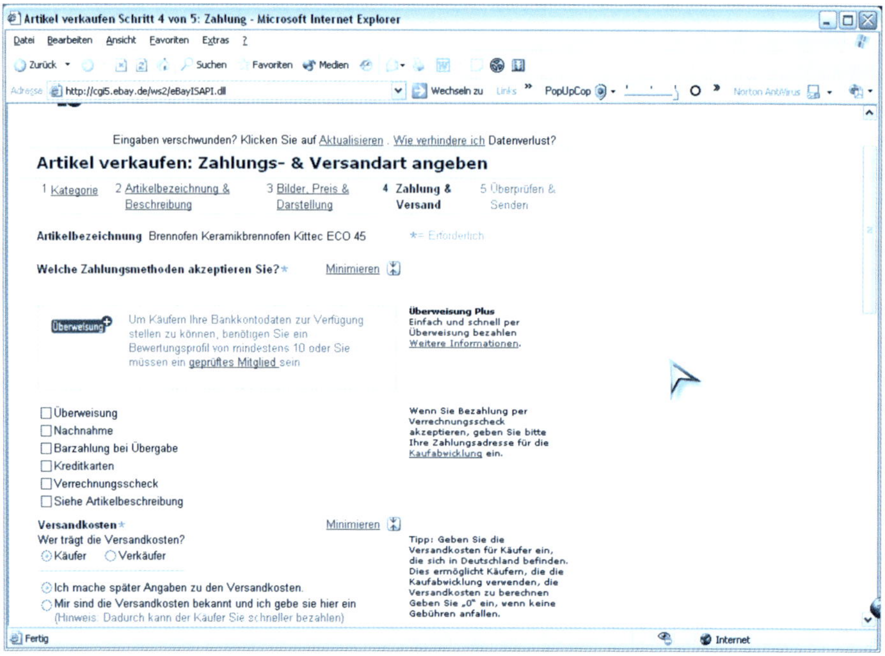

Es folgt nun der Bereich *Versandkosten*. Die Versandkosten sind ein nicht unwichtiger Faktor bei der Erstellung Ihrer Auktionsangebote, denn mit wenigen Ausnahmen wird die überwiegende Masse verkaufter Waren verschickt. Bedauerlicherweise haben sich inzwischen einige unlautere Anbieter darauf spezialisiert, geringe Erlöse durch unverhältnismäßig hohe, vorher nicht klar genannte Versandkosten auszugleichen. Beispielsweise wird für den Versand einer CD der Preis für ein Paket aufgeschlagen, oder es werden irgendwelche dubiosen »Versandkostenpauschalen« hinzugerechnet, und das vollkommen unabhängig davon, ob Sie einen Artikel oder mehrere beim gleichen Anbieter gekauft haben. Wie Ihre Angebote, so sollten auch die Versandkosten klar und unmissverständlich für den Interessenten sein. Unerwartet unangemessene Nebenkosten verderben die Kauffreude und sicher auch die Bewertung.

Bei eBay bietet sich die Möglichkeit an, bereits bei der Erstellung eines Angebots konkrete Angaben zu den Versandkosten zu machen. Dabei ist es Usus, dass der Verkäufer die anfallenden Gebühren trägt und der Käufer im Gegenzug die Versandkosten. Das hat sich in der Praxis bewährt und die meisten Käufer werden damit einverstanden sein. Belassen Sie es also im Bereich *Versandkosten* bei der Standardeinstellung *Käufer*.

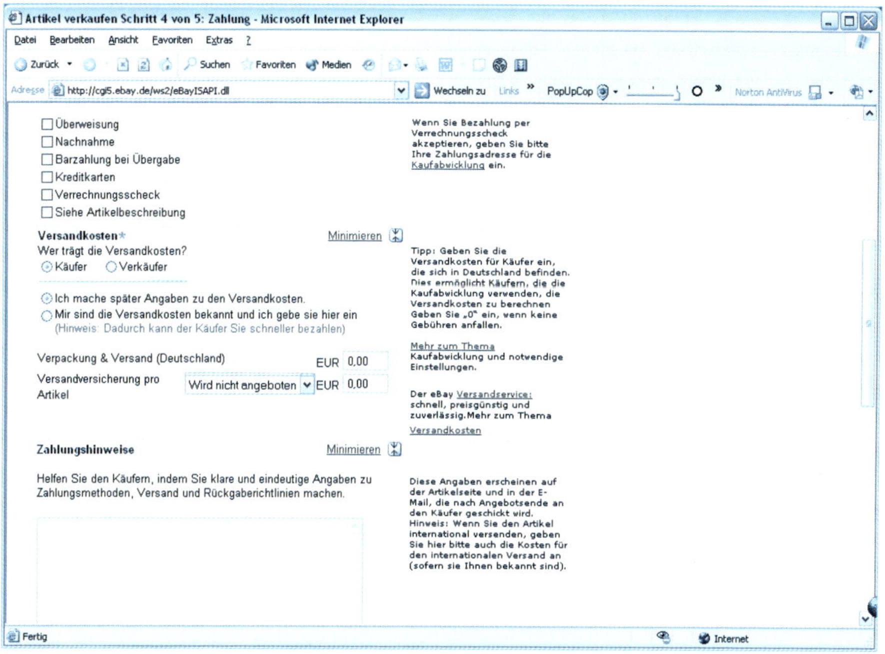

Besonders angenehm ist es für Ihre Interessenten, wenn Sie Versandkosten und Versandart bereits im Textfeld zu *Zahlungshinweise* unterbringen. Natürlich können Sie auch erst nach Abschluss eines Handels den Käufer über die zusätzlichen Kosten informieren. Wenn Sie dabei nachvollziehbare Kosten angeben, die sich aus Porto und einer angemessenen Summe für die Verpackung zusammensetzen, wird es in den wenigsten Fällen Beschwerden geben. Doch Unzufriedene gibt es immer, und die Gruppe der eBayer, die bei unklaren Versandkosten gar nicht erst bietet, ist eine nicht zu unterschätzende Größe. Sie machen es sich und Ihren Käufern leichter, wenn Sie eventuell aufkommenden Diskussionen durch umfassende Transparenz im Vorfeld aus dem Weg gehen. Denn wenn alle Kosten neben dem Auktionspreis klar angegeben sind, hat ein Käufer zwar die Möglichkeit, um eine andere Versendungsform zu bitten, ein Recht hat er jedoch nicht darauf, da er mit Gebotsabgabe Ihre Handelskonditionen, zu denen auch die Versandart und -kosten gehören, akzeptiert hat.

Versand über Deutsche Post und DHL

Obwohl Sie bei der Versendung eines verkauften Artikels durch die Deutsche Post Ihr Päckchen oder Ihr Paket immer noch bei einer Postfiliale abgeben, laufen die Brief- und Paketdienste seit 1. April 2003 unter geteilter Verantwortlichkeit. Die Post fungiert seitdem als Briefversender bzw. Zuständiger für alle briefbezogenen Zusatzleistungen, DHL vereint die Angebote des Paketdienstes der Deutschen Post (Post Euro Express) sowie der Dienstleister Danzas und DHL. Im Moment ändert sich dabei für Sie als Endkunde wenig. Trotz der starken Konkurrenz durch Paketdienste hat die Post/DHL immer noch einige Vorteile auf ihrer Seite. So hat sie sich seit Jahrzehnten bewährt, und wirklich jeder, auch Ihre Handelspartner, wissen, wie das System funktioniert. Die Preise sind mehr oder weniger bekannt, wodurch es selten zu Diskussionen kommt. Außerdem gibt es, trotz stetigem Abbau, immer noch eine starke Filialpräsenz, und Sie haben wenig Mühe, Ihre Sendungen auf den Weg zu bringen. Die vielfältigen Produkte und Dienstleistungen erlauben es Ihnen, für jeden Artikel aus einem großen Angebot genau das auszuwählen, was für Ihren Käufer und natürlich für Sie am praktischsten ist.

Hermes und iloxx

Suchen Sie bei eBay Hilfe zum Thema Versand, werden Sie auf die beiden Versanddienstleister Hermes und iloxx verwiesen, die mit dem Online-Auktionshaus zusammenarbeiten. Beide bieten Ihnen viele Vorteile, wobei der entscheidende sein dürfte, dass Sendungen bei Ihnen zu Hause abgeholt werden (an Ihrem Arbeitsplatz oder einer Adresse Ihrer Wahl), Sie sparen sich also den Weg zur Postfiliale und das dortige Anstehen.

Hermes transportiert Pakete bis 31,5 kg, wobei es aber öfter vorkommt, dass bestimmte Gegenstände abgelehnt werden (z. B. sehr sperrige). Fragen Sie also im Zweifelsfall immer nach, und lassen Sie sich die Versendungsfähigkeit bestätigen. Bei wertvollen Artikeln bietet Hermes eine im Preis enthaltene Versicherung in Höhe von Euro 500,– pro Paket bzw. Euro 1 000,– pro versendetes Gepäckstück an. Für größere, schwerere oder sperrige Sendungen empfiehlt eBay den Dienstleister iloxx. Dieser transportiert alles bis zu einem Gewicht von zwei Tonnen, darunter auch Möbel, Waschmaschinen, Autos etc. Das wirkt sich allerdings auf die Schnelligkeit der Abwicklung aus, denn zwischen Auftragserteilung und Abholung der Ware vergehen mindestens ein bis zwei Tage. Außerdem muss die Ware auf einer Palette verpackt sein, ansonsten muss sie von einem Mann getragen werden können. iloxx lehnt Güter über die Maximalabmessungen nicht generell ab, wie es bei anderen Dienstleistern der Fall ist. Allerdings bedarf es dann einer vorherigen Klärung.

UPS & Co.

Seit der Liberalisierung des Postmonopols arbeitet eine Vielzahl von Paketdiensten daran, der Deutschen Post bzw. DHL Marktanteile abzunehmen. Ganz vorn sind dabei die großen, international agierenden Konzerne wie

UPS oder Federal Express. Aber auch deutsche bzw. europäische Dienstleister wie German Logistics (früher German Parcel), DPD und andere bemühen sich mit individuellen Angeboten, Rabatten und Zusatzleistungen um die Kunden. Ob und in welchem Maß diese für Sie als Verkäufer interessant sein können, lässt sich nur sehr schwer beantworten, da die Angebote sehr vielfältig sind und verschiedene Dienste wie zum Beispiel DPD als Franchise-Unternehmen arbeiten, wo Sie die Preise Ihrer Sendungen in gewissem Umfang selbst aushandeln können. Für andere Anbieter, wie etwa UPS, gilt: Wenn Sie beabsichtigen, Paketdienste als Alternative zur Post/DHL zu nutzen, sollten Sie sich vorher, z. B. auf den Internetseiten der Anbieter, über die vielseitigen Angebote informieren, um das für Sie Passende zu finden.

Fazit

Die Möglichkeiten, Ihre Ware zu versenden, sind vielfältig. Viele Anbieter befinden sich im Wettbewerb um die Gunst des Kunden. Sie müssen im Einzelfall selbst entscheiden, welches Angebot für Ihre Bedürfnisse am besten passt. Als Privatverkäufer mit einem Volumen von etwa 15 Sendungen pro Monat wird dies in den meisten Fällen immer noch die Deutsche Post bzw. DHL sein. Kein anderer Anbieter verfügt über eine derartige Präsenz und bietet für jeden nachprüfbare Tarife an. Andererseits können Sie bei Paketdiensten und anderen Dienstleistern bei einem höheren Transfervolumen relativ problemlos Sonderkonditionen aushandeln, die diese zu einer attraktiven Alternative werden lassen. Auch Leistungen wie Versandgutabholung, Tracking oder Empfängerquittierung sind Argumente, die bei der Auswahl berücksichtigt werden sollten.

Zurück zu unserem Formular:

1 Geben Sie im Bereich *Versandkosten* jetzt die Preise ein, sofern sie Ihnen bekannt sind, andernfalls belassen Sie es bei der Grundeinstellung.

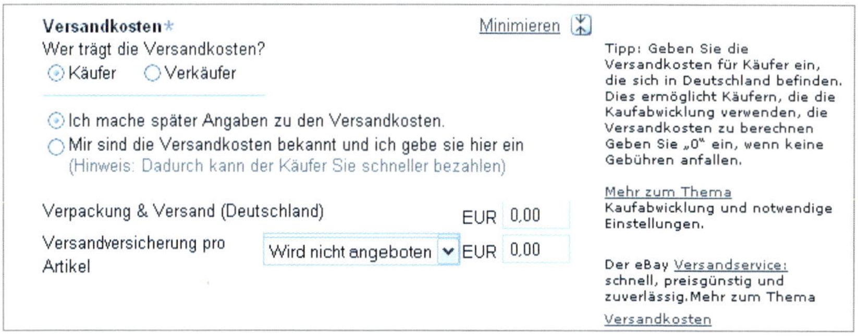

2 In das freie Feld unter *Zahlungshinweise* schreiben Sie folgenden Text:

»eBay-Gebühren übernehme ich, Porto, Verpackung und ggf. Versicherung gehen zu Lasten des Käufers. Die Ware werde ich umgehend nach Zahlungseingang versenden.«

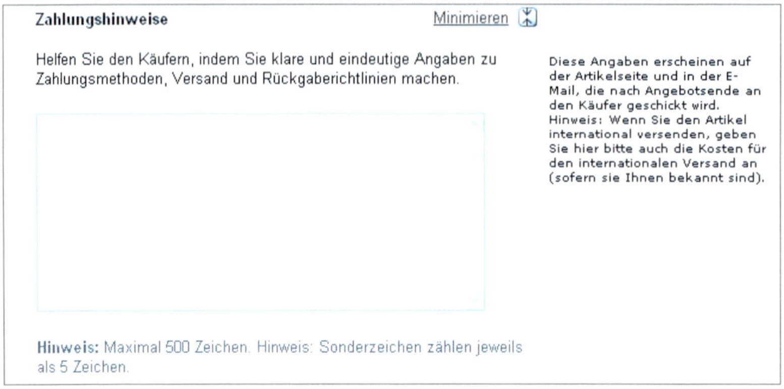

3 Unter *Wohin liefern Sie?* geben Sie die gewünschte Option an und entscheiden sich bei Treuhandservice, ob Sie diese wirklich sehr nützliche eBay-Leistung annehmen wollen.

4 Klicken Sie danach auf die Schaltfläche *Weiter*.

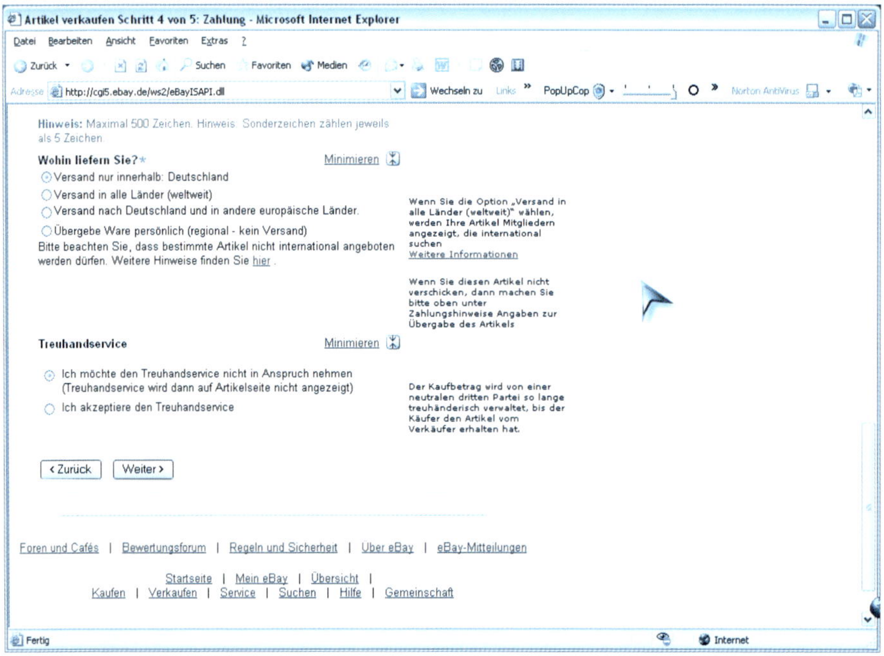

Überprüfen und senden

Endspurt!

1 Überprüfen Sie nochmals Ihr Angebot ...

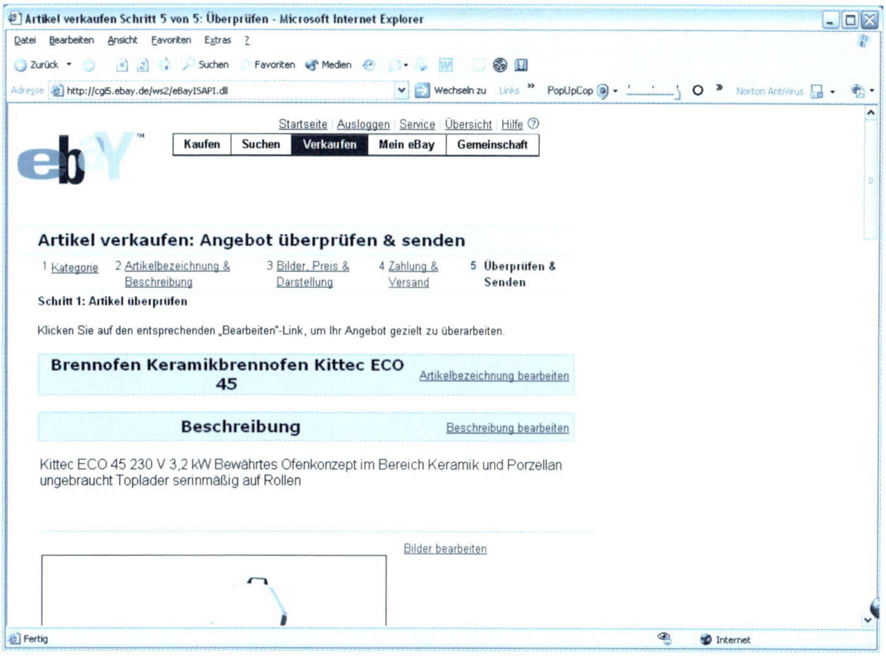

... und die dadurch fälligen eBay-Gebühren.

2 Klicken Sie abschließend auf *Artikel einstellen.*

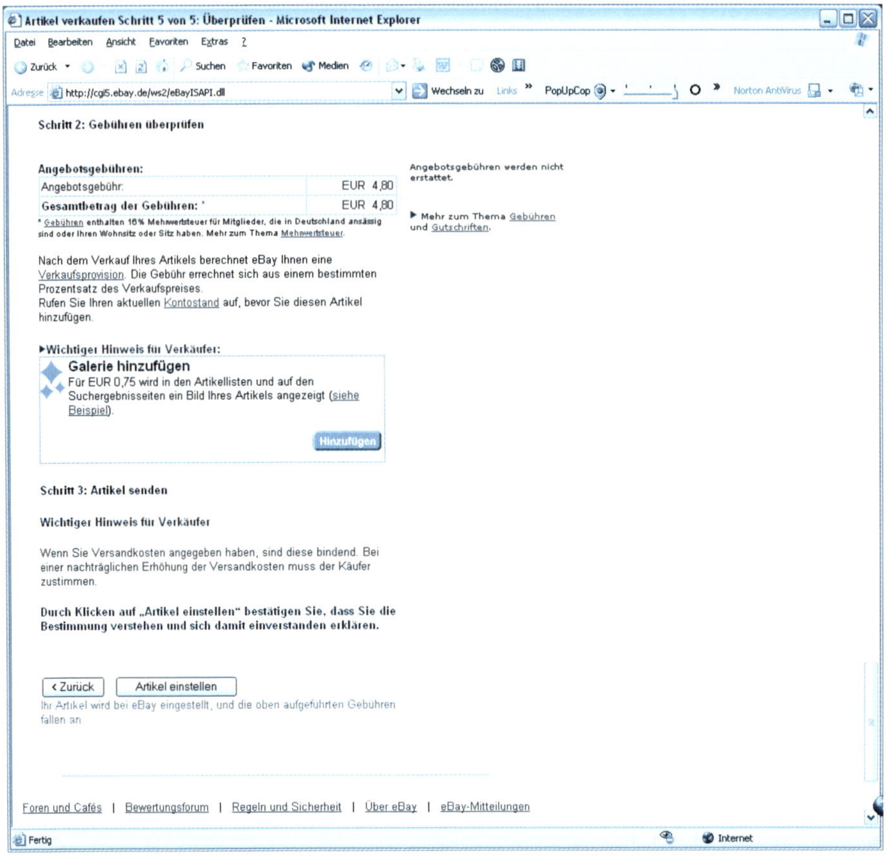

Während der Auktion

Ihre Auktion läuft! Was bleibt Ihnen jetzt zu tun?

Fragen von Bietern beantworten

Je klarer Ihre Artikelbeschreibung ist, desto seltener werden Sie Anfragen von Bietern erhalten. Bleiben Sie stets hilfsbereit und freundlich, auch wenn Sie immer wieder das Gleiche gefragt werden sollten.

Gebote streichen

Angenommen, Sie stellen fest, dass der Höchstbieter Ihrer Auktion ein Bewertungsprofil mit negativer Gesamtpunktzahl hat und in den Bewertungstexten mehrfach erwähnt ist, dass er sich nach der Auktion nicht meldet. Dafür kann es zwei Gründe geben:

- Der Bieter ist nur ein Spaßbieter, der überhaupt kein Interesse an dem Geschäft hat.
- Der Bieter bietet selbst einen vergleichbaren Artikel an (wahrscheinlich unter einem anderen Mitgliedsnamen) und will seine Konkurrenz ausschalten.

Welche Gründe auch immer vorliegen mögen: Wenn Ihnen ein Bieter unseriös erscheint, können Sie sein Gebot streichen lassen.

1 Loggen Sie sich bei eBay ein, und klicken Sie in der Menüleiste auf *Hilfe*.

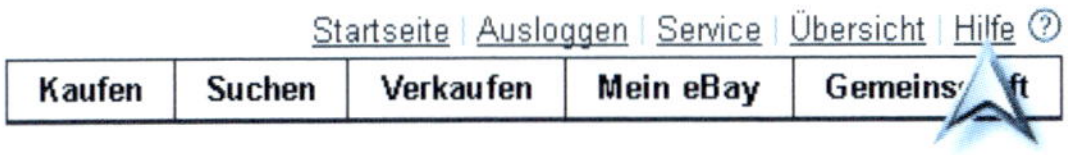

2 Im folgenden Fenster wählen Sie im Menü den Punkt *Verkaufen*, ...

... dann *Artikel verwalten*, ...

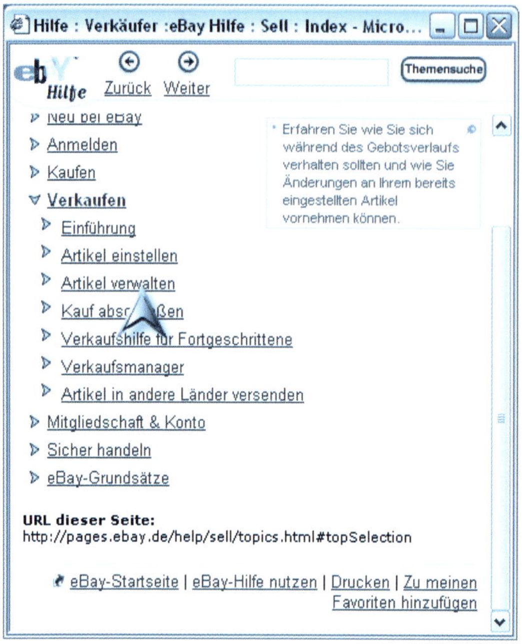

... Käufer verwalten ...

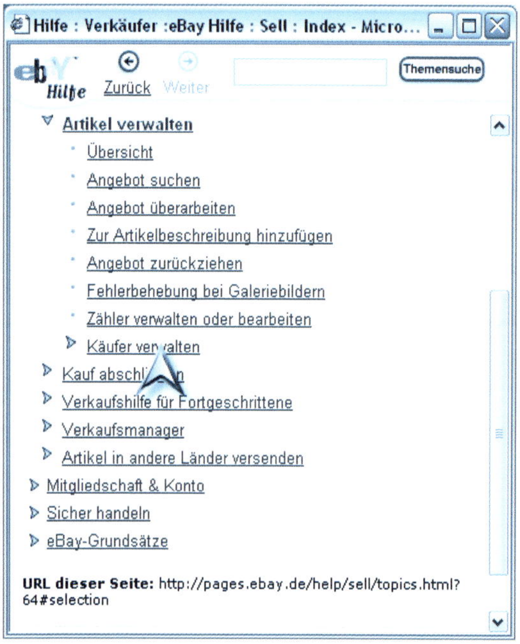

… und schließlich *Gebote streichen*.

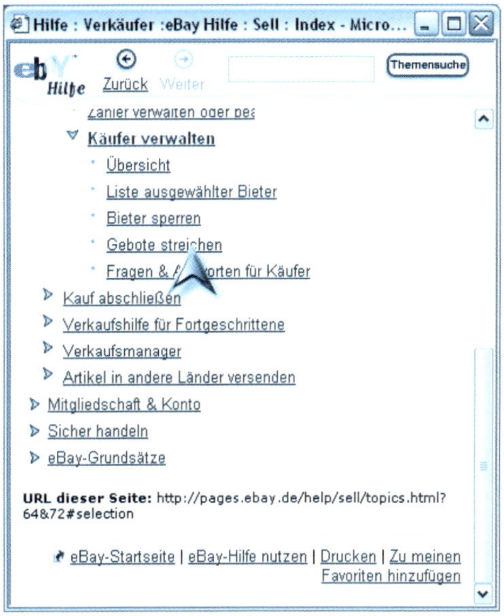

3 Sie gelangen zu folgender Seite und klicken dort auf den Verweis *streichen*.

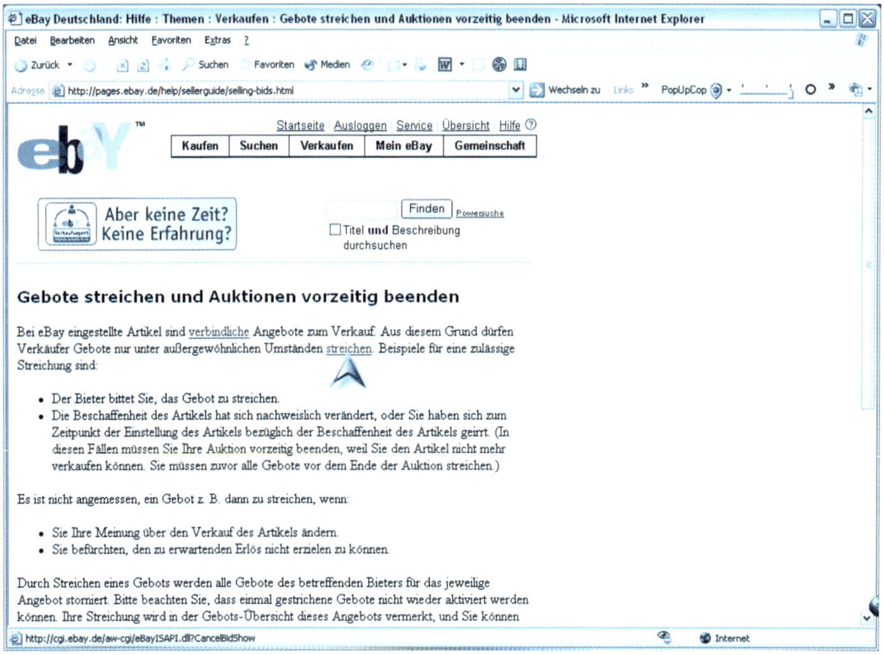

4 Im folgenden Formular müssen Sie nur die Artikelnummer und den Mitgliedsnamen des abgelehnten Bieters angeben. Aus Gründen der Fairness sollten Sie auch noch eine kurze Begründung für die Streichung abgeben.

5 Klicken Sie dann auf *Gebot streichen*, um den Vorgang zu beenden.

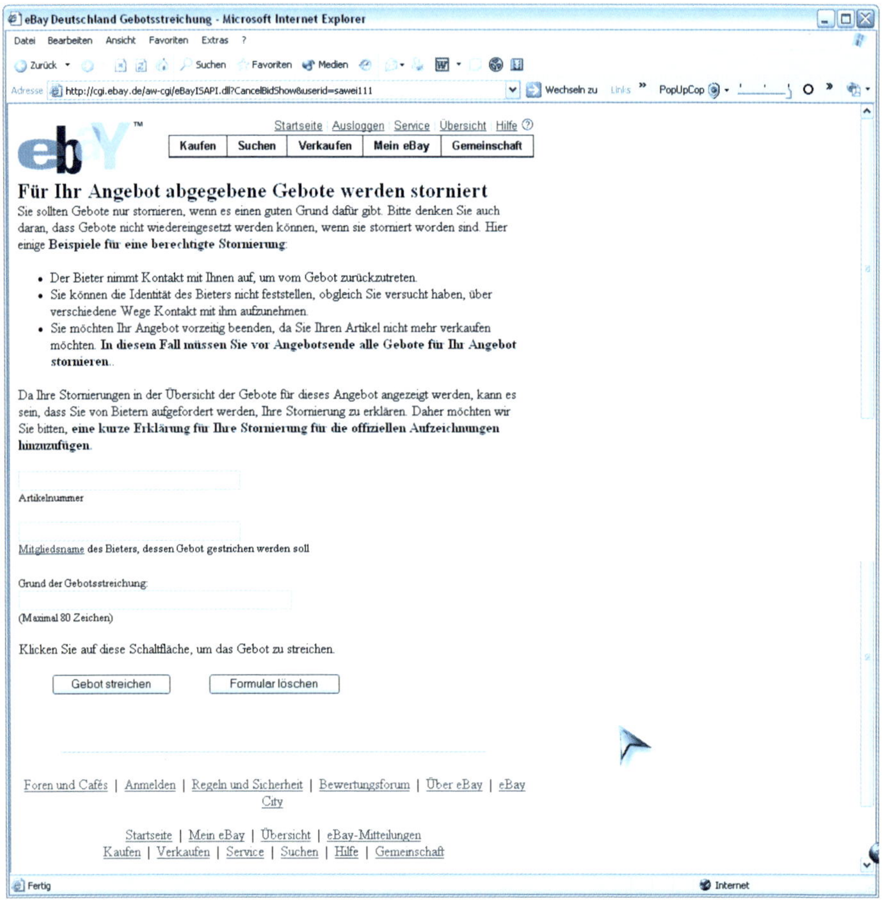

Vorsicht, eine Gebotslöschung kann Konsequenzen haben. Der neue Höchstbieter (vorher Ihre Nummer zwei in der Auktion) ist in dem Moment, in dem er überboten wurde, von der Verpflichtung zum Kauf der Ware entbunden worden. Sollte sich kein weiterer Bieter finden, ist mit dem Ende der Auktion also nicht automatisch ein Kaufvertrag entstanden. Dies ist sinnvoll, weil es schließlich möglich ist, dass der Überbotene bereits bei einer anderen Auktion mitgeboten hat oder sich den Artikel inzwischen anders besorgt hat. Das Problem beim Streichen eines Gebots ist: Wenn keine weiteren Gebote abgegeben werden, ist trotzdem nicht automatisch ein Kaufvertrag entstanden. Für den Fall, dass noch weitere Gebote auf den Artikel kommen, war das Streichen der Auktion überflüssig und hat unter Umständen Ihren Endpreis gesenkt. Um nicht ganz so streng zu sein, können Sie mit dem Höchstbieter Kontakt aufnehmen. Teilen Sie ihm mit, dass Sie aufgrund seines Bewertungsprofils Zweifel an seiner Seriosität haben, und bitten Sie ihn um seine Telefonnummer. Wenn Sie diese bekommen und am anderen Ende auch noch die Person erreichen, die tatsächlich Ihr Höchstbieter ist, können Sie die Auktion beruhigt laufen lassen. Ein unseriöser Bieter würde Ihnen nie seine echte Telefonnummer geben.

Auktion bearbeiten

Solange noch keine Gebote für Ihren Artikel abgegeben sind, können Sie die Überschrift, die Beschreibung, den Preis oder den Bild-URL ändern.

1 Öffnen Sie dazu die Seite mit Ihrem Artikel.

2 Unterhalb der Zahlungs- und Versandbedingungen unter *Artikel aktualisieren* klicken Sie auf den Verweis *Änderungen daran vornehmen.* Im eBay-Hilfsmenü erreichen Sie dies über den Verweis *Angebot überarbeiten.*

3 Sollte bereits ein Gebot für Ihren Artikel vorliegen, können Sie die vorhandenen Informationen nicht mehr ändern, Sie können jedoch Bilder oder Text hinzufügen. Dazu klicken Sie sich in der eBay-Hilfe bis zum Menü *Artikel verwalten* durch und wählen den Link *Zur Artikelbeschreibung hinzufügen.*

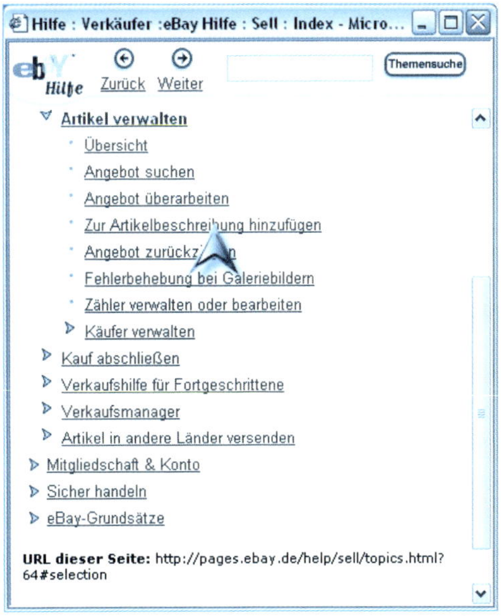

4 Klicken Sie auf den Link *Ergänzen Sie Ihre Artikelbeschreibung.*

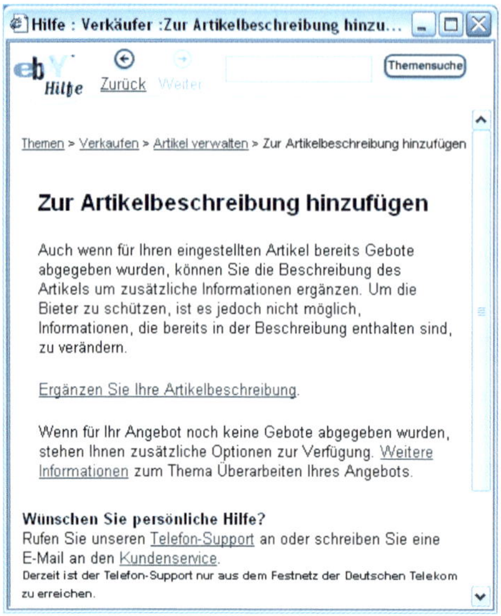

5 Eventuell müssen Sie sich einloggen, landen aber schließlich auf dieser Seite:

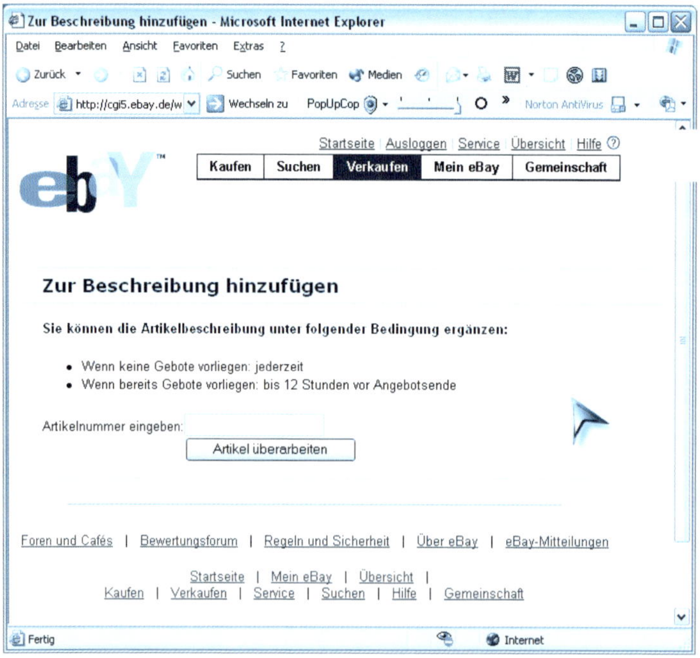

6 Geben Sie die Artikelnummer ein, klicken Sie auf *Artikel überarbeiten*, und nehmen Sie dann die gewünschten Veränderungen vor.

Hinweis

Die nachträglich hinzugefügte Ergänzung wird im Dokument unten angehängt. Dem Text wird ein Zeitstempel vorangestellt, der Datum und Uhrzeit der Ergänzung vermerkt.

Nach der Auktion

eBay-Benachrichtigung weiterleiten

Besonders Anfänger begehen den Fehler, die eBay-Benachrichtigung mit der Antwortfunktion ihres E-Mail-Programms abzuschicken. Damit wird die Nachricht natürlich nicht zum Handelspartner, sondern zurück zu eBay gesandt. Dennoch ist es sinnvoll, die komplette Benachrichtigung an Ihren Handelspartner weiterzuleiten. Sie ersparen sich viel Abtipparbeit und haben alle wichtigen Informationen zusammen. So sollten Sie auf jeden Fall Auktionsnummer und Artikelbezeichnung sowie Ihren eBay-Namen in der E-Mail erwähnen, denn viele eBay-Mitglieder sind gleichzeitig in mehreren Auktionen gleichzeitig involviert.

Inhalte für die E-Mail des Verkäufers

Wichtig ist hierbei, dass alle relevanten Informationen übermittelt werden, um Verwechslungen und spätere Probleme zu vermeiden. In die erste E-Mail des Verkäufers gehören:

- Die Auktionsnummer
- Gesamtkosten (Endpreis und Versandkosten)
- Mögliche Zahlungsarten
- Bankverbindung
- Eventuell Telefonnummer für Rückfragen

Das könnte etwa so aussehen:

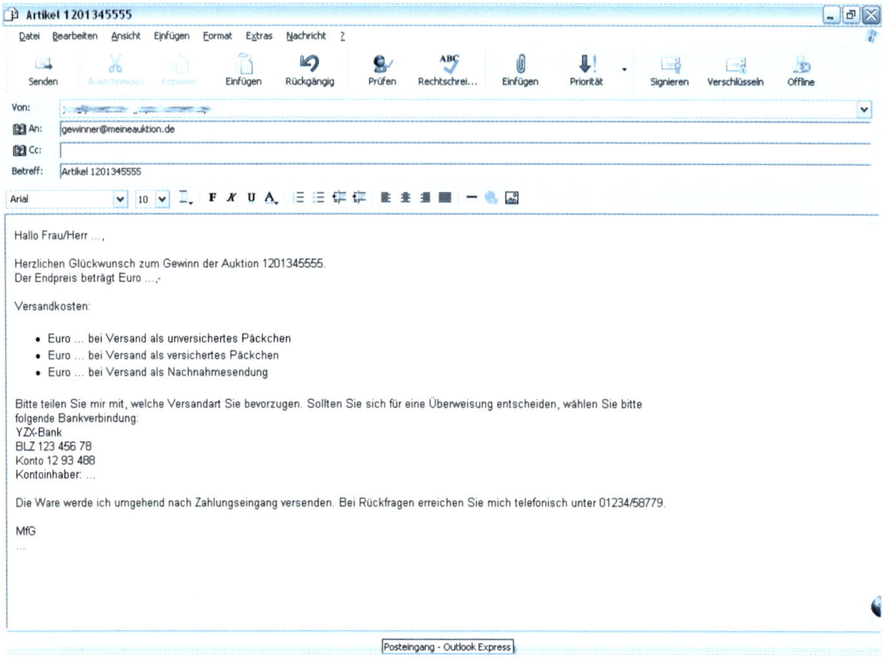

Doch wie soll man sich verhalten, wenn es zu Problemen kommt und der Käufer etwa nicht zahlt? Das und mehr erfahren Sie im nächsten Kapitel *Sicherheit wird groß geschrieben*.

Zum Schluss!

Kuriose Auktionen bei eBay

»Arbeitsplätzchen« zum Selberbacken fanden tatsächlich für 3,55 Euro einen neuen Besitzer.

Kapitel 4

Sicherheit wird groß geschrieben

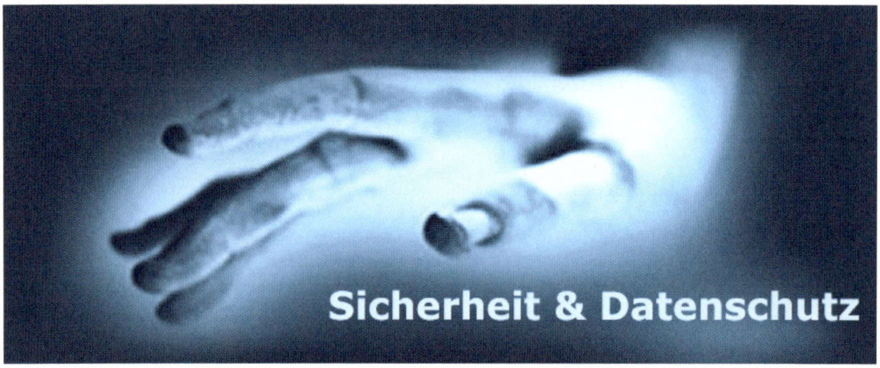

Eine Garantie auf Sicherheit und Datenschutz im Internet gibt es leider nicht. Trotzdem können Sie einiges tun, um das Maß an Sicherheit für sich und Ihre persönlichen Daten auf möglichst hohem Niveau zu halten.

Das können Sie schon:

Das lernen Sie neu:

Sicherheit allgemein

Benutzen Sie beim Transfer Ihrer Online-Daten, wann immer es angeboten wird, eine sichere SSL-Verbindung. SSL (*Security Socket Layer*) ist ein Verschlüsselungsverfahren, das als recht sicher angesehen werden kann und z. B. auch beim Online-Banking zur Anwendung kommt. Die Übertragungsgeschwindigkeit der Daten ist zwar etwas reduziert, doch dieses Mehr an Sicherheit sollte es Ihnen wert sein. Sie erkennen das Bestehen einer solchen SSL-Verbindung am Schlosssymbol in der Statusleiste des Internet Explorers.

Natürlich sollten Sie als umsichtiger Internetbenutzer nicht auf Virenschutz und eine Firewall, die Sie vor Hackerangriffen schützt, verzichten. Windows XP ist von Haus aus schon mit einer solchen Firewall ausgestattet, und Antiviren-Software finden Sie kostenlos im Internet, etwa das Programm *AntiVir Personal Edition* (*http://www.free-av.de*). Ich empfehle Ihnen jedoch, etwas Geld in Ihre Sicherheit zu investieren und sich das Programm *Internet Security* der Firma Symantec zuzulegen. Es beinhaltet umfassenden Schutz durch eine Firewall und ein Antiviren-Programm, das Ihren Computer umfangreich und sogar bei Empfang von E-Mails vor möglichem Schaden schützt. Die Installation von Internet Security ist unkompliziert, und die nötigen Einstellungen können auch von unerfahrenen Anwendern leicht getätigt werden.

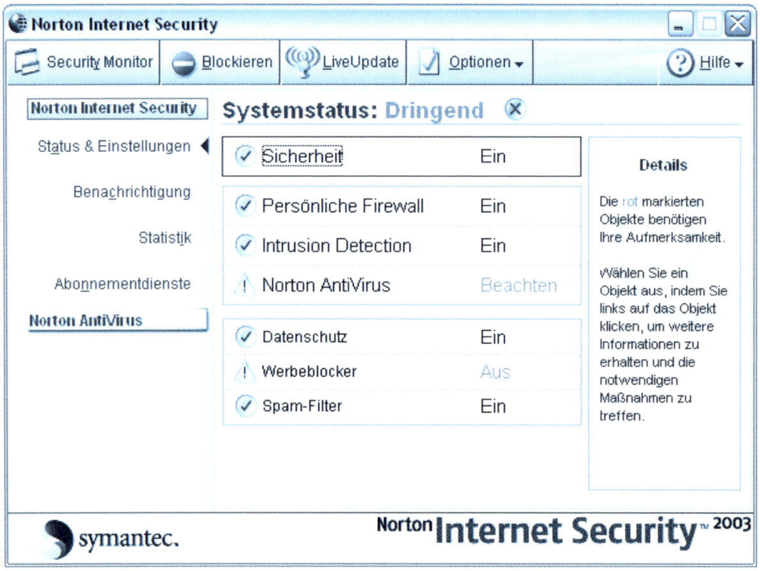

E-Mail und der Umgang mit Spam

Viele Menschen werden im Verlauf Ihrer eBay-Mitgliedschaft an Ihre dort verwendete E-Mail-Adresse gelangen. Seien Sie darum immer vorsichtig, wenn Sie nach persönlichen Angaben (Bankinformationen, Passwörtern, Kreditkartennummern etc.) gefragt werden, mag die E-Mail auch noch so seriös erscheinen. eBay wird Sie – so, wie alle renommierten Firmen auch – niemals unaufgefordert nach solchen Informationen fragen. Sollte dies also geschehen, so können Sie es als fast sicher ansehen, dass ein Dritter versucht, persönliche Daten von Ihnen auszuspionieren.

Spam

Ein weiterer trauriger Nebeneffekt, der durch die Veröffentlichung Ihrer E-Mail-Adresse auf Sie zukommt, sind so genannte Spams. Unter Spam versteht man unverlangt zugesandte E-Mails. Es ist ganz egal, wie selten Sie das Internet benutzen, irgendwann werden Sie das Opfer von Spams, und statt wichtige Nachrichten von Geschäftspartnern, Freunden oder Bekannten vorzufinden, entdecken Sie in Ihrem Postfach eine lange Liste unnutzer E-Mails von Firmen, die absolut nutzlose Produkte oder Geldgewinnpläne bewerben. Im Gegensatz zur Werbung in Zeitungen oder Zeitschriften, die Sie einfach ignorieren können, werden Sie Spams so leicht nicht los, und Sie müssen zum Löschen überflüssiger Nachrichten viel Zeit aufwenden, um Platz in Ihrem E-Mail-Postfach für wichtigere Nachrichten zu schaffen. Unerwünschte E-Mails sind eine Plage des Internetzeitalters, und eigentlich freut sich niemand darüber, dennoch werden sie von vielen Unternehmen verschickt. Für diese Firmen ist es vergleichsweise günstig, denn zum Preis eines einzelnen E-Mail-Kontos kann theoretisch ein weltweites Publikum angesprochen werden. Aus der Sicht des Spammers ist es nebensächlich, dass 99 % der Internetbenutzer sauer reagieren. Wenn die restlichen 1 % das Produkt kaufen, hat es sich bereits gelohnt.

Beim Versenden von Spam müssen keine Unmengen von E-Mails verfasst werden. Ähnlich wie bei Massensendungen, auf die keine Briefmarken mehr geklebt werden müssen, verwenden viele Unternehmen Programme, welche die Adressierung an Massenziele automatisieren.

Viele Internetprovider reagieren auf die Verärgerung der von Spam betroffenen Kundschaft, indem sie E-Mails von Konten bekannter Spammer einfach sperren. Andere allerdings stellen die Rechtmäßigkeit dieses Vorgehens in Frage, da es sich eigentlich um eine Form der Zensur handelt. Rechtlich gesehen ist die Sache ganz einfach, denn hier ist es verboten, anderen unaufgefordert Werbe-E-Mails zuzusenden, wenn der Empfänger nicht darum gebeten bzw. ausdrücklich oder stillschweigend eingewilligt hat. Auch die EU hat sich für das Opt-in-Modell – wonach der Empfänger die Werbung ausdrücklich gestattet haben muss – ausgesprochen. Diese Datenschutzrichtlinie ist übrigens bis zum 31. Oktober 2003 in deutsches Recht umzusetzen. Soweit die Theorie, doch wie schützt man sich in der Praxis?

1. Beschweren Sie sich beim Spammer

   Wenn Sie Spam erhalten, wird die Nachricht unter Umständen eine E-Mail-Adresse enthalten, die Sie anschreiben können, wenn Sie Ihren Namen aus der E-Mail-Liste des Spammers streichen lassen möchten. Sollte eine solche E-Mail direkt von einem eBay-Mitglied kommen, das Sie beispielsweise auf seine laufende Auktion hinweist, können Sie sich direkt bei eBay unter der E-Mail-Adresse *sicherheit@ebay.de* beschweren. eBay wird den Belästiger dann abmahnen. In der Regel müssen Sie aber damit rechnen, dass die E-Mail-Adresse gefälscht ist oder dass Ihre Antwort den Spammer einfach darüber informiert, dass Ihre E-Mail-Adresse tatsächlich existiert. Vielleicht wird er dann Ihre Adresse sogar an andere verkaufen und Sie weiterhin mit Spams bombardieren.

2. Beschweren Sie sich beim Provider des Spammers

   Um sich gegen mögliche Beschwerden zu schützen, entfernen die meisten Spammer ihre Absenderadresse oder fälschen diese. Auch wenn Sie in der E-Mail keine gültigen Absender finden können, werden Sie eventuell dennoch fündig. Suchen Sie in den Kopfdaten der Spam die Adresse des Providers, z. B. *flashmail.com, earthlink.net* usw. Haben Sie den Provider ausgemacht, können Sie sich dort beschweren. Die Provider können nicht alle Kunden überwachen, werden aber, wenn sie mehrfach Beschwerden über einen ihrer Kunden bekommen, gegen den Spammer vorgehen und sein Vorgehen unterbinden.

3. E-Mail-Filter und Anti-Spam-Programme einsetzen (für mich das ideale Mittel).

Viele E-Mail-Programme wie *Microsoft Outlook Express* oder *Eudora* bieten Ihnen die Möglichkeit, eingehende E-Mails basierend auf der Absenderadresse, dem Betreff oder nach Schlüsselwörtern zu filtern. Sie können diese Filterregeln so einstellen, dass sie nach den E-Mail-Adressen bekannter Spammer oder nach Schlüsselwörtern wie »Make Money« etc. suchen. Solche E-Mails werden dann automatisch gelöscht oder in einem besonderen Ordner abgelegt.

Alternativ dazu können Sie auch Anti-Spam-Programme benutzen, die alle eingegangenen Mails vor dem Herunterladen auf Ihren Rechner überprüfen, eventuell unerwünschte Werbung und/oder Verseuchung durch Würmer oder Viren feststellen und Ihnen das Ergebnis in Form einer Liste anzeigen. Sie müssen also nicht nach der Devise »Alles oder nichts« der meisten Mailprogramme vorgehen: Wer seine E-Mails will, muss alle abholen, egal ob ein 800 Kbyte großer Anhang dabei ist, den man nach dem Empfang sofort löscht, weil sich eine virenverseuchte Datei dahinter verbirgt. *SpamKiller* der Firma McAfee Security beispielsweise und der viel interessantere – weil kostenlose – *MailWasher* gehören dazu. Den MailWasher können Sie unter der Adresse *www.mailwasher.net* herunterladen; der Autor erbittet einen freiwilligen Obolus beliebiger Höhe. Zugleich möchte ich Ihnen die funktionserweiterte Version *MailWasher Pro* ans Herz legen.

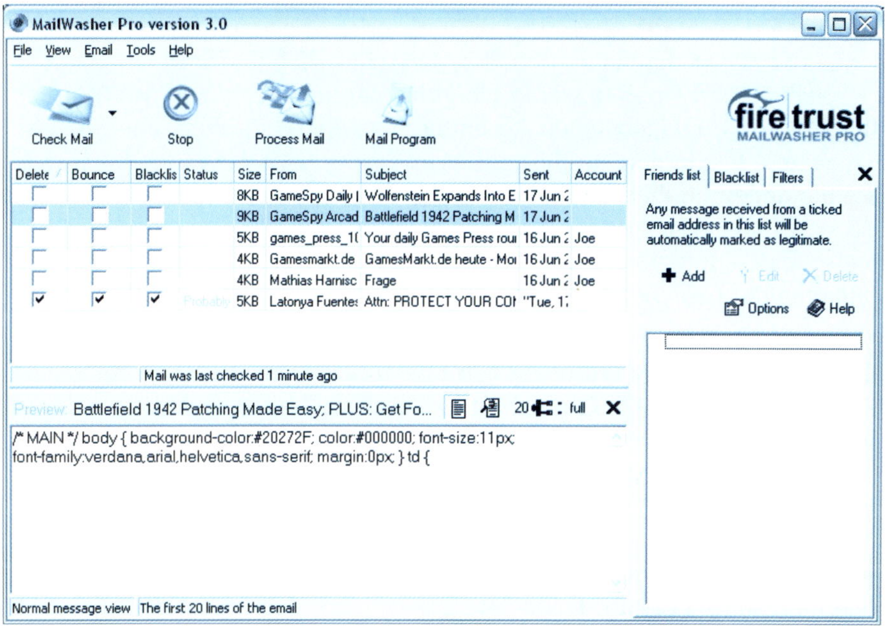

Mit dem MailWasher lassen sich unerwünschte Nachrichten mit einem Tastendruck direkt auf dem Server löschen, ohne dass sie erst auf den heimischen Rechner heruntergeladen werden müssen. Erst nach dieser »Wäsche« holt man sich seine Post ab.

Das Einrichten des nützlichen Helfers ist schnell erledigt – man trägt die Daten seines Postfachs (Server, Benutzername, Passwort) ein. Wer Outlook Express verwendet, darf die Mailkonten gleich übernehmen. Das »Waschprogramm« besteht aus drei Schritten: Ein Klick auf *Check Mail* fragt das Postfach ab und reiht alle eingegangenen Mails auf. Ein Klick markiert unerwünschte Nachrichten. Eifrig hilft MailWasher bei der Bestimmung, was willkommen ist und was nicht. Die schwarze Liste (*Blacklist*) pflegt alle Absender, die sofort ein Häkchen im *Delete*-Kästchen (Löschen) erhalten. Das kann eine konkrete Adresse ein; es genügt auch eine Domainendung wie *aol.com*. Die Freundesliste sammelt die Adressen, die grundsätzlich durchgelassen werden sollen. Mannigfaltig sind die Möglichkeiten, eigene Filter zu erstellen. Regeln der Art »Mails mit dem Wort 'money' im Betreff löschen« verfeinern das Verwenden so genannter regulärer Ausdrücke. Diese Suchmuster filtern, welche Buchstaben am Anfang, in der Mitte oder am Ende des Empfängers, Absenders, Betreffs oder Mailtextes (nicht) vorkommen dürfen. Die Schaltfläche *Process Mail* schließlich löscht alle markierten Nachrichten. Um einen besseren Überblick zu behalten, kann MailWasher Mitteilungen von ungebetenen Absendern umgehend löschen, ohne sie erst anzuzeigen. Wenn gewünscht, teilt MailWasher dem Absender sogar mit, dass die angeschriebene Adresse ungültig sei (Bounce) – in der Hoffnung, dass sie künftig verschont wird. Diese Meldung ist von einer echten nicht zu unterscheiden, funktioniert aber im Regelfall nur, wenn der Provider für das Mailkonto der Gleiche ist, über den sich ins Netz eingewählt wurde.

Auch Nachrichten von erwünschten Absendern lassen sich ausblenden, bedürfen sie doch keiner Prüfung. Damit beraubt man sich jedoch einer sehr hilfreichen Funktion: Ein Doppelklick zeigt den Inhalt einer Mail an. Kurze Mitteilungen lassen sich bereits im MailWasher lesen und danach löschen, ohne erst das Mailprogramm zu bemühen und alle Mails abholen zu müssen. Das ist eine praktische Lösung auch für jene, die ihre Mails regelmäßig mit verschiedenen PCs lesen: Auf der Arbeit verschafft man sich einen kurzen Überblick und überfliegt wichtige Mitteilungen. Erst später, zu Hause, holte man seine Post ab. Dabei ist zu beachten, dass manche Mailserver Nachrichten nach dem Lesen löschen. Eine mit MailWasher gelesene Mitteilung wäre daraufhin verschwunden. Man sollte daher testen, ob das verwendete Konto diese Eigenschaft besitzt, und gegebenenfalls den Provider bitten, sie zu ändern. Einsetzen lässt sich das Programm mit einem beliebigen POP3-Postfach. Postfächer bei Hotmail und AOL werden von der kostenlosen Version nicht unterstützt.

Eine weitere empfehlenswerte E-Mail-»Waschmaschine« ist das ebenfalls kostenlose Programm *SpamPal* (*http://www.spampal.de/*). Die Software ist auch in deutscher Sprache verfügbar.

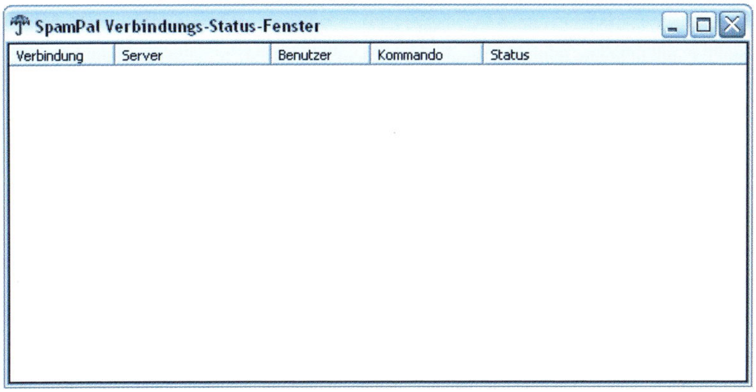

Möglicher Beweisnot vorbeugen – Daten sichern

Die Informationen über abgelaufene Auktionen sind auf den Servern von eBay nicht bis in alle Ewigkeit verfügbar. Genauer gesagt sind sie noch 90 Tage lang nachträglich einsehbar, zudem hat der Verkäufer die Möglichkeit, seine Versteigerung manuell vorzeitig zu löschen. Das wäre natürlich nicht weiter tragisch, wenn nach diesem Zeitraum alle Auktionen in vollem Umfang und mit zufrieden stellendem Ausgang für beide Seiten abgeschlossen wären. Im Fall der Fälle wird es natürlich nahezu unmöglich, hinterher noch einen Beweis zu führen, dass die verkaufte Ware von der gegebenen Beschreibung abweicht. Gut, wenn man dann nicht in Beweisnot ist.

Ich empfehle Ihnen daher, den Text einer gewonnenen Auktion, also der Artikelbeschreibung mit dem jeweils erzielten Gebot, in Form einer Sicherheitskopie zu archivieren. Das geht am einfachsten, indem Sie die entsprechenden Seiten ausdrucken und aufbewahren oder das jeweilige Dokument auf der Festplatte Ihres PCs ablegen.

1 Dazu wählen Sie im *Internet Explorer* das Menü *Datei/Speichern unter* (Pfeil) und legen im daraufhin erscheinenden Dialogfenster *Webseite speichern* den Speicherort fest.

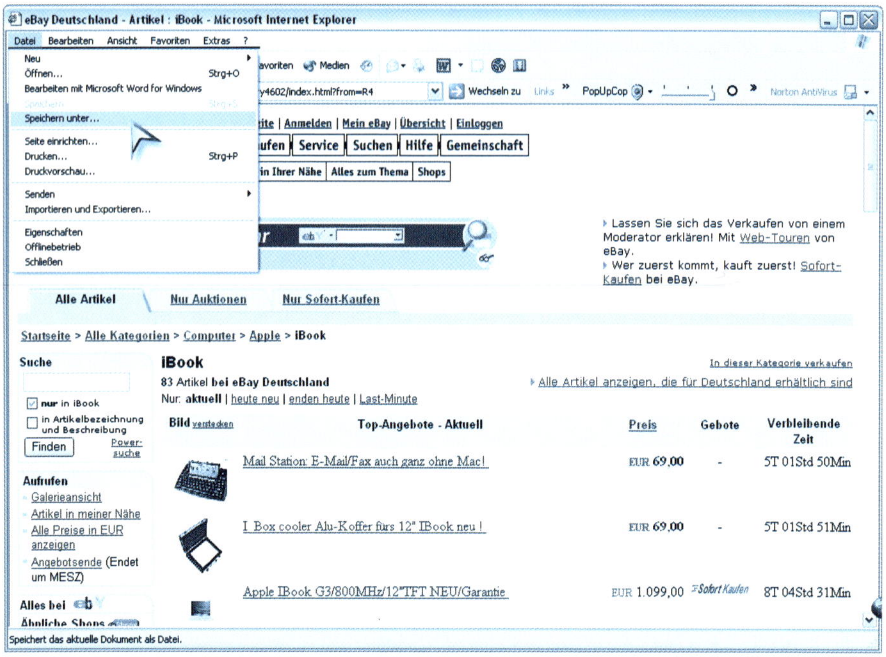

2 Klicken Sie dann auf *Speichern*, um den Vorgang abzuschließen.

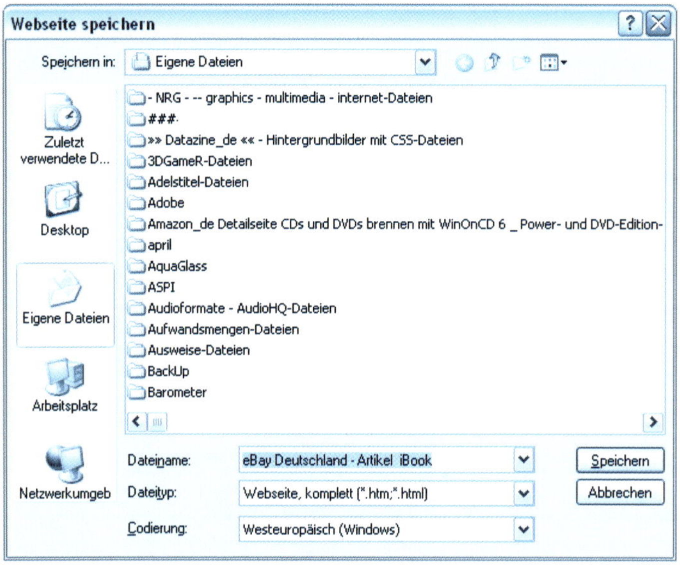

Darüber hinaus ist es ratsam, den E-Mail-Verkehr mit einem Problem(ver)käufer auch zu archivieren. Es unterstreicht bei möglichen Verfahren Ihre Glaubwürdigkeit.

Sichere Auswahl des Handelspartners

Vertrauen ist gut, Kontrolle ist besser. Nach dieser Devise muss man bei eBay nicht generell vorgehen, und es ist recht unwahrscheinlich, beim Kauf einer Musik-CD für vielleicht acht Euro übers Ohr gehauen zu werden. Bei teuren und wertvollen Artikeln dagegen lohnt es sich schon, genauer hinzusehen. Glücklicherweise handelt es sich bei der überwältigenden Mehrheit aller eBayer um grundehrliche Menschen, die Artikelbeschreibungen entsprechen der Wahrheit, und nach Eingang Ihrer Überweisung wird pünktlich geliefert. Doch es gibt leider auch einige schwarze Schafe, die versuchen, aus der Gutgläubigkeit ihrer Kunden Kapital zu schlagen. Was können Sie tun, um solchen zweifelhaften Anbietern aus dem Weg zu gehen? Erste Informationen erhalten Sie unter *http://pages.ebay.de/help/community/insurance.html*.

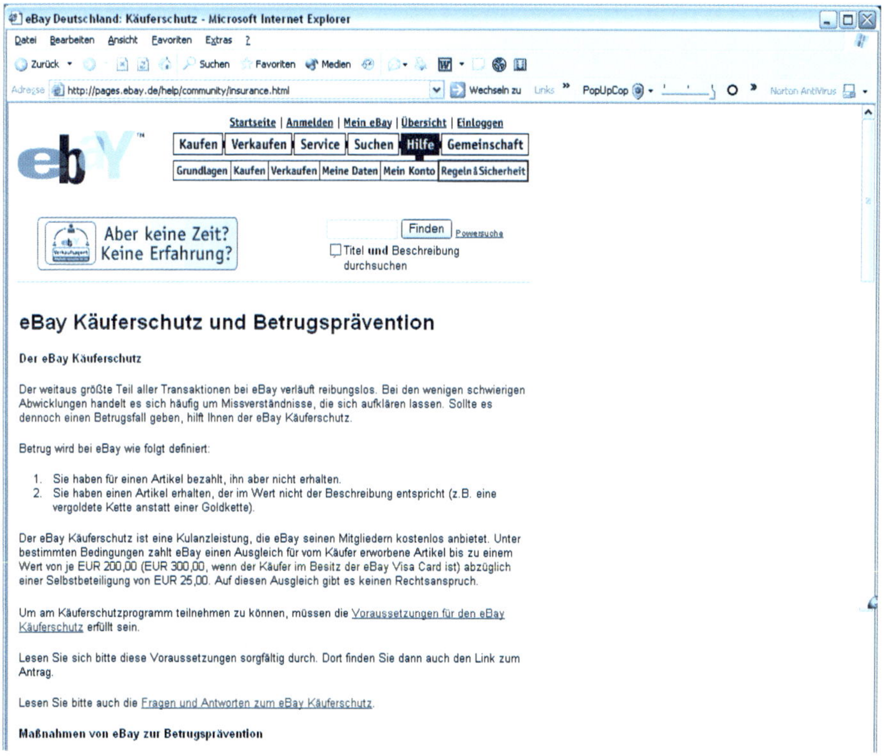

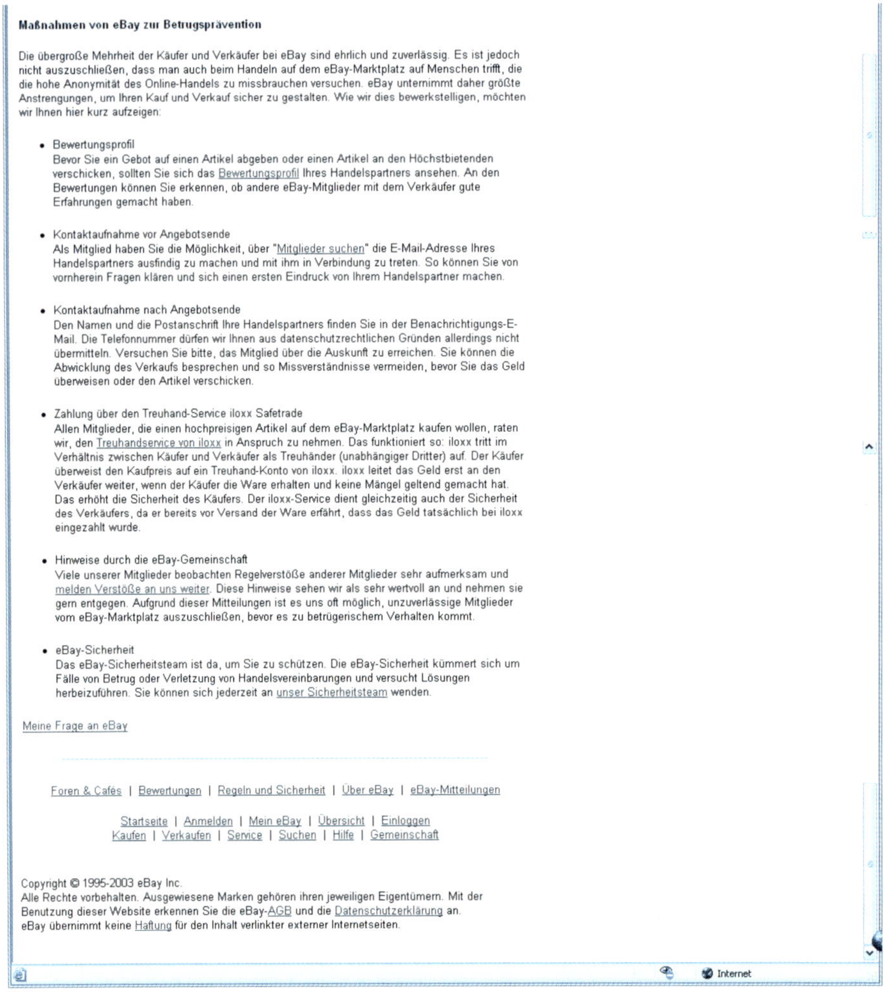

Maßnahmen von eBay zur Betrugsprävention

Die übergroße Mehrheit der Käufer und Verkäufer bei eBay sind ehrlich und zuverlässig. Es ist jedoch nicht auszuschließen, dass man auch beim Handeln auf dem eBay-Marktplatz auf Menschen trifft, die die hohe Anonymität des Online-Handels zu missbrauchen versuchen. eBay unternimmt daher größte Anstrengungen, um Ihren Kauf und Verkauf sicher zu gestalten. Wie wir dies bewerkstelligen, möchten wir Ihnen hier kurz aufzeigen:

- Bewertungsprofil
  Bevor Sie ein Gebot auf einen Artikel abgeben oder einen Artikel an den Höchstbietenden verschicken, sollten Sie sich das Bewertungsprofil Ihres Handelspartners ansehen. An den Bewertungen können Sie erkennen, ob andere eBay-Mitglieder mit dem Verkäufer gute Erfahrungen gemacht haben.
- Kontaktaufnahme vor Angebotsende
  Als Mitglied haben Sie die Möglichkeit, über "Mitglieder suchen" die E-Mail-Adresse Ihres Handelspartners ausfindig zu machen und mit ihm in Verbindung zu treten. So können Sie von vornherein Fragen klären und sich einen ersten Eindruck von Ihrem Handelspartner machen.
- Kontaktaufnahme nach Angebotsende
  Den Namen und die Postanschrift Ihre Handelspartners finden Sie in der Benachrichtigungs-E-Mail. Die Telefonnummer dürfen wir Ihnen aus datenschutzrechtlichen Gründen allerdings nicht übermitteln. Versuchen Sie bitte, das Mitglied über die Auskunft zu erreichen. Sie können die Abwicklung des Verkaufs besprechen und so Missverständnisse vermeiden, bevor Sie das Geld überweisen oder den Artikel verschicken.
- Zahlung über den Treuhand-Service iloxx Safetrade
  Allen Mitglieder, die einen hochpreisigen Artikel auf dem eBay-Marktplatz kaufen wollen, raten wir, den Treuhandservice von iloxx in Anspruch zu nehmen. Das funktioniert so: iloxx tritt im Verhältnis zwischen Käufer und Verkäufer als Treuhänder (unabhängiger Dritter) auf. Der Käufer überweist den Kaufpreis auf ein Treuhand-Konto von iloxx. iloxx leitet das Geld erst an den Verkäufer weiter, wenn der Käufer die Ware erhalten und keine Mängel geltend gemacht hat. Das erhöht die Sicherheit des Käufers. Der iloxx-Service dient gleichzeitig auch der Sicherheit des Verkäufers, da er bereits vor Versand der Ware erfährt, dass das Geld tatsächlich bei iloxx eingezahlt wurde.
- Hinweise durch die eBay-Gemeinschaft
  Viele unserer Mitglieder beobachten Regelverstöße anderer Mitglieder sehr aufmerksam und melden Verstöße an uns weiter. Diese Hinweise sehen wir als sehr wertvoll an und nehmen sie gern entgegen. Aufgrund dieser Mitteilungen ist es uns oft möglich, unzuverlässige Mitglieder vom eBay-Marktplatz auszuschließen, bevor es zu betrügerischem Verhalten kommt.
- eBay-Sicherheit
  Das eBay-Sicherheitsteam ist da, um Sie zu schützen. Die eBay-Sicherheit kümmert sich um Fälle von Betrug oder Verletzung von Handelsvereinbarungen und versucht Lösungen herbeizuführen. Sie können sich jederzeit an unser Sicherheitsteam wenden.

Meine Frage an eBay

Foren & Cafés | Bewertungen | Regeln und Sicherheit | Über eBay | eBay-Mitteilungen

Startseite | Anmelden | Mein eBay | Übersicht | Einloggen
Kaufen | Verkaufen | Service | Suchen | Hilfe | Gemeinschaft

Copyright © 1995-2003 eBay Inc.
Alle Rechte vorbehalten. Ausgewiesene Marken gehören ihren jeweiligen Eigentümern. Mit der Benutzung dieser Website erkennen Sie die eBay-AGB und die Datenschutzerklärung an.
eBay übernimmt keine Haftung für den Inhalt verlinkter externer Internetseiten.

Internet

Sie können die Sache aber auch selbst in die Hand nehmen.

Sehen Sie genau hin!

Das Vermeiden eines schlechten Kaufs fängt bereits vor der Abgabe des ersten Gebots an. Ein Anbieter, dessen Produkte minderwertig sind und/oder zu einem überteuerten Preis verkauft werden sollen, verrät sich in vielen Fällen durch einige auffällige Details in seinen Auktionen. Vorsicht ist geboten, wenn bei technischen Geräten Formulierungen wie »für Bastler« (oder »Bastlergerät«), »Zustand unbekannt« oder »Verkauf ohne Gewährleistung«

zu finden sind – suchen Sie sich lieber eine andere Auktion. Auch Zusätze wie »Beim letzten Einschalten war das Gerät noch funktionstüchtig.« sind dabei so gut wie bedeutungslos, denn Sie können ja nicht wissen, wann und von wem es zum letzten Mal eingeschaltet wurde. Natürlich besteht die Chance auf ein Schnäppchen, und Sie ersteigern für wenig Geld einen einwandfreien bzw. leicht zu reparierenden Artikel, rechnen Sie aber damit, dass sich hinter oben angeführten Beschreibungen in der Regel Technikschrott verbirgt.

Der Verkauf von Nachbauten/Replikaten/Kopien von teuren Markenprodukten ist ebenfalls ein gutes Beispiel, wie versucht wird, mit der Unaufmerksamkeit und Gutgläubigkeit der Interessenten Profit zu machen. Das Prinzip ist stets dasselbe: Auktionstitel und Beschreibung befassen sich ausschließlich mit den positiven und bekannten Eigenschaften des Originalartikels, einzig und allein der Zusatz »Clone« oder »Copy« klärt über die wahre Natur des Angebots auf – es handelt sich um ein nachgemachtes Produkt. Manchmal ist unauffällig zwischen vielen bunten Bildern und verlockenden Anpreisungen ein Satz wie »Bei dem Artikel handelt es sich um einen originalgetreuen Nachbau.« zu finden. Sehr ärgerlich, wenn man relativ viel Geld für eine vermeintliche Rolex, einen Callaway-Golfschläger oder ein Chanel-Kleid investiert hat und nach der Anlieferung feststellen muss, nur ein Plagiat erhalten zu haben.

Achten Sie unbedingt auf versteckte Mengenangaben! Hier ist eine »Nippon«-Kamera, die auf den ersten Blick 180,– Euro kostet.

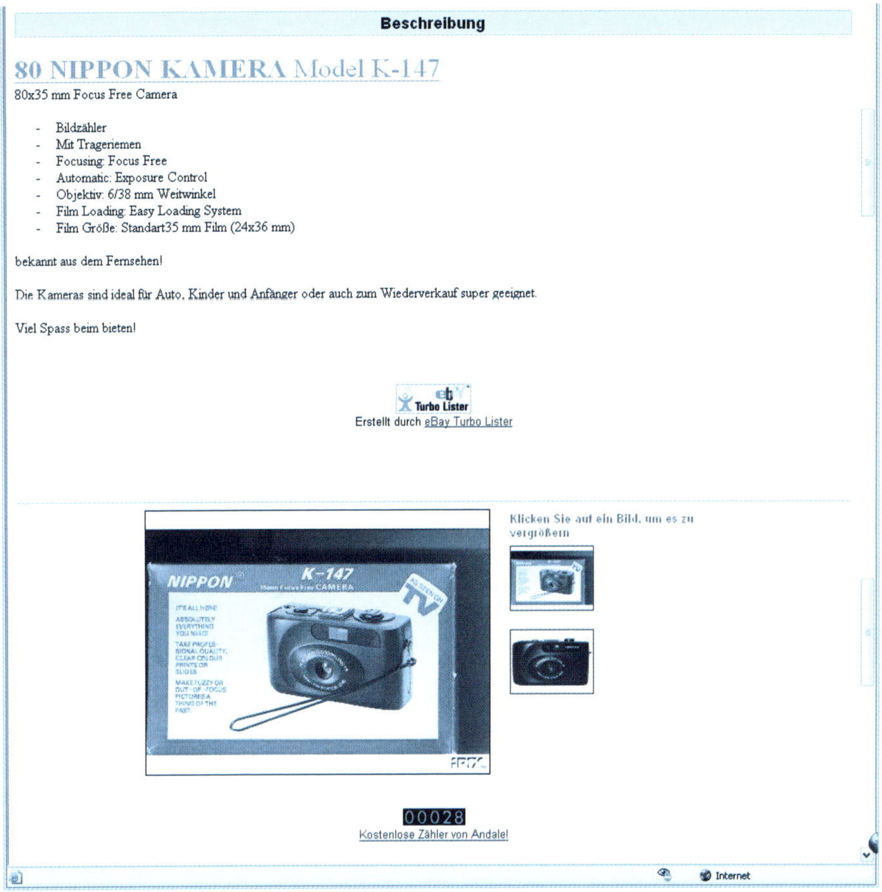

Doch sehen Sie genauer hin; es handelt sich um ein Paket mit 80 Stück. Sicher können Sie sich vorstellen, welche mindere Qualität ein derart billiges Produkt haben muss. Der Name »Nippon« soll wahrscheinlich zur Verwechslung mit den hochwertigen *Nikon*-Produkten führen.

Benutzen Sie Ihren Verstand! Sehen Sie lieber zweimal hin, und lassen Sie sich nicht durch üppige Anpreisungen und verlockende Preisvergleiche blenden. Nur zu oft werden auf diese Weise Elektronikramsch, Diätpläne, Billigschmuck etc. angeboten.

Wenn Sie eine nüchterne, sachliche und nachvollziehbare Beschreibung des verkauften Artikels, seiner Vorteile und Mängel vorfinden, können Sie in der Regel von einer seriösen Versteigerung ausgehen.

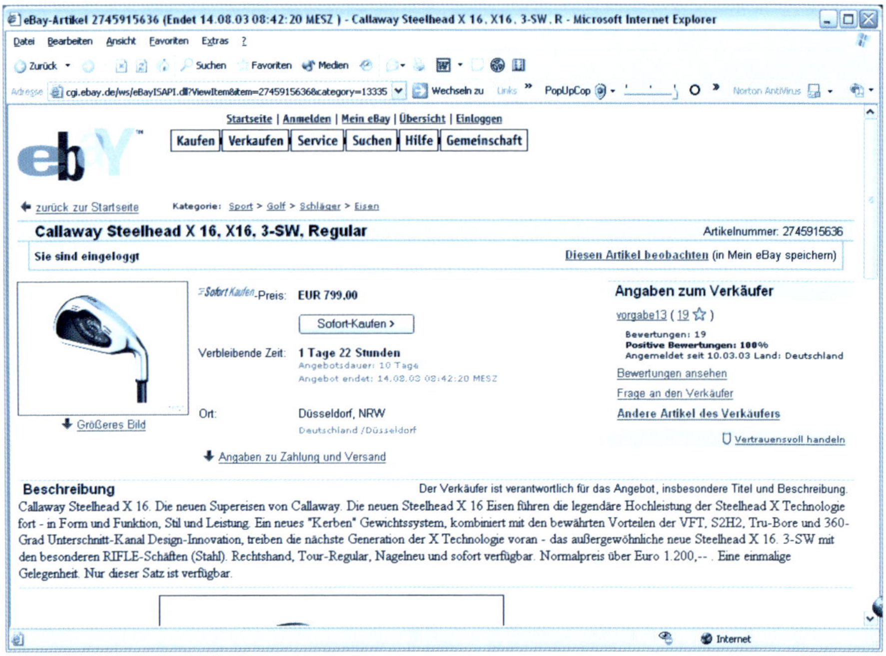

Ein Indiz, wenngleich nicht unbedingt ein Beweis für ein zweifelhaftes Angebot ist oft eine Abbildung, die nicht dem Originalprodukt entspricht. Natürlich ist es dabei durchaus möglich, dass der Verkäufer mangels Zeit oder fehlender Ausrüstung (Digitalkamera, Scanner usw.) kein Originalfoto einbringt und deshalb auf ähnliche Abbildungen aus dem Internet zurückgreift. Handelt es sich also um einen teuren Artikel, sollten Sie sich nicht scheuen, vor Abgabe eines Gebots mit dem Verkäufer in Kontakt zu treten und ein authentisches Foto, vielleicht sogar einen Termin zur Besichtigung anzufordern. Weigert sich der Anbieter, sollten Sie von einer Beteiligung an seiner Auktion absehen.

Gehen Sie der Sache auf den Grund, und analysieren Sie die Bewertungen. Durch das Bewertungssystem bei eBay soll das korrekte Verhalten aller Beteiligten sichergestellt werden. Anbieter und Käufer bescheinigen sich nach erfolgter Transaktion gegenseitig den reibungslosen Verlauf. Auf diese Weise erhalten alle eBayer im Laufe der Zeit so etwas wie einen Ruf. Je mehr gekauft und verkauft wird, desto verlässlicher ist die Aussage über das Geschäftsgebaren des Betroffenen – zumindest in der Theorie. Sehen Sie aus diesem Grund unbedingt in das Bewertungsprofil des Verkäufers, bevor Sie in seiner Auktion bieten.

Auch wenn es sich bei folgendem Bewertungsprofil nur um eine Satire handelt, ist es ein gutes Beispiel dafür, wie ein zuverlässiger Handelspartner nicht sein sollte.

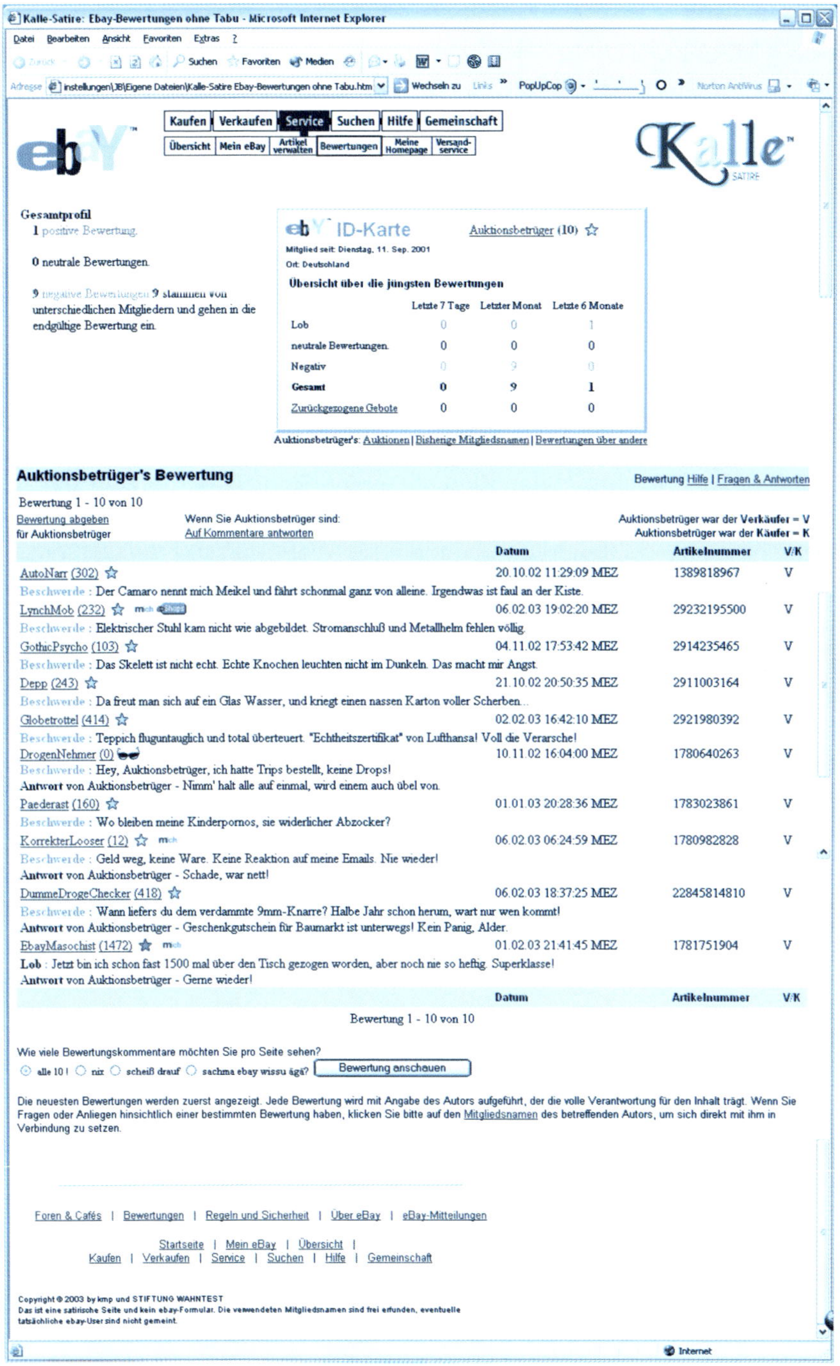

Kalle-Satire: Ebay-Bewertungen ohne Tabu - Microsoft Internet Explorer

Kaufen | Verkaufen | Service | Suchen | Hilfe | Gemeinschaft

Übersicht | Mein eBay | Artikel verwalten | Bewertungen | Meine Homepage | Versand-service

Kalle SATIRE

Gesamtprofil

1 positive Bewertung.

0 neutrale Bewertungen.

9 negative Bewertungen 9 stammen von unterschiedlichen Mitgliedern und gehen in die endgültige Bewertung ein.

ID-Karte — Auktionsbetrüger (10)

Mitglied seit: Dienstag, 11. Sep. 2001

Ort: Deutschland

Übersicht über die jüngsten Bewertungen

	Letzte 7 Tage	Letzter Monat	Letzte 6 Monate
Lob	0	0	1
neutrale Bewertungen	0	0	0
Negativ	0	9	0
Gesamt	0	9	1
Zurückgezogene Gebote	0	0	0

Auktionsbetrüger's: Auktionen | Bisherige Mitgliedsnamen | Bewertungen über andere

Auktionsbetrüger's Bewertung — Bewertung Hilfe | Fragen & Antworten

Bewertung 1 - 10 von 10

Bewertung abgeben für Auktionsbetrüger — Wenn Sie Auktionsbetrüger sind: Auf Kommentare antworten — Auktionsbetrüger war der Verkäufer = V; Auktionsbetrüger war der Käufer = K

	Datum	Artikelnummer	V/K
AutoNarr (302)	20.10.02 11:29:09 MEZ	1389818967	V
Beschwerde: Der Camaro nennt mich Meikel und fährt schonmal ganz von alleine. Irgendwas ist faul an der Kiste.			
LynchMob (232)	06.02.03 19:02:20 MEZ	29232195500	V
Beschwerde: Elektrischer Stuhl kam nicht wie abgebildet. Stromanschluß und Metallhelm fehlen völlig.			
GothicPsycho (103)	04.11.02 17:53:42 MEZ	2914235465	V
Beschwerde: Das Skelett ist nicht echt. Echte Knochen leuchten nicht im Dunkeln. Das macht mir Angst.			
Depp (243)	21.10.02 20:50:35 MEZ	2911003164	V
Beschwerde: Da freut man sich auf ein Glas Wasser, und kriegt einen nassen Karton voller Scherben...			
Globetrottel (414)	02.02.03 16:42:10 MEZ	2921980392	V
Beschwerde: Teppich fluguntauglich und total überteuert. "Echtheitszertifikat" von Lufthansa! Voll die Verarsche!			
DrogenNehmer (0)	10.11.02 16:04:00 MEZ	1780640263	V
Beschwerde: Hey, Auktionsbetrüger, ich hatte Trips bestellt, keine Drops! Antwort von Auktionsbetrüger - Nimm' halt alle auf einmal, wird einem auch übel von.			
Paederast (160)	01.01.03 20:28:36 MEZ	1783023861	V
Beschwerde: Wo bleiben meine Kinderpornos, sie widerlicher Abzocker?			
KorrekterLooser (12)	06.02.03 06:24:59 MEZ	1780982828	V
Beschwerde: Geld weg, keine Ware. Keine Reaktion auf meine Emails. Nie wieder! Antwort von Auktionsbetrüger - Schade, war nett!			
DummeDrogeChecker (418)	06.02.03 18:37:25 MEZ	22845814810	V
Beschwerde: Wann liefers du dem verdammte 9mm-Knarre? Halbe Jahr schon herum, wart nur wen kommt! Antwort von Auktionsbetrüger - Geschenkgutschein für Baumarkt ist unterwegs! Kein Panig, Alder.			
EbayMasochist (1472)	01.02.03 21:41:45 MEZ	1781751904	V
Lob: Jetzt bin ich schon fast 1500 mal über den Tisch gezogen worden, aber noch nie so heftig. Superklasse! Antwort von Auktionsbetrüger - Gerne wieder!			
	Datum	Artikelnummer	V/K

Bewertung 1 - 10 von 10

Wie viele Bewertungskommentare möchten Sie pro Seite sehen?

alle 10! | nix | scheiß drauf | sachma ebay wissu ägä? — Bewertung anschauen

Die neuesten Bewertungen werden zuerst angezeigt. Jede Bewertung wird mit Angabe des Autors aufgeführt, der die volle Verantwortung für den Inhalt trägt. Wenn Sie Fragen oder Anliegen hinsichtlich einer bestimmten Bewertung haben, klicken Sie bitte auf den Mitgliedsnamen des betreffenden Autors, um sich direkt mit ihm in Verbindung zu setzen.

Foren & Cafés | Bewertungen | Regeln und Sicherheit | Über eBay | eBay-Mitteilungen

Startseite | Mein eBay | Übersicht |
Kaufen | Verkaufen | Service | Suchen | Hilfe | Gemeinschaft

Copyright © 2003 by kmp und STIFTUNG WAHNTEST
Das ist eine satirische Seite und kein ebay-Formular. Die verwendeten Mitgliedsnamen sind frei erfunden, eventuelle tatsächliche ebay-User sind nicht gemeint.

Die Auswertung

Wichtigstes Kriterium ist neben der Zahl positiver Bewertungen das Vorhandensein von Beschwerden anderer eBayer. Aus der Häufigkeit und der Art negativer Kritiken können Sie sich ein Bild von der Zuverlässigkeit des Verkäufers und der Qualität seiner Artikel machen. Entscheidend ist der relative Anteil negativer Bewertungen. Fünf Beschwerden, die 1 000 zufriedenen Kunden gegenüberstehen, sind wohl kaum der Rede wert. Sind es aber beispielsweise nur insgesamt 70 Bewertungen, sind fünf schon ein Zeichen mangelnder Zuverlässigkeit. Beachten Sie auch das zeitliche Auftreten negativer Bewertungen. Bekam ein Anbieter zunächst positive Kritiken, häufen sich aber in jüngster Zeit die Beschwerden, so besteht der berechtigte Verdacht, dass sich dieser zunächst einen guten Leumund verschaffen wollte und nun weniger seriöse Geschäfte tätigt. Alle Warnlampen sollten leuchten, wenn sich ein eBay-Mitglied weigert, Einblick in sein Bewertungsprofil zu gewähren. Sie bekommen dann lediglich eine Statistik der letzten sechs Monate angezeigt, nicht aber die aufschlussreicheren Kommentare. Eine Ausnahme hier sind Anbieter von »peinlichen« Waren (z. B. Erotika), sonst aber sollten Sie zur eigenen Sicherheit an anderer Stelle kaufen.

Haben Sie Indizien für (mangelnde) Zuverlässigkeit erhalten, lohnt es sich, andere Auktionen des Anbieters anzusehen. Folgen Sie einfach dem Link, der neben dem Namen des Verkäufers in jeder Versteigerung angezeigt wird. Sie bekommen dann eine Liste aller eingestellten Artikel und können die anderen Auktionsbeschreibungen ansehen. Und das geht so:

1 Rufen Sie auf der eBay-Homepage in der Aktionsleiste den Menüpunkt *Suchen* auf, und folgen Sie im nächsten Fenster dem Link *Nach Verkäufer* (Pfeil).

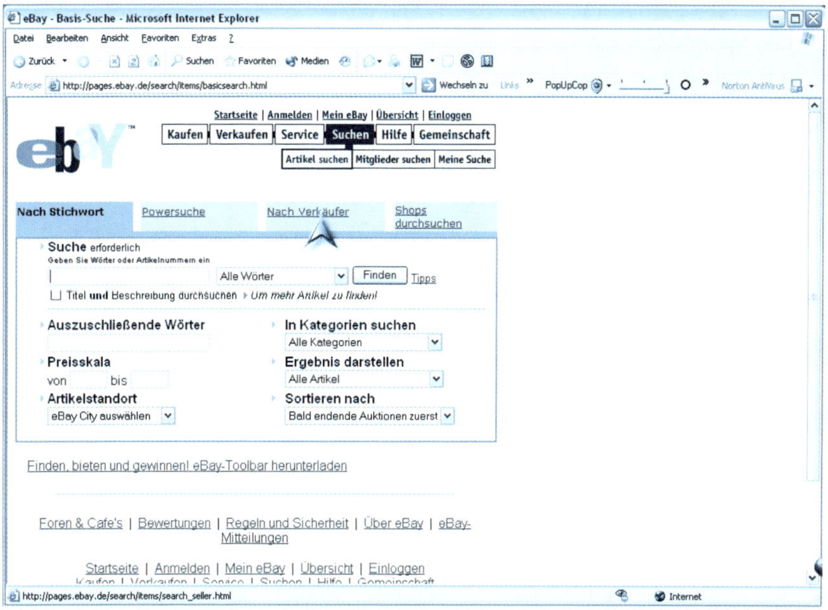

2 Auf der folgenden Seite geben Sie den Namen des zu überprüfenden Anbieters ein und wählen im Bereich *Mit beendeten Angeboten* die Option *Bis zu vier Wochen* aus. Klicken Sie danach auf die Schaltfläche *Finden*.

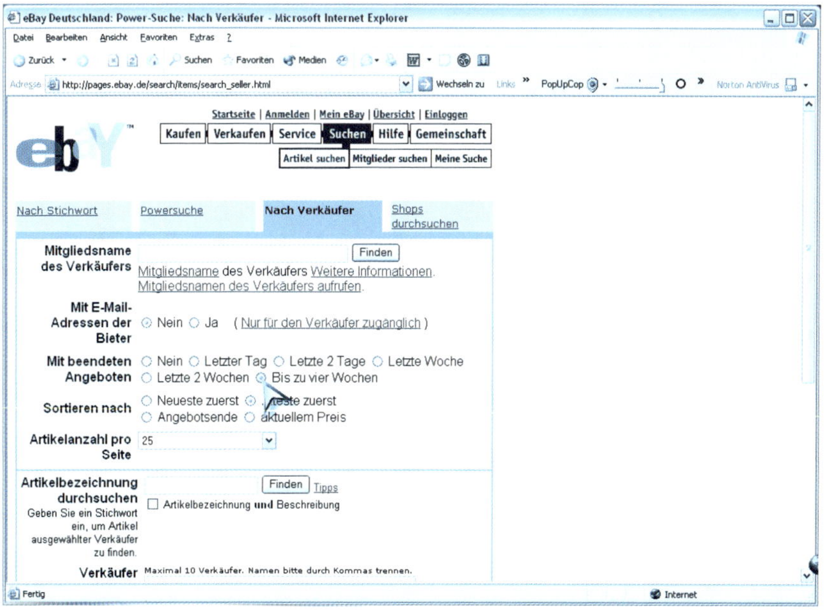

3 Sie erhalten eine Liste des Warenangebots und der erzielten Preise. Durch Anklicken der einzelnen Auktionen und Einsicht der zugehörigen Bewertungen gewinnen Sie einen Eindruck von der Qualität der Ware und der Zufriedenheit der Kunden.

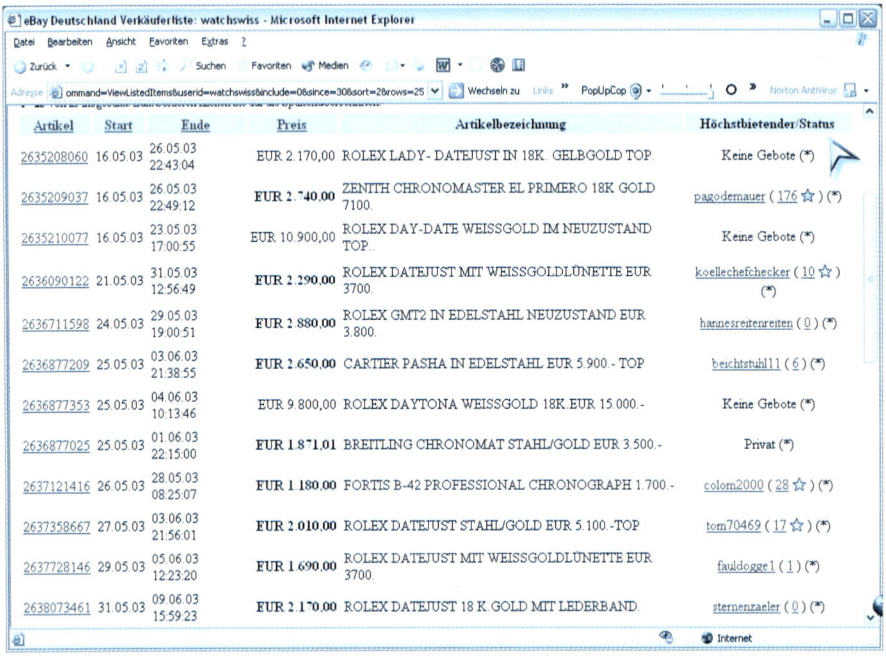

Artikel	Start	Ende	Preis	Artikelbezeichnung	Höchstbietender/Status
2635208060	16.05.03	26.05.03 22:43:04	EUR 2.170,00	ROLEX LADY- DATEJUST IN 18K. GELBGOLD TOP.	Keine Gebote (*)
2635209037	16.05.03	26.05.03 22:49:12	**EUR 2.740,00**	ZENITH CHRONOMASTER EL PRIMERO 18K GOLD 7100.	pagodemauer (176 ☆) (*)
2635210077	16.05.03	23.05.03 17:00:55	EUR 10.900,00	ROLEX DAY-DATE WEISSGOLD IM NEUZUSTAND TOP..	Keine Gebote (*)
2636090122	21.05.03	31.05.03 12:56:49	**EUR 2.290,00**	ROLEX DATEJUST MIT WEISSGOLDLÜNETTE EUR 3700.	koellechefchecker (10 ☆) (*)
2636711598	24.05.03	29.05.03 19:00:51	**EUR 2.880,00**	ROLEX GMT2 IN EDELSTAHL NEUZUSTAND EUR 3.800.	hannesreitenreiten (0) (*)
2636877209	25.05.03	03.06.03 21:38:55	**EUR 2.650,00**	CARTIER PASHA IN EDELSTAHL EUR 5.900.- TOP	beichtstuhl11 (6) (*)
2636877353	25.05.03	04.06.03 10:13:46	EUR 9.800,00	ROLEX DAYTONA WEISSGOLD 18K.EUR 15.000.-	Keine Gebote (*)
2636877025	25.05.03	01.06.03 22:15:00	**EUR 1.871,01**	BREITLING CHRONOMAT STAHL/GOLD EUR 3.500.-	Privat (*)
2637121416	26.05.03	28.05.03 08:25:07	**EUR 1.180,00**	FORTIS B-42 PROFESSIONAL CHRONOGRAPH 1.700.-	colom2000 (28 ☆) (*)
2637358667	27.05.03	03.06.03 21:56:01	**EUR 2.010,00**	ROLEX DATEJUST STAHL/GOLD EUR 5.100.-TOP	tom70469 (17 ☆) (*)
2637728146	29.05.03	05.06.03 12:23:20	**EUR 1.690,00**	ROLEX DATEJUST MIT WEISSGOLDLÜNETTE EUR 3700.	fauldogge1 (1) (*)
2638073461	31.05.03	09.06.03 15:59:23	**EUR 2.170,00**	ROLEX DATEJUST 18 K.GOLD MIT LEDERBAND.	sternenzaeler (0) (*)

Eine gute Portion Misstrauen ist immer dann angebracht, wenn einzelne Abbildungen mehrfach auftauchen oder sich fragwürdige Formulierungen wiederholen.

Übrigens, auch das Symbol »geprüftes Mitglied« ist kein Garant für Sicherheit.

Es sagt lediglich aus, dass das eBay-Mitglied bei der Deutschen Post AG seinen Personalausweis vorgelegt hat. Gegen eine Gebühr bestätigt die Post dann, dass die jeweilige Person existiert und zu dem Zeitpunkt unter der jeweiligen Adresse gemeldet ist. Diese Bestätigung wird an eBay geschickt, woraufhin das rote ID-Häkchen vergeben wird.

Ob die damals bestätigte Adresse allerdings heute noch stimmt, garantiert Ihnen niemand.

Ich gebe zu, dass diese Forschungen schon ein wenig aufwendig sind, doch glücklicherweise gibt es Hilfsprogramme, die Ihnen diese Detektivarbeit teilweise oder (fast) vollständig abnehmen. In *Kapitel 7, »Sich vor miesen Tricks hüten«*, werden Sie mehr dazu erfahren.

Sicherheit bei Geldgeschäften

In der Regel sollten Sie alle Zahlungsbedingungen schon im Vorfeld der Auktion klären, doch spätestens wenn Sie den Zuschlag in einer Auktion erhalten haben, erhebt sich die Frage nach einer günstigen, unkomplizierten und möglichst schnellen Form der Zahlungsabwicklung.

Barzahlung bei Übergabe

Sie ist die ursprünglichste und einfachste Methode, und zudem können Sie bei Barzahlung das ersteigerte Produkt direkt vor Ort inspizieren. Allerdings hat die Sache den Haken, dass der Verkäufer in der näheren Umgebung wohnen muss, was das Angebot an Auktionen beschränkt. Nutzen Sie dafür die Powersuche, und schränken Sie die Auktionen auf Ihre Region ein. Nicht zu vergessen sind die Fahrtkosten, die ebenfalls einkalkuliert werden müssen.

Nachnahme

Eine für beide Seiten bequeme und sichere Sache ist die Zahlung per Nachnahme. Der Verkäufer gibt das Paket bei der Post auf, der Käufer erhält die Ware vom Postboten gegen Zahlung des Verkaufspreises zuzüglich einer Gebühr (derzeit 3,58 Euro). Der Vorteil liegt ganz klar in der höheren Sicherheit für beide Parteien. Für den Verkäufer ergibt sich der Nachteil, dass er teilweise länger auf die Zahlung warten muss.

Überweisung

Unbestritten die häufigste Zahlungsart bei Auktionen. Das Geld wird per Überweisungsformular oder Online-Banking an den Verkäufer überwiesen. Dies ist fraglos sehr günstig, doch dauern solche Transaktionen ein bis zehn Tage. Sicherheiten haben Sie nicht; es ist reine Vertrauenssache.

Kreditkarte

Bezahlung per Kreditkarte wird eigentlich nur von professionellen Verkäufern eingesetzt, die Vertragspartner eines Kreditkartenunternehmens sind. Die Verwendung dieses Zahlungsmittels ist bei eBay daher eher selten. Für den Käufer ist diese Form der Bezahlung recht komfortabel, nachteilig sind die anfallenden Kosten.

paybox

paybox (*www.paybox.de*) ist ein Zahlungsdienst per Mobiltelefon. Das System ist vergleichbar mit dem Verfahren einer EC-Karte mit PIN, allerdings wesentlich schneller.

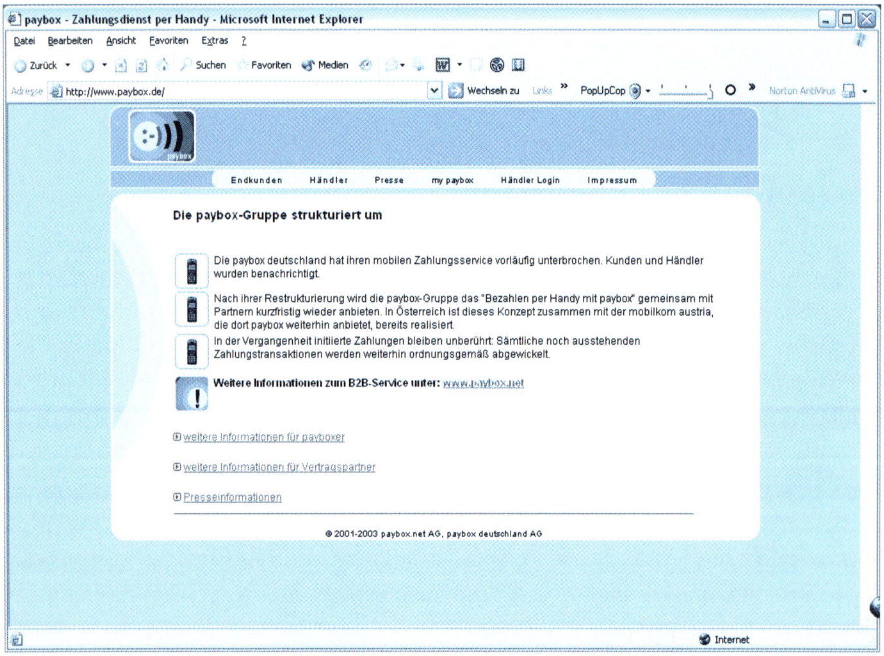

Voraussetzung ist natürlich, dass der Käufer registriertes paybox-Mitglied ist. Die Jahresgebühr beträgt 9,95 Euro und beinhaltet sämtliche inländischen Transaktionskosten. paybox ist praktisch, schnell und für Vielnutzer sehr günstig. Das Risiko für den Käufer gleicht dem der Überweisung. Momentan ist der Service von paybox wegen Umstrukturierung nicht verfügbar, soll aber im Herbst 2003 unter dem Namen MOXMO fortgesetzt werden.

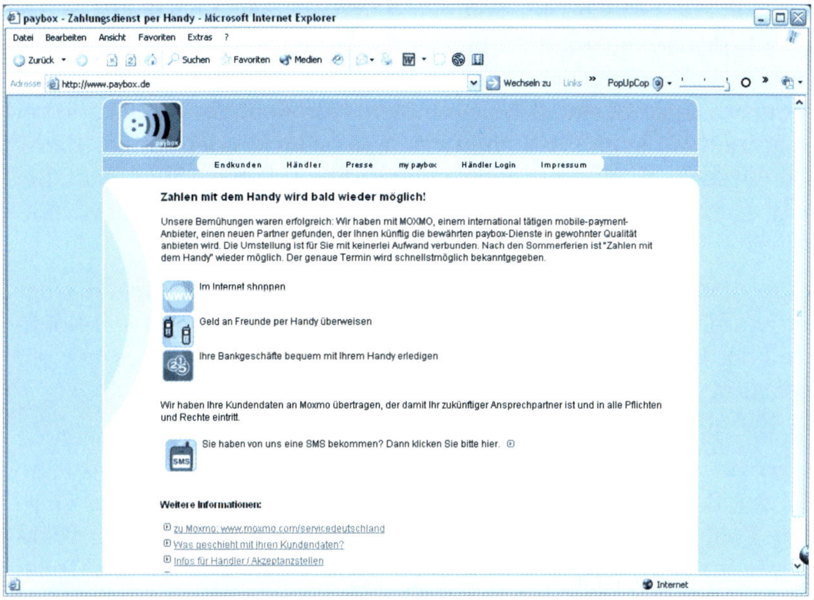

PayPal

PayPal ist ein amerikanisches Finanz-Dienstleistungsunternehmen, das es ermöglicht, Geld per E-Mail zu versenden.

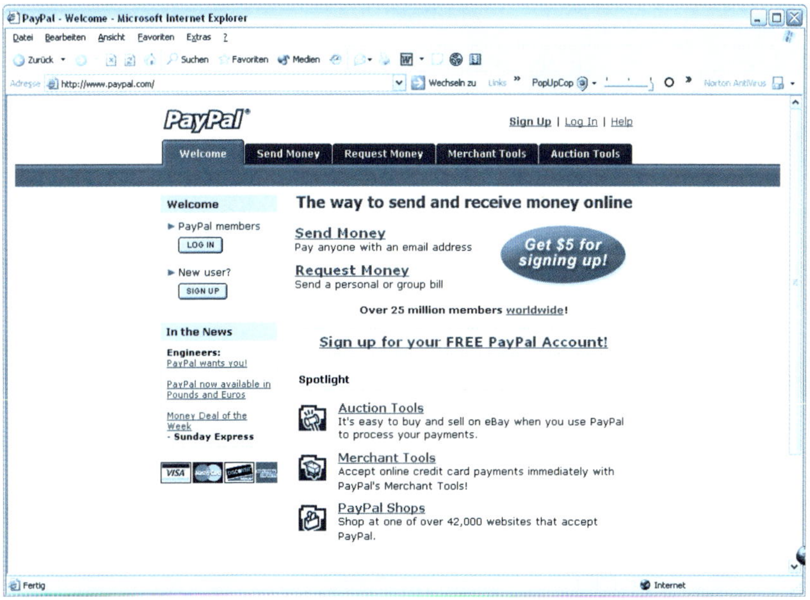

Seit dem 8. Juli 2002 ist PayPal – zumindest in den USA – vollständig in das ebay-Auktionssystem integriert. Voraussetzung ist für Käufer und Verkäufer, dass sie bei PayPal angemeldet sind. Eine E-Mail-Adresse und eine Kreditkarte (Visa oder Mastercard) sind dabei vonnöten. Nur wenn die Kreditkarte bei PayPal registriert ist, kann Geld empfangen, verschickt oder auf das Bankkonto überwiesen werden. Besonders billig ist dieser Service aber nicht. Bei PayPal gibt es zwei Arten von Konten: das »Personal«-Konto und das »Premier/Business«-Konto.

- Mit dem »Personal«-Konto können keine Kreditkartenzahlungen empfangen werden. Schickt jemand Geld, darf es nur vom PayPal-Konto oder auf das Bankkonto des Absenders kommen. Der Empfang von Geld ist kostenlos.
- Mit dem »Premier/Business«-Konto können Kreditkartenzahlungen in unbegrenzter Höhe empfangen werden. Der Absender des Geldes kann PayPal den Betrag von seiner Kreditkarte abbuchen lassen. Für jede empfangene Zahlung ist eine Gebühr zu entrichten, abhängig von der Währung, in der das Geld geschickt wurde. Ein Zahlungsempfang in Dollar kostet 2,9 % + $ 0,30, in Euro 3,4 % + 0,35 Euro und in Pfund 3,4 % + 0,20 Pfund. Wenn die Zahlung aus dem Ausland kommt, also eine Grenze überschreitet, wird dem Empfänger zusätzlich 1 % Auslandsgebühr berechnet.

Das Versenden von Geld von einem PayPal-Konto auf ein anderes PayPal-Konto ist für beide Kontoinhaber kostenlos.

Für das Abheben auf ein deutsches Bankkonto erhebt PayPal eine Gebühr von 1,– Euro, die abgezogen wird. Eine Überweisung vom Bankkonto auf das PayPal-Konto ist kostenlos.

PayPal ist superkomfortabel: Der Verkäufer kann den PayPal-Service in seiner Auktion anbieten. Nach Ende der Auktion kann der Käufer durch Klicken auf das PayPal-Logo schnell und unkompliziert die Geldtransaktion durchführen. Aber ohne Kreditkarte geht es nicht, und zu den Vor- und Nachteilen einer solchen gesellen sich zusätzlich für den Verkäufer die PayPal-Gebühren.

eBay-Treuhandservice

Besonders wenn Sie für ein wertvolles Objekt einige 1 000 Euro an eine unbekannte Person überweisen sollen, wird Sie vielleicht ein mulmiges Gefühl beschleichen. Verständlicherweise haben Sie auch den Wunsch, einen hochwertigen Artikel vor der endgültigen Bezahlung gründlich in Augenschein zu nehmen. Dann nutzen Sie doch den Treuhandservice. Dieser bietet Ihnen als

Käufer zusätzlichen Schutz und die Sicherheit, dass der gekaufte Artikel auch wirklich eintrifft. Sie können ihn vor der Freigabe der Zahlung gründlich überprüfen.

So geht's:

1 Der Käufer überweist den Kaufbetrag an iloxx als unabhängige, vertrauenswürdige Partei zur Überwachung der Zahlungsabwicklung (*www.iloxx.de*).

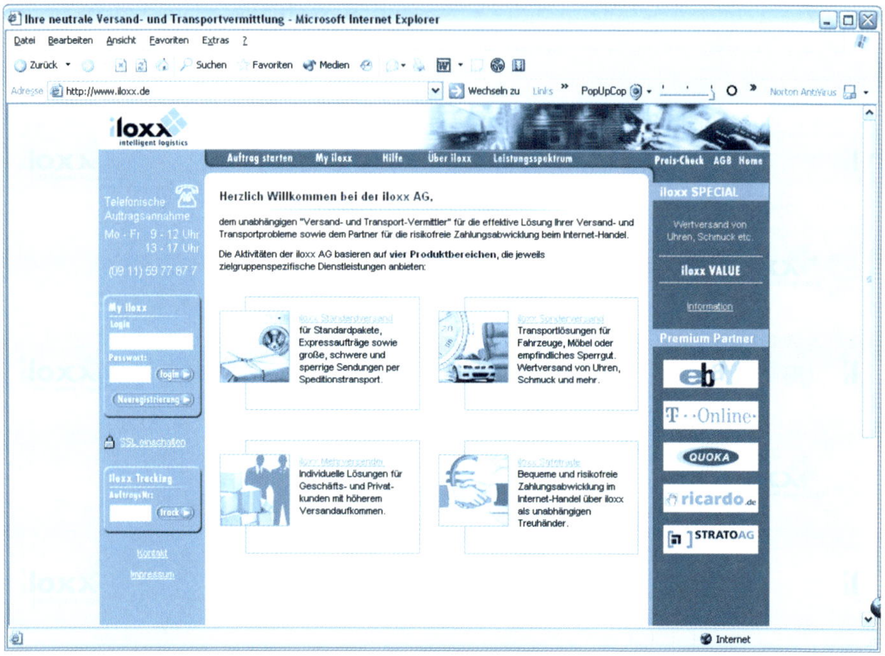

2 iloxx meldet dem Verkäufer den Geldeingang.

3 Der Verkäufer schickt den Artikel an den Käufer.

4 Der Käufer überprüft den Artikel und teilt iloxx den Empfang der Ware mit.

5 iloxx überweist das Geld an den Verkäufer.

Grundsätzlich können Sie den Treuhandservice für jeden Artikel nutzen. Es lohnt sich aber meines Erachtens erst ab einem Kaufpreis von 180,– Euro.

Wichtig:

- Käufer und Verkäufer sollten die Nutzung des Treuhandservice vor Auktionsende vereinbaren.
- Für die Nutzung des Treuhandservice fallen Gebühren an. Käufer und Verkäufer müssen sich einigen, wer diese Gebühren übernehmen soll. Die Handelspartner können sich die Kosten auch teilen.

Zweifellos bietet der eBay-Treuhandservice die bestmögliche Sicherheit. Demgegenüber allerdings stehen die höheren Kosten. Mehr Informationen (Preise, Bedingungen etc.) erhalten Sie unter *www.iloxx.de*.

Wenn es doch passiert

Auch bei noch so großer Vorsicht kann es trotzdem passieren, dass Sie an einen Verkäufer geraten, der trotz Zuschlag nicht verkauft, sich nicht meldet, überhaupt nicht oder schlechte bzw. fehlerhafte Ware liefert. Wie Sie darauf reagieren, ist abhängig von der Art und Weise, wie Sie mit ihm in Konflikt geraten sind.

Falls Sie schon Geld überwiesen haben, dann aber keine Lieferung erfolgt, heißt es zunächst einmal Ruhe bewahren und nach einer längeren Kulanzzeit von etwa 10 Tagen erste Schritte einleiten. Bis der Zahlungsvorgang bei einer Überweisung abgewickelt, das Paket abgeschickt und ausgeliefert ist, können durchaus mehrere Tage vergehen, noch länger kann es dauern, wenn beispielsweise ein Feiertag dazwischen liegt. Dann sollten Sie beim Verkäufer freundlich anfragen, ob die Ware schon unterwegs ist. Meistens lassen sich hier schon etwaige Missverständnisse (eine falsche Bankverbindung oder eine falsche Lieferanschrift) klären. Falls Sie zu dem Schluss kommen, dass der Verkäufer Zeit herausspielen will und Sie lediglich vertröstet werden, sollten Sie konkret nach der Paketnummer und dem Datum der Einlieferung des Pakets fragen. So können Sie die Sache selbst in die Hand nehmen und bei der Post oder dem betreffenden Paketdienst nachfragen, wo Ihre Lieferung abgeblieben ist. Falls das Nachfragen kein brauchbares Resultat liefert, sollten Sie dem Verkäufer eine Frist setzen, bis zu der Sie die Lieferung erwarten. Eine letzte Mahnung mit der Androhung einer Strafanzeige sollten Sie schriftlich und per **Einschreiben mit Rückschein** verschicken. Ein Blick ins Bewertungsprofil des Anbieters kann Ihnen zusätzliche Klarheit verschaffen, denn falls dort in den letzten Tagen einige negative Bewertungen aufgelaufen sein sollten, wissen Sie, woran Sie sind. Die einzige Möglichkeit, die Ihnen danach noch bleibt, ist, Strafanzeige zu erstatten und gegebenenfalls einen Anwalt einzuschalten.

Etwas anders sieht die Situation natürlich aus, wenn sich der Verkäufer mehrere Tage lang nicht meldet. Nehmen Sie zunächst einmal Kontakt mit ihm auf, und klären Sie ihn darüber auf, dass er mit dem Ende der Auktion einen rechtsgültigen Kaufvertrag abgeschlossen hat. Tatsächlich können aber auch ganz gewöhnliche Umstände wie Urlaub, Krankheit oder technische Probleme (Ausfall der Internetverbindung, Schäden am Rechner usw.) dazu führen, dass der Verkäufer ein paar Tage nicht auf seine E-Mails zugreifen konnte, also befürchten Sie nicht gleich das Schlimmste. Nach etwa einer Woche dürfen Sie ihn freundlich und bestimmt an seinen Verkauf erinnern. Fragen Sie ihn, weshalb er sich nicht meldet, und setzen Sie ihm eine Frist, bis zu der Sie seine Antwort erwarten. Sollte dann immer noch keine Antwort erfolgen oder der Verkäufer versuchen, sich aus dem Handel herauszureden, können Sie zumindest bei teuren Artikeln versuchen, seine Adresse zu überprüfen und die Sache Ihrem Anwalt zu übergeben. Fraglich ist dann jedoch, ob Sie gerade bei einem Kaufpreis von mehreren Hundert oder Tausend Euro überhaupt noch Geschäfte mit so einem unzuverlässigen Partner machen möchten. Bei billigen Artikeln würden die Anwaltskosten ohnehin weit über dem Streitwert liegen. Treten Sie in diesem Fall schriftlich von Ihrem Kaufvertrag zurück, und melden Sie die Angelegenheit bei eBay.

Diesen Schritt sollten Sie aber nur dann unternehmen, wenn Sie wirklich einem Betrüger aufgesessen sind oder zumindest einen sehr dringenden Verdacht haben, dass ein eBay-Teilnehmer augenfällig gegen die Regeln verstößt. Nähere Infos, wann eine »Anzeige« angebracht ist, finden Sie unter *http://pages.ebay.de/help/community/investigates.html*. Sollten Sie wirklich eine Anzeige vornehmen wollen, gibt es zwei Wege:

1 Sie schreiben eine E-Mail an *sicherheit@ebay.de*.

2 Sie benutzen das Formular, welches Sie unter *http://pages.ebay.de/help/basics/select-RS.html* finden.

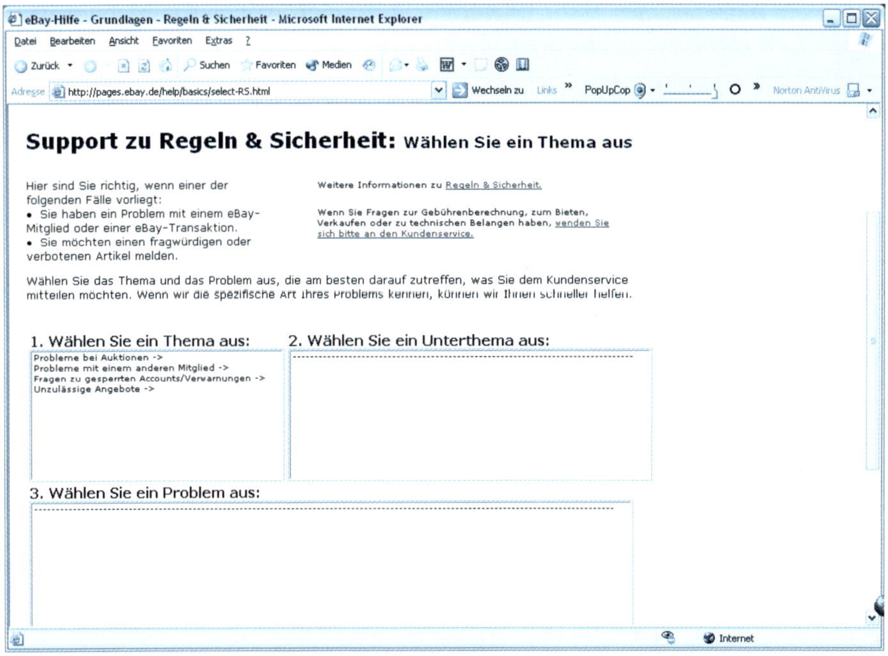

Abschließend vergeben Sie eine negative Bewertung mit einem entsprechenden Kommentar, aber diesen letzten Schritt sollten Sie wirklich erst dann unternehmen, nachdem Sie alle Möglichkeiten ausgereizt haben.

Wenn Sie eine Ware erhalten, die nicht der Auktionsbeschreibung entspricht, defekt oder unvollständig ist, ist Ihre weitere Vorgehensweise davon abhängig, ob der Verkäufer ein gewerblicher Händler oder eine Privatperson ist. Bei einem Händler, der seine Ware gewerblich verkauft, haben Sie laut Fernabsatzgesetz mindestens 14 Tage Rückgaberecht. Innerhalb dieser Zeit können Sie den Artikel ohne Angabe von Gründen gegen volle Kostenerstattung zurückgeben. Hat der Händler versäumt, Sie in seiner Auktion auf dieses Rückgaberecht aufmerksam zu machen, verlängert sich die Frist sogar auf ganze sechs Monate. Außerdem ist ein Händler nicht berechtigt, die Gewährleistung auszuschließen. Er muss im Fall eines Defekts einen Umtausch oder eine kostenlose Reparatur vornehmen.

Kaufen Sie dagegen von einer Privatperson, greifen weder das Fernabsatzgesetz noch die Gewährleistungspflicht. Allerdings muss die Ware die vor dem Verkauf zugesicherten Eigenschaften besitzen. Ist ein PC etwa mit einer anderen Grafikkarte bestückt oder weist das neuwertige Gerät Abnutzungsspuren auf, können Sie Nachbesserung, eine Preisminderung oder sogar die Rückgabe des Artikels verlangen.

Stellen Sie aber zunächst sicher, dass ein Transportschaden ausgeschlossen ist. Für diesen Fall müsste nämlich bei Paketen bis zu einem Wert von 500,– Euro die Post bzw. der Paketdienst aufkommen. Liegt also kein Transportschaden vor und zeigt die Ware einen Mangel, den Sie nicht hinnehmen wollen, so setzen Sie sich mit dem Verkäufer in Verbindung. In den meisten Fällen wird er zu einer einvernehmlichen Einigung bereit sein, denn niemand schaltet gern einen teuren Anwalt ein, wenn es nicht unbedingt nötig ist. Sie können von sich aus Vorschläge unterbreiten, inwieweit Sie sich eine Nachbesserung oder eine Preisminderung vorstellen können. Wenn Sie gar nicht einig werden, bleibt Ihnen noch die Rückgabe des Artikels, wobei hier der Verkäufer zur Erstattung aller Kosten verpflichtet ist. Auch für diesen Fall können Sie Ihr Recht mit Hilfe eines Anwalts durchsetzen, wenn es sich um einen hohen Geldbetrag handelt.

Zum Schluss!

Kuriose Auktionen bei eBay

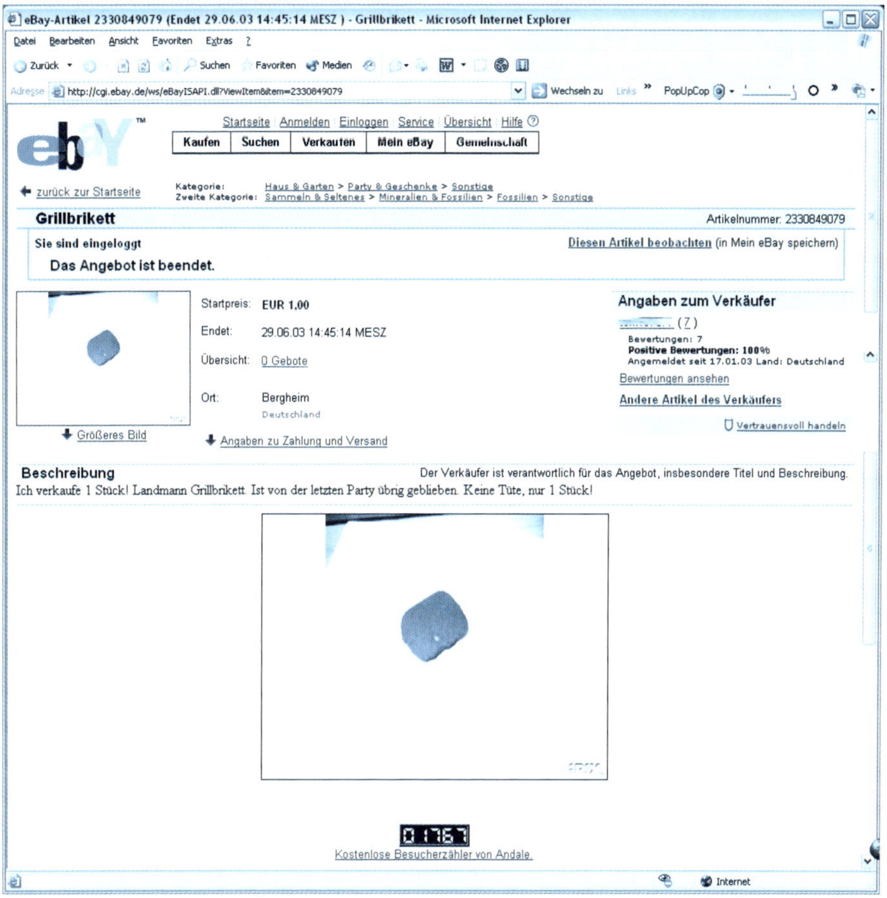

Die Versteigerung eines einzelnen Grillbriketts wurde von eBay gestoppt.

Kapitel 5

Die besten Tipps und Tricks

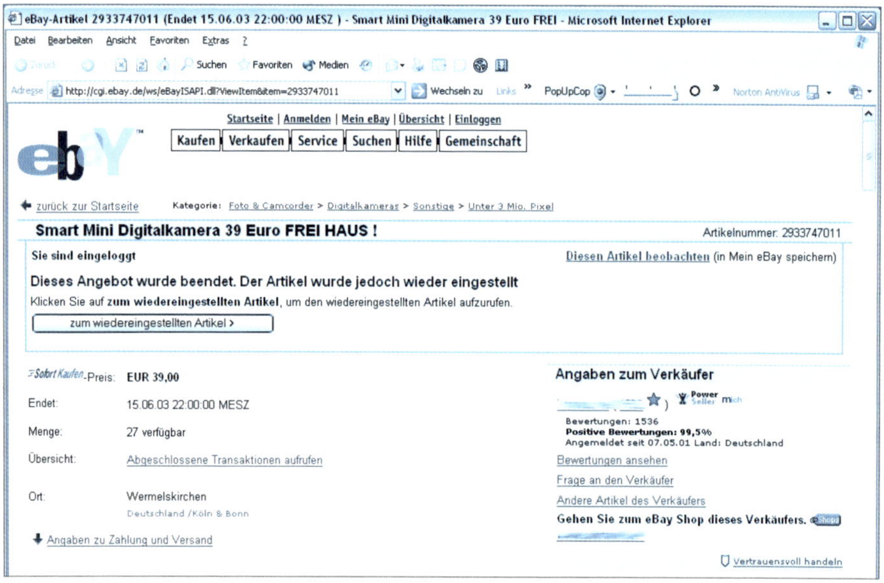

Bei eBay werden ständig mehr als 10 Millionen Artikel angeboten, davon über eine Million allein in Deutschland. Wäre doch gelacht, wenn gerade Sie dort kein Schnäppchen machen könnten.

Das können Sie schon:

Das lernen Sie neu:

Für Käufer

Um die Nase vorn zu haben, muss man realisieren, dass drei Gruppen von Gegenständen zum Angebot stehen. Die erste Gattung sind Allerweltsprodukte. Dazu zählen Bücher, weniger gefragte Musik-CDs, Brettspiele oder PC-Programme. Hierbei hat man gute Chancen, den Zuschlag als einziger Bieter zu bekommen, und so schadet es nicht, wenn man gleich sein Gebot abgibt, sobald man auf das Produkt gestoßen ist. Auf diese Weise wird es nicht vergessen. Falls man überboten wird, sieht man sich am besten gleich nach Alternativen um.

Die zweite Gattung sind relativ leicht erwerbbare, aber gefragte Gegenstände. Hier gilt es aufzupassen, da nicht selten gebrauchte Artikel über den Neupreis hinaus ersteigert werden. Das betrifft besonders importierte Produkte. Viele eBayer haben keine Kreditkarte oder scheuen vor einem Kauf in Übersee, wünschen sich aber US-Fassungen von Spielen oder DVDs. Häufig werden daher selbst gebrauchte Importe für einen höheren Preis versteigert, als man für den fraglichen Gegenstand inklusive Versandkosten bei einem US-Shop bezahlen würde. Es hat sich eingebürgert, erst in den letzten Minuten vor Auktionsende richtig einzusteigen, um den Mitbietern nur wenig Gelegenheit zu lassen, den Betrag zu überbieten. Funkuhr und schnelle Internetverbindung sind dabei wichtige Hilfsmittel. Manch einer war bereits in Siegesstimmung, um dann zehn Sekunden vor Auktionsende überboten zu werden.

Richtig teuer wird es bei seltenen, begehrten Produkten. Oftmals findet sich unter den Bietern jemand, gegen den man den Kürzeren zieht, da er deutlich mehr zahlen würde. Er sucht vielleicht schon lange diesen Gegenstand, hat eine emotionale Bindung und ist bereit, für einen einmaligen Kauf unvernünftig viel zu zahlen. Bei gefragten Gegenständen kann sich der Preis in den letzten Minuten vor Auktionsende verdoppeln, nicht selten gibt es Gefechte bis wenige Sekunden vor Auktionsschluss. So lange sollte man aber nicht warten, um nicht das Risiko einzugehen, dass die Verbindung zur Auktionsseite vorübergehend abbricht und man mit leeren Händen ausgeht.

Ich habe hier noch weitere Tipps und Tricks zusammengetragen, die Ihnen bei der Schnäppchenjagd nützlich sein können.

Topzeiten meiden

Außerhalb der Hauptzeiten kaufen: Um richtige Schnäppchen zu machen, sollten Sie sich auf Auktionen konzentrieren, die entweder spätabends oder sehr früh am Morgen auslaufen.

Keine eBay-Gebühren übernehmen

Bieten Sie bei Auktionen, die den Vermerk »Sämtliche Kosten trägt der Käufer« oder Ähnliches tragen, gar nicht erst mit. Dies verstößt gegen die eBay-AGB, d. h., Sie müssten im Streitfall diese Gebühren nicht übernehmen. Besser ist es aber, Ärger gleich zu vermeiden. Gehen Sie auf Nummer sicher, und achten Sie gezielt auf das »Transparenz für Käufer!«-Logo.

Transparenz für Käufer!
Verkäufer trägt eBay-Gebühren!

Analyse der Bewertungen

Verschaffen Sie sich über das Bewertungsprofil ein Bild von dem Verkäufer. Schon bei wenigen negativen Bewertungen sollten Sie erst gar nicht bieten.

Nicht zu viel zahlen

Werden Sie trotz Auktionsfieber nicht unvorsichtig, und behalten Sie beim Bieten einen kühlen Kopf. Leicht schießt der Preis über das, was Sie bei einem ganz normalen Händler zahlen würden, hinaus. Überprüfen Sie mithilfe von Preisvergleichsmaschinen im Internet die Preislage, beispielsweise unter *www.getprice.de, www.guenstiger.de* oder *www.preistrend.de.*

Unklares hinterfragen

Haben Sie Fragen zur Artikelbeschreibung, so zögern Sie nicht, den Verkäufer zu kontaktieren und eventuelle Unklarheiten gleich im Vorfeld zu klären.

Ungerade Beträge bieten

Glatte Beträge werden eher überboten, erhöhen Sie daher den Preis um ein krummes Gebot aus Euro und Cent.

Ein Limit setzen

Bevor Sie dem Auktionsfieber verfallen, sollten Sie sich ein Preislimit setzen, das Sie nicht zu überschreiten.

In letzter Sekunde bieten

Viele Auktionen werden in der letzten Sekunde entschieden. Wenn Sie Ihr Gebot zu früh abgeben, werden Sie mit großer Sicherheit überboten. Der eBay-Bietagent kann dafür schon recht nützlich sein. Viel zweckmäßiger, wenn auch äußerst umstritten sind hier so genannte Sniper-Programme. Mehr dazu erfahren Sie in *Kapitel 6, »Helferlein«*.

Der eBay-Wortfilter

Unter *www.wortfilter.de* finden Sie Informationen über den Wortfilter bei eBay. eBay verwendet diesen Wortfilter, um zu vermeiden, dass sittenwidriges oder gesetzwidriges Material verkauft wird. Dabei arbeitet der Wortfilter jedoch recht uneffizient und ist offensichtlich überaus streng. Tausende von Artikeln werden zwar in den Kategorielisten aufgeführt, lassen sich aber über die Suchfunktion nicht finden, weil sie zufällig verbotene Buchstabenfolgen enthalten. Weil der Filter selbst bei Wortteilen zuschlägt, trifft es wegen »arsch« auch »Barsch«, »Warschau«, Walter Moers Buch »Das kleine Arschloch« und »Marsch«. Das Ausfiltern von »bums« verhindert die Suche nach »Albumsampler«, und »arien« (gemeint ist wohl: »arier«) filtert »Marienkäfer« und viele andere Begriffe aus. Wer sich wundert, weshalb sein DVD-Spieler so wenig Gebote erzielte, sollte sich die Modellnummer in Erinnerung rufen: Sony DVD NS 300/400? Nun, ein einzeln stehendes »NS« ist genauso verboten wie »SS«, das ebenfalls Namensbestandteil vieler Geräte ist.

Der Kölner Axel Gronen hat all diese Fälle aufbereitet und auf oben genannter Website dokumentiert. Die Liste der verbotenen Wörter ist atemberaubend und löst endlich das Rätsel, wieso man oft keine Treffer erzielte. »Führer« stand ebenfalls auf der Verbotsliste und verhinderte schlagkräftig die Suche nach Reiseliteratur. Nun ist das Wort nur noch als einzelstehender Begriff verboten.

Wenn Sie Auktionen erstellen, müssen Sie also vor allem die Artikelbezeichnung genau prüfen. Suchen Sie dazu das Wort, das Sie in Ihre Artikelbezeichnung verwenden wollen, über die eBay-Suchfunktion. Wird das Wort in anderen Auktionen gefunden, ist alles in Ordnung.

Wird das Wort jedoch nicht gefunden, versuchen Sie, eine solche Auktion über die Kategorien zu finden. Entdecken Sie tatsächlich eine Auktion, die das Wort in der Artikelbezeichnung hat und über die normale Suchfunktion nicht zu finden war, dann hat sehr wahrscheinlich der Wortfilter zugeschlagen. Sollten Sie feststellen, dass bestimmte Wörter oder Wortbestandteile durch den eBay-Wortfilter blockiert werden, müssen Sie dementsprechend umformulieren.

Der Drei-Fenster-Trick

Wenige Minuten vor Ende der Auktion öffnen Sie drei Browserfenster, loggen sich in **allen** drei Fenstern ein und öffnen dann die Auktion. In Ihrem ersten Fenster kontrollieren Sie das aktuelle Gebot und drücken zur Aktualisierung der Gebotshöhe regelmäßig die F5-Taste. Im zweiten Fenster klicken Sie auf *Bieten* und geben ein Gebot knapp unter Ihrem gesetzten Limit ein. Im dritten Fenster gehen Sie ebenfalls auf *Bieten* und geben hier Ihr absolutes Maximalgebot ein.

Kurz vor Auktionsende geben Sie im zweiten Fenster per Klick auf *Gebot abgeben* Ihr Gebot ab. Wechseln Sie dann zum ersten Fenster und prüfen durch stetiges Aktualisieren nach, ob Sie überboten werden. Sollte das geschehen, wechseln Sie ins dritte Fenster und geben mit einem Klick auf *Gebot abgeben* etwa zehn Sekunden vor Ende der Auktion Ihr Maximalgebot ab.

Tipp

Mithilfe der Tastenkombination Alt+Tab *können Sie schnell zwischen den Fenstern hin- und herschalten.*

»Profis« meiden

Widmen Sie sich als passionierter Schnäppchenjäger besonders den Auktionen von eBay-Anfängern. Mangels Erfahrung ist deren Präsentation oft lieblos und die wenigen Bewertungen werden viele Bieter abschrecken.

Finger weg!

Meiden Sie Auktionen mit Aussagen wie »vielleicht defekt«, »wahrscheinlich original«, »ähnlich der Abbildung« etc.

Treuhandservice

Nutzen Sie bei teuren Auktionen den Treuhandservice.

Suchen Sie falsch geschriebene Produkte

Wahre Chancen auf ein Riesenschnäppchen haben Sie bei Artikeln, bei denen die Suchkriterien nicht passen und die darum von der Mehrheit der eBayer einfach nicht gefunden werden. Doch wie finden Sie diese Artikel?

Ganz einfach, Sie müssen den Artikel bewusst so schreiben, wie man ihn spricht oder wie man ihn falsch schreiben könnte. Beispielsweise »Sonny« statt »Sony« oder »Harley Dawidson« statt »Harley Davidson« u. ä. Mit ein wenig Glück bekommen Sie mehrere Treffer mit wirklich niedrigen Geboten.

Ladenhüter finden

Ja, die gibt es auch bei eBay. Das nicht mehr so ganz taufrische Modell einer Digitalkamera wird bestimmt genügend Interessenten finden. Ein wenig verlangtes Zubehörteil für ein ganz spezielles Handy spricht dagegen nur eine ganz kleine Gruppe Interessierter an. Gute Chancen also, ein echtes Schnäppchen zu machen, wenn nicht gerade ein anderer Besitzer des gleichen Handys auch eben dieses Zubehör sucht. Also: Je spezieller der Artikel ist, desto größer die Wahrscheinlichkeit, einen guten Preis zu erzielen. Zu diesen speziellen Dingen zählen:

- Alle Zubehörteile zu einem nicht weit verbreiteten System, beispielsweise bestimmte Fotoapparate, Computerzubehör, Haushaltsgeräte usw. Immer wenn ein spezielles Grundgerät Voraussetzung für Sinn und Funktion des Artikels ist, geht die Zahl der Gebote und somit der Preis kräftig zurück.
- Geräte, für die ein gewisses Maß an Fachwissen notwendig oder deren Funktion nur für einen kleinen Personenkreis nützlich ist, z. B. Druckmaschinen.
- Exoten aus nicht stark verbreiteten Sammelgebieten.
- Dinge, für die eine gewisse Infrastruktur Voraussetzung ist, wie zum Beispiel eine Theke samt Zapfanlage für eine Pilsstube.

Für Verkäufer

Auch als Verkäufer sollten einige Hinweise beachtet werden. Alte Schwarten, für die voraussichtlich 1,– oder 2,– Euro erzielt werden, lohnen die Mühe nicht. Man muss die Angebotsgebühr zahlen, die beim Marktführer eBay mindestens 25 Cent beträgt, das Erstellen des Angebots, das Kommunizieren mit dem Verkäufer, sollte sich jemand finden, und das Versenden der Ware kosten mehr Zeit, als man voraussichtlich an Einnahmen erzielt.

Die Wahl des Startpreises

Wer sich die hochpreisigen Rubriken, etwa die Schmuckabteilung, genauer ansieht, wird – vermutlich erstaunt – feststellen, dass selbst Brillantringe mit einem fünfstelligen Wert zum Startgebot von einem Euro offeriert werden. Dahinter steckt kein Betrug, sondern Psychologie. Die Schwelle, ein Gebot von einem Euro abzugeben, ist sehr viel geringer als bei einem Startpreis von einigen tausend Euro. Und hat man einen Euro für die goldene Kette geboten und wurde übertrumpft, so wird man kaum zögern, den Betrag zu erhöhen. Und so ergeben sich schnell mehrere Dutzend, dann mehrere hundert und schließlich mehrere tausend Euro. Das Risiko für den Verkäufer ist aufgrund der Menge der Interessanten auf eBay gering. Bei einer kaum frequentierten Auktionsplattform ist ein solches Vorgehen freilich weniger zu empfehlen.

Freundlich und kooperativ sein

Beantworten Sie Fragen von potentiellen Käufern schnell, ehrlich und höflich.

Produktbeschreibung nicht vernachlässigen

Die Produktbeschreibung sollte so genau wie möglich sein, um spätere Missverständnisse auszuschließen. Vor allem die Zahlungs- und Versandmodalitäten sollten detailliert aufgeführt werden. Präsentation ist alles!

Aussagekräftige Fotos

Verwenden Sie ausschließlich Bilder, auf denen der Artikel wahrheitsgetreu abgebildet ist.

Keine Gebühren auf Kunden abwälzen

Halten Sie sich an die AGB von eBay, und verlangen Sie keine Gebühren von den Käufern.

Versandkosten und Zahlungsmodalitäten

Berücksichtigen Sie, dass die Versandkosten aus dem Ausland – selbst Österreich oder Schweiz – deutlich höher liegen als innerhalb Deutschlands. Hingegen wurde das Kaufen bei eBay USA, der einzigen Online-Auktion mit weltweiter Akzeptanz, vereinfacht. Die Mutterplattform hat ein erheblich größeres Angebot. Einige Unternehmen, etwa *BidPay.com* und *PayPal.com*, haben sich darauf spezialisiert, als Mittler zwischen Verkäufer und Käufer zu dienen. So zahlt man bei dem Dienstleister mit der Kreditkarte, der den Betrag als Scheck an den Verkäufer weitergibt.

Schnelle und zuverlässige Lieferung

Sie sammeln so positive Bewertungen. Ein Umstand, der sich sehr positiv auf folgende Auktionen auswirkt und Sie mehr Profit erzielen lässt.

Die richtige Zeit

Für den Auktionsbeginn sollten ein passender Tag und eine passende Uhrzeit ausgewählt werden. Denn die Auktion geht einige Tage später zur gleichen Zeit zu Ende. Und so nervenaufreibend Bietgefechte kurz vor Auktionsende für den Käufer sind – dem Verkäufer verheißen sie bares Geld. Daher lohnt es sich, die Abendstunden oder das Wochenende zu wählen, wo besonders viele potentielle Käufer online sind.

Versandkosten sparen

- Frankierung mit Stampit: Wenn Sie sehr viele Artikel verschicken, ergeben sich für Sie als gewerblichen Händler neue Versandkonditionen bei der Post und den Paketdiensten, zu denen Privatnutzer üblicherweise keinen Zugang haben. Bei Paketdiensten bzw. Speditionen ist dies meistens Verhandlungssache, und die Kostenersparnis hängt dann von Ihrem Verhandlungsgeschick ab. Wenn Sie aber vorwiegend mit der Deutschen Post versenden, sind bei hohem Transfervolumen ebenfalls Sonderkonditionen möglich, die aber natürlich nicht mehr verhandelt werden können. So käme beispielsweise Stampit in Frage. Dabei handelt es sich gewissermaßen um eine elektronische Portokasse, mit der Sie Postsendungen selbst frankieren, Sie drucken quasi Briefmarken am heimischen PC. Natürlich keine Briefmarken, wie Sie sie in der Postfiliale bekommen, sondern vom Computer lesbare, viereckige Code-Etikette. Mit diesen Codes können Sie Briefe, Bücher- oder Warensendungen, nationale Infopost und sogar Päckchen frankieren und sie dann – wenn möglich – gleich in den nächsten Briefkasten werfen. Größere Sendungen müssen Sie natürlich bei der Post abgeben. Durch ein integriertes Journal haben Sie jederzeit den vollen Überblick über Ihre Portoausgaben. Stampit lohnt sich allerdings nur wegen des geringeren Frankieraufwands.

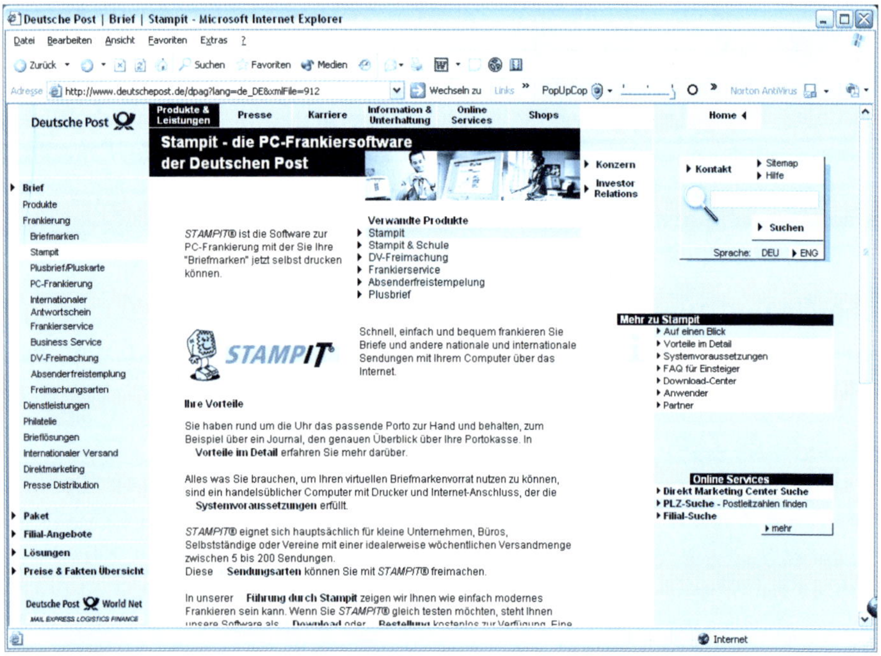

Aus Wettbewerbsgründen ist die Post verpflichtet, Gebühren von zurzeit 83,50 Euro für die Anschaffung inklusive sechs Monate Nutzung zu verlangen. Ab dem siebten Monat werden 2,30 Euro pro Monat erhoben, zuzüglich der anfallenden Portokosten natürlich, die sich nicht von den üblichen Kosten unterscheiden. Sie sparen also in erster Linie Zeit statt Kosten.

- Vertragskunde werden: Seit 1. April 2003 sind unter dem Namen DHL (*www.dhl.de*) die ehemaligen Paketdienste der Deutschen Post (Post Euro Express) sowie Danzas und natürlich DHL zusammengeführt worden. Obwohl Sie auch weiterhin Ihre Pakete und Päckchen zur nächstgelegenen Postfiliale bringen können, um sie an die Käufer zu versenden, funktioniert die Logistik intern über DHL. Informationen über Preise, Tarife oder Laufleistungen müssen nun bei DHL abgefragt werden. Auch Sonderkonditionen werden nun bei DHL abgewickelt. Ab einem Auftragsvolumen von 500 Paketsendungen pro Jahr können Sie bei DHL registrierter Vertragskunde werden. Es ist Ihnen dann möglich, mit dem zuständigen Vertriebsrepräsentanten individuelle Preise auszuhandeln, die von Volumen, Art und Verlauf der Sendung abhängig sind. Vorteil: Die Paketsendungen werden bei Ihnen abgeholt, und Sie können deren Weg im Internet per *Track & Trace* verfolgen. Auch die Wahl eines zweiten Zustelltermins bei Nichterreichbarkeit des Adressaten ist möglich. Weitere Informationen finden Sie im Internet unter *www.euroexpress.de/dhl?lang=de_DE& xmlFile=1392*.

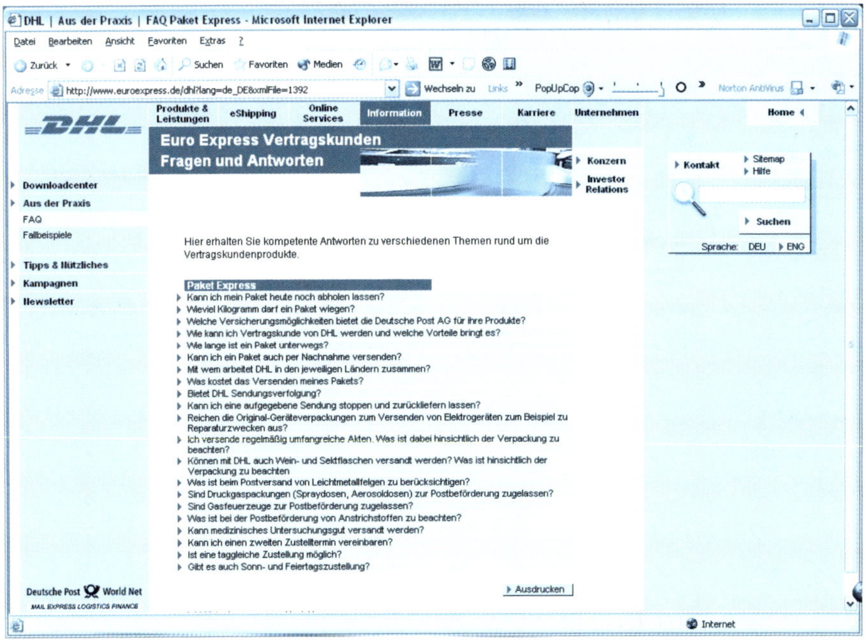

- Büchersendungen: Wenn es sich bei Büchern nicht um Toptitel wie Harry Potter & Co. handelt, lässt sich damit selten ein guter Preis erzielen. Sie sollten also versuchen, einem potentiellen Bieter den Kauf eines Buches auf andere Weise interessant zu machen. Das kann beispielsweise dadurch geschehen, dass Sie bei Büchern und ähnlichen Artikeln die kostengünstige Versandart der Büchersendung mit der Deutschen Post wählen. Mit diesem Angebot soll traditionsgemäß die Verbreitung des Kulturguts Buch besonders gefördert werden. Allerdings ist der Begriff »Buch« ziemlich weit gefasst: Die Post zählt auch Broschüren, Landkarten und Notenblätter zu dieser Kategorie, jedoch nicht Werbung und Druckwaren, die einem rein geschäftlichen Zeck dienen. Für Sie als Versender ist es wichtig, dass eine Büchersendung offen verschickt werden muss. Das heißt, ein Buch darf nicht einfach in Packpapier eingewickelt und zugeklebt werden. Dafür bietet sich ein Musterbeutel an, der von ein oder zwei Klammern gehalten wird. Außerdem ist es Vorschrift, dass deutlich über dem Adressaten »Büchersendung« geschrieben steht. Weitere Details finden Sie unter *www.deutsche-post.de/dpag?lang=de_DE&xmlFile=894*.

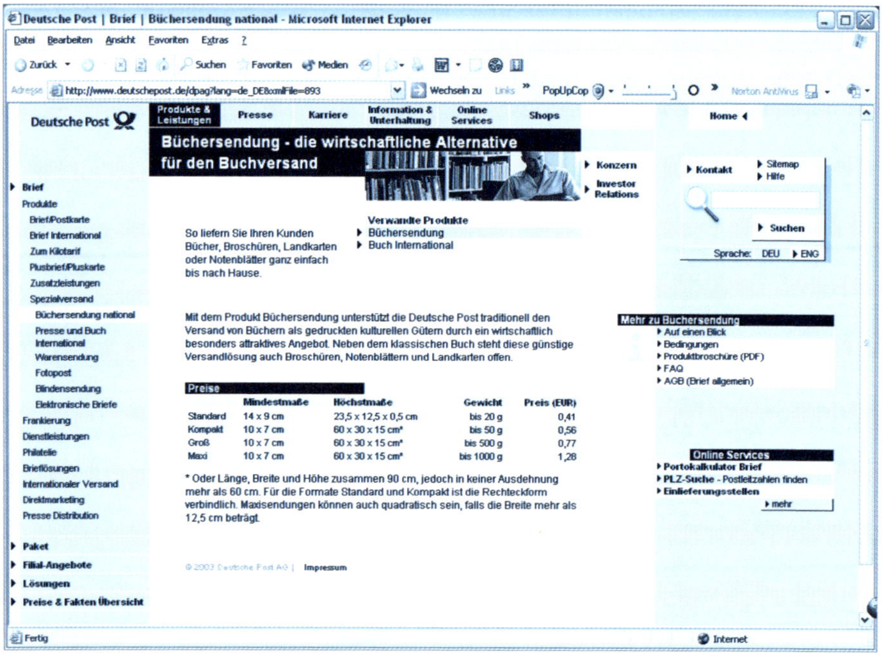

Zum Schluss!

Kuriose Auktionen bei eBay

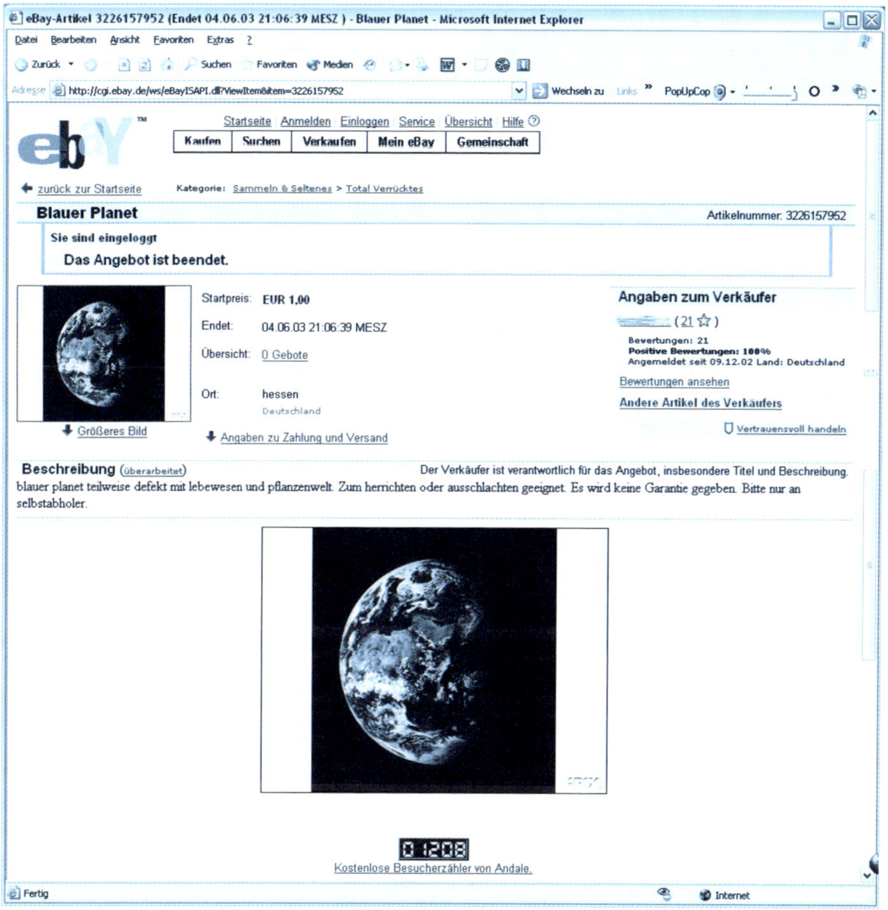

Ein Witzbold bot unseren Planeten zum Verkauf an. Verständlicherweise wurde auch diese Auktion vorzeitig beendet.

Kapitel 6

Helferlein

In diesem Kapitel geht es um eine Reihe nützlicher Programme, die Ihnen das erfolgreiche Mitbieten ermöglichen, bei der Marktanalyse helfen, mit denen Sie Ihre Auktionen verwalten und mit einem ansprechenden Design versehen können.

Das können Sie schon:

Das lernen Sie neu:

BayWotch

BayWotch hat nichts mit der ähnlich klingenden Fernsehserie zu tun, vielmehr ist es ein Programm zur Marktanalyse. Hierbei dient es Verkäufern und Käufern gleichermaßen.

Als Verkäufer möchten Sie etwas verkaufen, haben aber keine Ahnung, was Sie dafür verlangen können, wie hoch Sie den Start- oder den Sofort-Kaufen-Preis ansetzen sollen. Überprüfen Sie doch, ob es andere Anwender gibt, die ähnliche Artikel verkaufen. Wie sieht es überhaupt mit Angebot und Nachfrage aus? Lohnt es sich, jetzt zu verkaufen, oder sollte man lieber noch einige Tage abwarten?

Als Käufer dagegen finden Sie bei eBay oft recht schnell die passenden Artikel, aber wie hoch sollen Sie bieten? Was zahlt man sonst im Schnitt für diesen Artikel? Ist die Marktlage günstig, um jetzt ein Schnäppchen zu machen?

Mit BayWotch können Sie beliebig viele Auktionen beobachten und die Ergebnisse statistisch auswerten.

Die Hauptfunktion des Programms besteht im Beobachten beliebig vieler Artikel und Anlegen und Verwalten beliebig vieler Suchfavoriten. eBay beschränkt die Beobachtungen – wie wir ja wissen – auf 30, die maximale Anzahl der Suchfavoriten sogar auf nur 15 Artikel.

Artikel suchen

1 Starten Sie BayWotch, und klicken Sie auf die Schaltfläche *Suche*.

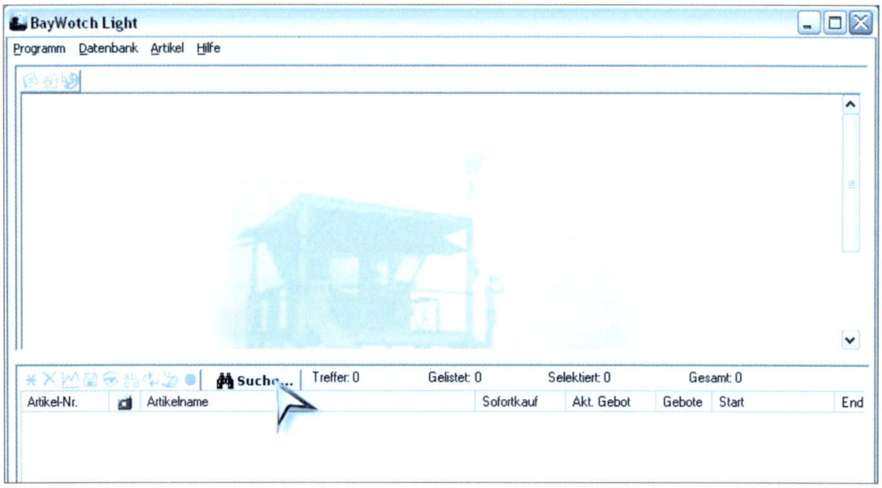

2 Im neuen Fenster *Suche* geben Sie den Suchbegriff und die Kategorie ein, nach denen bei eBay gesucht werden soll.

3 Bestimmen Sie weiterhin die Preisspanne, optional Währung, Region und Land.

4 Wählen Sie im unteren Fensterbereich auf der Registerkarte *Onlinesuche* den *Auktionstyp*, den *Auktionsstandort* und unter *Auswahl* den Status einer Auktion aus, um die Suche eventuell weiter einzuschränken.

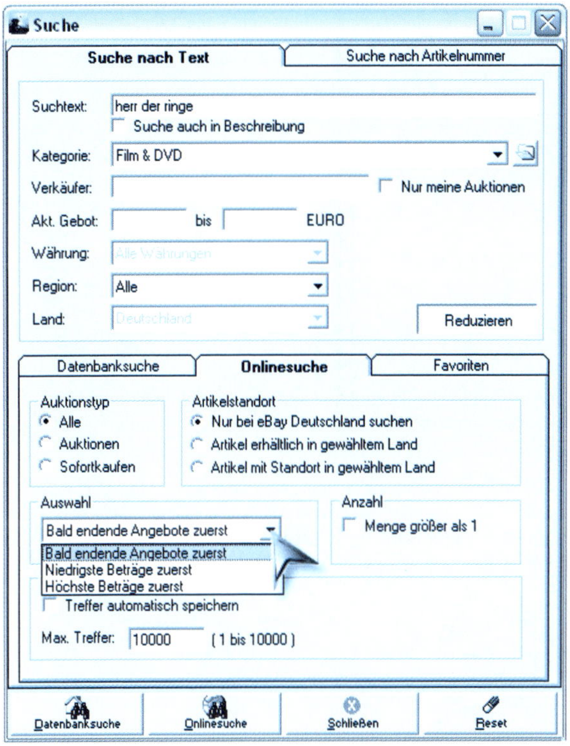

5 Wenn Sie beabsichtigen, den gesuchten Artikel über einen längeren Zeitraum zu beobachten, können Sie ihn als Favorit eintragen. Dazu öffnen Sie die Registerkarte *Favoriten* und klicken auf das vierte Symbol von links (Pfeil).

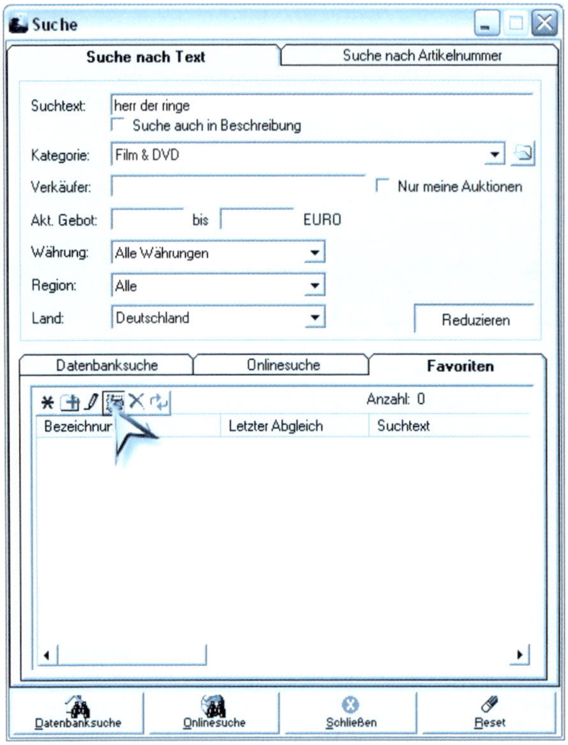

6 Vergeben Sie im folgenden Fenster einen aussagekräftigen Namen, und bestätigen Sie mit *OK*.

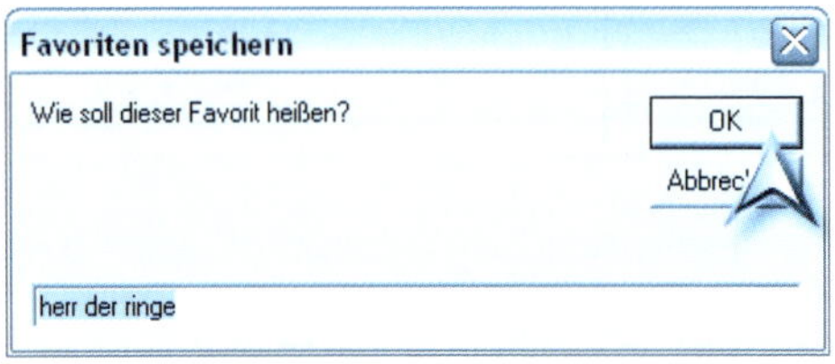

7 Mit einem Klick auf die Schaltfläche *Onlinesuche* lassen Sie das eBay-Angebot nach Ihren Wünschen durchkämmen.

Das Programm ist dabei um einiges flinker als die entsprechende Suchfunktion auf der eBay-Website. Es präsentiert schon nach kurzer Zeit eine ganze Reihe von Treffern.

8 Durch Markieren eines Eintrags in der Liste können Sie sich im oberen Fenster des Programms die Details dieser Auktion genauer ansehen.

Statistik

Doch BayWotch kann noch mehr. Es verfügt zusätzlich über umfangreiche Statistikfunktionen. Auktionen bzw. Artikel, die Sie interessieren, können Sie markieren und durch Klicken auf die Schaltfläche mit dem Diskettensymbol (vierte von links, siehe Pfeil) in eine Datenbank aufnehmen.

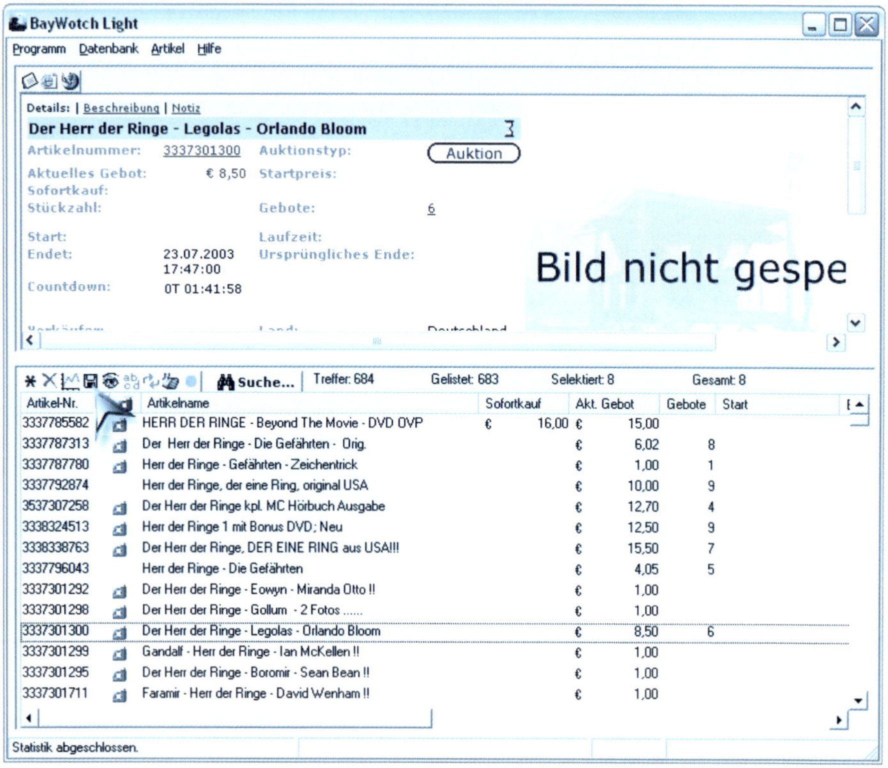

Danach können Sie jederzeit durch einen Klick auf die Schaltfläche *Suche* und nach anschließendem Betätigen des *Datenbanksuche*-Buttons den Inhalt der Datenbank abrufen.

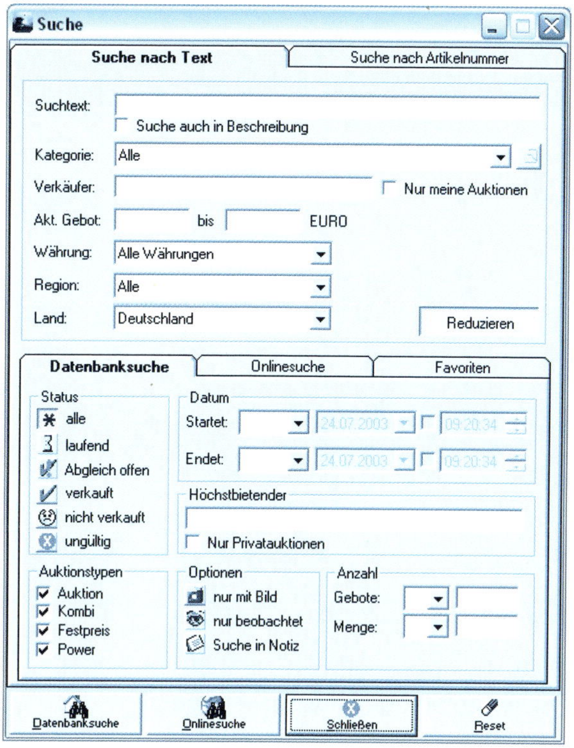

1 Markieren Sie die für Sie relevanten Auktionen, und aktualisieren Sie diese gegebenenfalls durch einen Klick auf die Taste mit den Pfeilsymbolen.

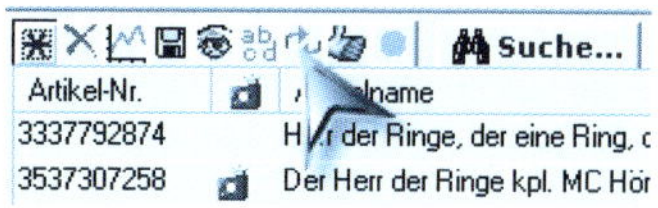

2 Betätigen Sie nun die Schaltfläche *Statistik* (dritte von links).

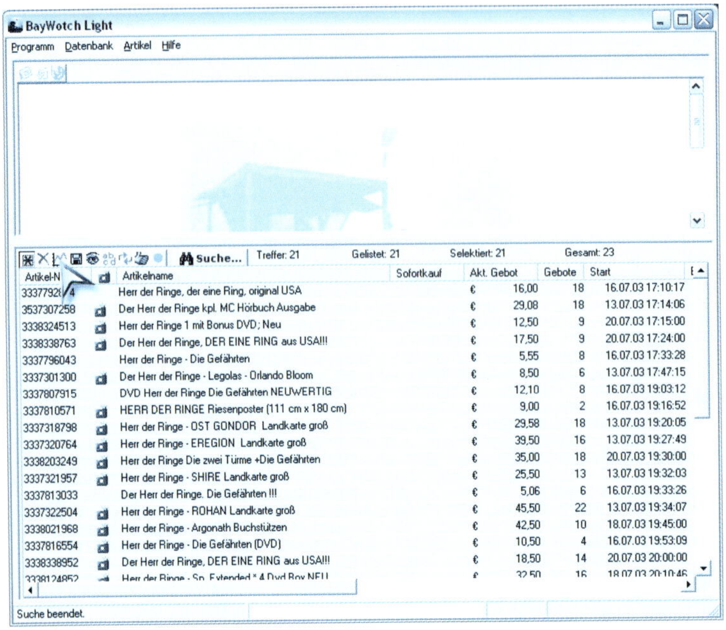

Sie erhalten eine erschöpfende Auswertung der markierten Auktionen, u. a. nach Preis, Verkaufserfolgs-Quote pro Stunde, Stückzahlen etc.

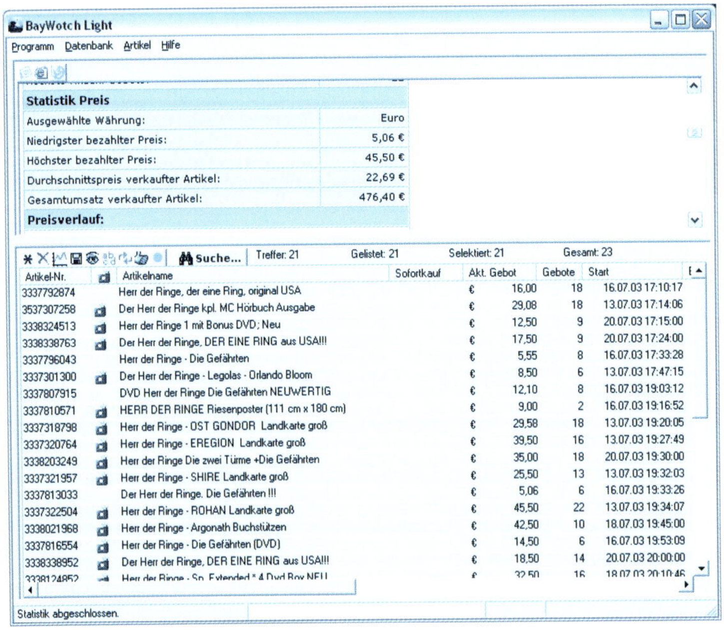

Auf diese Weise können Sie jederzeit Rückschlüsse auf die Marktlage bestimmter Artikel ziehen und das eigene Kauf- bzw. Verkaufsverhalten darauf abstimmen.

BayWotch bekommen Sie als kostenlose, unbefristet lauffähige Light-Version unter *www.baywotch.de*, wobei die Kapazität der Datenbank hier auf 150 Artikel beschränkt ist.

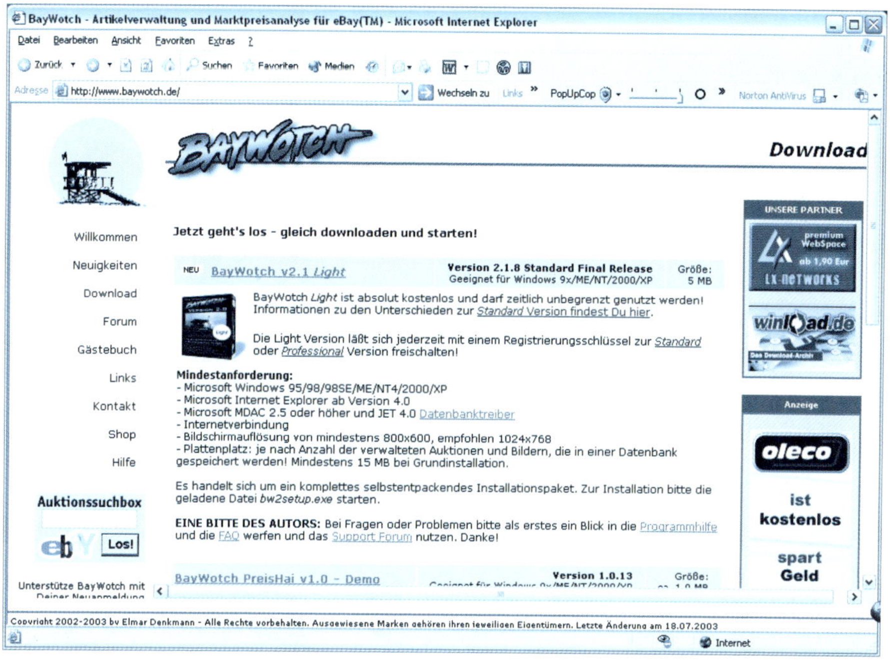

Bereits für 19,– Euro erhalten Sie die Standardversion ohne Beschränkungen; zusätzlich wird noch eine erweiterte Professional-Version für 149,– Euro angeboten.

PreisHai

Aus der gleichen Softwareschmiede wie BayWotch stammt das Programm PreisHai. Der PreisHai ist ein ziemlich genialer Helfer für den passionierten eBay-Schnäppchenjäger. Hier gibt es zum Unterschied zur herkömmlichen eBay-Suche zum einen die Möglichkeit, nach Artikeln mit einer bestimmten Gebotszahl zu suchen, zum anderen umgeht PreisHai den Wortfilter (wir sprachen schon darüber) und findet so Auktionen, die bei der Stichwortsuche von eBay ausgeblendet werden und deshalb nur wenig Aufmerksamkeit erfahren.

Nehmen wir als Beispiel das Kürzel »NS«. Hier besteht wohl bei eBay die Meinung, dass dies den Nationalsozialismus fördere, folglich ausgeblendet werden muss. Doch »NS« ist u. a. ebenso die Abkürzung für Nanosekunde sowie Teil der Typenbezeichnung eines DVD-Players von Sony, nämlich DVP **NS**-300 (/305).

Also machen wir die Probe aufs Exempel:

Zunächst benutzen wir die Stichwortsuche von eBay.

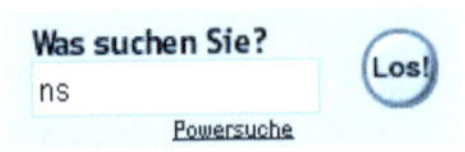

Das Ergebnis kann eindeutiger nicht sein.

Gut, jetzt versuchen wir das Gleiche mit dem PreisHai. Starten Sie das Programm, und tragen Sie oben in das freie Feld den Suchbegriff ein (Sie können die Suche zusätzlich in Hinblick auf Beschreibung, Preis, Kategorie, Region und Anzahl der Gebote verfeinern). Sorgen Sie für eine Verbindung zum Internet, und klicken Sie dann auf die Schaltfläche *Los*.

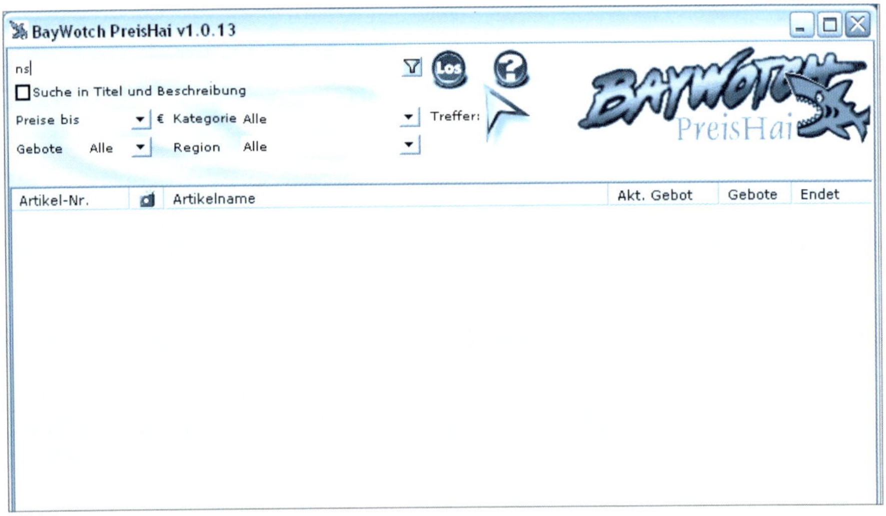

Schon nach kurzer Zeit fördert der PreisHai Auktionen zu Tage: 100 Treffer – ziemlich überzeugend.

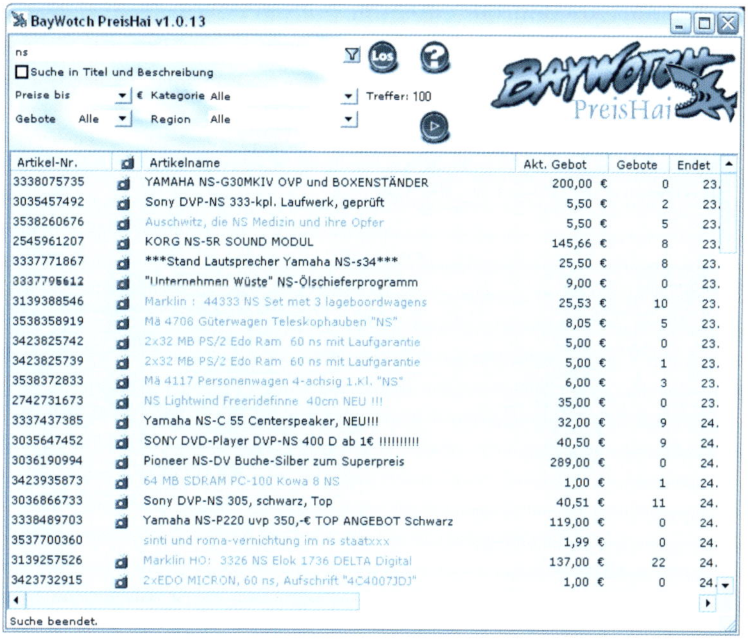

Nun können Sie per Doppelklick auf den Listeneintrag, der Sie interessiert, ...

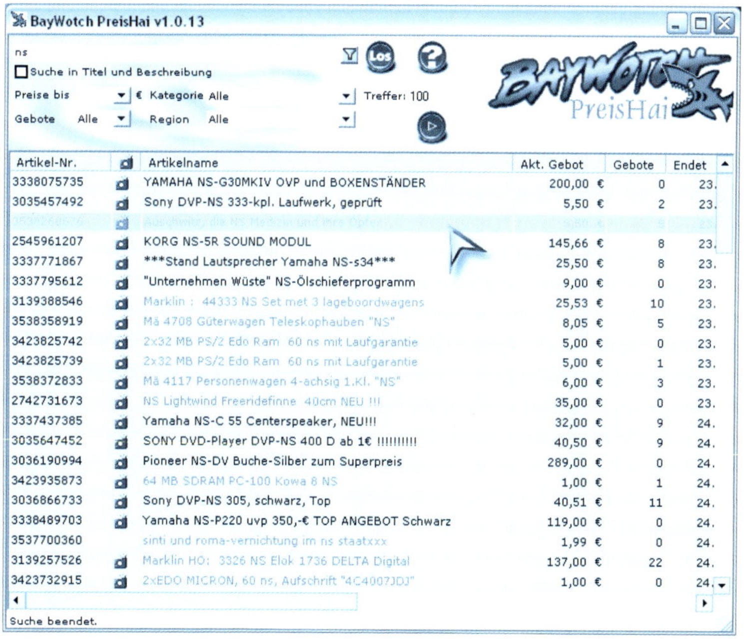

... die eBay-Seite mit der Auktionsbeschreibung aufrufen.

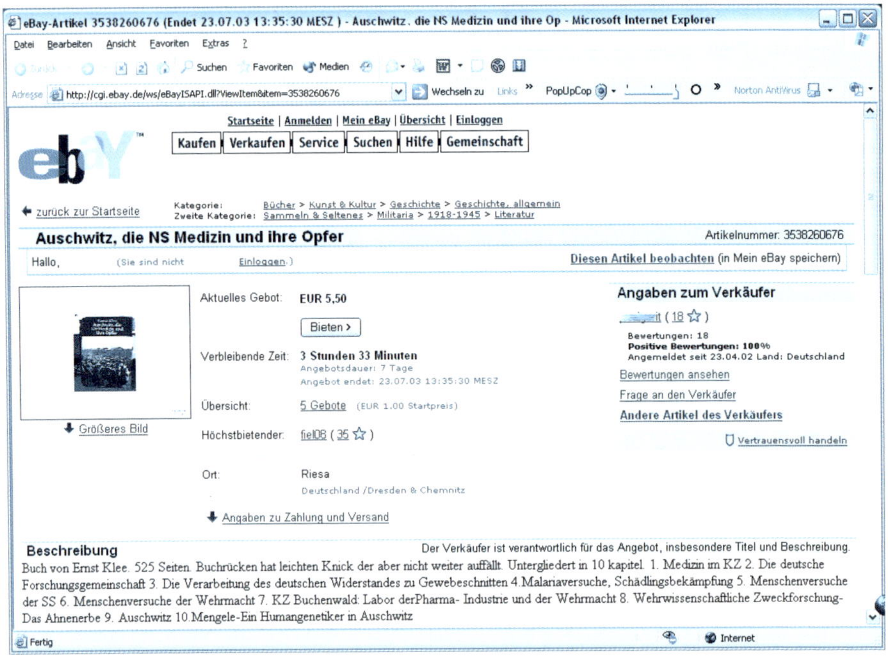

Eine Demoversion des PreisHais können Sie unter *www.wortfilter.de/download/preishai-demo.exe* herunterladen.

Das Programm kostet derzeit 9,95 Euro; weitere Informationen erhalten Sie unter *www.wortfilter.de/preishai.html*.

Safe2Bid

Safe2Bid ist sozusagen Ihr persönlicher Nachrichtendienst.

Mit diesem nützlichen Programm ist es möglich, sämtliche Bewertungen eines eBay-Mitglieds einzusehen bzw. darin gezielt nach negativen Kommentaren zu suchen.

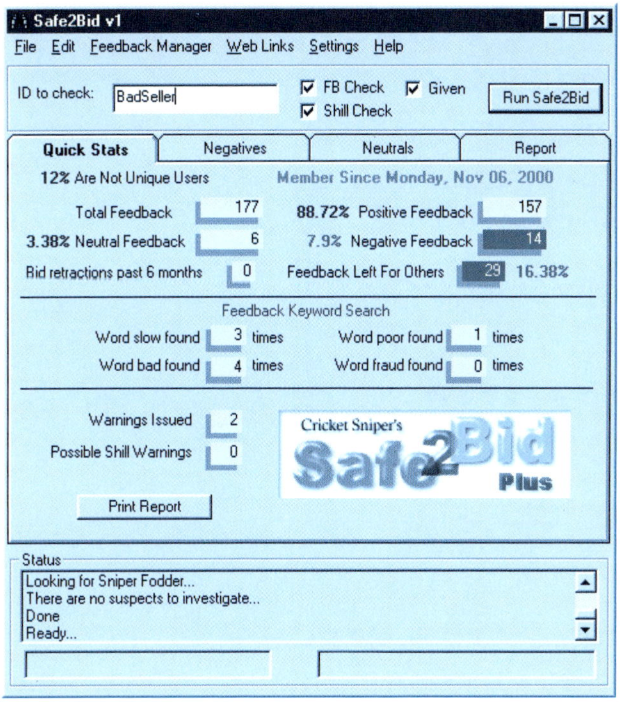

Hinweis

Bevor Sie die Programmfunktionen allerdings nutzen können, werden Sie mit zwei eigenartigen Dialogen konfrontiert: Das erste Fenster fragt Sie nach der Quelle, aus der Sie das Programm bekommen haben, und bietet als mögliche Antworten unter anderen »Chris« und »Dave« an. Erst nach dem Durchlesen des dazugehörenden Textes ist klar, dass es im Grunde keine Rolle spielt, welche Antwort Sie markieren.

Geben Sie einfach Ihre eigenen Benutzerdaten ein, danach brauchen Sie nur noch den eBay-Namen des gewünschten Verkäufers oder Bieters einzutippen, alles Weitere erledigt Safe2Bid dann automatisch. In einer ersten Übersicht werden Sie über die normale Bewertungsstatistik informiert, Sie bekommen die Zahl positiver und negativer Kommentare aufgelistet, zusätzlich auch die Trefferzahl aus einer Liste von Suchbegriffen wie »fraud« (»Betrug«), »slow« (»langsam«) oder »bad« (»schlecht«). Diese Liste lässt sich ohne großen Aufwand um deutsche Suchbegriffe erweitern. So können Sie das Programm besser an hiesige Bedingungen anpassen. Auf weiteren Registerkarten erhalten Sie dann detaillierten Einblick in negative oder neutrale Kommentare, die das untersuchte Mitglied vergeben ...

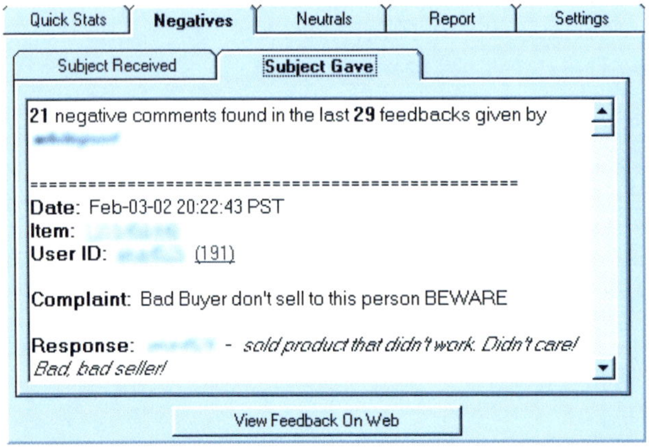

... oder erhalten hat.

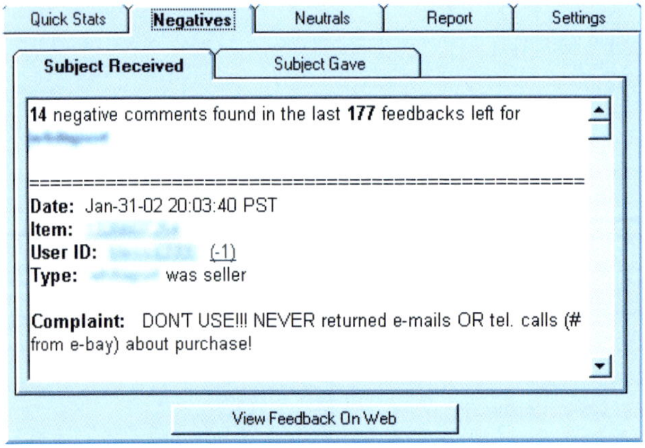

Schließlich steht Ihnen ein Register zur Verfügung, mit dem die Auktionshistorie von Verkäufern auf Verdachtsfälle von »Shill Bidding« (Selbst-Hochbieten) erforscht werden kann. Alle Fälle, in denen Bieter mehrfach oder in mehreren Auktionen aufgetreten sind, werden aufgezählt. So lässt sich recht schnell herausfinden, ob es bei der Preisermittlung immer koscher zugegangen ist.

Mit der *Mass Feedback*-Funktion können Sie Ihre selbst vergebenen Bewertungen managen.

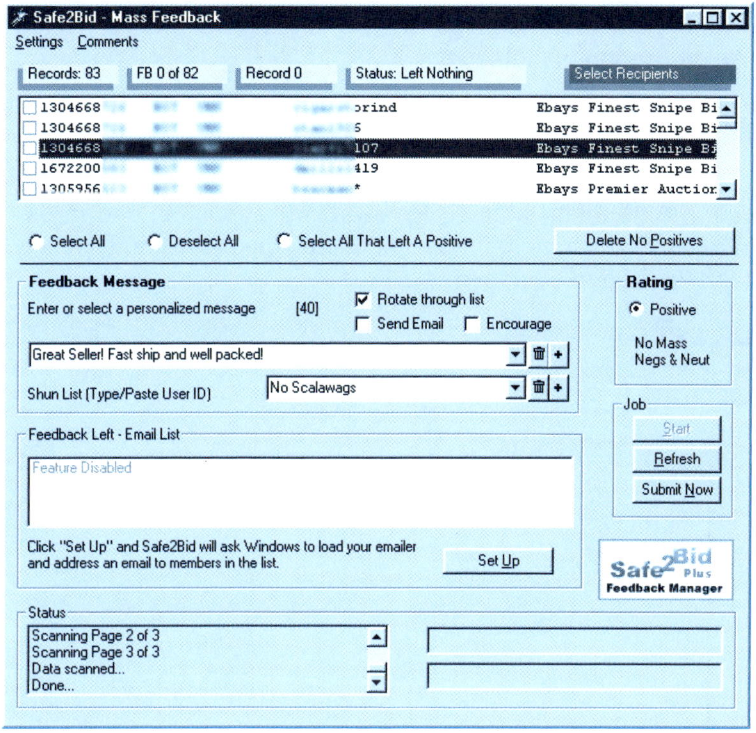

Safe2Bid kostet 14,99 US-$. Eine 15-Tage-Testversion können Sie von der Website des Herstellers *www.cricketsniper.com* kostenlos herunterladen.

Anmerkung: Die Bilder stammen von der Website des Herstellers. Mir war es leider nicht möglich, meine »Uralt«-Version zu aktualisieren, und auch die Demoversion verweigerte den Dienst. Trotz dieser unerwarteten Probleme hat mir dieses Programm in der Vergangenheit immer gute Dienste geleistet. Ich kann es nur wärmstens empfehlen.

Last Minute Gebot

Diese Erfahrung kennt fast jeder eBayer: Sie bieten für einen Artikel, und in letzter Sekunde schnappt ein anderer Ihnen die Ware vor der Nase weg. Auch noch so durchdachte Systeme wie das Bieten nach Stoppuhr, der Drei-Fenster-Trick und das ständige Beobachten des Artikels nützen da oft nichts.

In letzter Sekunde entscheidet einfach derjenige, der am schnellsten auf den *Gebot abgeben*-Button geklickt hat. Last Minute Gebot von Paragon ist ein Hilfsprogramm zum automatischen Bieten und ermöglicht Ihnen, Auktionsartikel zu verwalten, ein Gebot abzugeben und automatisch in den letzten Minuten vor Auktionsende mitzubieten.

Last Minute Gebot konfigurieren

Zunächst müssen Sie allerdings dem Programm Ihren eBay-Namen und Ihr Passwort verraten. Andernfalls können Sie zwar Artikel suchen und in das Programm eintragen, jedoch nicht mitbieten. Starten Sie Last Minute Gebot, und wählen Sie *Werkzeuge/Optionen*.

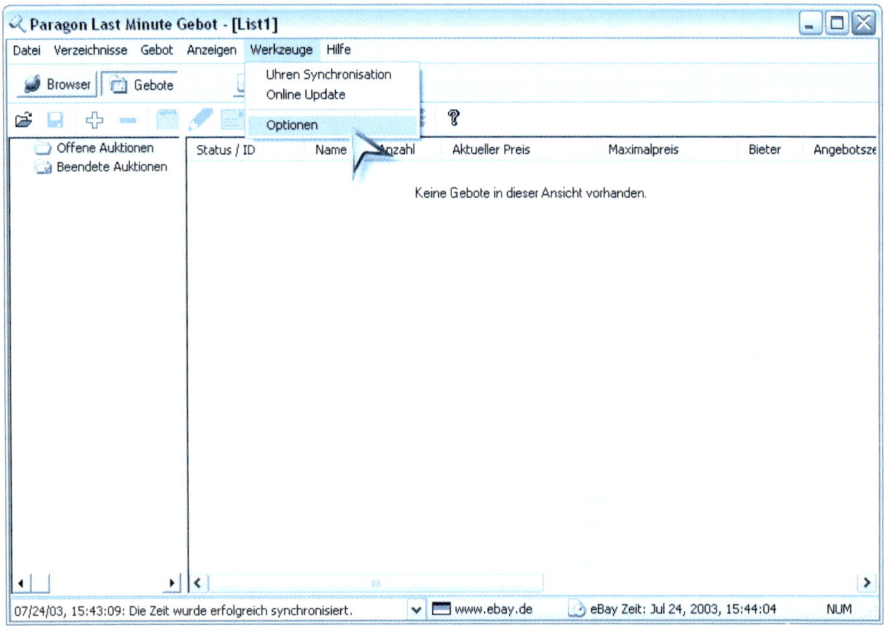

Im Dialog wechseln Sie auf die Registerkarte *Applikation Optionen*. Dort stellen Sie ein, ab wann Last Minute Gebot mit dem Bieten beginnen und nach welcher Zeit der Artikel aktualisiert werden soll. Im Bereich *Weitere Optionen* geben Sie Ihren eBay-Mitgliedsnamen und Ihr Passwort ein. Zusätzlich können Sie ein Passwort zu Last Minute Gebot eingeben. Mit einem Klick auf die Schaltfläche *OK* beenden Sie den Vorgang.

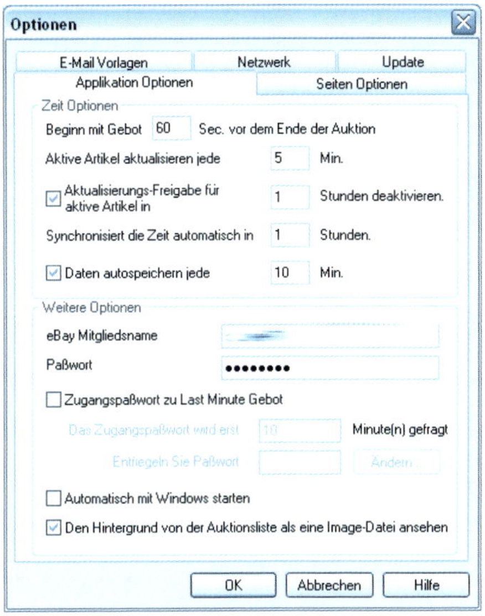

Auktion einbinden

1 Jetzt gehen Sie daran, dem Programm den Artikel mitzuteilen, für den es bieten soll. Klicken Sie dazu auf die Schaltfläche *Browser*.

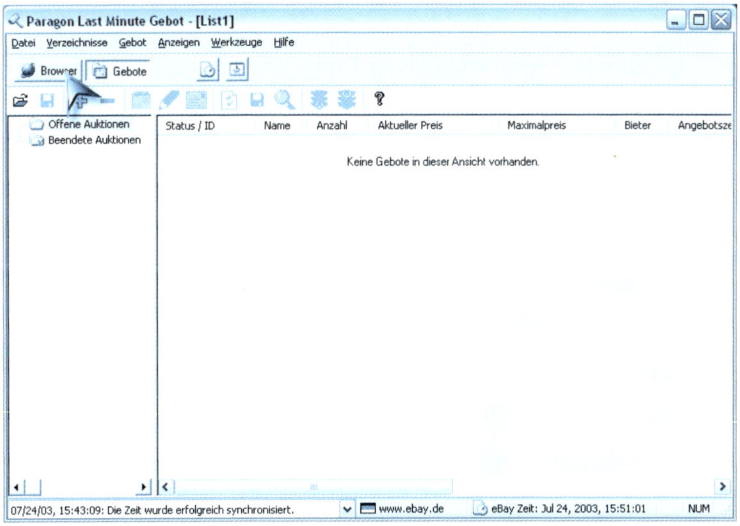

2 Über ein Browserfenster, das in die Oberfläche von Last Minute Gebot integriert ist, gelangen Sie auf die eBay-Startseite.

3 Von hier aus wechseln Sie in die entsprechende Rubrik und wählen aus den Kategorien einen Artikel, für den Sie bieten wollen.

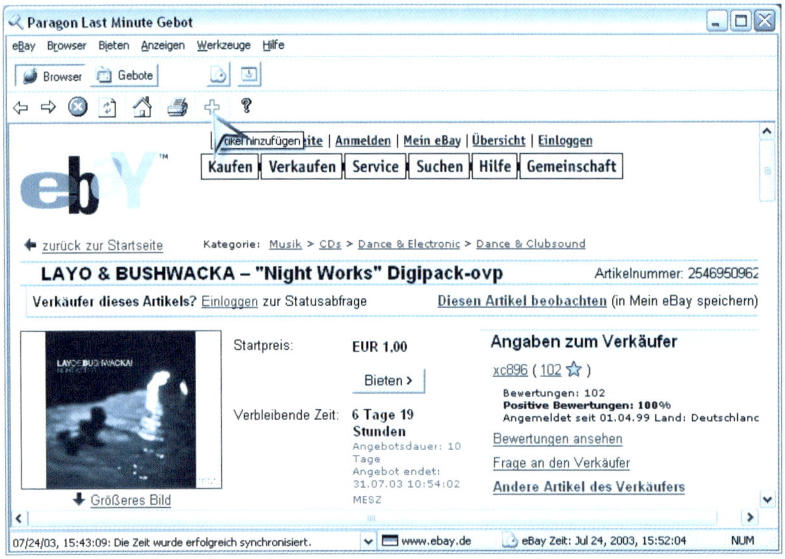

4 Haben Sie sich entschieden, klicken Sie auf das grüne Pluszeichen in der Symbolleiste (Pfeil). Dadurch wird der Artikel in Last Minute Gebot als zu beobachtende Auktion gelistet.

Jetzt öffnet sich das kleine Dialogfenster *Gebots Eigenschaften ändern.*

Sie können hier genau ersehen, wann die Auktion beendet wird. Außerdem wird Ihnen der Startpreis oder – falls schon ein Gebot abgegeben wurde – der aktuelle Preis angezeigt.

5 Setzen Sie in das Feld *Maximaler Preis* den Höchstbetrag ein, den zu zahlen Sie bereit sind. Diesen Betrag wird Last Minute Gebot auf keinen Fall überschreiten. Sie haben also stets die Kontrolle über Ihre Finanzen. Klicken Sie zur Bestätigung auf *OK.*

Bieten

Der ausgewählte Artikel ist jetzt in der Liste der offenen Auktionen sichtbar und mit einem grünen Häkchen als aktiv gekennzeichnet.

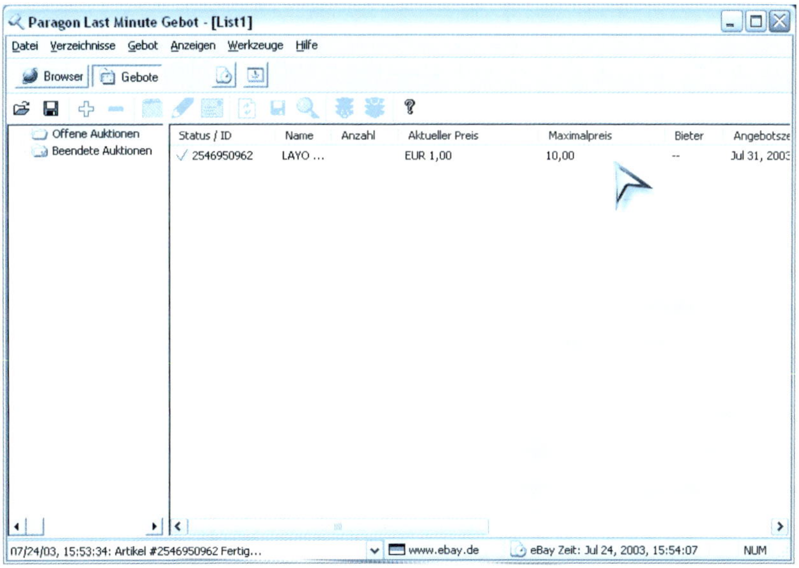

Last Minute Gebot wird für diesen Artikel erst kurz vor Auktionsende ein Gebot abgeben. Das Programm bietet dabei nicht sofort mit dem Höchstbetrag, sondern nutzt die minimal mögliche Preiserhöhung, die eBay zulässt.

Möchten Sie ein manuelles Gebot für den Artikel abgeben, markieren Sie dessen Listeneintrag per Mausklick, und klicken Sie auf das Ampelsymbol (Pfeil).

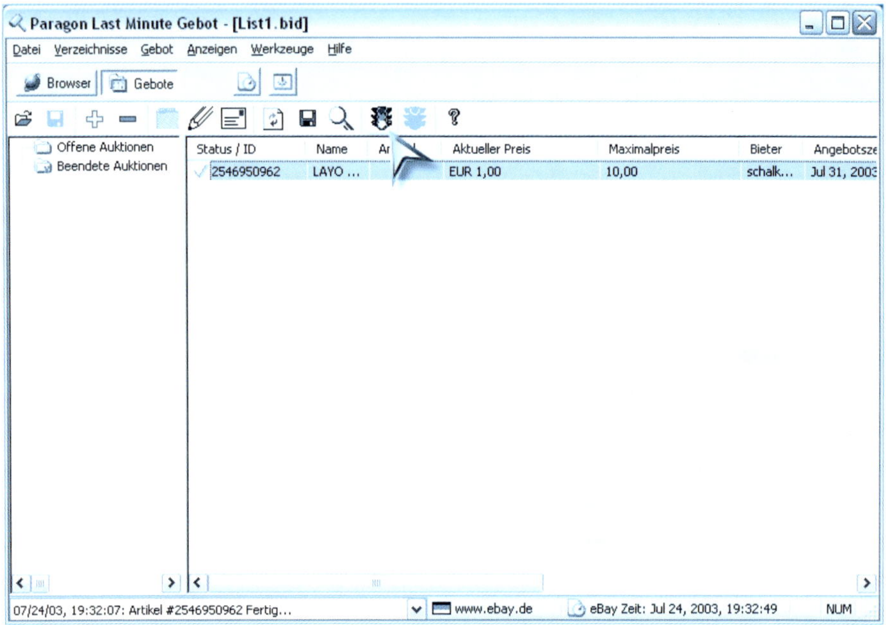

Liegt der aktuelle Preis für den von Ihnen ausgewählten Artikel bereits über Ihrem Höchstgebot, erhalten Sie eine Warnmeldung. Sie können nun den Höchstpreis ändern oder den Artikel deaktivieren, indem Sie auf das Bleistiftsymbol klicken und so erneut das Dialogfenster *Gebots Eigenschaften ändern* aufrufen.

Nach Auktionsende finden Sie den Artikel im Ordner *Beendete Auktionen.* Haben Sie die Auktion gewonnen, ist der Artikel mit einem kleinen Smiley gekennzeichnet. Sie können nun mit dem Verkäufer in Kontakt treten, indem Sie einfach auf das Briefsymbol klicken und so eine E-Mail öffnen, in der die E-Mail-Adresse des Verkäufers bereits angegeben ist.

Hinweis

Last Minute Gebot sollte bis zum Ende der Auktion immer aktiv sein und nicht zwischenzeitlich beendet und wieder neu gestartet werden. Nur so ist sichergestellt, dass Last Minute Gebot kontinuierlich den aktuellen Stand der Auktion anzeigt und rechtzeitig für Sie ein Gebot abgeben kann. Außerdem sollte das Programm in der Zeit, die eine Auktion noch andauert, online gehen können. Sie sollten also die Internetverbindung nicht unterbrechen.

Eine auf 30 Tage Laufzeit beschränkte Testversion des Programms können Sie unter *http://lastminutegebot.paragon.ru/lmg_trial.htm* herunterladen. Die Vollversion kostet 19,95 Euro. Nähere Informationen finden Sie unter *http://lastminutegebot.paragon.ru.*

eBay SuperSeller

Das einfach zu bedienende Programm ermöglicht PowerSellern und Gelegenheitsverkäufern die ansprechende Präsentation ihrer Artikel. Ohne HTML-Kenntnisse zu benötigen, stehen 25 direkt einsetzbare, attraktive Auktionsdesigns zur Verfügung, die individuell bearbeitet und (für spätere Auktionen) gespeichert werden können. Mit wenigen Handgriffen lassen sich Farben und Hintergründe modifizieren, Artikeldaten und Texte optimieren, beliebig viele Bilder hinzufügen (ohne Zusatzkosten!) sowie attraktive Designelemente (Counter, Flash-Dateien, Mausverfolger, bunte Bildlaufleisten etc.) hinzufügen. Das Auktionsdesign kann sogar jederzeit per Knopfdruck gewechselt werden.

Muss man normalerweise seine Auktionsdaten (Artikelbeschreibung, Startpreis, Auktionsdauer etc.) Artikel für Artikel online eingeben, lässt sich mit dem SuperSeller alles bequem und günstig (auch offline) erledigen. Erst nach der kompletten Erfassung werden die Daten über eine API-Schnittstelle an eBay direkt übersandt. Und nach Auktionsende werden die verkaufsbezogenen E-Mails von eBay ausgelesen, den Artikeln zugeordnet und automatisch in bereits vorgefertigte E-Mail-Vorlagen integriert, mit denen der Schriftverkehr mit den Käufern problemlos abgewickelt werden kann.

Benutzerdaten eingeben

1 Beim ersten Start öffnet sich eBay SuperSeller mit dem Startassistenten, der Ihnen verschiedene Möglichkeiten anbietet. Wählen Sie hier zunächst den Punkt *Benutzerdaten eingeben* aus, und klicken Sie auf *Weiter*.

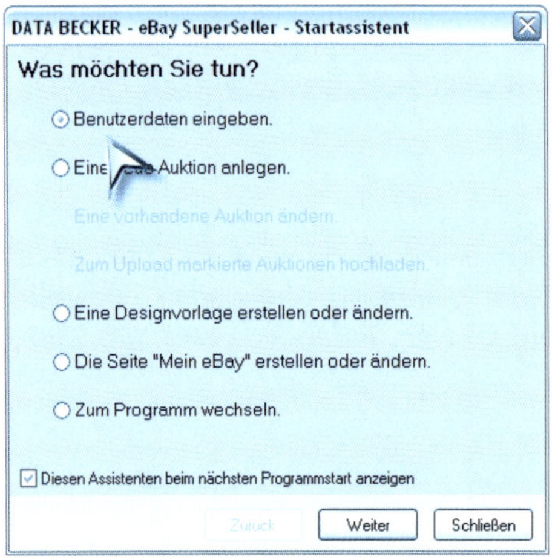

2 Betätigen Sie im folgenden Fenster nochmals die Schaltfläche *Weiter*.

3 Geben Sie jetzt Ihren eBay-Mitgliedsnamen und Ihr Passwort ein, das Sie bei Ihrer Registrierung bei eBay angegeben haben. Um nachher das Kennwort, z. B. beim Upload Ihrer Auktion, nicht wieder eingeben zu müssen, können Sie ein Häkchen in das Kästchen vor dem Eintrag *Passwort speichern* setzen.

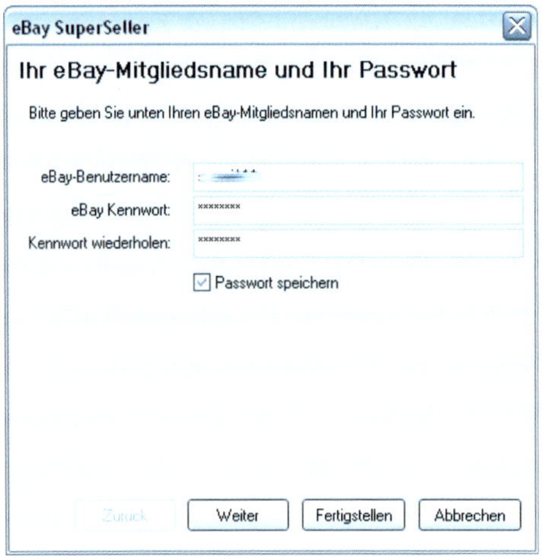

4 Geben Sie im folgenden Schritt Ihre Zugangsdaten für Ihr E-Mail-Konto ein. Auf diese Weise kann Ihr Postfach später auf eingegangene Kundenkorrespondenz überprüft werden. Klicken Sie auf *Weiter.*

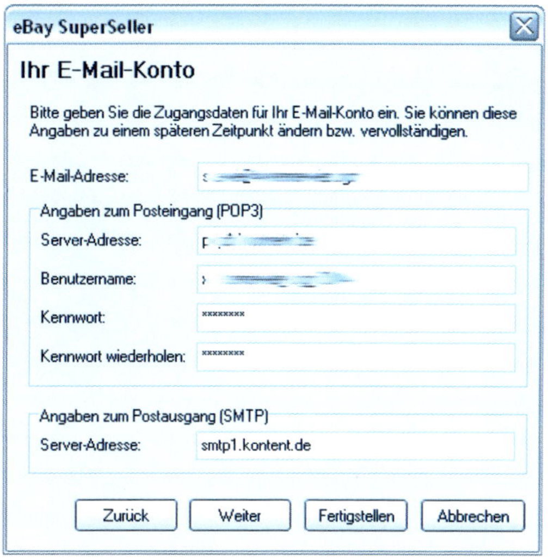

5 Jetzt geben Sie die Zugangsdaten für Ihr FTP-Konto (Webspace) ein. Diese Angaben sind notwendig, da der Upload von Daten (z. B. Ihrer Auktionsseite) zu eBay über den FTP-Server Ihres Webspace erfolgt und nicht direkt auf den eBay-Server. Natürlich können Sie diese Angaben zu einem späteren Zeitpunkt ändern bzw. vervollständigen. Klicken Sie auf die Schaltfläche *Fertigstellen*, um den Vorgang zu beenden.

Neue Auktion anlegen

1 Starten Sie das Programm, wählen Sie im Startassistenten den Punkt *Eine neue Auktion anlegen* aus, und klicken Sie auf *Weiter.*

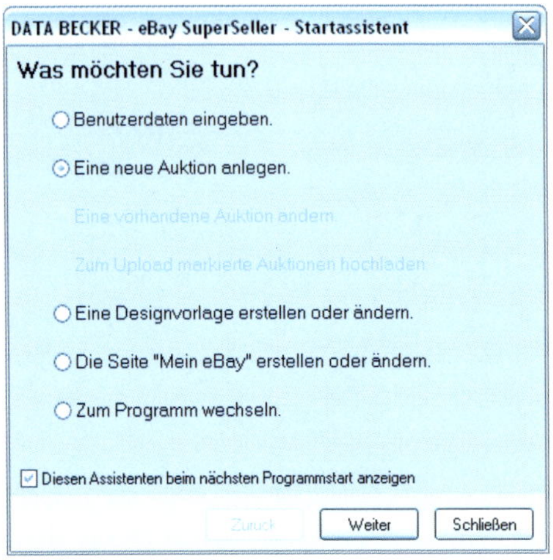

2 Klicken Sie auf die Schaltfläche *Auktionen,* um in den Auktionsbereich zu gelangen, in dem zunächst eine Übersicht über neue, laufende und beendete Auktionen angezeigt wird (beim ersten Start des Programms ist diese Liste natürlich leer).

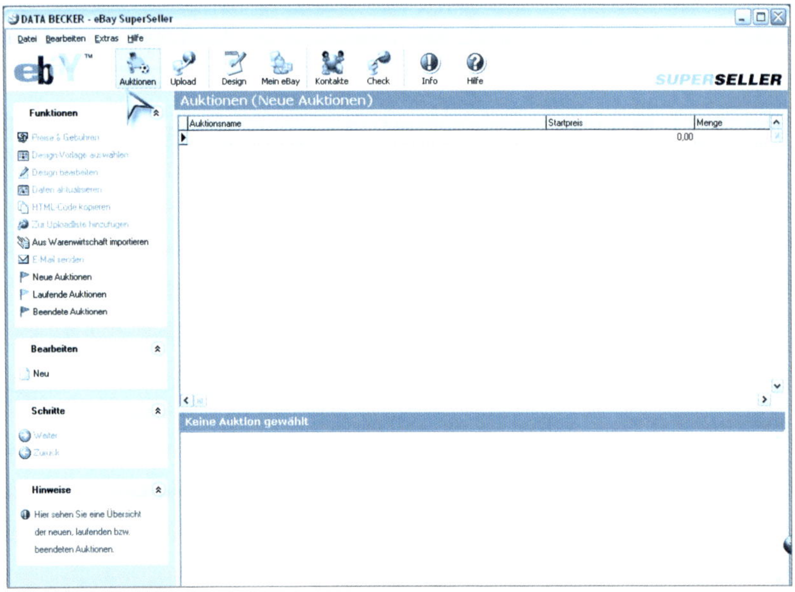

3 Um eine neue Auktion anzulegen, klicken Sie in der Funktionsleiste links neben der Liste mit den Auktionen auf den Menüpunkt *Neu*. Es öffnet sich ein neues Fenster, in dem Sie allgemeine Artikelangaben machen, die Artikelbeschreibung und Abbildungen einfügen sowie die Auktionsdaten, die Liefer- und Zahlungsbedingungen festlegen können.

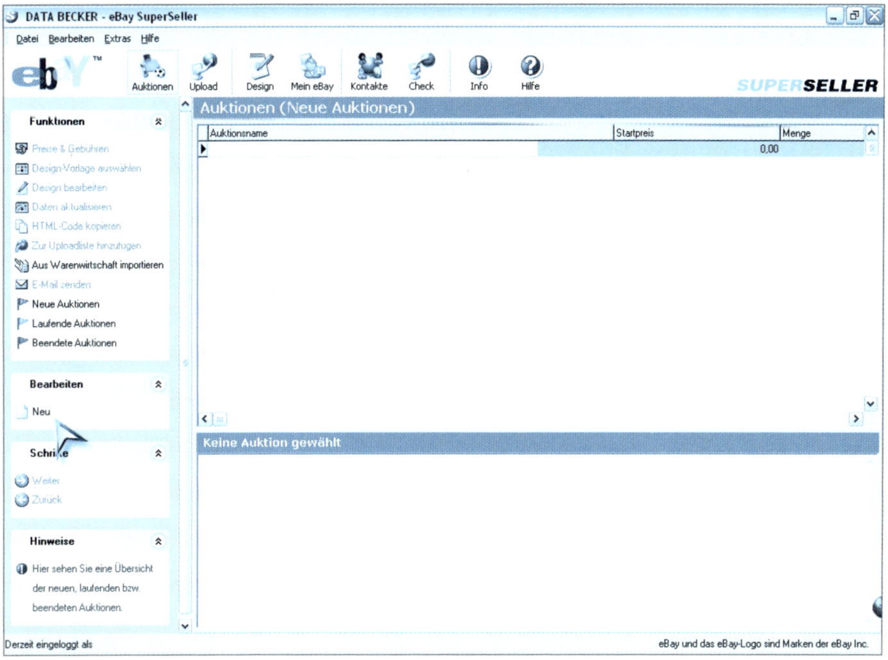

4 Unter *Extras/Artikelliste* können Sie alle verkauften oder noch zu verkaufenden Artikel übersichtlich verwalten. Selbstverständlich werden die über diesen Menüpunkt eingegebenen Artikeldaten in die Auktionen übernommen und können auch für mehrere Versteigerungen genutzt werden, wenn Sie etwa mehrere Artikel in unterschiedlichen Auktionen anbieten möchten.

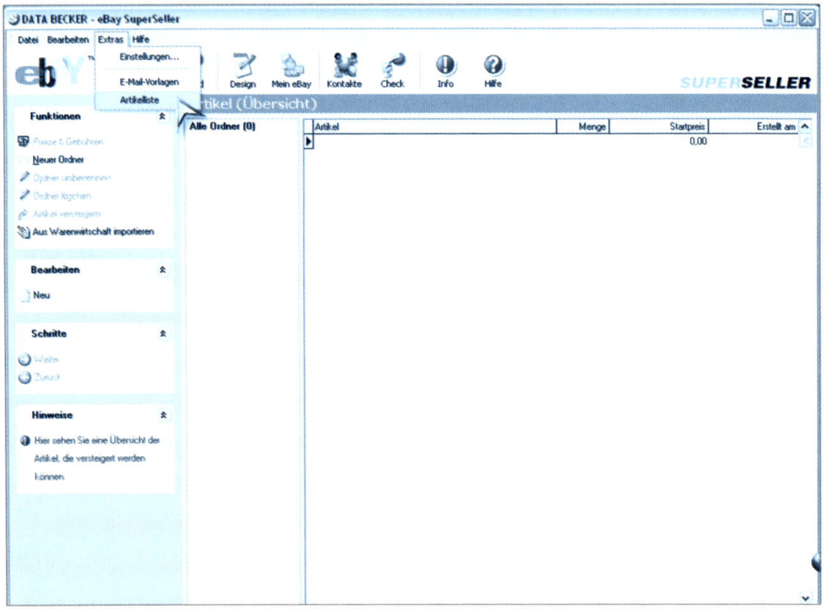

5 Zusätzlich können Sie über den Menüpunkt *Aus Warenwirtschaft importieren* Artikel aus der *DATA BECKER Warenwirtschaft* (Format MS Access-Datenbank) importieren, um so noch schneller zu einer fertigen Auktion zu kommen.

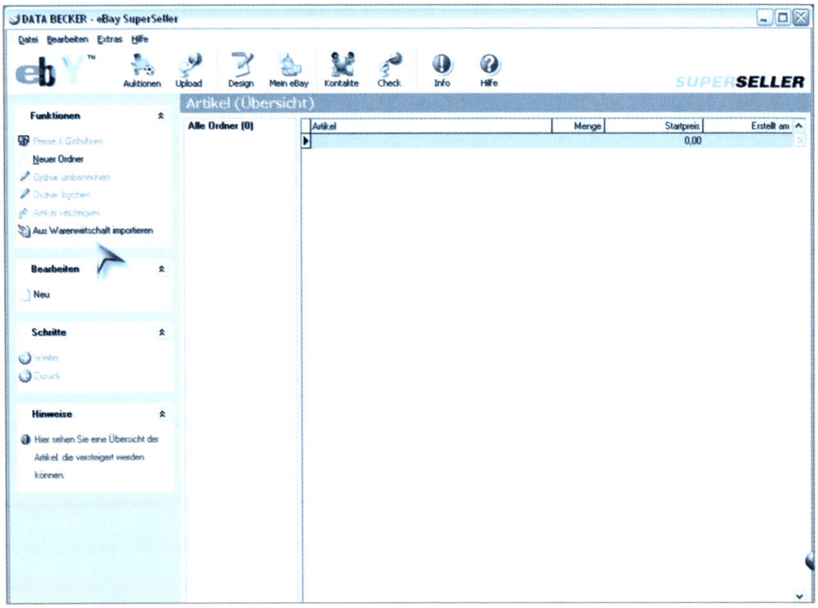

Auktionsseite erstellen

Sie können aus einem Fundus von 47 direkt einsetzbaren professionellen Designvorlagen oder eine selbst definierte Vorlage auswählen und das Design durch eine Vielzahl von Funktionen individuell anzupassen.

1 Klicken Sie zunächst auf die Schaltfläche *Design*, und wählen Sie aus den Vorlagen das für Ihre Zwecke ideale Design oder eine selbst erstellte Designvorlage aus. Am unteren rechten Seitenrand haben Sie, abhängig von der gewählten Vorlage, die Möglichkeit, zwischen verschiedenen Farbversionen des angewählten Designs zu wählen. Sie können auch nachträglich das Design einer bereits bearbeiteten oder schon fertigen Auktion ganz einfach auswechseln. Alle Daten, Texte und Bilder werden automatisch in die neu gewählte Vorlage übernommen.

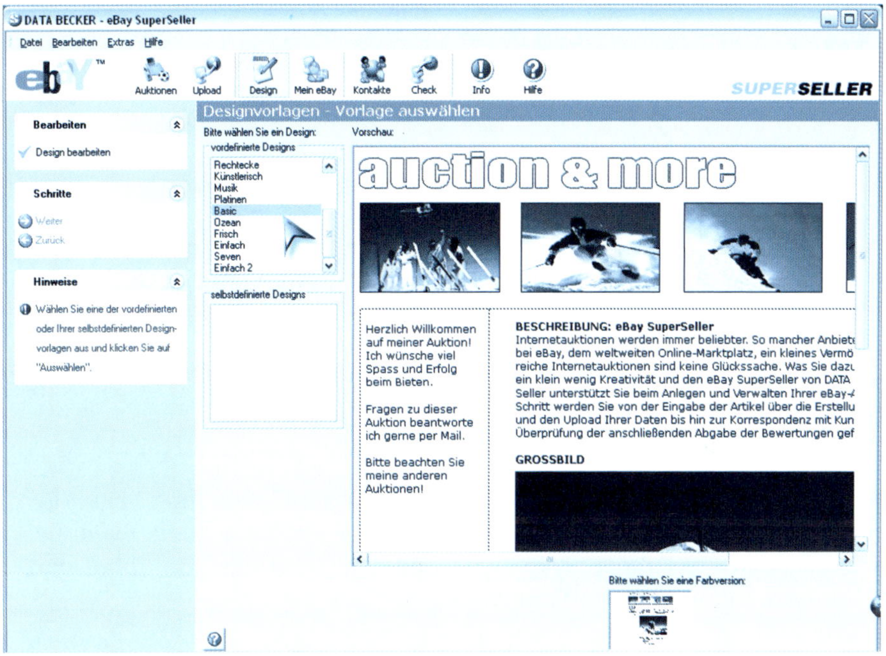

2 Sobald Sie sich für eine Designvorlage entschieden haben, führen Sie einen Doppelklick auf den entsprechenden Eintrag für das gewünschte Design aus. Nun öffnet sich ein komfortabler Editor, der es Ihnen leicht macht, in wenigen Schritten eine persönliche Homepage für Ihre Auktion zu entwerfen. Sie finden dort die Formatierungsbefehle für die Tabelle, auf der die Homepage basiert, die Formatierungsbefehle für die Schrift und die Ausrichtung ebenso wie die Befehle für das

Einfügen von Bildern, Hyperlinks, Linien und Shockwave-Flash-Objekten. Ferner können Sie Ihre Bilder und Texte (z. B. die Artikelbeschreibung oder die Lieferbedingungen), die Sie bereits in Ihre Auktionsbeschreibung eingegeben haben, bequem per Drag&Drop in das Layout einfügen.

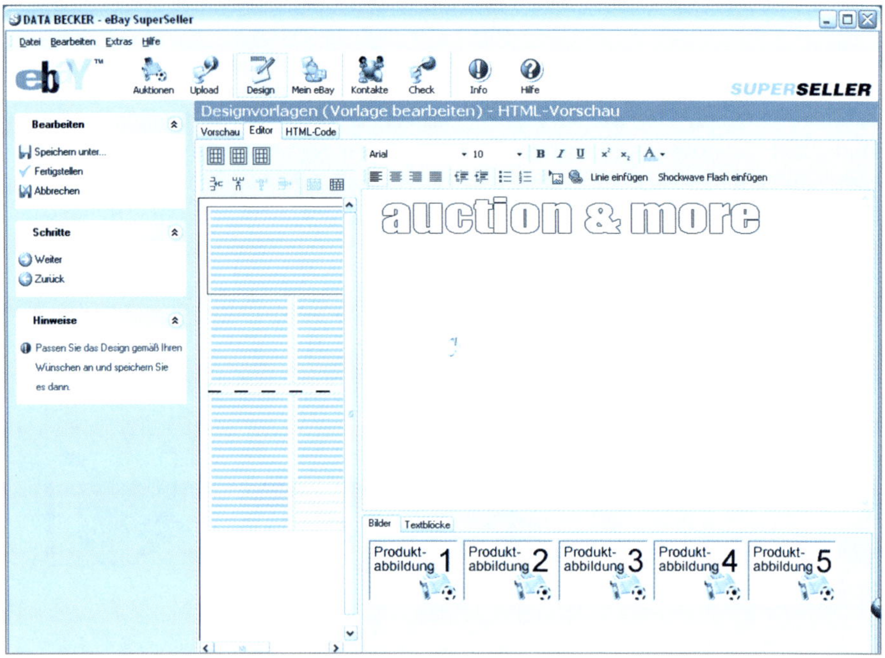

Mein eBay einrichten

Klicken Sie auf die Schaltfläche *Mein eBay*, um das Design Ihrer Seite *Mein eBay* individuell zu gestalten. Hierfür steht Ihnen ein leicht bedienbarer Editor zum Bearbeiten Ihrer persönlichen eBay-Internetseite ganz ohne Programmierkenntnisse zur Verfügung.

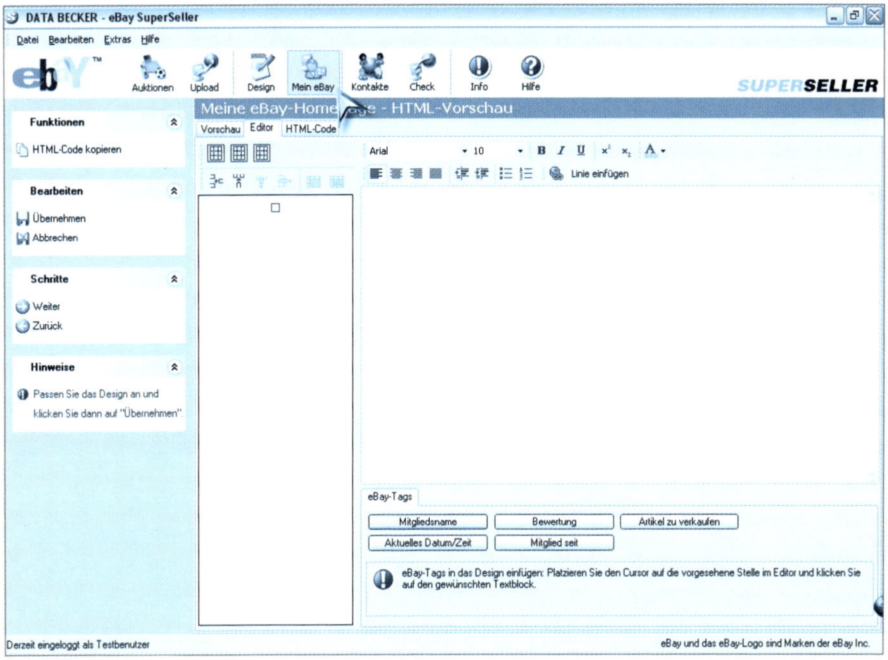

Upload

Um das Hochladen Ihrer fertigen Auktion per Mausklick über die API-Schnittstelle direkt an eBay zu ermöglichen, muss sie aus dem Bereich *Auktionen* in den Bereich *Upload* verschoben werden.

1 Klicken Sie auf *Auktionen*.

2 Markieren Sie die Auktion, die Sie an eBay senden möchten.

3 Klicken Sie anschließend auf den Menüpunkt *Zur Uploadliste hinzufügen*.

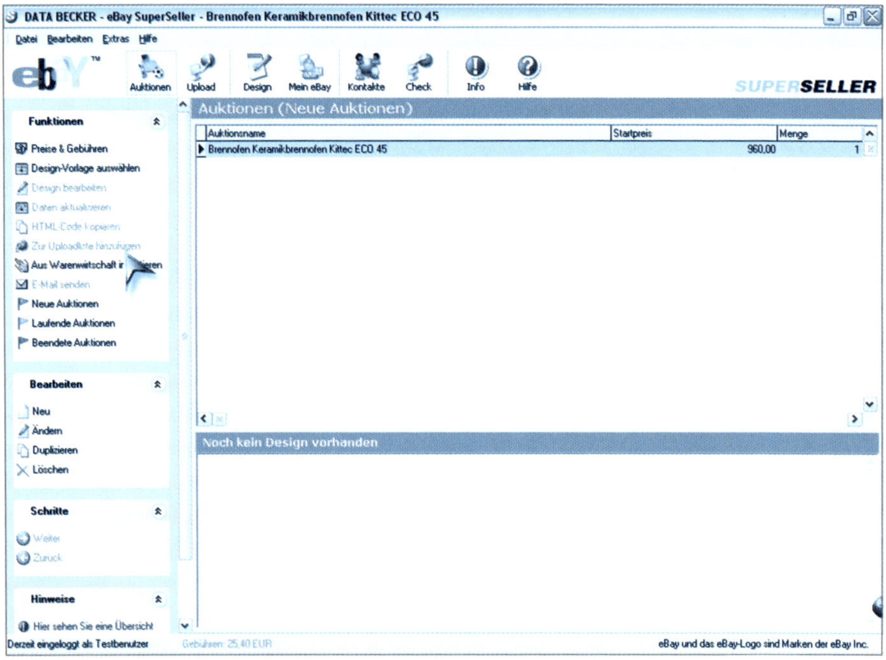

4 Per Klick auf die Schaltfläche *Upload* gelangen Sie in den Bereich, von dem aus Sie Ihre Auktion automatisch an eBay senden können.

5 Markieren Sie den neuen Eintrag, und klicken Sie auf *Upload starten*. Der automatisch ablaufende Ladevorgang erfolgt umgehend.

Postfach abfragen

Nach dem Start der Auktion ist es unerlässlich, auf Rückfragen der potentiellen Käufer umgehend zu reagieren.

1 Über die Schaltfläche *Check* können Sie überprüfen, ob E-Mails für Sie eingetroffen sind, und diese auf Ihren Rechner herunterladen.

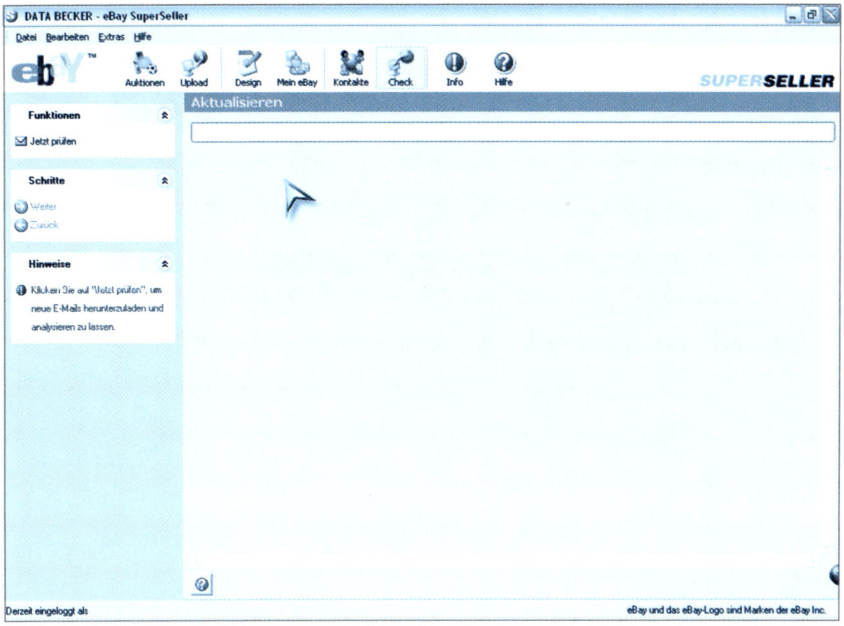

2 Zur Vereinfachung des Schriftwechsels mit den Käufern stehen Ihnen im Menü *Extras/E-Mail-Vorlagen* fertige Vorlagen zur Verfügung.

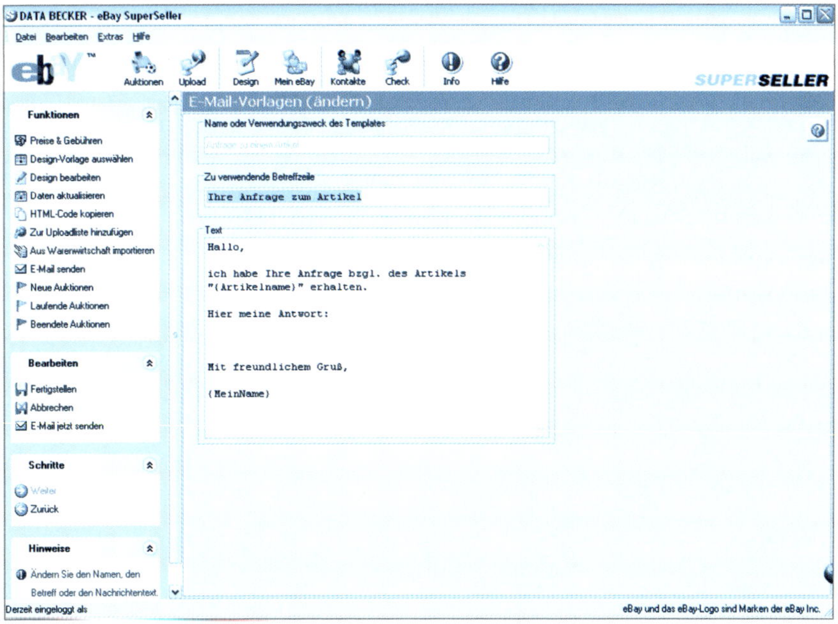

Verwalten von Kontakten

1 Per Klick auf die Schaltfläche *Kontakte* öffnen Sie Ihr persönliches eBay-Adressbuch.

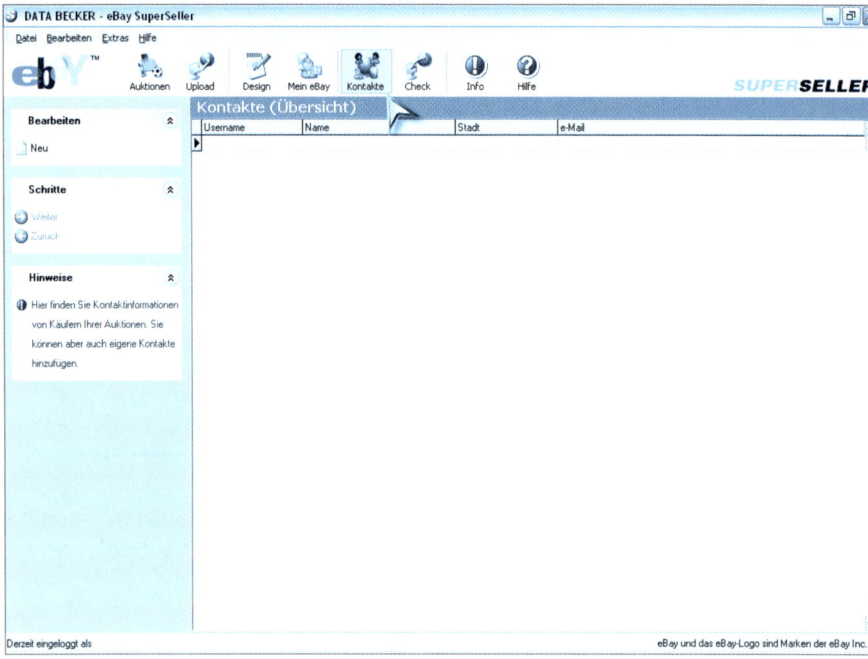

2 Hier finden Sie in einer erweiterbaren Kontaktliste sämtliche Kontakte aufgelistet, die Sie während Ihrer Auktionen eingegeben haben. Neben dem Namen und der Adresse des Käufers werden hier auch die Artikel angezeigt, die er bereits von Ihnen ersteigert hat. Zusätzlich gibt es noch Raum für eigene Notizen.

Den eBay SuperSeller erhalten Sie im Fachhandel für 24,95 Euro – eine lohnende Investition.

eBay-Tools

Mister Lister

Mister Lister ist ein eBay-Klassiker von eBay selbst. Mister Lister arbeitet wie eine Tabellenkalkulation. Sie sammeln die Artikel, die Sie verkaufen wollen, offline an Ihrem PC und senden dann alle Artikel in einem Upload zu eBay.

Zwischenzeitlich ist Mister Lister veraltet und wird nur noch von wenigen Anwendern genutzt. Mister Lister wird wohl bald in Rente gehen.

(Der Download ist kostenlos unter *pages.ebay.de/services/buyandsell/mr.html* möglich ...)

eBay Turbo Lister

eBay Turbo Lister ist die neue Variante von Mister Lister und bietet eine ganze Reihe von Vorteilen. Besonderer Wert wurde auf die grafischen Möglichkeiten gelegt, um Auktionen einfacher zu gestalten und ihnen ein gefälligeres Aussehen zu verleihen.

Turbo Lister ist ebenfalls ein Tool zur Offline-Nutzung. Sie stellen die Auktionen auf Ihrem PC zusammen, wählen sich dann erst ins Internet ein und laden die gewünschten und ausgewählten Auktionen zu eBay hoch. Beim Turbo Lister können Sie sogar die Einstellzeiten bestimmen. Beispielsweise stellen Sie vormittags die Auktionen zusammen, definieren aber, dass diese erst abends beendet werden. Mit Turbo Lister ist dies problemlos möglich (das ist auch bei eBay möglich und natürlich auch gebührenpflichtig). Allerdings ist diese Startzeitplanung gebührenpflichtig.

Sie bekommen den Turbo Lister im kostenlosen Download unter:
http://pages.ebay.de/turbo__lister/

1 Klicken Sie auf den Verweis *Jetzt den Turbo Lister kostenlos herunterladen.*

2 Auf der folgenden Seite wählen Sie die *Offline-Installation*.

3 Laden Sie die Datei herunter, und installieren Sie das Programm per Doppelklick auf die Datei *setupDE.exe*.

Das Programm umfasst die folgenden Features:

- Verbesserung der Benutzeroberfläche
- Unkompliziertes Einstellen kompletter Artikellisten
- Abspeichern Ihrer eingegebenen Artikeldaten zur einfachen Wiederverwendung
- HTML-Editor mit Original-Vorschaufunktion (WYSIWYG)
- HTML-Vorlagen
- Möglichkeit, den Startzeitpunkt für jeden Artikel einzeln festzulegen (kostenpflichtig!)

Benutzerdaten eingeben

1 Starten Sie den Turbo Lister. Sogleich erscheint ein Eingabeassistent. Wählen Sie hier *Neue Turbo Lister-Datei erstellen*, und klicken Sie auf die Schaltfläche *Weiter*.

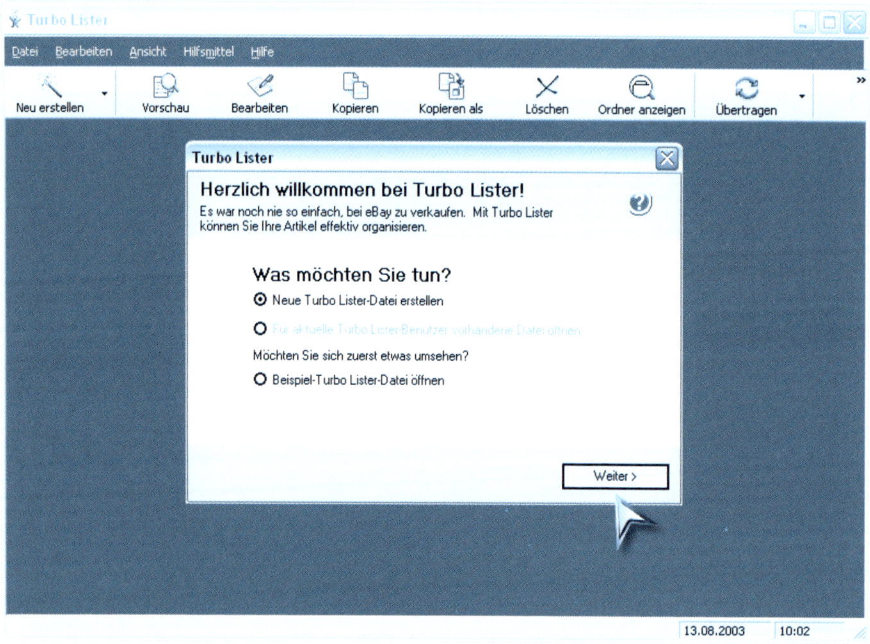

2 Geben Sie Ihre eBay-Daten ein, und klicken Sie auf *Weiter.*

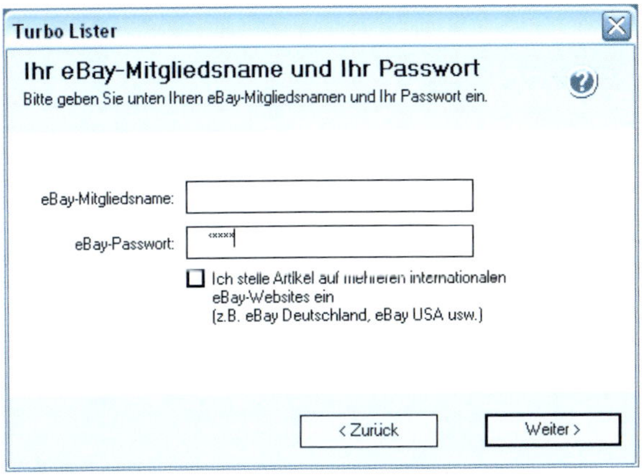

3 Der Turbo Lister wird nun zur Überprüfung Ihrer Daten eine Verbindung zu eBay herstellen. Stellen Sie dafür einen Kontakt zum Internet her, und klicken Sie dann auf *Jetzt verbinden.*

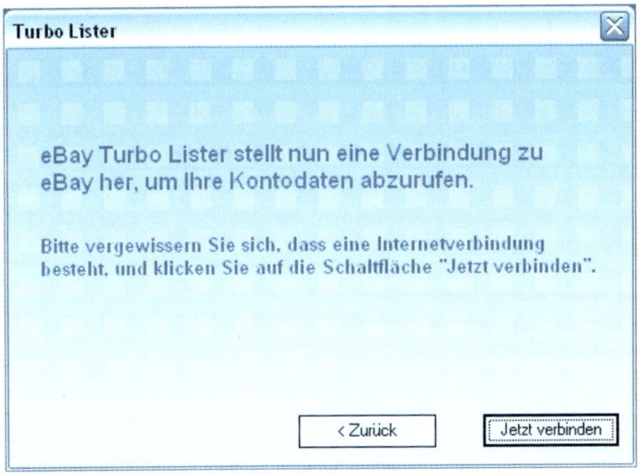

Nach kurzer Zeit wird Ihre Kontaktadresse angezeigt. Überprüfen Sie die Richtigkeit der Daten, und klicken Sie danach auf *Fertig stellen.*

Artikel erstellen

Sie können nun sofort mit der Erstellung neuer Artikel beginnen.

1 Aktivieren Sie die Option *Auktion: Verkaufen zum Höchstgebot,* und klicken Sie auf *Weiter.*

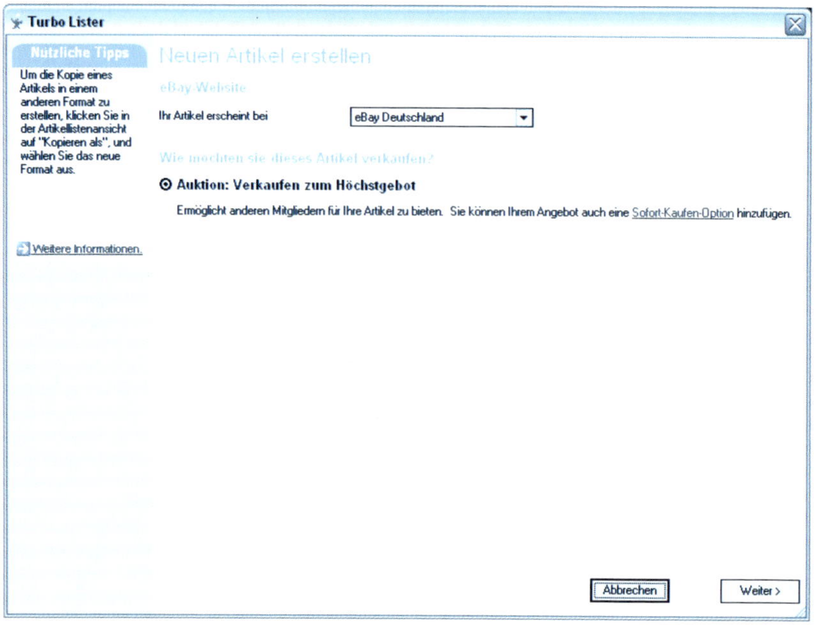

2 Geben Sie nun die Artikelbezeichnung und die Kategorie ein. Klicken Sie auf die Schaltfläche *Weiter*.

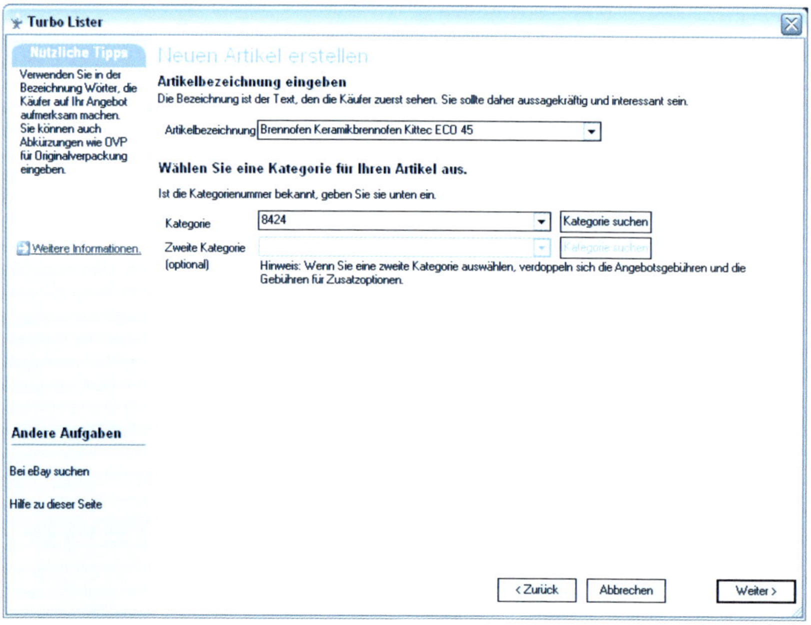

3 Auf der Registerkarte *Entwurfsansicht* tippen Sie die Artikelbeschreibung ein. Sie können verschiedene Schriftfarben und -typen wählen sowie Aufzählungen und Listen erstellen.

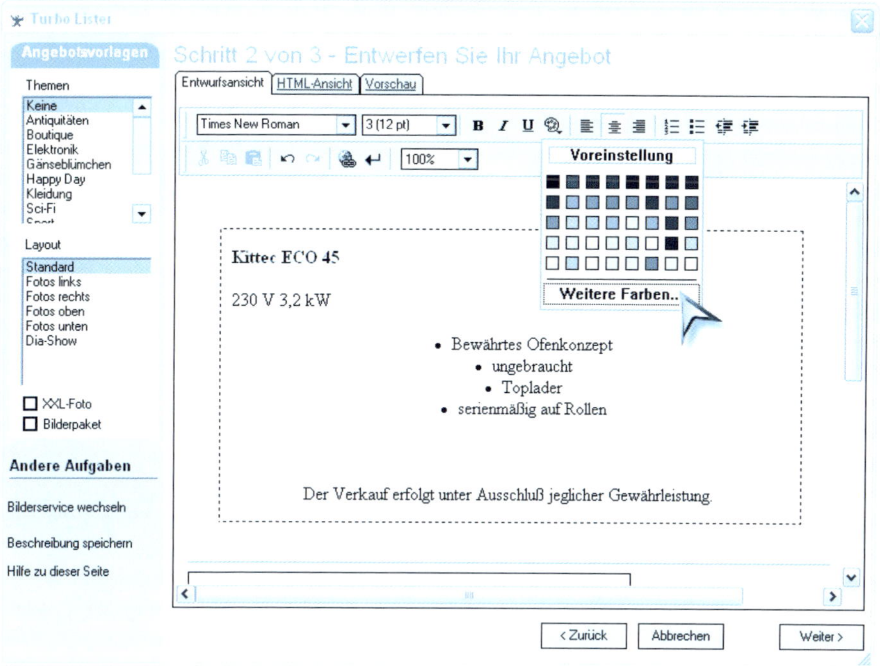

4 Mithilfe der Bildlaufleiste am rechten Fensterrand gelangen Sie in den unteren Bereich dieses Fensters.

5 Klicken Sie auf das quadratische Feld (Pfeil), um ein Bild in Ihre Auktion einzufügen.

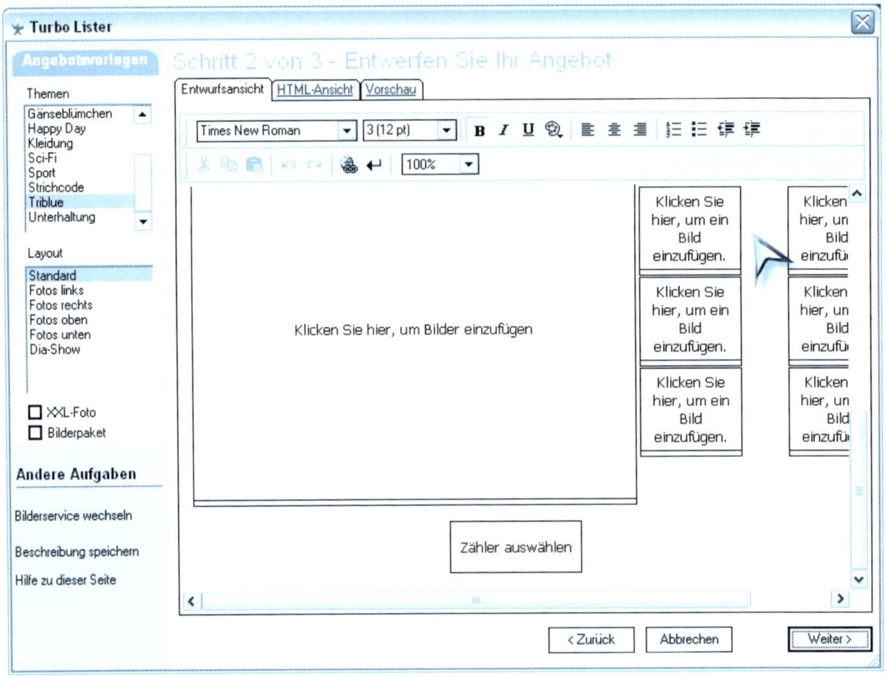

6 Navigieren Sie zu dem entsprechenden Bild, markieren Sie es, und klicken Sie auf *Einfügen*.

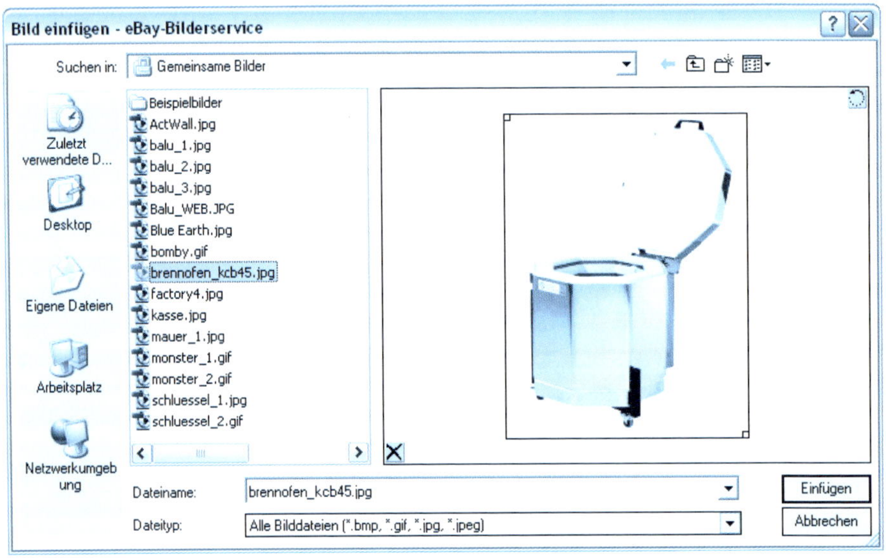

7 Wählen Sie auch gleich, falls gewünscht, den Besucherzähler aus (kostenlos).

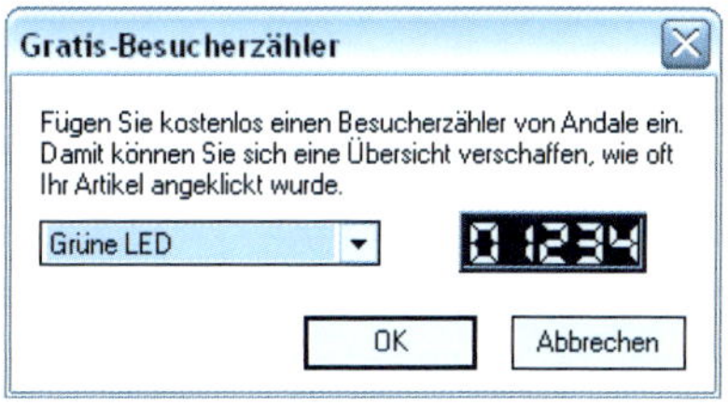

8 Wählen Sie nun im Bereich *Angebotsvorlagen* unter *Themen* eine passende Vorlage (Rahmen) für Ihre Auktion aus. Bestimmen Sie anschließend unter *Layout* die Position des Bilds innerhalb Ihres Angebots.

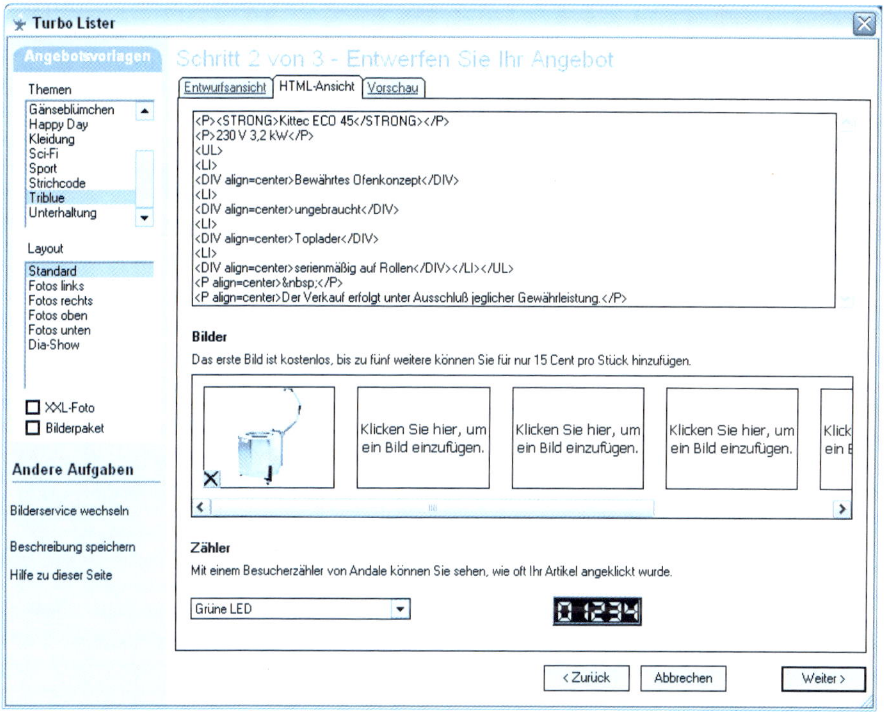

9 Aktivieren Sie die Registerkarte *Vorschau*, um sich einen Gesamteindruck zu verschaffen. Klicken Sie auf *Weiter*, wenn Sie mit dem Ergebnis zufrieden sind.

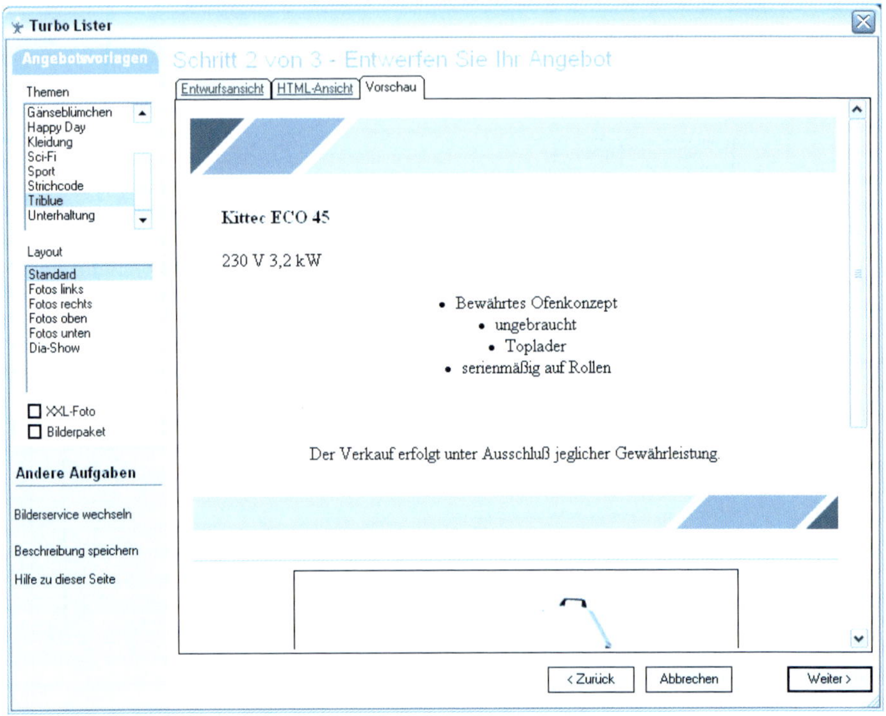

10 Wählen Sie nachfolgend Dauer und Art der Auktion aus, und geben Sie den Startpreis an. Machen Sie Angaben über die Versandkosten, Zahlungs- und Lieferbedingungen. Klicken Sie auf *Speichern*, um den Eingabevorgang zu beenden und Ihre Auktion zu speichern.

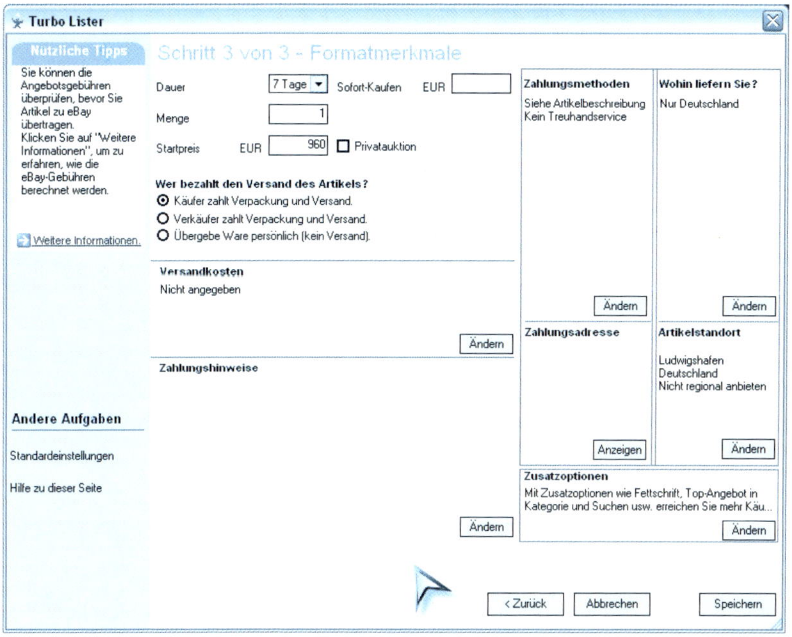

11 Markieren Sie nun Ihr Angebot, wählen Sie im unteren Teil des Fensters den Startzeitpunkt für Ihre Auktion aus, und klicken Sie auf *Zur Übertragungsliste hinzufügen.*

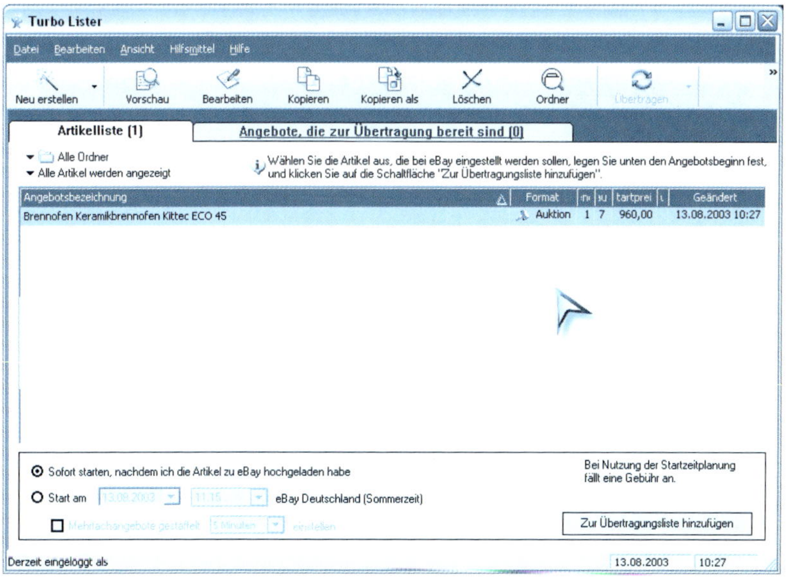

12 Klicken Sie auf *Zur Übertragungsliste.*

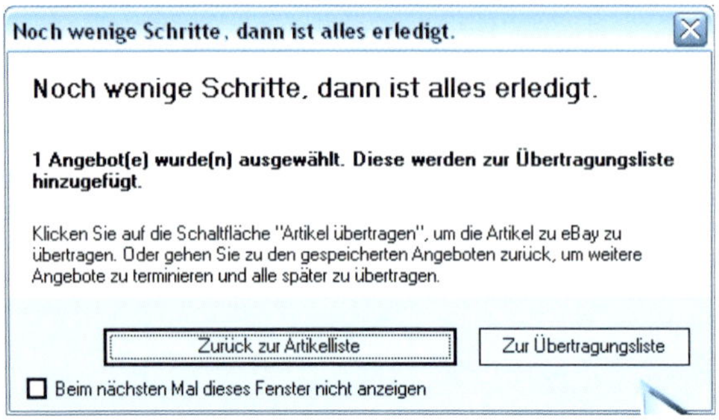

13 Per Klick auf die Schaltfläche *Angebotsgebühren berechnen* erfahren Sie die zu zahlenden eBay-Gebühren.

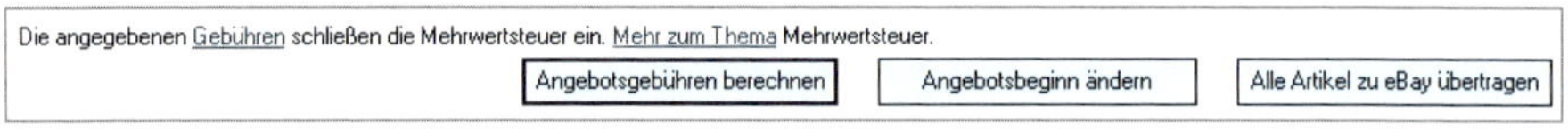

14 Ihre Auktion wird der Übertragungsliste hinzugefügt. Überprüfen Sie alles!

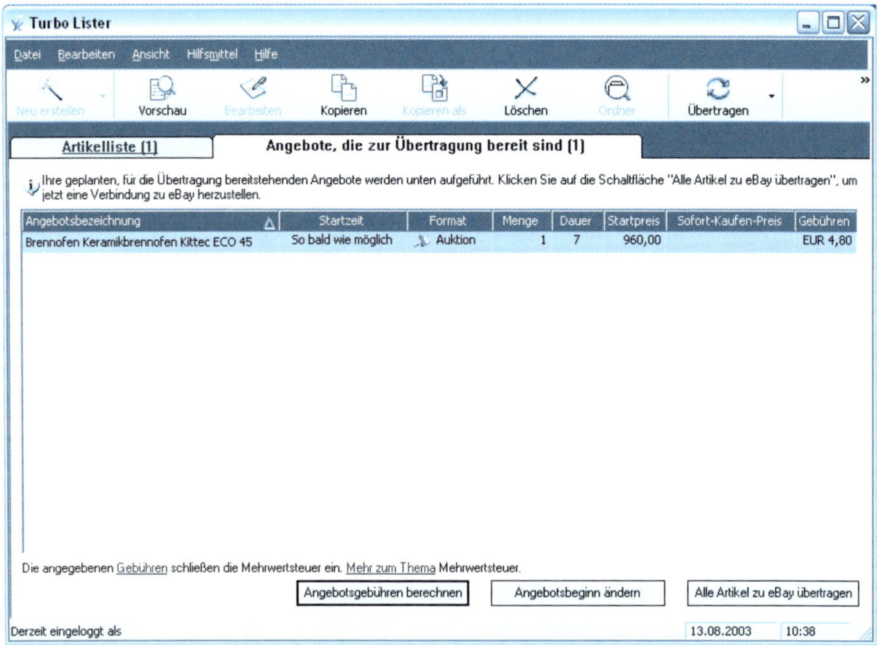

15 Per Klick auf die Schaltfläche *Vorschau* können Sie nochmals das Layout begutachten.

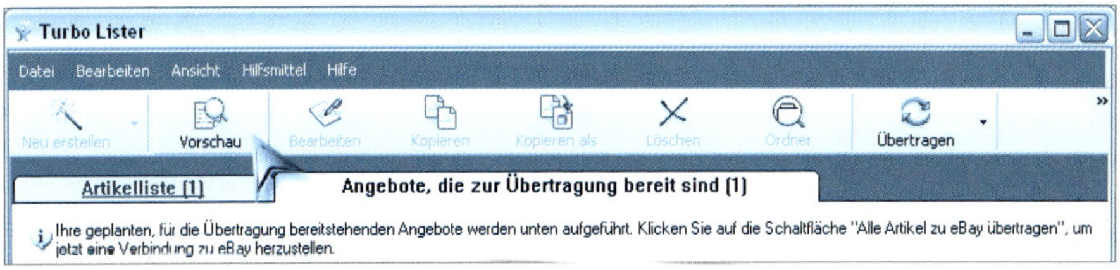

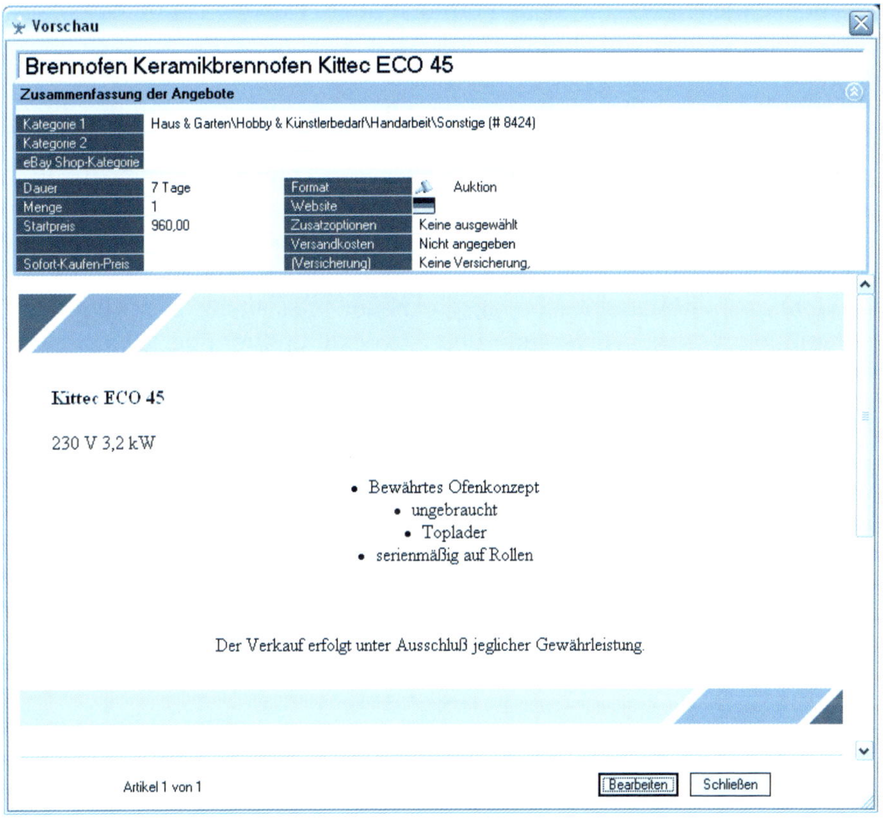

16 Abschließend betätigen Sie die Schaltfläche *Übertragen* – Ihr Angebot wird zu eBay übertragen.

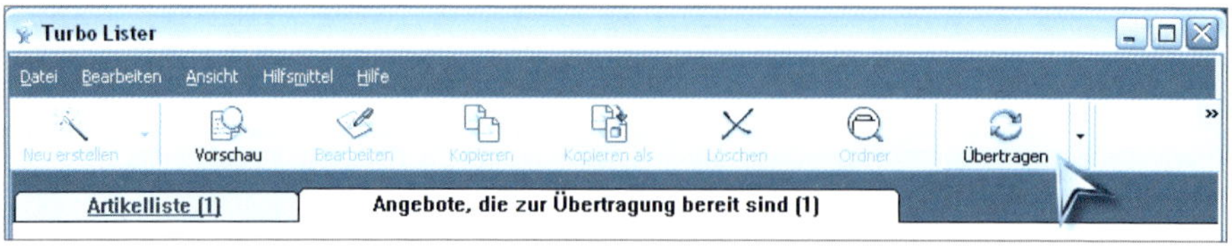

Der eBay-eigene Turbo Lister bietet Ihnen grafisch aufbereitet alle Einstellungsmöglichkeiten wie das eBay-Formular auch. Danach übernehmen Sie fertige Artikel in eine Upload-Liste, von wo aus sie zur Aktivierung zu eBay übertragen werden. Das Programm selbst ist kostenlos. Im Eingabeassistenten ist ein Auktions-Editor enthalten, der Ihnen eine einfache Einflussnahme auf das Layout Ihrer Auktionen ermöglicht: z. B. Schrift- und Absatzformatierungen, Einrückungen und Aufzählungen. Sie können die Zeichenfarbe verändern und Verweise einfügen. Es gibt viele unterschiedliche Designs, die allerdings nur aus Schmuckrahmen und verschiedenen Anordnungen der eingebundenen Bilder bestehen. Dennoch bietet Ihnen der Turbo Lister die wichtigsten Mittel für eine ansprechende Gestaltung der Auktionsbeschreibung. Für die Verwaltung und Abwicklung Ihrer abgeschlossenen Auktionen bekommen Sie keine Hilfen an die Hand. Ein E-Mail-Client, eine Auktionsstatistik oder eine Adressverwaltung sind nicht enthalten.

Zum Schluss!

Kuriose Auktionen bei eBay

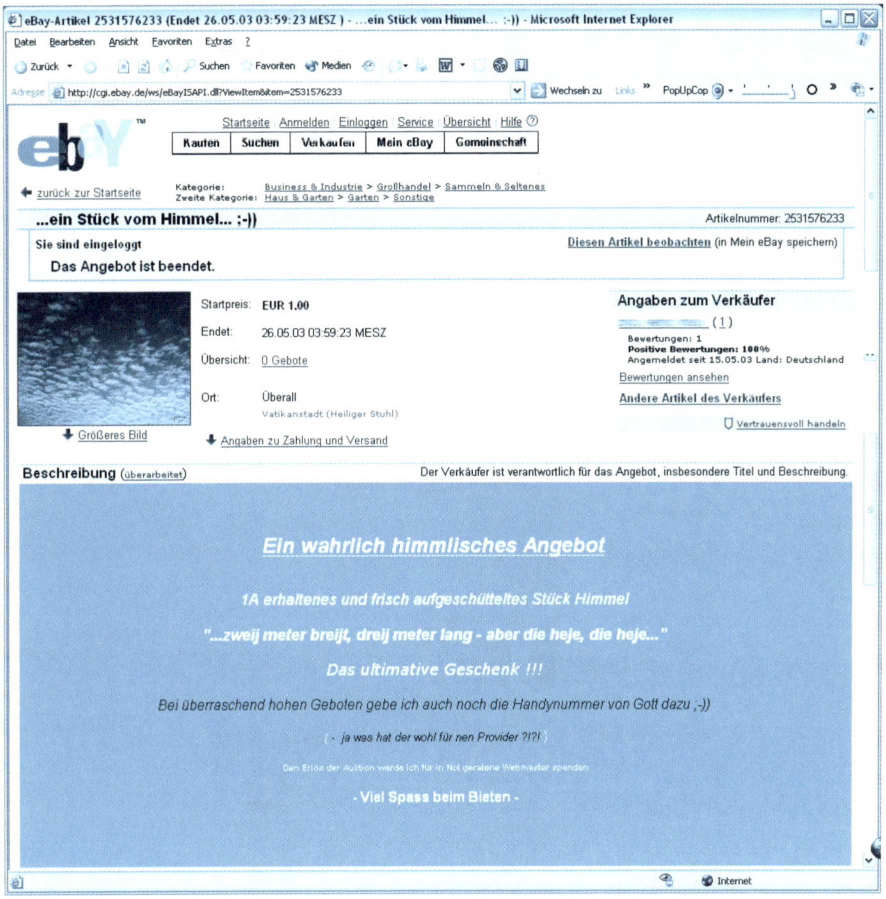

Auch dieses »himmlische« Angebot stieß bei eBay auf wenig Verständnis.

Kapitel 7

Sich vor miesen Tricks hüten

Der Großteil der eBayer ist zwar grundehrlich, doch auch bei eBay wird oftmals mit Tricks gearbeitet. Viele dieser Tricks sind grundsätzlich durch die AGB von eBay verboten. Leider sind diese Tricks in der Praxis schwer nachzuweisen. Manipulationen dieser Art haben den Sinn, Auktionen möglichst hoch abzuschließen. Hierbei gibt es ebenfalls Helferlein, die für Verkäufer wichtig sind, und Tricks, mit denen Käufer sich einen unlauteren Vorteil verschaffen.

Das können Sie schon:

Das lernen Sie neu:

Hinweis

Diese Tricks sollten Sie kennen und erkennen können, damit Sie nicht in einer Auktion von anderen eBay-Mitgliedern übervorteilt werden. Inwieweit Sie diese Tricks selbst anwenden, überlasse ich Ihnen und Ihrem Rechtsempfinden.

Auktionen mit Snipern abschließen

Ich habe bereits beschrieben, wie Sie mit ganz legalen Mitteln Auktionen erfolgreich abschließen. Wenden Sie diese Taktiken an, so werden Sie Ihre gewünschten Produkte mit einer sehr hohen Wahrscheinlichkeit erfolgreich ersteigern. Es gibt jedoch Möglichkeiten, noch zielgenauer zu bieten, und zwar, wenn Sie innerhalb der letzten 3, 4 oder 5 Sekunden Ihr Gebot in der genau richtigen Höhe auf dem eBay-Server platzieren.

Was ist das?

Sniper: Unter Sniper versteht man ein Bietagenten-Programm, das in letzter Sekunde vor dem Ende einer Auktion ein Gebot abgibt. Diese Software gibt es nicht bei eBay, sondern als webbasierte Version (www.wegschnapp.de) oder für den PC zu Hause (Biet-o-Matic, Last Minute Gebot). eBay verbietet den Einsatz solcher Bietagenten.

Für diese Aufgabe finden Sie im Internet diverse Bietagenten, so genannte Sniper, die im Gegensatz zum eBay-Bietagenten das Gebot erst zu einem genau definierten Zeitpunkt, wenige Sekunden vor Ende der Auktion abgeben. Sie müssen dazu nicht einmal online oder vor dem PC sein. Diese Operationen laufen automatisch von einem fremden Server aus. Dafür dürfen Sie nicht allzu misstrauisch sein, denn Sie müssen Ihren eBay-Mitgliedsnamen und das dazugehörige Passwort diesem fremden Server mitteilen. Ist der Sniper erst aktiviert, führt er das Bieten in aller Regel sehr zuverlässig aus. Der Einsatz dieser Sniper bringt eine Reihe von Vorteilen, die bei eBay gar nicht so gern gesehen sind. Aus diesem Grund ist der Gebrauch durch die AGB von eBay verboten.

Hinweis

Persönlich zähle ich Sniper nicht wirklich zu den miesen Tricks, denn schließlich habe ich ja in Kapitel 6, »Helferlein«, mit Last Minute Gebot eines dieser Programme vorgestellt. eBay sieht das anders und klammert den Gebrauch dieser Software in seinen AGB aus. Nur aus diesem Grund werden die Sniper in diesem Kapitel behandelt.

Vorteile

Entgegen besseren Wissens passiert es manchmal, dass man in den letzten Minuten einer Auktion, vom Auktionsfieber gepackt, letztendlich mehr Geld ausgibt, als man eigentlich zunächst für einen Artikel auszugeben bereit war. Verwenden Sie aber einen Sniper, so geben Sie Ihr maximales Gebot in aller Regel deutlich vor Ende einer Auktion mit »klarem Kopf« ab. Sie laufen so nicht Gefahr, in ein regelrechtes Bietwettrennen verwickelt zu werden. Der Sniper gibt nur einmal ein Gebot in den letzten Sekunden einer Auktion ab. Vorher treten Sie in dieser Auktion nicht in Erscheinung und bieten nicht schon Tage vor Auktionsende, was den Preis nur weiter hochtreiben würde. Sie geben das maximale Gebot, das Sie zu zahlen bereit sind, in einen Bietagenten ein. Die Gefahr, sich mitreißen und hochtreiben zulassen, besteht nicht. So hilft Ihnen der Sniper auch, die Kosten im Griff zu halten. Meiner Meinung nach ist genau das der Grund, weshalb eBay solche Sniper nicht gern sieht. Durch einen massiven Einsatz von Snipern fallen die Gebote letztendlich geringer aus und für eBay fällt weniger Provision ab.

Sie müssen nicht mehr Tage und Nächte vor dem PC verbringen, weil Sie unbedingt eine Auktion erfolgreich abschließen wollen. Der Sniper nimmt Ihnen das ab und beschert Ihnen so ein Mehr an Freizeit für Familie, Freunde, Hobbys usw.

Beim Einsatz des eBay-eigenen Bietagenten ist die Rücknahme eines Gebots ohne triftigen Grund nur schwer möglich. Besonders kritisch wird es in den letzten 12 Stunden vor dem Ende der Auktion. Da geht faktisch nichts mehr, und Sie können nur noch beten und hoffen, dass ein anderer noch mehr bietet als Sie, damit Sie den Artikel nicht ersteigern, den Sie, warum auch immer, jetzt nicht mehr haben möchten. Sniper haben den Vorteil, dass sie bis zu einer Minute vor Ablauf der Auktion gestoppt werden können.

Sie sehen selbst, es gibt schon einige Argumente, die für den Gebrauch eines externen Bietagenten sprechen. Die Gefahr, von eBay erwischt zu werden, ist dabei denkbar gering, denn es ist praktisch kaum nachzuweisen, von welchem Server aus das Gebot abgegeben wurde. Bei der Verwendung von Programmen wie Last Minute Gebot ist es fast unmöglich. Werden Sie dabei dennoch erwischt, droht Ihnen der Ausschluss aus der eBay-Community, aber nur für diesen Mitgliedsnamen.

Webbasierte Sniper im Internet finden Sie beispielsweise unter *www.wegschnapp.de* und den englischsprachigen Klassiker unter den Bietagenten *AuctionSniper* unter *www.auctionsniper.com.*

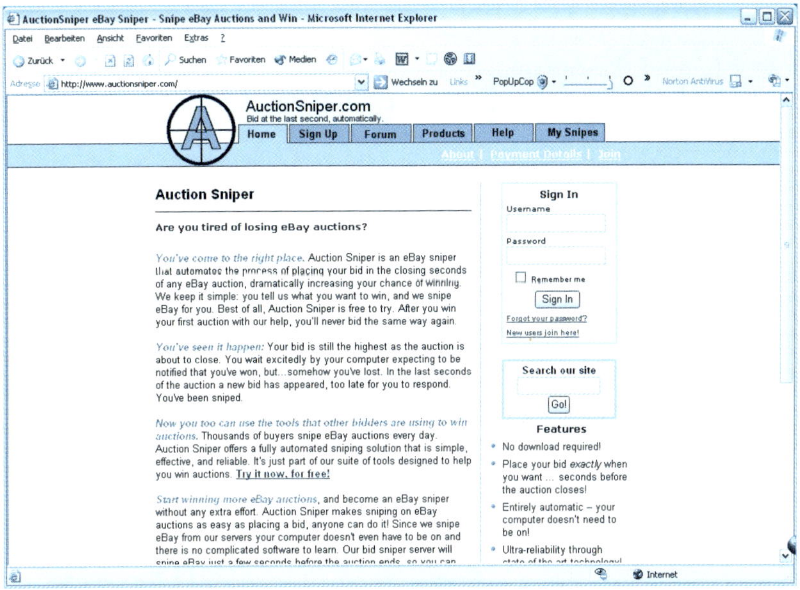

Mehrere eBay-Accounts

Es macht schon Sinn, mehrere eBay-Mitgliedsnamen, mehrere eBay-Accounts zu besitzen. Die Gründe dafür können dabei durchaus seriöser Natur sein: Unter einem Namen verkaufen Sie preiswerten Trödel, einen anderen Namen benötigen Sie für den Verkauf hochwertiger Luxusgüter – oder würden Sie eine Rolex-Armbanduhr bei jemandem kaufen, der sonst nur billige Küchengeräte im Angebot hat?

Das Anmelden von verschiedenen eBay-Mitgliedsnamen ist grundsätzlich auch kein Problem, wichtig ist nur, dass Sie bei der Anmeldung stets unterschiedliche E-Mail-Adressen angeben. Haben Sie nur eine E-Mail-Adresse, so können Sie bei eBay nur einen Mitgliedsnamen anmelden. Das Anmelden mehrerer eBay-Mitgliedsnamen unter einer E-Mail-Adresse ist bei eBay nicht möglich. eBay erkennt automatisch, ob die E-Mail-Adresse schon einmal bei eBay angemeldet worden ist.

Haben Sie Webspace bei einem Anbieter wie Strato, 1&1, Kontent usw. angemietet, ist es ohnehin einfach, zu einer ansehnlichen Anzahl von E-Mail-Adressen zu kommen, da in den Leistungspaketen dieser Provider die Einrichtung mehrerer E-Mail-Adressen beinhaltet ist. Es geht aber auch über Free-Mail-Anbieter, z. B. GMX, Yahoo oder Web.de. Die Verifizierung der angegebenen Daten erfolgt dort über den Postweg oder die Eingabe einer Kreditkartennummer.

Tarn-Accounts

Tarn-Accounts (auch Fake-Accounts – vom englischen »fake« für Fälschung) sind eBay-Mitgliedsnamen, bei denen Namen und Adressen fiktiv sind. Diese Personen sind daher nicht greifbar. Doch solange der Tarn-Account für Manipulationen oder für Käufe genutzt wird, besteht faktisch keine Gefahr, dass eBay der Sache auf die Schliche kommt. Die Nutzer können vollkommen anonym innerhalb von eBay agieren. Zwar überprüft eBay inzwischen alle Neuanmeldungen bei der Schufa, doch dieser Schutz ist trügerisch und zudem existieren noch viele solcher Accounts aus Zeiten, in denen das Einrichten eines ebay-Accounts noch einfach und ohne Schufa vonstatten ging.

Doch wozu braucht man Tarn-Accounts? Als ehrlicher eBayer benötigen Sie mit Sicherheit keinen getürkten Account. Sie sollten aber wissen, wie verhältnismäßig einfach es ist, zu einem solchen zu kommen.

Zunächst besorgt man sich eine E-Mail-Adresse. Dafür bieten sich Free-Mail-Anbieter an, beispielsweise GMX (*www.gmx.de*). GMX macht einem die Anmeldung nicht sonderlich schwer. Hauptsache, die Angaben von Postleitzahl, Ort und Hausnummer sind reell (12345 Musterhausen, Schlossallee 5 funktioniert nicht). So bekommt man recht leicht eine E-Mail-Adresse: *demo218@gmx.de*. Diese Adresse ist natürlich frei erfunden und soll hier nur als Beispiel dienen.

Nun geht es zu eBay. Hier braucht man einen »Schufa-sicheren« Namen. Kein Problem, denn schließlich gibt es in fast jeder Tageszeitung die Seiten mit den Todesanzeigen. Hier erfährt man Namen, Geburtsdatum und vielleicht sogar die Adressen der Verstorbenen (zu Not benutzt man noch zusätzlich das Telefonbuch). Mit diesen Daten meldet man sich an und gibt als Referenz-E-Mail-Adresse *demo218@gmx.de* an. Wichtig ist, dass die E-Mail-Adresse Nachrichten erhalten kann.

eBay bemerkt die GMX-Adresse und bietet zur Verifizierung drei Möglichkeiten an:

- Referenz-E-Mail-Adresse ändern
- Bestätigungscode per Post zukommen lassen (geht nicht – die Postsendung würde nicht an der »richtigen« Stelle ankommen)
- Durch Eingabe von Kreditkartennummer, Gültigkeitsdatum, Name, Straße und Wohnort eine Prüfung vornehmen lassen.

Man wählt die letzte Möglichkeit, denn tatsächlich prüft eBay fast nichts, also weder, ob der Name des Karteninhabers zur Kreditkartennummer passt, noch, ob die Adresse zum Namen passt. Es findet ausschließlich eine Kausalitätsprüfung der Kreditkartennummer mit dem Gültigkeitsdatum statt.

Kein Problem also, denn Listen mit Kreditkartennummern oder Kreditkartennummerngeneratoren finden sich im Internet.

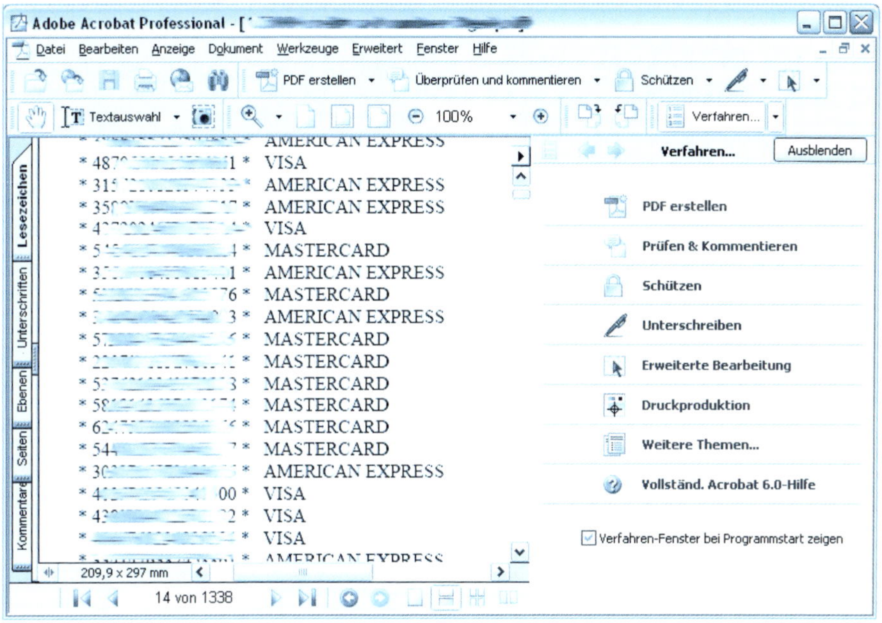

Man kann auch die Nummer der Kreditkarte eines Freunds oder der Freundin samt Gültigkeitsdatum eintippen. Auch in den Abfallcontainern an Tankstellen finden sich oft Kreditkarten-Durchschläge, die sich leicht zweckentfremden lassen.

Es ist also wirklich kein Hexenwerk, mit getürkten Daten seriös zu wirken.

Hinweis

Dieses Beispiel dient nur dem Verständnis und soll zeigen, wie verhältnismäßig leicht es für Anwender mit unlauteren Absichten ist, bei eBay Mitglied zu werden und anderen eventuell Schaden zuzufügen. Es soll auf keinen Fall zur Nachahmung animieren.

Aliasbieter

Häufig werden diese Tarn-Accounts zum Aliasbieten verwendet. Aliasbieter sind eine üble Spezies bei eBay. Ihre Aufgabe besteht eigentlich nur darin, die Preise in eigenen Auktionen hochzuheizen, in Auktionen der Konkurrenz zu spionieren, zu stören und für gute Bewertungen im eigenen »Haupt«-Account zu sorgen. Die Aliasbieter können sich bei eBay frei bewegen und Schäden anrichten. Nur verkaufen können sie nicht, denn dann müssten sie ihre Kontonummer bei eBay angeben, damit die Gebühren abgebucht werden können; es sei denn, der schlaue Anwender von Aliasbietern richtet für jeden eine eigene Kontonummer ein.

Hochheizen

Bei eBay werden Artikel, die mehr als 30 Gebote erhalten haben, automatisch in so genannte »*Heiß begehrt*« Artikel umgewandelt. Für den Verkäufer sehr wichtig, denn der Artikel wird mit einem zusätzlichen Symbol gekennzeichnet und erscheint in einer eigenen Rubrik der *Heiß begehrten* Artikel. Eigentlich soll das den Bietern signalisieren, dass dieser Artikel von sehr vielen Interessenten begehrt wird. Dieser Anschein trügt jedoch oftmals, da Artikel von Verkäufern gezielt hochgeheizt werden können.

Als Käufer sind Sie aber nicht vollkommen machtlos. Zum einen können Sie Hochheizer anschreiben und ermahnen, dieses künftig zu unterlassen, denn die eigenen Auktionen selbst hochzuheizen ist bei eBay strengstens untersagt und kann zum Ausschluss des Verkäufers führen. Zum anderen können Sie Auktionen von Mitgliedern, die ihre eigenen Auktionen hochheizen, meiden, was sicher der bessere Weg ist, da echte Schnäppchen hier wirklich nicht zu erwarten sind.

Anbieter, die Auktionen hochheizen, befinden sich hauptsächlich in den Kategorien Computer und Zubehör, Autos und Motorräder, Luxusuhren, HiFi und Fernsehen, Spiegelreflex-/Digitalkameras, Spirituosen, Rest- und Sonderposten.

Hochheizer enttarnen

Verkäufer, die ausschließlich zum Festpreis verkaufen, haben und brauchen mit Sicherheit keinen Fake-Account. Bei dieser Form der Auktion ist ein Hochheizen gar nicht möglich. Auch Auktionen, die mit einem relativ hohen Startpreis anfangen, sind relativ sicher. Hier liegt in der Regel das erste Gebot bereits über der Schmerzgrenze des Verkäufers. Hochheizer-Gefahr besteht vor allem bei Auktionen ab 1,– Euro. Dummerweise sind das natürlich auch die interessantesten Auktionen bei eBay. Es macht also keinen Sinn, sie zu meiden, nur weil ein paar Verkäufer sie beeinflussen. Ebenfalls unverdächtig bei den Auktionen ab 1,– Euro sind PowerSeller mit einer riesengroßen Zahl von Auktionen. Überlegen Sie einmal, Sie hätten weit mehr als 100 Auktionen gleichzeitig bei eBay und müssten diese selbst hochheizen. Ein beträchtlicher Arbeitsaufwand wäre nötig, viele verschiedene Accounts anzulegen, und Sie wären Tag und Nacht mit nichts anderem beschäftigt, als die eigenen

Auktionen hochzuheizen. Eine große Zahl von zeitlich parallelen Auktionen senkt also trotz des niedrigen Startpreises das Risiko, dass dieser Verkäufer selbst den Preis hochbietet.

Prinzipiell sollten Sie hellhörig werden, wenn die Auktion sehr viele Gebote von Mitgliedern mit geringer Bewertungszahl hat. Mit einem Fake-Account er- und versteigert man in der Regel nicht bei eBay. Folglich hat dieser Account häufig null Bewertungspunkte. Taucht ein bestimmter Null-Punkte-Account in schöner Regelmäßigkeit in der Auktion auf, ist die Wahrscheinlichkeit schon verhältnismäßig hoch, dass es hier nicht mit rechten Dingen zugeht.

Vorgehensweise der Hochheizer

Es geht also darum, vor allem die Agentengebote auszureizen, in der meist berechtigten Hoffnung, dass das aktuelle Gebot nicht das Höchstgebot des Bieters war. Um die Bietagenten auszutricksen, müssen Sie die Erhöhungsschritte bei eBay-Auktionen genau kennen. Zurzeit sehen diese wie folgt aus:

Aktueller Preis	Erhöhungsschritt
Euro 1,00 bis 49,99	Euro 0,50
Euro 50,00 bis 499,99	Euro 1,00
Euro 500,00 bis 999,99	Euro 5,00
Euro 1 000,00 bis 4 999,99	Euro 10,00
Über Euro 5 000,00	Euro 50,00

Angenommen, eine Auktion steht bei 6,00 Euro, und es liegt ein Agentengebot für 7,50 Euro vor. Es ist nun Ziel des Hochheizers, das Agentengebot auszureizen, ohne selbst der Höchstbieter zu werden. Er bietet nun manuell in Schritten von 50 Cent und nutzt ein interessantes eBay-Phänomen aus:

1. Der Hochheizer bietet 6,50 Euro.
2. Er wird überboten, der Bietagent bietet 7,00 Euro.
3. Der Hochheizer bietet 7,50 Euro.
4. Er wird überboten, der Bietagent bietet auch 7,50 Euro.

eBay-Regel: Wer zuerst bietet, dessen Gebot gilt. So, nun weiß der Hochheizer also, dass der Bietagent des anderen Bieters ausgereizt ist. Manch ein Bieter versucht, diese Methode zu umgehen, indem er etwas mehr als den nächsten Erhöhungsschritt in den Bietagenten setzt, beispielsweise 7,55 Euro. Aber dadurch lassen sich clevere Hochheizer nicht beirren. In diesem Fall wäre er im letzten Schritt mit einem krummen Betrag, also 7,55 Euro, überboten worden, und er wüsste trotzdem, dass das Limit erreicht wurde.

Diese Aktion hat jedoch Spuren hinterlassen, die nun in der Gebotshistorie protokolliert sind. Der Hochheizer hat sich – zumindest dem erfahrenen eBayer – so zu erkennen gegeben.

Hochheizer durch Zusatzeinträge entlarven

Auch Hochheizer wollen sich möglichst wenig Arbeit machen. Leicht erkennbar ist das nämlich immer dann, wenn der Anbieter noch weitere Informationen zu seiner Auktion hinzugefügt hat. Denn was liegt näher, als beim Bearbeiten der eigenen Auktion, praktisch in einem Aufwasch, den Preis gleich mit zu frisieren.

1 Rufen Sie zunächst die Auktion auf, bei der Sie mitbieten wollen.

> **Hinweis**
>
> *Diese Methode funktioniert nur, wenn der Anbieter nachträglich Texte zu seiner Auktion hinzugefügt hat. Dies ist natürlich nur selten der Fall, allerdings können Sie mit geschickten Zwischenfragen an den Anbieter dieses nachträglich provozieren.*

2 Hat der Verkäufer seine Auktion entsprechend bearbeitet, ist dies mit Datum und Uhrzeit festgehalten. Sie wissen jetzt also, dass der Verkäufer um diese Zeit online war und an seinen Auktionen gearbeitet hat. Merken Sie sich Uhrzeit und Datum.

3 Werfen Sie nun einen Blick in die Gebotshistorie, und prüfen Sie, wer in der Zeit (etwa zehn Minuten) vor und nach dem Eintrag ein Gebot abgegeben hat. Sollte hier zufällig ein Mitglied mit einer Null-Bewertung mitgeboten haben, der vielleicht auch mehrmals in der Auktion auftaucht, haben Sie mit großer Sicherheit einen Hochheizer entlarvt.

Hochheizer mit der Powersuche enttarnen

Hochheizer hinterlassen Spuren. Zum einen erscheinen die gleichen Namen immer wieder in den Gebotshistorien, zum anderen gewinnen sie unabwendbar von Zeit zu Zeit auch mal eine Auktion mit den eigenen Accounts. Sie sind clever genug, um sich danach natürlich nicht selbst zu bewerten, sodass sich im Bewertungsprofil für Letzteres keine Hinweise finden lassen, wohl aber in der Powersuche.

1 Wenn Sie bei einer Auktion den Verdacht haben, dass ein bestimmter Account wirklich vom Verkäufer ist, können Sie überprüfen, ob dieser Account in der Vergangenheit bereits in Auktionen des Verkäufers in Erscheinung getreten ist. Gehen Sie dafür zunächst in die Gebotshistorie der aktuellen Auktion und notieren Sie sich die verdächtigen Namen.

2 Klicken Sie nun auf der Startseite von eBay auf den Verweis *Powersuche*. Innerhalb der Powersuche wählen Sie die Registerkarte *Nach Verkäufer*. Tippen Sie hier den Namen des Verkäufers der Auktion ein, bei der Sie mitbieten wollen.

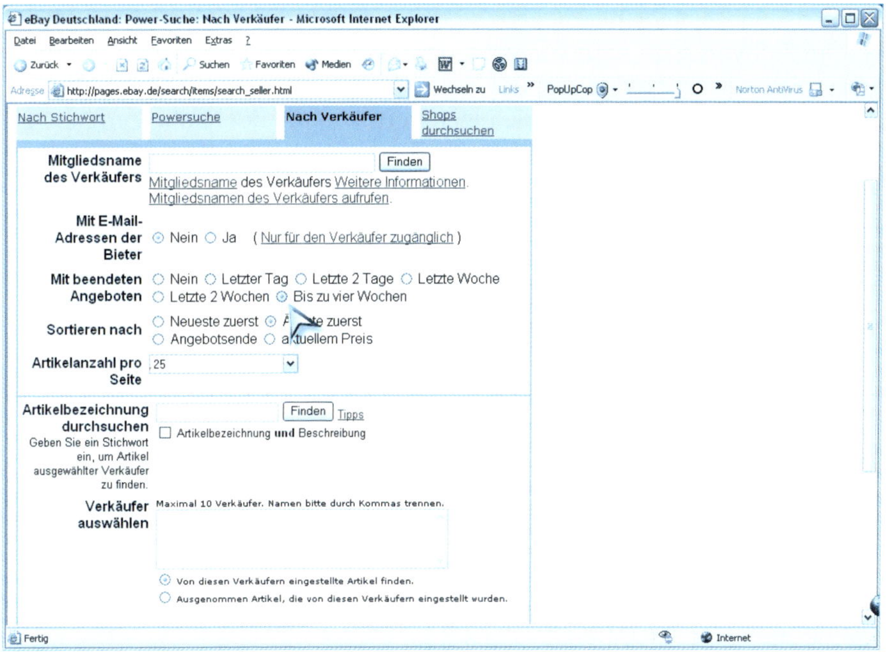

Tipp

Wichtig ist, dass Sie sich die beendeten Auktionen mit anzeigen lassen. Wählen Sie also Bis zu vier Wochen.

War der Verkäufer einigermaßen aktiv, werden Sie eine ganze Reihe von abgeschlossenen Transaktionen vorfinden. Sehen Sie nun nach, ob Ihnen Namen »bekannt« vorkommen. Tauchen die Namen, die Sie in Ihrer Auktion als verdächtig eingestuft haben, auch in den früheren Auktionen auf? Haben diese sogar vielleicht schon einmal gewonnen. In dem Fall können Sie nämlich auch noch nachprüfen, ob hier Bewertungen abgegeben wurden. Ist dies nicht der Fall und die Auktion älter als 14 Tage, so haben Sie höchstwahrscheinlich einen Volltreffer gelandet. Das haben Sie allerdings auch dann, wenn in den Gebotshistorien der abgelaufenen Auktionen immer wieder die gleichen Namen auftauchen.

Und was jetzt?

Nachdem Sie nun den Hochheizer erwischt haben, sollten Sie auch handeln. Das Wichtigste: Meiden Sie Auktionen dieses Anbieters. Gute Preise sind hier sowieso nicht zu erwarten, und wer derart unseriös ist, ist sicherlich auch im Fall von später auftauchenden Reklamationen kein guter Handelspartner. Grundsätzlich erlaubt eBay jedem Benutzer, mehr als ein Konto anzulegen, nicht aber, um damit die eigenen Auktionen hochzuheizen.

Hinweis

Grundsätzlich steht es dem Nutzer frei, mehrere eBay-Konten zu eröffnen. Der Missbrauch mehrerer eBay-Konten, insbesondere bei der Abgabe von Geboten im Rahmen einer Onlineauktion und/oder bei der Abgabe von Bewertungen im Rahmen des Bewertungssystems, ist verboten.

Wenn Sie den begründeten Verdacht hegen, dass ein Verkäufer seine Auktionen künstlich hochtreibt, können Sie dies eBay melden. Nutzen Sie dafür die E-Mail-Adresse *sicherheit@ebay.de*. Laut eBay wird der Fall dann überprüft und – sollte sich der Verdacht bestätigen – der Anbieter ermahnt bzw. bei Wiederholung ausgeschlossen.

Muss es aber jetzt unbedingt gerade dieser Artikel sein, können Sie dem Verkäufer auch die Namen seiner Fake-Accounts mailen und ihn bitten, alle diese Gebote zurückzuziehen, anderenfalls würde sein Verhalten eBay gemeldet werden. Das erzielt zwar nicht immer die gewünschte Wirkung und kann bei Falschanschuldigungen zu beträchtlichem Ärger führen, wenn Sie sich aber nicht im Ton vergreifen, wird es letztlich keine negativen Konsequenzen für Sie haben.

Anmerkung: Es wäre interessant zu erfahren, wie viele Mitglieder eBay noch hätte, wenn alle Fake-Accounts gestrichen würden. Genau genommen fördert eBay dieses Verhalten sogar, denn es wäre ein Leichtes für das Auktionshaus, solche Accounts zu identifizieren. Die meisten Anbieter gehen in ihr normales *Mein eBay*, sehen sich den Stand ihrer Auktionen an, loggen sich mit ihrem regulären Namen bei eBay wieder aus und sofort unter neuem Account wieder ein. Dabei bleibt die IP-Nummer erhalten. Was ein- oder zweimal Zufall sein kann, ist aber spätestens beim dritten Mal ganz klar ein Fake-Account.

Was ist das?

IP-Adresse: Eindeutige Netzwerkadresse eines Computersystems im Internet.

Aus aktuellem Anlass möchte ich noch vor einer weiteren Gruppe von schwarzen Schafen warnen, die sich bei eBay tummeln. Auch diese *netten* Zeitgenossen benutzen Fake-Accounts. Dabei geht es ihnen faktisch nur darum, (beträchtlichen) Schaden anzurichten, indem sie hemmungslos Waren ersteigern, ohne überhaupt Kaufabsichten zu haben. Der Trick ist schon bekannt: Sie melden sich bei eBay mit den Daten kürzlich Verstorbener an, die leicht aus Todesanzeigen zu erfahren sind, und hebeln so die Überprüfung durch die Schufa aus.

Mit Versandkosten Geld verdienen

Bei vielen Anbietern sind die Versandkosten eine größere Einnahmequelle als der Artikelverkauf. Die einzigen, die etwas dagegen tun können, sind jedoch die Käufer. Wenn die Versandkosten zu hoch sind, einfach nicht bieten, dann erledigt sich die Sache von ganz allein.

Tatsächlich finden sich aber immer wieder Käufer, die Artikel erwerben, bei denen Kaufpreis und Versandkosten addiert den Wert der Ware übersteigen. Handelt es sich dabei um ein Sammlerstück, verstehe ich es gerade noch, aber beispielsweise 1 kg Waffeln für 3,– Euro zuzüglich Versandkosten in Höhe von 5,– Euro – also, ich weiß nicht ...

Die »Katalog-Nummer«

Es gibt Anbieter mit 10 000 und mehr Bewertungen, die einem interessanten Nebenerwerb nachgehen. Die Sache funktioniert folgendermaßen:

Man bietet Artikel in großen Mengen zu kleinsten Preisen zwischen 1,– Euro und 2,– Euro an. An diesen Artikeln wird kein Gewinn gemacht, das ist gewollt und zudem überhaupt nicht nötig. Die Hauptsache ist, dass der Käufer auch noch die Versandpauschale von 5,– Euro zahlt, denn dann können die prallen Kataloge der Firmen XYZ und XXZ beigelegt werden, und so erhält der clevere Anbieter eine nette Provision vom Versandhändler.

Bewertung tunen

Ohne Bewertungen geht nichts, denn sie sind für viele Käufer und Verkäufer entscheidend, um sich eine Meinung über den eventuellen Handelspartner zu bilden. Gute Bewertungen müssen sein – egal wie. Also kauft man schnell einmal 20 Artikel für 1,– bis 3,– Euro, ob man sie braucht oder nicht, ist dabei zweitrangig, aber so erhält man die ersehnten Bewertungen. Und weil natürlich prompt bezahlt wird, steigt das Ansehen beim Verkäufer, der das seinerseits meistens auch in der Bewertung vermerken wird.

PowerSeller bevorzugt?

Sieht man sich in den eBay-Foren, auf anderen Internetseiten, die sich mit eBay-Themen beschäftigen, wie z. B. *wortfilter.de*, *intern.de*, das Forum *www.auktions-forum.info*, oder in Newsgroups etwas genauer um, liest man immer häufiger, dass von Käufern gerechtfertigte abgegebene neutrale oder negative Bewertungen aus den Profilen von PowerSellern gleich wieder verschwinden. Im Gegensatz hierzu erfolgt beim Ottonormal-eBayer die Löschung derartiger Bewertungen nur in Fällen, die eBay verhältnismäßig einfach prüfen kann: Beispielsweise wenn ein Bewertungskommentar eine Beleidigung oder z. B. den richtigen Namen eines Bewerteten enthält. Laut eBay werden aber Bewertungen nun nicht mehr gelöscht werden, wenn darin Hinweise auf Ermittlungen oder Strafverfahren stehen.

Sieht man sich die Bewertungsprofile vieler PowerSeller einmal genauer an, fragt man sich wohl zu Recht, wie es sein kann, dass einige Verkäufer keine oder nur ganz wenige neutrale bzw. negative Bewertungen in ihren Profilen haben? Und das bei tausend Bewertungseinträgen und mehr.

Oder wie ist es zu erklären, dass ein Mitglied mit nur 97,7 % (anstatt der mindestens 98 %) positiven Bewertungen sich immer noch im PowerSeller-Programm befindet? Angeblich erlaubt eBay einem PowerSeller bis zu drei oder sogar mehr Verstöße gegen die AGB, bis er gesperrt bzw. ausgeschlossen wird. Es stellt sich die Frage, ob eBay die Einhaltung der PowerSeller-Kriterien überhaupt noch überprüft, solange der Umsatz stimmt.

Natürlich dementiert und beschwichtigt eBay – die Kuh, die man melken will, schlachtet man nicht. Dem Käufer bleibt also nichts anderes übrig, als Angebot und Profil genau zu überprüfen. Ergeben sich Unstimmigkeiten oder ist das Profil zu glatt, lässt der PowerSeller vielleicht schlechte Bewertungen streichen. Kein Händler kann stets jeden Kunden zufrieden stellen.

Zum Schluss!

Kuriose Auktionen bei eBay

Auch die Kirche kam nicht zur Versteigerung.

Kapitel 8

Noch mehr verdienen

Es ist Ihnen bestimmt schon aufgefallen, dass der gleiche Artikel bei eBay zu sehr unterschiedlichen Preisen verkauft wird, doch wie kann das sein? Und vor allem, wie sorgen Sie dafür, dass Ihre Artikel dann auch einen hohen Preis erzielen?
Nun, den Anfang bildet eine leistungsfähige Infrastruktur, denn Sie können schon für wenig Geld die Voraussetzungen für einen erfolgreichen Handel wesentlich verbessern.

Das können Sie schon:

Das lernen Sie neu:

Internetzugang optimieren

Da wäre zunächst der Internetzugang, der schnell und günstig sein sollte, denn geschäftiges Handeln bei eBay verschlingt Unmengen von (Online-)Zeit, und so ist es sicherlich sinnvoll, einen schnellen und kostengünstigen Zugang zum Internet zu haben, wie zum Beispiel die T-DSL-Flatrate. Berechnet Ihr Provider einen Sekunden- bzw. Minutenpreis, kann Ihre Online-Abrechnung schnell eine Dimension erreichen, die Ihre Auktionen zum Verlustgeschäft werden lässt.

Hinweis

Hier ist die Versuchung groß, den Zugang des Arbeitgebers zu nutzen, doch Vorsicht! Sie riskieren schnell, abgemahnt zu werden, wenn Sie Ihren eBay-Aktivitäten zu intensiv während der Arbeitszeit nachgehen. Manchmal wird das zwar nicht ganz zu vermeiden sein, denn spätestens wenn Sie für einen Artikel bieten, ist es gelegentlich notwendig, das Ende einer Auktion live mitzuverfolgen.

Die E-Mail-Adresse

Der nächste Punkt ist die richtige Nutzung der E-Mail-Adresse. Das ist vielleicht wichtiger, als Sie denken, denn nahezu die gesamten Transaktionen bei eBay werden per E-Mail durchgeführt (Sie erhalten auch Ihre Rechnungen von eBay per E-Mail).

Es wird sich nicht vermeiden lassen, dass Sie während der Auktion ab und an Nachfragen von potentiellen Bietern erhalten werden. Diese häufen sich dann auch meistens, je näher die Auktion dem Ende entgegengeht, was auf dem Umstand beruht, dass Auktionen die größte Resonanz in den ersten 12 und in den letzten 24 Stunden erfahren. Viele potentielle Käufer werden erst gar nicht bieten, wenn auf ihre Fragen nicht reagiert wird. Das kann dann erhebliche Preiseinbußen zur Folge haben. Nehmen wir an, zwei Bieter sehen eine Auktion, die bei 20,– Euro steht, beide haben ein Limit von 60,– Euro. Der eine Bieter stellt Ihnen zuerst eine Frage nach den Lieferbedingungen, die Sie nicht erreicht, weil Sie gerade nicht online sind. Der zweite Bieter bietet direkt mit einem Agentengebot von 60,– Euro. Wenn jetzt kein weiterer Bieter ein Gebot abgibt, wird Ihre Auktion für 20,50 Euro beendet werden, obwohl ein Agentengebot für 60,– Euro vorlag. Ihre Erreichbarkeit per E-Mail ist also ein nicht zu unterschätzender Faktor für erfolgreiche Auktionen.

Beachten Sie, dass Ihre E-Mail-Adresse eine Art Aushängeschild ist. Überall werden kostenlose E-Mail-Adressen angeboten, die via Webportal jederzeit sehr leicht abrufbar sind. Der Nachteil dieser Adressen ist, dass es eigentlich keine Kontrollmöglichkeiten gibt und der Adressinhaber vollkommen anonym bleibt. Viele Auktionshäuser (und erst recht eBay) akzeptieren diese Art der E-Mail-Adressen zwar nicht mehr, aber selbst wenn Sie – als Inhaber einer Kreditkarte – einen eBay-Account mit dieser E-Mail-Adresse bekommen, sollten Sie die Wirkung nicht unterschätzen.

Wenn Sie keine eigene Domain haben, sind E-Mail-Adressen von T-Online, AOL und ähnlichen Accounts, bei denen klar ist, dass ein Vertragsverhältnis zwischen Ihnen und dieser Firma besteht, Ihre Identität somit geprüft wurde, am geeignetsten.

Steigen Sie auf Online-Banking um

Fast immer bezahlt der Bieter bei eBay per Vorauskasse, denn die Gebühren für Nachnahmesendungen oder andere Speditionsdienste sind oft recht hoch. Mit einem entsprechend guten Bewertungsprofil wird kaum ein eBayer zögern, sich für die Überweisung im Voraus zu entscheiden. Doch werden nicht alle umgehend bezahlen – die einen innerhalb von zwei Werktagen, andere wiederum zwei bis drei Wochen später. Wenn Sie nun nicht direkt neben Ihrer Hausbank wohnen und nur wenige Schritte zum Kontoauszugsdrucker haben, ist ein Online-Konto äußerst nützlich, bequem und extrem zeitsparend. Sie haben stets einen Überblick über eingegangene Zahlungen und können schnell reagieren. Prompte Lieferung bringt gute Bewertungen und diese wirken sich umsatzsteigernd aus.

Tipp

In der Regel bieten die Banken den Online-Zugang zum Konto ohne Aufpreis an. Zur Sicherheit können Sie den reinen Lesezugriff ohne Transaktionsrechte wählen.

Eine Digitalkamera

Ein aussagekräftiges Foto ist sehr wichtig. Das sieht man bei dem Versuch, zwei identische Artikel anzubieten, nur einmal mit Foto und einmal ohne Foto. Das Ergebnis zu Gunsten der Auktion mit Foto ist wirklich überzeugend.

Online-Auktionen mit Schmuck, Kunstgegenständen (Skulpturen, Ölgemälde) und Antiquitäten werden erst durch Fotos sinnvoll möglich.

Viele eBayer drücken sich vor der Anschaffung einer Digitalkamera, denn schließlich ist es bei eBay möglich, Bilder aus dem Internet in die eigene Artikelbeschreibung einzufügen, und so werden einfach die Bilder von der Website des Herstellers oder manchmal aus den Auktionen anderer Anbieter verwendet. Ein gestohlenes Bild ist zwar besser als kein Bild, Rückschlüsse über den Zustand des aktuell angebotenen Artikels lassen sich daraus aber nicht ziehen. Zudem verletzen Sie dabei jedes Mal das Copyright, und für den Fall, dass der eBayer, von dem Sie das Bild »ausgeliehen« haben, dieses von seinem Webserver nimmt, wird Ihre Auktion sogleich unbebildert. Wie Sie sehen, werden Sie früher oder später nicht um eine Digitalkamera herumkommen. Es reicht ja auch schon ein ganz einfaches Modell mit geringer Auflösung, das Sie für 50,– bis 60,– Euro bei eBay ersteigern können.

Mehr Geld rausholen

Es gilt jetzt die Erträge zu optimieren. Das heißt, regelrechte Marktforschung zu betreiben, geeignete Rahmenbedingungen zu schaffen und die Gestaltung der Artikeltexte auf die Zielgruppe zuzuschneidern.

- Definieren Sie Ihre Zielgruppe.
- Wählen Sie die richtigen Rahmenbedingungen.
- Optimieren Sie die Gestaltung Ihrer Artikeltexte.
- Bieten Sie Sicherheiten.

Fragen Sie sich also erst einmal, was verkauft werden soll. Wohlgemerkt, es geht nicht darum, etwas zu verkaufen, was wir bereits besitzen, aber nicht mehr brauchen, sondern herauszufinden, was bei eBay gut läuft, um daraus ein Geschäft aufzubauen.

Beobachten Sie, welche Artikel in großen Mengen angeboten werden und wie die Reaktion der Bieter darauf ist. Laufen viele Auktionen erfolglos aus, oder herrscht rege Beteiligung? Die Topprodukte einer Kategorie sind ein sehr gutes Kriterium dafür. Erstens ist das Einstellen hier sehr teuer, und zweitens sind hier fast ausschließlich gewerbliche Händler am Werk. Folglich muss hier Geld zu verdienen sein. Überprüfen Sie auch, ob die Anbieter von teuer eingestellten Auktionen viele Bewertungen haben. Machen Sie Ihre ersten Schritte als eBay-Profi am besten mit einer Kategorie, in der Sie sich gut auskennen. Hier kennen Sie die Marktpreise und Ihre Chancen, mit dieser Produktkategorie Geld zu machen.

Tipp

Lassen Sie sich Zeit bei Ihren Marktforschungen, und beobachten Sie die Auktionen einer bestimmten Kategorie über einen längeren Zeitraum hinweg. Ihr zukünftiges Handeln sollte nicht auf Momentaufnahmen basieren.

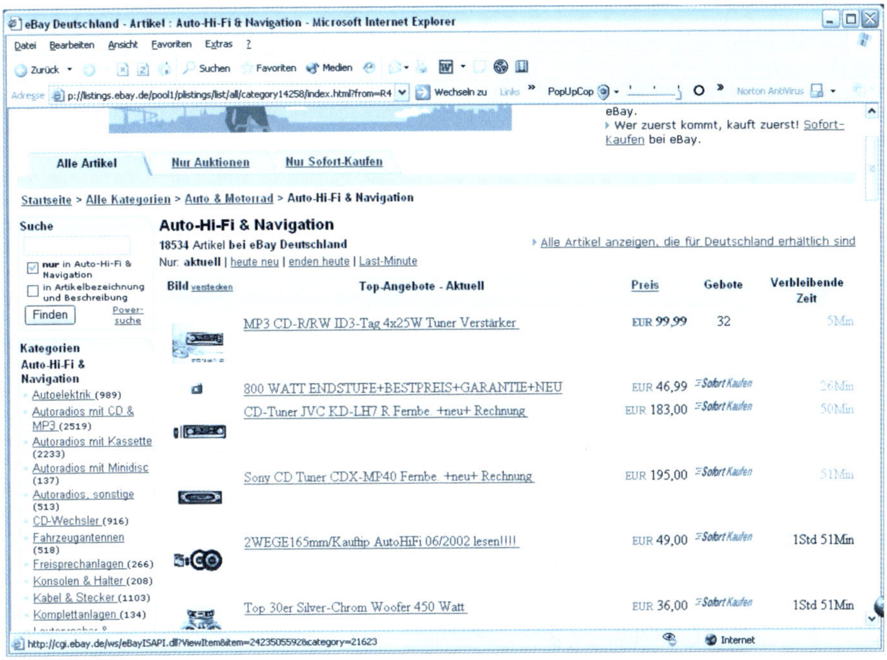

Viele professionelle Händler neigen allerdings dazu, ihre Angebote zu Festpreisen abzugeben. Dies stört leider bei unserer Marktanalyse erheblich, da es bei Sofort-Kaufen-Powerauktionen nicht immer ersichtlich ist, wie viel Stück des Artikels bereits verkauft wurden, und bei einfachen Angeboten zum Festpreis der Artikel in dem Moment, in dem er verkauft wird, verschwindet. Stoßen Sie bei Ihren Recherchen auf einen sehr aktiven Händler, gehen Sie über die Powersuche in seine zurückliegenden Auktionen. Hier können Sie sich ein sehr gutes Bild verschaffen, was bei eBay geht und was nicht.

Wenn Sie sich für eine Produktkategorie entschieden und mit den entsprechenden Produkten versorgt haben (zum Wareneinkauf kommen wir später), sollten Sie Ihre Artikelbeschreibung auf die Zielgruppe abstimmen. Denn schließlich leuchtet es ein, dass Küchengeräte und Kfz-Werkzeuge ziemlich selten von den gleichen Menschen gekauft werden. Es wäre deshalb unklug, die gleichen Vorteile der Produkte hervorzuheben. Nicht schwindeln, die Produktbeschreibung muss absolut ehrlich sein, aber die Details, die für die jeweilige Zielgruppe interessant sind, können besonders herausgestellt werden.

Fragen Sie sich, wer Ihren Artikel kaufen und auf welche Eigenschaften Wert gelegt wird. Grundlegende Aspekte wie die Seriosität des Verkäufers, die Qualität der Ware usw. bleiben zwar stets gleich, darüber hinaus wird beispielsweise der Käufer eines Jetskis eher an dem Alter, der Laufzeit und dem Fabrikat interessiert sein.

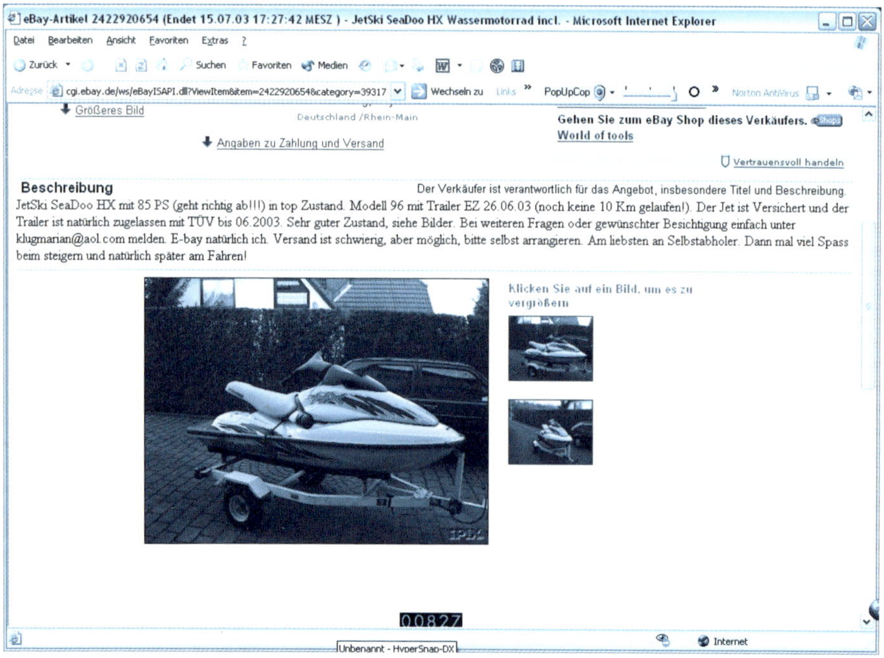

Hier können eine lange Garantie des Herstellers, umfangreiches Zubehör (etwa Anhänger) und ein flächendeckendes Netz von Servicepunkten gute Verkaufsargumente sein, wogegen der Käufer eines Chanel-Kleids eher daran interessiert ist, ob das Modell aus der aktuellen oder aus einer früheren Kollektion stammt. Da bei dem Kleid auch die Exklusivität eine Rolle spielt, wird es sich negativ auf den Preis auswirken, wenn Sie es auf 50 Auktionen gleichzeitig anbieten, bei dem Jetski ist das eher nebensächlich.

Bei eBay gibt es kaum etwas, was Sie nicht auch auf anderem Wege mit einem geringeren Risiko bekommen könnten. Ergo ist vor allem der Preis der ausschlaggebende Faktor. Bedenken Sie dies immer, wenn Sie Ihre Auktionstexte formulieren, doch hüten Sie sich vor zu lautstarkem Anpreisen, dadurch wirken Sie recht schnell unseriös.

Wenn Sie Ihre Zielgruppe eingegrenzt haben, geht es darum, die Details Ihrer Auktion auf sie abzustimmen. Folgende Kriterien sind entscheidend und sollten mit Blick auf die Zielgruppe angepasst werden:

- Wie wird verkauft? Klassische Auktion, Powerauktion oder Festpreis?
- Unter welcher Kategorie wird der Artikel eingestellt? Unter der richtigen oder zusätzlich unter einer falschen, um Mitnahmeverkäufe zu ermöglichen?
- Welche Mengen können angeboten werden, ohne das Preisniveau zu gefährden?
- Wie lange läuft Ihre Auktion? Wann ist Ihre Zielgruppe online, eher während der Arbeit oder abends und an Wochenenden?
- In welchem Land befindet sich Ihre Zielgruppe? Vielleicht ist es ja sinnvoll, im Artikeltext zu erwähnen, dass Sie bereit sind, auch ins Ausland zu verkaufen?
- Welche Zahlungsmethoden bevorzugen Ihre potentiellen Käufer, welche Versandwege und -kosten werden akzeptiert?
- Welche Hervorhebungen innerhalb der Auktion sprechen die Zielgruppe an bzw. führen dazu, dass sie den Artikel beachtet?
- Wie sieht es mit Sicherheiten aus, wie etwa Garantieleistungen, Rückgaberecht, Besichtigung der Ware usw.?

Tipp

Am besten setzen Sie kleine Bilder in die Webseite, so genannte Thumbnails, ein und verlinken auf das dazugehörige große Bild. Sie verhindern so, dass Ihre Artikelbeschreibung zu lang wird.

Was ist das?

Thumbnails: (engl.: Daumennagel) Dies sind kleine Vorschaubilder von Grafiken, Illustrationen oder Seitenlayouts. Klickt man auf ein solches Thumbnail, erscheint das betreffende Objekt in voller Größe.

Achten Sie auf Rechtschreibung und Grammatik. Berücksichtigen Sie, falls Sie den Verkauf an ausländische Verkäufer planen, zumindest die Zahlungsmodalitäten auch in Englisch zu verfassen.

Was das Bieten von Sicherheiten betrifft, empfehle ich Ihnen, sich über die aktuelle Rechtslage zu informieren und sich zu überlegen, welche Zugeständnisse Sie im Ernstfall machen müssen. Diese können Sie dann ganz direkt anbieten. Hierzu gehört sicherlich beispielsweise die Warenrücknahme bei berechtigter Mängelanzeige durch den Käufer oder, bei gewerblichen Händlern, das 14-tägige Rückgaberecht ohne Angabe von Gründen. Alles, was darüber hinausgeht, bringt Ihnen zwar einen nicht zu unterschätzenden Vertrauensbonus ein, doch kann es zeit- und kostenintensiv sein, wenn Sie hinterher Wort halten müssen. Überlegen Sie sich also gut, welche Leistungen Sie dem Käufer von sich aus anbieten wollen. Handeln Sie mit Neuware, ist das Risiko, dass Probleme auftreten, Sie vielleicht sogar zu einer Rückabwicklung gezwungen sind, sehr klein. Ist Ihre Gewinnspanne hingegen auch nur gering und der absolute Preis des Artikels nicht gerade hoch, kann es vorkommen, dass Sie selbst bei wenig Reklamationen Verluste einstecken müssen. Die Versandkosten und ein eventueller Preisabschlag beim Wiederverkauf der retournierten Ware, die ja nun nicht mehr originalverpackt ist, gehen nämlich zu Ihren Lasten. Langfristig zahlt es sich dennoch in jedem Fall aus, wenn Sie als zuverlässiger und kulanter Handelspartner bekannt sind.

Hinweis

Laut geltender Rechtsprechung sieht es derzeit so aus, dass der Verkäufer ***zwei*** *Jahre für Sachmängel haften muss, wenn der Artikel von einem Unternehmer ersteigert wurde oder wenn ein Privatmann die Gewährleistung nicht ausgeschlossen hat. Als Privatmann können Sie diese Gewährleistung komplett ausschließen. Ein Händler kann die Gewährleistungsfrist für gebrauchte Waren auf ein Jahr verkürzen.*

Die Powerauktion, Verkauf zum Festpreis oder klassische Auktion?

Grob betrachtet lassen sich die verschiedenen Verkaufsformen in zwei Kategorien einteilen: zum einen Sofortkauf, Angebote zum Festpreis und Shopangebote, zum anderen Auktionen, bei denen der Endpreis bis zum Ende offen ist. Generell lässt sich Folgendes sagen: Powerauktionen sind immer dann zweckmäßig, wenn es Interessenten gibt, die höhere Stückzahlen gebrauchen oder sogar die ganze Charge abnehmen können. Dies trifft vorwiegend auf Artikel zu, die gewerblich eingesetzt (und in größeren Mengen benötigt) werden, z. B. Drucker, und Produkte, die sich zum Wiederverkauf eignen.

Die Sofort-Kaufen-Option steht nur vor dem ersten Gebot zur Verfügung, während die Möglichkeit, die Ware zu einem Festpreis zu erwerben, über den gesamten Auktionszeitraum erhalten bleibt. Der Preis der Sofort-Kaufen-Option ist mit derzeit 10 Cent pro Artikel nicht sonderlich hoch, Sie können diese also bedenkenlos nutzen.

Hinweis

Um die Option Sofort-Kaufen nutzen zu können, müssen Sie ein **geprüftes Mitglied** *sein oder über ein Bewertungsprofil von mindestens 10 Punkten verfügen.*

Fazit: Wenn Sie einen Artikel in größeren Mengen haben, der sich aus oben genannten Gründen nicht für eine Powerauktion eignet, können Sie ihn in verschiedener Weise anbieten. Fällt Ihre Wahl auf die Sofort-Kaufen-Option, sollten Sie allerdings nicht mit dem Preis ab 1,– Euro anfangen, denn dies führt dazu, dass diese Option nach Abgabe des ersten Gebots sofort verschwindet. Neuware in größeren Mengen verkauft sich recht gut zum Festpreis, für Gebrauchtware sollten Sie die klassische Auktion wählen.

Nicht selbst hochbieten

Natürlich könnten Sie die eigenen Auktionen mit gewaltigem Aufwand ungesehen selbst hochbieten. Sie bräuchten »nur« für jedes Gebot eine neue E-Mail-Adresse und einen neuen eBay-Account, um sicherzugehen, dass Sie nicht auffliegen. Doch als ehrlicher eBayer sollte man Abstand von solchen Praktiken nehmen, obgleich auch diese immer noch Anwendung finden.

Außerdem bietet eBay mit dem variablen Startpreis eine sichere Möglichkeit, nicht unter Einstandspreis verkaufen zu müssen. Klar bringt es mehr Spaß, eine Auktion ab 1,– Euro zu starten und dann kurz vor Auktionsende einen Artikel, der zur Kategorie »heiß begehrt« zählt, zu haben. Doch gerade wenn Sie viele Auktionen gleichzeitig laufen haben, ist der Aufwand schon beträchtlich, und Sie schweben ständig in der Gefahr, dass Ihnen jemand auf die Schliche kommt.

Am besten ist es, wenn Ihre Auktionen von allein zu zufrieden stellenden Ergebnissen führen und Sie nicht nachhelfen müssen. Da Sie bereits im Voraus recht gut bestimmen können, welche Artikel bei eBay gut laufen und welche nicht, stellen Sie Ihre Artikel am besten nur zu 1,– Euro ein, wenn es »Selbstläufer« sind oder Ihnen der Endpreis ziemlich egal ist. Alles andere bieten Sie zu Ihrer persönlichen Schmerzgrenze an. Denken Sie immer daran, dass Sie notfalls den Artikel kostenlos neu einstellen können, wenn er zu diesem Preis keinen Bieter gefunden hat. Also: Lassen Sie das Hochbieten sein!

Verkaufen Sie Vertrauen

Bevor ein Interessent für Ihren Artikel bietet, muss er zuerst einmal Vertrauen in Ihre Seriosität haben. Umso mehr, je höher der Preis wird. Sie müssen den Bietern Sicherheit und ein gutes Gefühl vermitteln, und diese werden Sie mit hohen Auktionsgewinnen belohnen.

Vertrauensbildende Maßnahmen sind:

- Ein seriöser eBay-Name, denn das ist neben Ihrem Bewertungsprofil das Einzige, was der Bieter von Ihnen weiß. Deshalb sollten Sie ihn nicht voreilig, sondern wohl überlegt auswählen, denn Namen wie beispielsweise »Abzocker-Willi« wären denkbar ungeeignet. Zwar können Sie den Namen jederzeit wechseln, doch ein häufiger Namenswechsel wirkt ebenfalls unseriös. Superseriös wirkt es, wenn Sie Ihren richtigen Namen als eBay-Namen wählen. Sie zeigen damit, dass Sie nichts zu verheimlichen haben. Auch der Name Ihrer Firma (wenn Sie gewerblich bei eBay handeln) ist sehr gut als eBay-Name geeignet. Wenn Sie ständig Auktionen in einer bestimmten Kategorie einstellen, können Sie Ihren Namen beispielsweise darauf beziehen, etwa »Golf-Discount«. Auch die eigene Website als Name (»MeineFirma.de«) ist gut geeignet. Dort können sich potentielle Käufer noch umfassender informieren und sich genauer über Sie erkundigen. Nicht geeignet sind dagegen unseriöse Namen oder wahllose Zeichenfolgen ohne Wiedererkennungswert. Der Name sollte einprägsam sein, um zufriedenen Kunden die Möglichkeit zu geben, später wiederzukommen und z. B. über die Powersuche konkret nach Ihren Angeboten zu suchen. Erinnert sich ein zufriedener Kunde nicht mehr an Ihren Namen, geht Ihnen unter Umständen ein lukratives Folgegeschäft durch die Lappen. Achten Sie in diesem Zusammenhang darauf, dass keine ähnlichen Namen existieren, die zu Verwechslungen führen könnten. Lassen Sie sich auf jeden Fall genügend Zeit bei der Namenssuche. Es geht um Ihr Geld.

- Die E-Mail-Adresse, wobei Sie keine »anonymen« Adressen auswählen sollten, die man kostenlos im Internet bekommt. Die dort hinterlegten personenbezogenen Daten unterliegen keiner oder nur sehr oberflächlicher Kontrolle. Zu diesen Diensten zählen unter anderem GMX, Yahoo und Hotmail. Die Adresse eines solchen Dienstes wird nicht gerade das Vertrauen der Bieter verstärken, eine T-Online-Adresse hingegen lässt sich relativ eindeutig zuordnen. Überbewerten Sie das Ganze jedoch nicht, denn schließlich erhält der Handelspartner Ihre E-Mail-Adresse erst nach dem Kauf, und außerdem haben Sie noch andere Möglichkeiten, sich glaubhaft zu identifizieren: Dazu zählen die *Checked ID* und der *PowerSeller*-Status. Das A und O zur Unterstreichung Ihrer Seriosität ist ein blitzsauberes Bewertungsprofil. Alle oben genannten Faktoren sind nahezu bedeutungslos, wenn Sie zahlreiche negative Bewertungen haben. Pflegen Sie Ihr Profil, auch wenn es mit Arbeit verbunden ist.

Hinweis

Für den PowerSeller-Status sind diverse Voraussetzungen zu erfüllen. Dazu zählen ein monatlicher Mindestumsatz und ein sehr gutes Bewertungsprofil mit mindestens 98 % positiven Bewertungen. eBay spricht eine Einladung aus, erst danach können Sie sich als PowerSeller registrier en.

- Halten Sie Absprachen ein, und treffen Sie klare Aussagen. Geben Sie ehrlich Auskunft, nehmen Sie bei Liefer- und Zahlungsterminen zur Sicherheit lieber den ungünstigsten Fall an. Lassen Sie bei der Artikelbeschreibung, auf Nachfragen zum Produkt oder zur Geschäftsabwicklung keinen Platz für Interpretationsspielräume. Bleiben Sie ehrlich, denn bei späteren Reklamationen sind häufig die Verkäufer die Verlierer.
  - Schicken Sie eine Nachricht an den Käufer, wenn die Ware versendet wurde (Paketnummer angeben).
  - Informieren Sie den Handelspartner über den Zahlungseingang.
  - Informieren Sie Ihren Handelspartner, wenn Sie ihn positiv bewertet haben.

Schnelligkeit spielt bei eBay eine entscheidende Rolle. Akzeptiert ein Käufer »im normalen Leben« oft widerspruchslos eine längere Lieferfrist für einen bestimmten Artikel, bedeuten Reaktionszeiten von mehr als zwei Tagen bei eBay fast schon das Aus. Das gilt für Zwischenfragen während der Auktion, Kontaktaufnahme nach der Auktion sowie die gesamte anschließende Transaktion. Gerade als Verkäufer ist schnelles Handeln besonders wichtig. Sie sollten sich also der Folgen eines aktiven Handelns bei eBay bewusst sein und sich eine entsprechende Infrastruktur zulegen. Dazu zählt:

- Mehrfach am Tag die E-Mails abrufen
- Drei Wochen vor Urlaubsantritt keine Auktionen mehr einstellen oder für eine adäquate Vertretung sorgen
- Wenn beides nicht möglich ist, im Artikeltext oder im laufenden E-Mail-Verkehr auf den Urlaub oder ähnliche Verhinderungen hinweisen
- Sicherheitsstandards für Ihren Computer schaffen (Firewall, Antivirus-Software), damit Sie durch einen Virus oder einen Hardwaredefekt nicht zu lange Ausfallzeiten riskieren

Richten Sie eine eBay-Homepage mit Informationen über sich oder Ihre Firma ein. Dies ist innerhalb von eBay möglich und kostet Sie nichts, Sie brauchen also keinen Internetprovider. Wie dies technisch geht, erfahren Sie im nächsten Abschnitt.

Der eigene eBay-Shop

Die eigene Homepage und ein eigener Webshop sind zwei nicht zu unterschätzende Instrumente für die Suche nach neuen Kunden, haben Sie doch dadurch die Möglichkeit, sich bzw. Ihre Firma und Ihre Angebote vorzustellen. Sie können Fotos präsentieren, etwas über Ihren Beruf, Ihre Vorlieben und Ihre Waren erzählen und dem Besucher Ihrer Auktionen bzw. Ihrer Seiten so das Gefühl geben, dass Sie ein vertrauenswürdiger Partner sind.

Die »Mich«-Seite

Falls Ihnen die Gestaltung einer eigenen Website zu kompliziert oder aufwändig ist, können Sie bei eBay ganz einfach eine Seite mit persönlichen Informationen einrichten. Dort haben Sie die Möglichkeit, sich vorzustellen, ein Bild zu platzieren usw. Sie können durch Zusatzinformationen Ihr Fachwissen und Ihre Qualifikation unterstreichen. Die Erstellung der »Mich«-Seite ist unkompliziert und wird durch einen Assistenten begleitet, der Sie durch die wichtigsten Schritte führt.

1 Rufen Sie die eBay-Startseite auf, und klicken Sie in der Aktionsleiste auf *Service.*

2 Auf der Folgeseite klicken Sie im unteren Bereich auf den Verweis *Meine Seite »Meine Homepage« erstellen.*

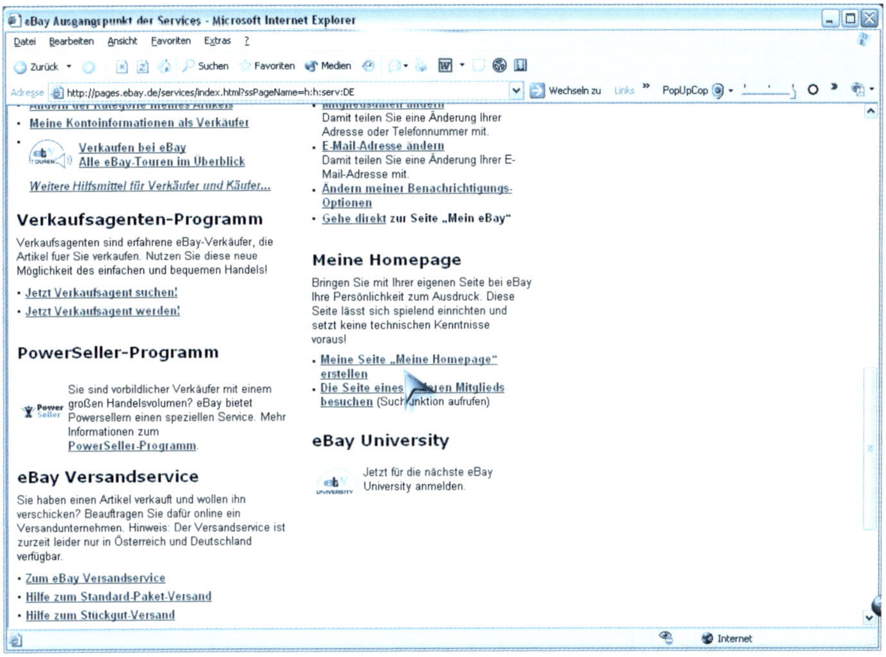

3 Nun müssen Sie sich mit Ihrem eBay-Mitgliedsnamen und Ihrem Passwort anmelden. Klicken Sie auf die Schaltfläche *Ihre Seite erstellen und bearbeiten,* um die Seitenerstellung zu starten.

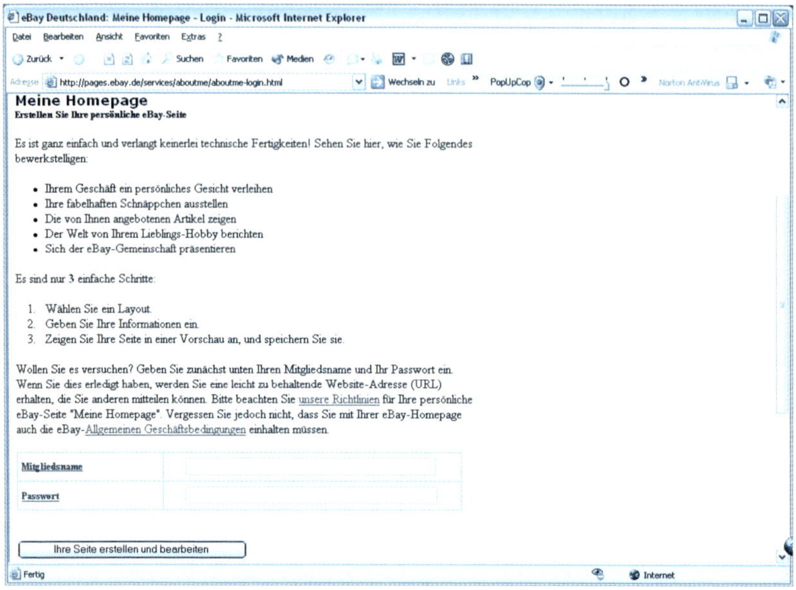

4 Wählen Sie im ersten Schritt das Layout, das Ihre Seite später haben soll. Dabei sollten Sie sich von Ihrem Geschmack leiten lassen, denn die Inhalte werden durch die Auswahl nicht beeinflusst. In unserem Beispiel verwenden wir die Option *Zweispaltiges Layout*.

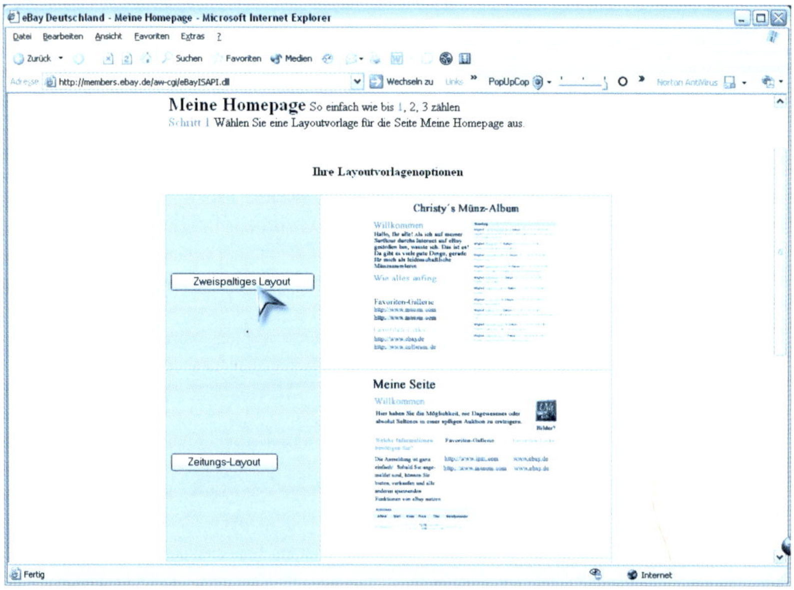

5 Sie können jetzt Überschriften und Texte eingeben. Vielleicht erzählen Sie etwas über sich oder führen Ihre Lieferbedingungen auf. Sie können auch ein Bild von sich einbinden und Verweise zu Ihren Lieblingsseiten eintragen. Außerdem können Sie einige Ihrer Bewertungen und Ihrer Auktionen einblenden lassen. Je besser Ihnen der Überblick über Ihre Person und Ihre Waren gelingt, umso größer wird das Vertrauen sein, das Ihnen neue Kunden entgegenbringen.

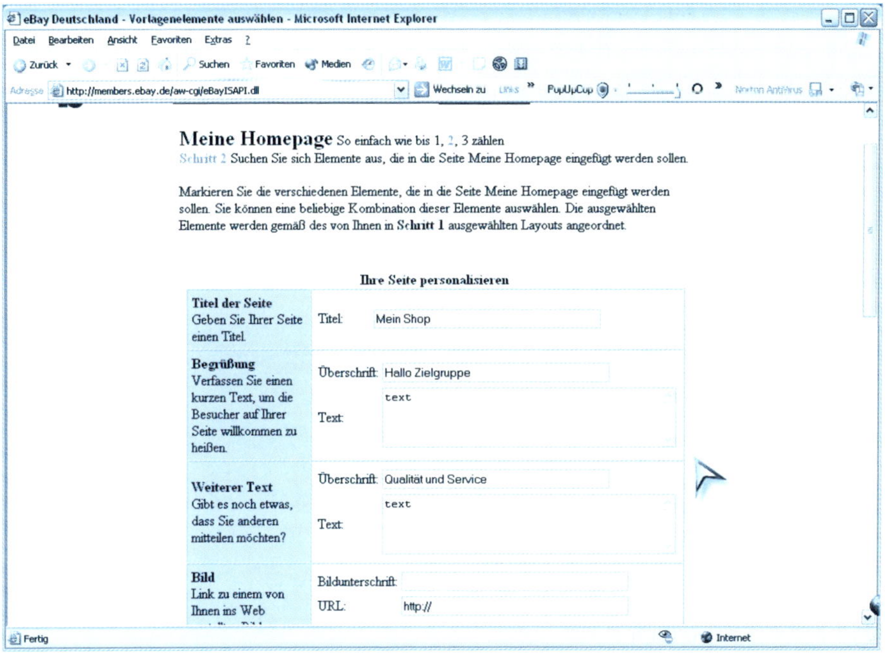

6 Klicken Sie dann weiter unten auf die Schaltfläche *Überprüfen Sie Ihre Seite in der Vorschau*, um eine Vorschau der fertigen Seite angezeigt zu bekommen.

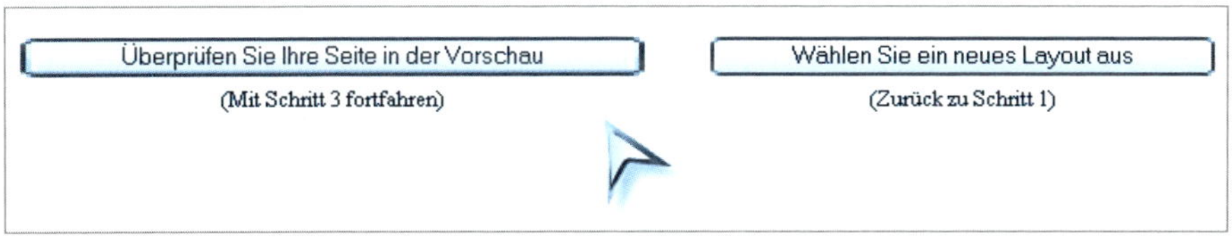

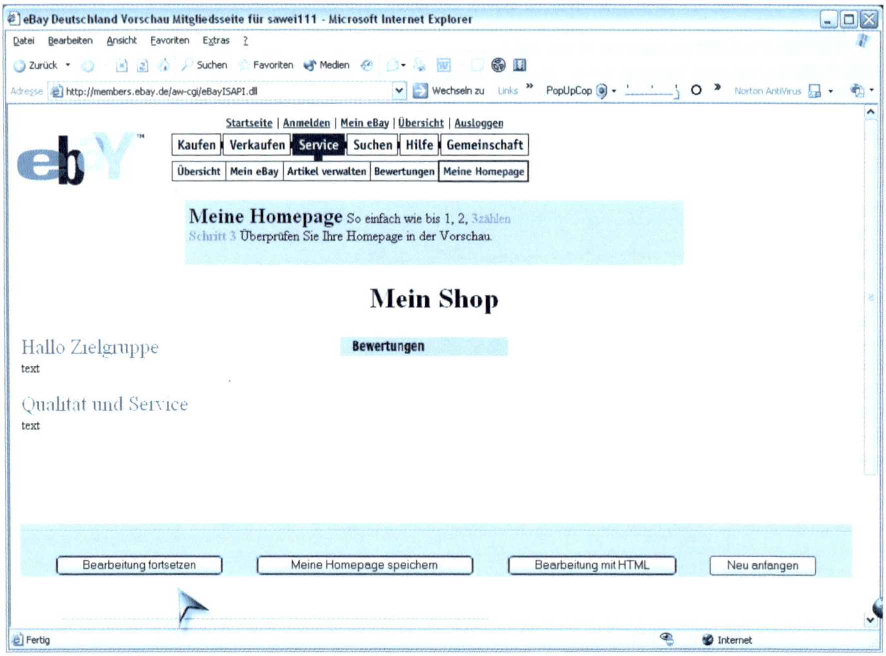

7 Wenn Sie mit dem Ergebnis zufrieden sind, klicken Sie auf *Meine Homepage speichern*. Falls Sie noch Änderungen vornehmen möchten, gelangen Sie durch einen Klick auf *Bearbeitung fortsetzen* wieder zurück zur Seitenbearbeitung.

Hinweis

eBay benötigt in der Regel 24 Stunden, bis Ihre Seite den anderen Benutzern zur Verfügung steht.

Der eBay-Shop

Der eigene Online-Shop ist die nächste Variante, um bei eBay eine eigene kleine Online-Präsenz aufzubauen. Im Prinzip ist es eine gesammelte Auflistung Ihrer laufenden Auktionen, wobei Sie zusätzlich ebenso Artikel zum Festpreis verkaufen können wie in jedem anderen Online-Shop auch. Im Gegensatz zur »Mich«-Seite besteht Ihr Online-Shop jedoch aus mehreren Webseiten, auf denen Ihre Bewertungen aufgelistet sind, Sie Ihre Lieferbedingungen bekannt geben und Hintergrundinformationen zu Ihrem Angebot aufführen können. Ein nicht unwesentliches Argument ist ebenfalls die Aufnahme in die Liste der verfügbaren Online-Shops bei eBay. Weiter ermöglicht die feste Internetadresse des Shops das Bewerben per Link, Inserat oder Visitenkarte. Falls Sie sich zur Erstellung eines Online-Shops entschließen, werden Sie die beste Wirkung dadurch erreichen, dass Sie Ihr Angebot nach Themen gliedern. Ein wildes Sammelsurium der unterschiedlichsten Waren wird niemanden anlocken. Nur mit einem klar definierten Angebot werden Sie es schaffen, eBay-Besucher dauerhaft dazu zu motivieren, Ihren Shop für neue Auktionen und Schnäppchen aufzusuchen.

eBay-Werbung

eBay gibt Ihnen die Möglichkeit, Geld zu verdienen, indem Sie auf Ihrer privaten (oder geschäftlichen) Homepage Werbung für eBay machen. Gelangt ein Besucher über Ihren Link auf die eBay-Seiten und meldet sich dort an, verdienen Sie jedes Mal 4,– Euro.

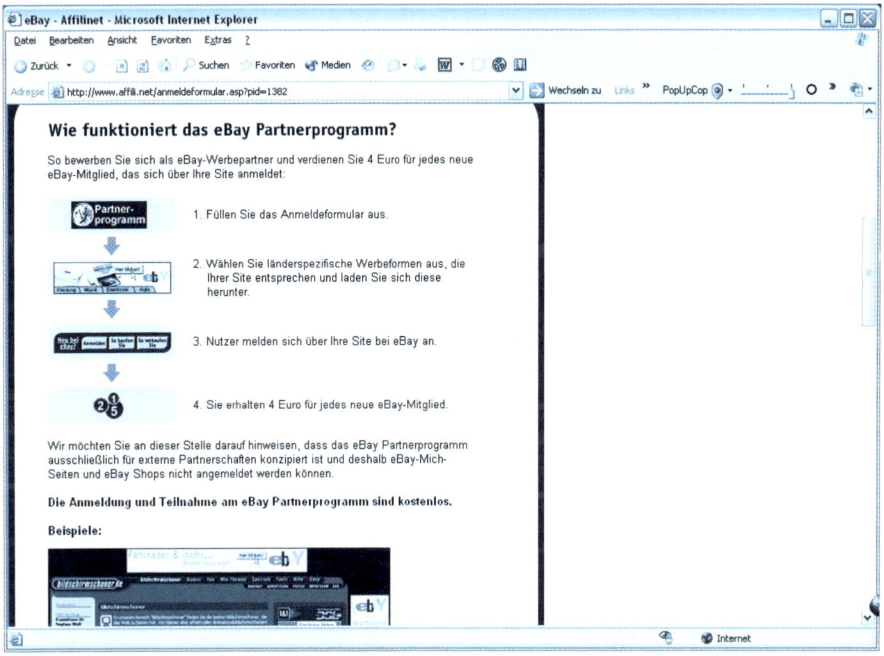

Die dafür notwendigen Banner bekommen Sie vorgefertigt von eBay.

1 Zur Anmeldung klicken Sie einfach auf das eBay-Partnerprogramm-Logo im unteren Bereich der Startseite.

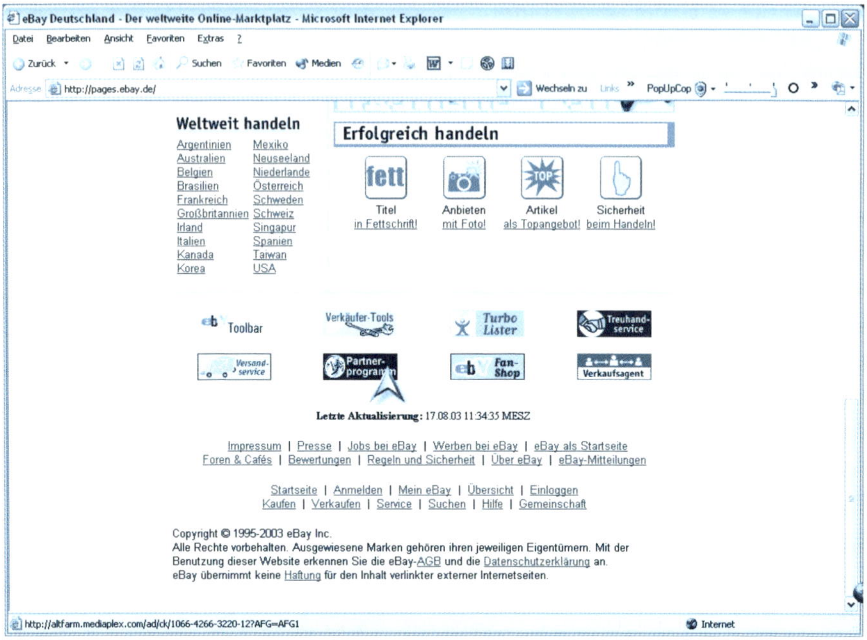

2 Klicken Sie auf *Anmelden*.

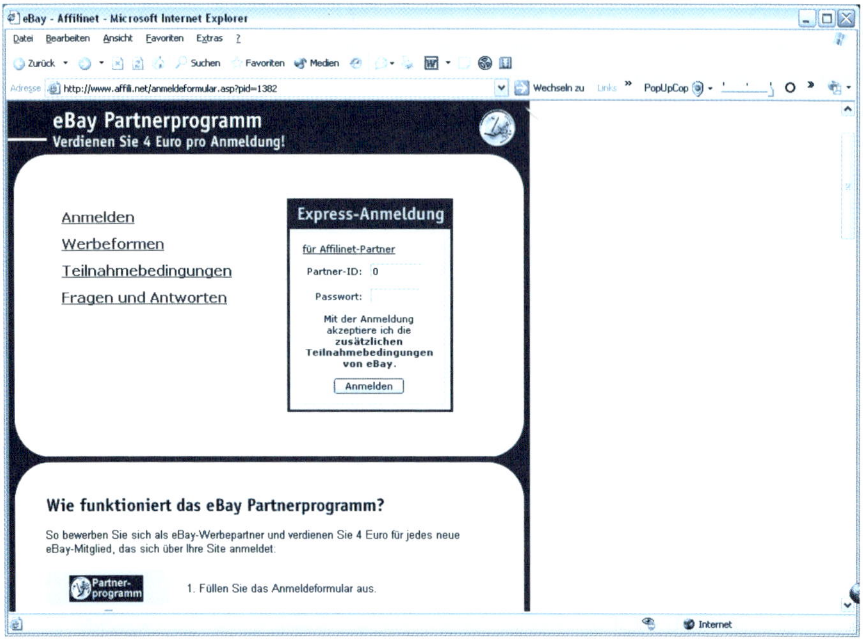

3 Und füllen Sie den Antrag aus.

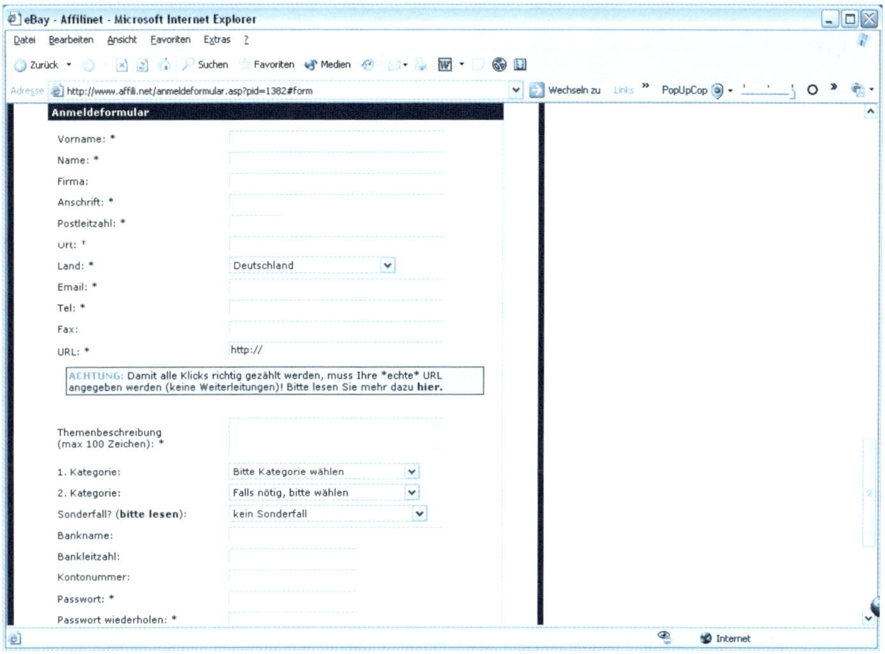

Verkaufsagent bei eBay

Wenn Sie einmal mit dem Verkauf bei eBay in größerem Rahmen vertraut sind, können Sie Ihr Wissen auch anders als mit den eigenen Auktionen Gewinn bringend einsetzen, indem Sie etwa Waren für andere Verkäufer, die keine Erfahrung mit eBay haben, verkaufen. Der alte Eigentümer erhält den Kaufpreis, und Sie erhalten dafür eine Verkaufsprovision. Alle eBay-Verkaufsagenten werden nach Regionen untergliedert und dort für die interessierten Warenbesitzer in der Reihenfolge ihrer Bewertungsprofile aufgelistet.

eBay stellt dafür folgende Mindestanforderungen:

- Ein Verkaufsagent soll über mehr als 49 Bewertungspunkte verfügen.
- Mindestens 97 % der Bewertungen sollen positiv sein.
- Ein Verkaufsagent muss mindestens 10 Artikel innerhalb der letzten 30 Tage erfolgreich verkauft haben.
- Ein Verkaufsagent soll die eBay-Regeln und die Grundsätze für Verkaufsagenten einhalten.

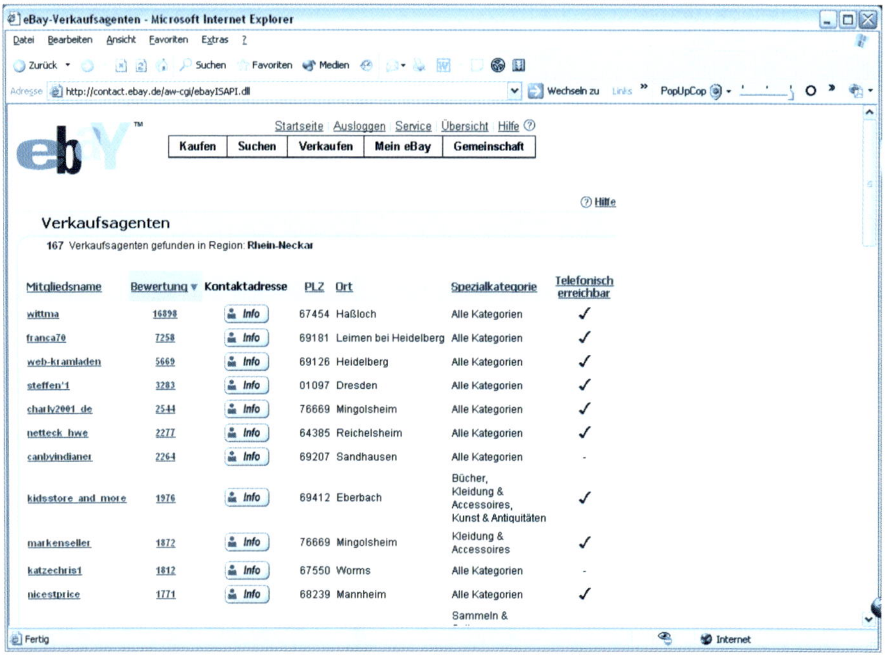
eBay-Verkaufsagenten - Microsoft Internet Explorer
Datei Bearbeiten Ansicht Favoriten Extras ?
Zurück Suchen Favoriten Medien
Adresse http://contact.ebay.de/aw-cgi/ebayISAPI.dll
Wechseln zu Links PopUpCop
Startseite Ausloggen Service Übersicht Hilfe
Kaufen Suchen Verkaufen Mein eBay Gemeinschaft
Hilfe
Verkaufsagenten
167 Verkaufsagenten gefunden in Region: Rhein-Neckar
Mitgliedsname Bewertung Kontaktadresse PLZ Ort Spezialkategorie Telefonisch erreichbar
wittma 16898 Info 67454 Haßloch Alle Kategorien ✓
franca70 7258 Info 69181 Leimen bei Heidelberg Alle Kategorien ✓
web-kramladen 5669 Info 69126 Heidelberg Alle Kategorien ✓
steffen'1 3283 Info 01097 Dresden Alle Kategorien ✓
charly2001_de 2544 Info 76669 Mingolsheim Alle Kategorien ✓
netteck_hwe 2277 Info 64385 Reichelsheim Alle Kategorien ✓
canbyindianer 2264 Info 69207 Sandhausen Alle Kategorien -
kidsstore_and_more 1976 Info 69412 Eberbach Bücher, Kleidung & Accessoires, Kunst & Antiquitäten ✓
markenseller 1872 Info 76669 Mingolsheim Kleidung & Accessoires ✓
katzechris1 1812 Info 67550 Worms Alle Kategorien -
nicestprice 1771 Info 68239 Mannheim Alle Kategorien ✓
Sammeln &
Fertig
Internet

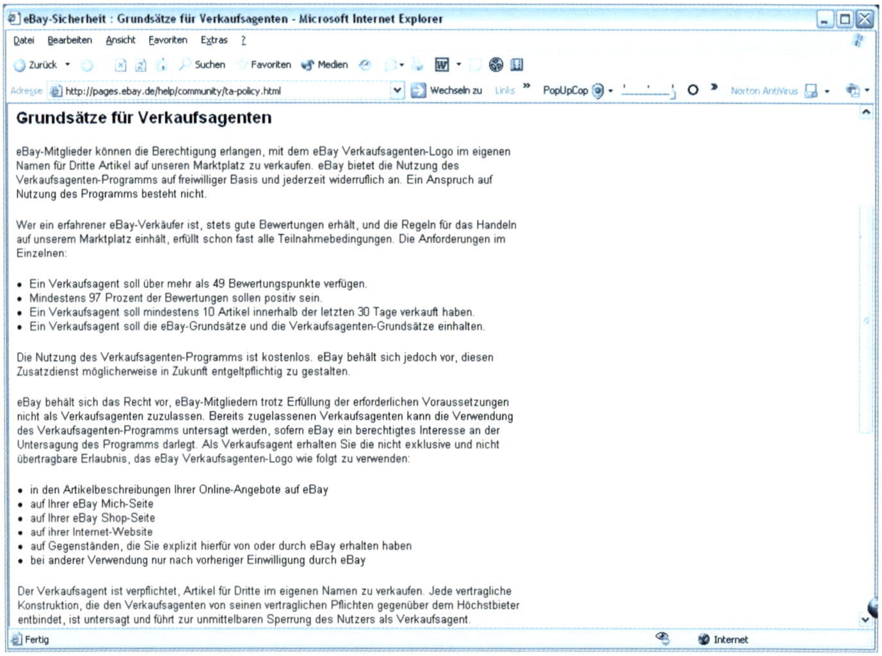
eBay-Sicherheit : Grundsätze für Verkaufsagenten - Microsoft Internet Explorer
Datei Bearbeiten Ansicht Favoriten Extras ?
Zurück Suchen Favoriten Medien
Adresse http://pages.ebay.de/help/community/ta-policy.html
Wechseln zu Links PopUpCop Norton AntiVirus
Grundsätze für Verkaufsagenten
eBay-Mitglieder können die Berechtigung erlangen, mit dem eBay Verkaufsagenten-Logo im eigenen Namen für Dritte Artikel auf unseren Marktplatz zu verkaufen. eBay bietet die Nutzung des Verkaufsagenten-Programms auf freiwilliger Basis und jederzeit widerruflich an. Ein Anspruch auf Nutzung des Programms besteht nicht.
Wer ein erfahrener eBay-Verkäufer ist, stets gute Bewertungen erhält, und die Regeln für das Handeln auf unserem Marktplatz einhält, erfüllt schon fast alle Teilnahmebedingungen. Die Anforderungen im Einzelnen:
• Ein Verkaufsagent soll über mehr als 49 Bewertungspunkte verfügen.
• Mindestens 97 Prozent der Bewertungen sollen positiv sein.
• Ein Verkaufsagent soll mindestens 10 Artikel innerhalb der letzten 30 Tage verkauft haben.
• Ein Verkaufsagent soll die eBay-Grundsätze und die Verkaufsagenten-Grundsätze einhalten.
Die Nutzung des Verkaufsagenten-Programms ist kostenlos. eBay behält sich jedoch vor, diesen Zusatzdienst möglicherweise in Zukunft entgeltpflichtig zu gestalten.
eBay behält sich das Recht vor, eBay-Mitgliedern trotz Erfüllung der erforderlichen Voraussetzungen nicht als Verkaufsagenten zuzulassen. Bereits zugelassenen Verkaufsagenten kann die Verwendung des Verkaufsagenten-Programms untersagt werden, sofern eBay ein berechtigtes Interesse an der Untersagung des Programms darlegt. Als Verkaufsagent erhalten Sie die nicht exklusive und nicht übertragbare Erlaubnis, das eBay Verkaufsagenten-Logo wie folgt zu verwenden:
• in den Artikelbeschreibungen Ihrer Online-Angebote auf eBay
• auf Ihrer eBay Mich-Seite
• auf Ihrer eBay Shop-Seite
• auf ihrer Internet-Website
• auf Gegenständen, die Sie explizit hierfür von oder durch eBay erhalten haben
• bei anderer Verwendung nur nach vorheriger Einwilligung durch eBay
Der Verkaufsagent ist verpflichtet, Artikel für Dritte im eigenen Namen zu verkaufen. Jede vertragliche Konstruktion, die den Verkaufsagenten von seinen vertraglichen Pflichten gegenüber dem Höchstbieter entbindet, ist untersagt und führt zur unmittelbaren Sperrung des Nutzers als Verkaufsagent.
Fertig
Internet

Verkaufsagent werden

1 Klicken Sie auf der eBay-Homepage auf das Verkaufsagentensymbol.

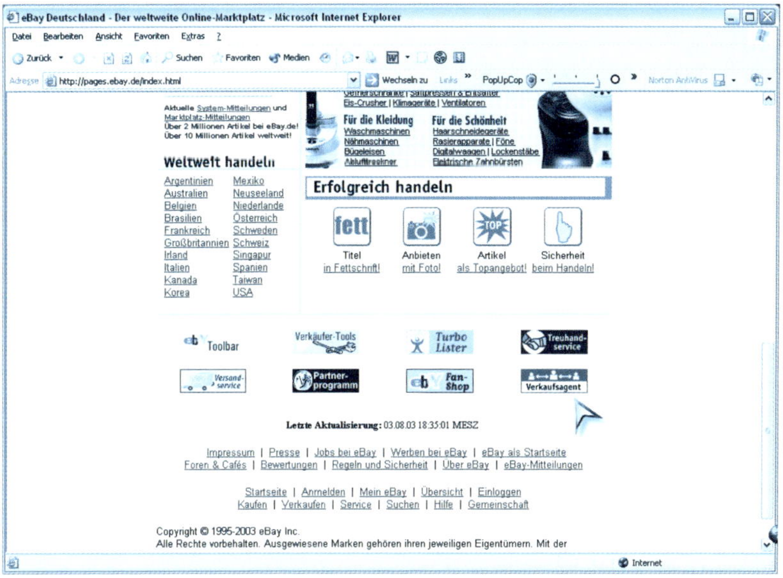

2 Im nächsten Schritt klicken Sie auf den Verweis *Verkaufsagent werden*.

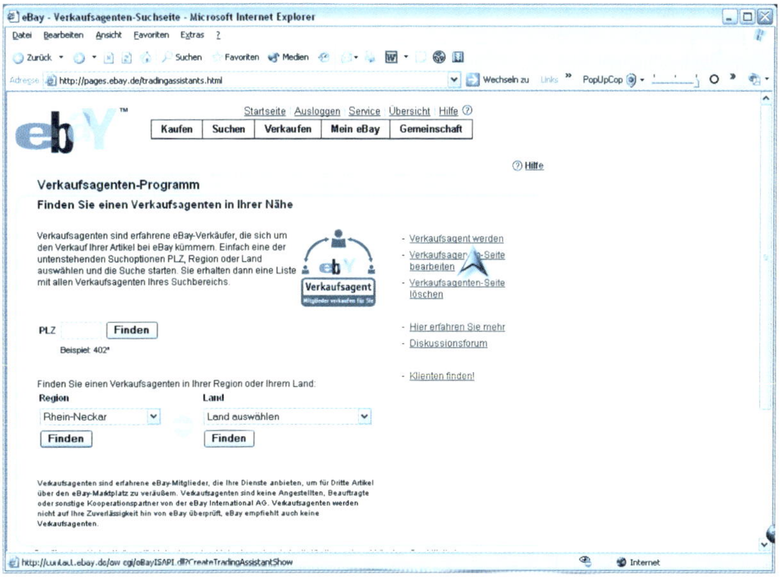

3 Autorisieren Sie sich, und geben Sie im folgenden Formular Ihre Kontaktinformationen ein. Im Gegensatz zu den normalen eBay-Daten werden hier auch Telefonnummern angegeben, die den Interessenten zur Verfügung gestellt werden.

> **Hinweis**
>
> *eBay geht sehr offen mit den hier angegebenen Daten um. Alles ist jederzeit einsehbar.*

4 Beschreiben Sie nun Ihre Leistungen, Marktkenntnis und Kompetenz. Machen Sie dezent etwas Werbung in eigener Sache. Natürlich können Sie auch hier mit einem Link auf eine eigene Seite arbeiten, sodass Sie sich erheblich professioneller präsentieren können, als dieser beschränkte Rahmen es zulässt. Vergessen Sie nicht, Ihre Geschäftszeiten anzugeben, sodass der Interessent weiß, wann er Sie erreichen kann.

5 Beschreiben Sie Ihre Handelsgrundsätze. Hier sollten Sie Fragen beantworten wie:

- Wie wickeln Sie die Geschäfte ab?
- Was passiert mit Ware, die nicht verkauft wird?
- Bieten Sie Zusatzleistungen an?

6 Im letzten Schritt bestimmen Sie Ihr Preismodell. eBay macht Ihnen hierbei keine Vorgaben. Sie können frei wählen, ob Sie zu einem bestimmten Festbetrag, zu einer prozentualen Verkaufsprovision oder zu einer Mischform aus beiden anbieten wollen. Dazu sehen Sie sich am besten Ihre Mitbewerber aus der Region an und passen Ihr Preismodell dementsprechend an.

> **Hinweis**
>
> *Als Verkaufsagent haften Sie gegenüber dem Käufer!*

Zum Schluss!

Kuriose Auktionen bei eBay

eBay-Artikel 3521802983 (Endet 26.05.03 13:01:45 MESZ) - Müdigkeit für einen guten Zweck zu ve - Microsoft Internet Explorer

Datei Bearbeiten Ansicht Favoriten Extras ?

Zurück Suchen Favoriten Medien

Adresse http://cgi.ebay.de/ws/eBayISAPI.dll?ViewItem&item=3521802983 Wechseln zu Links PopUpCop

Startseite | Anmelden | Einloggen | Service | Übersicht | Hilfe

Kaufen | Suchen | Verkaufen | Mein eBay | Gemeinschaft

zurück zur Startseite Kategorie: Bücher > Sachbücher & Ratgeber > Sonstige

Müdigkeit für einen guten Zweck zu versteiger Artikelnummer: 3521802983

Sie sind eingeloggt Diesen Artikel beobachten (in Mein eBay speichern)

Das Angebot ist beendet.

Startpreis: **EUR 1,00**

Endet: 26.05.03 13:01:45 MESZ

Übersicht: 0 Gebote

Ort: Offenbach, Hessen
Deutschland

Größeres Bild

Angaben zu Zahlung und Versand

Angaben zum Verkäufer

(21)

Bewertungen: 21
Positive Bewertungen: 100%
Angemeldet seit 24.04.03 Land: Deutschland

Bewertungen ansehen

Andere Artikel des Verkäufers

Vertrauensvoll handeln

Beschreibung Der Verkäufer ist verantwortlich für das Angebot, insbesondere Titel und Beschreibung.

Versteigere 500 g meiner Müdigkeit meistbietend. Der Erlös wird abzüglich Kosten an eine wohltätige Organisation gespendet. Nachweiskopie wird auf Wunsch zugeschickt.

Mein Müdigkeit sieht wie folgt aus:

- immer anwesend
- immer dominant
- aufdringlich
- ausdauernd

Sie mag:

- Büros
- Betten
- Schreibtische
- Couch und Sessel
- TV

Sie mag nicht:

- alle Arten von Arbeit
- alle Arten von Lärm
- kaltes Wasser
- Kaffee und Tee
- Cola
- Vitamine
- Frischluft

Zugeschickt wird das Pfund Müdigkeit via e-mail.

Internet

Auch Müdigkeit ist nicht wirklich ein geeigneter Artikel für eine eBay-Auktion.

Kapitel 9

So wird man PowerSeller

(selbstständig mit eBay)

Angesichts der allgemeinen Wirtschaftssituation und der deprimierenden Beschäftigungsquote bietet sich der Weg in die Selbstständigkeit an. Doch auch eine Nebentätigkeit mit Gewerbeschein kann das eigene Konto erheblich aufbessern.
Es scheint ein kleiner Schritt vom erfahrenen eBayer zum Profi zu sein. Doch sollten Sie im Vorfeld wichtige Entscheidungen und Überlegungen anstellen. Es sind nämlich diverse Voraussetzungen zu beachten, die maßgeblich Einfluss auf das Gelingen des Projekts haben.

Das können Sie schon:

Das lernen Sie neu:

Die Grundlagen

Das Fundament bilden die Einhaltung der gesetzlichen Rahmenbestimmungen (Gewerbeanmeldung), betriebswirtschaftliche Überlegungen sowie der Aufbau des Umfelds und der Logistik, die zur Abwicklung der Handelstätigkeit nötig sind. Zu den weiteren Grundlagen zählen die Fähigkeit, eine Kosten/Nutzen-Rechnung zu erstellen, die Führung der Buchhaltung und Erfahrung im Umgang mit Finanzämtern. Viele Jungunternehmer scheitern an ungenügender Vorbereitung bezüglich der Steuerpflicht. Wählen Sie sorgfältig die Bankverbindung aus, und vergessen Sie keinesfalls den Weg zum Steuerberater. Machen Sie sich Gedanken über die Umsatzgröße, die erreicht werden soll, und den damit verbundenen Zeitaufwand. Große Bedeutung kommt auch dem Wareneinkauf zu, von dem die Preisgestaltung und die Qualität der vertriebenen Ware abhängen.

Ambitionierten Auktionsprofis, die ihre eBay-Leidenschaft zum Beruf machen wollen, bietet eBay die Aufnahme in das *PowerSeller*-Programm an. Welche Voraussetzungen müssen Sie erfüllen, um in den Genuss dieses Titels zu kommen? Und hat diese Auszeichnung tatsächlich nur Vorteile, oder gibt es auch Schattenseiten? Lassen Sie uns Pro und Kontra des PowerSeller-Daseins betrachten. Welche Vorzüge ergeben sich für den Händler, und welche Motive verfolgt eBay mit diesem Programm?

Das Konzept

Natürlich sollten Sie sich als angehender eBay-Händler über Ihre Produktpalette, also die Waren, die Sie verkaufen wollen, im Klaren sein. Sicher werden dabei persönliche Vorlieben eine Rolle spielen, doch sollten Sie bei all dem die notwendige Logistik nicht vergessen. Sie müssen Kontakte zu Großhändlern knüpfen, Lagerraum muss beschafft (gemietet) werden, Verpackung und Versand sind zu organisieren.

eBay Servie: Hilfsmittel zum Kaufen und Verkaufen: PowerSeller - Microsoft Internet Explorer
Datei Bearbeiten Ansicht Favoriten Extras ?
Suchen Favoriten Medien
Adresse ne Dateien\eBay Servie Hilfsmittel zum Kaufen und Verkaufen PowerSeller.htm
Wechseln zu Links PopUpCop Norton AntiVirus
Startseite Anmelden Einloggen Service Übersicht Hilfe
Kaufen Suchen Verkaufen Mein eBay Gemeinschaft
Clever verkaufen!
Hier Klicken
Finden Powersuche
Titel und Beschreibung durchsuchen
PowerSeller-Programm: Leistungen
Geschützter PowerSeller Bereich
Gehen Sie direkt zu Ihrer persönlichen PowerSeller-Seite
Einloggen
Als PowerSeller registrieren
Haben Sie eine Einladung für das PowerSeller-Programm erhalten?
Jetzt registrieren
Welche Leistungen erhalten PowerSeller?
Die Mitgliedschaft im PowerSeller-Programm ist kostenlos.
Alle PowerSeller können von folgenden Leistungen profitieren:
Verkaufsförderung
› PowerSeller-Symbol automatisch hinter dem Mitgliedsnamen
› Verwendung des PowerSeller-Logos online (in der Artikelbeschreibung, auf der mich-Seite und auf der eigenen Homepage)
› Teilnahme am PowerSeller-Partnerprogramm
Informationen
› Informations-Service zu:
- Kategorieänderungen
- Neuheiten
- Technischen Problemen
- eBay Startseiten-Promotion
› geschützter Bereich mit speziellen Informationen für PowerSeller
› PowerSeller-Diskussions-Forum
Spezieller PowerSeller-Support
Status E-Mail Telefon
Bronze Ja
Silber Ja Mo - Fr 9 - 18 Uhr
Gold Ja Mo - So 9 - 18 Uhr
Platin Ja Mo - So 9 - 18 Uhr
Turbo Lister
- schneller und einfacher einstellen!
NEU
eBay Treuhand-service
Foren & Cafés | Bewertungen | Regeln und Sicherheit | Über eBay | eBay-Mitteilungen
Startseite | Anmelden | Mein eBay | Übersicht | Einloggen
Kaufen | Verkaufen | Service | Suchen | Hilfe | Gemeinschaft
Copyright © 1995-2003 eBay Inc.
Alle Rechte vorbehalten. Ausgewiesene Marken gehören ihren jeweiligen Eigentümern. Mit der Benutzung dieser Website erkennen Sie die eBay-AGB und die Datenschutzerklärung an.
eBay übernimmt keine Haftung für den Inhalt verlinkter externer Internetseiten.
Internet

Tipp

Unter www.zentrada.de finden Sie einen Handelsplatz, an dem Sie Kontakt zu Händlern und Zulieferern aufnehmen können.

Egal ob Sie sich als eBay-Händler oder mit einer ganz anderen Geschäftsidee selbstständig machen: Es sollte gut durchdacht und geplant sein. Die Anmeldung eines Gewerbes ist mit einigen Formalitäten und Amtswegen verbunden. Doch im Vergleich ist es nirgendwo so leicht, sich als Händler selbstständig zu machen, wie bei eBay. Sie brauchen weder Ladenfläche noch Verkaufspersonal. Parkplätze für die Kunden und teure Werbung sind ebenfalls nicht nötig. Sie profitieren von vornherein von der Bekanntheit eBays und müssen nicht erst für diese Handelsplattform werben. Nun kommen leider mit der Gründung eines eigenen Gewerbes einige Formalitäten und bürokratische Notwendigkeiten auf Sie zu. Dazu zählen Bankbesuche, wenn Sie Startkapital brauchen, sowie die Anmeldung beim Ordnungs- und Finanzamt.

> **Tipp**
>
> *Tipps und Tricks rund um den Fiskus finden Sie auch im Internet z. B. unter www.steuernetz.de.*

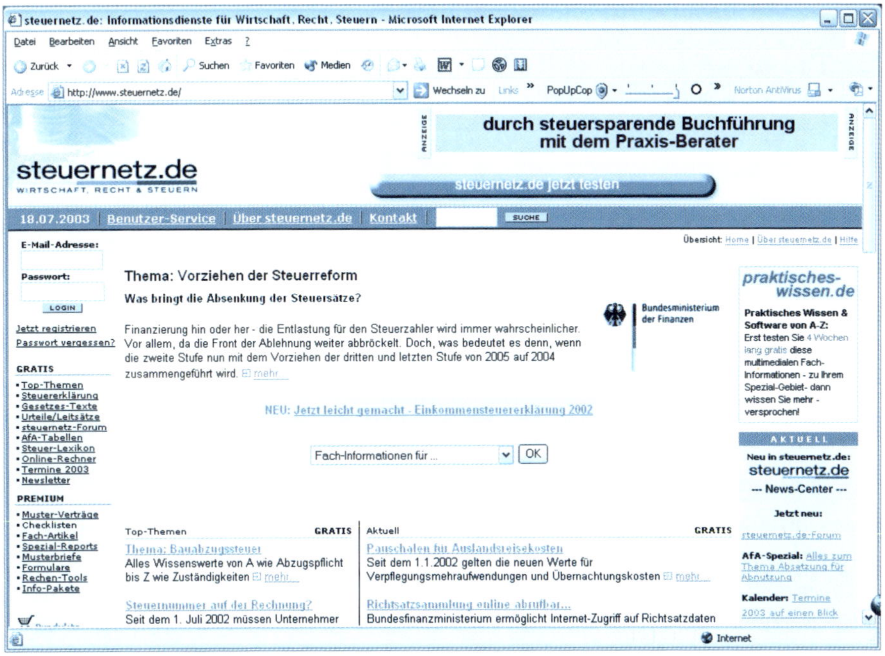

Doch bevor Sie jetzt voller Enthusiasmus vorstürmen, brauchen Sie zunächst ein Konzept:

- Womit wollen Sie handeln?
- Haben Sie die Zeit dazu?
- Verfügen Sie über die Räumlichkeiten, um Waren einzukaufen, zu lagern und wieder zu verkaufen?

Gut, die Geschäftsidee haben Sie, jetzt gilt es durch Recherchen, Planung und Kalkulation ein brauchbares Konzept zu entwickeln, in das Sie alle notwendigen Arbeitsabläufe, Kosten, Werbung und Ihre Zielgruppe einbringen. Sie wollen ja weitgehend hauptberuflich bei eBay verkaufen und nicht nur ein paar schnelle Geschäftchen nebenbei tätigen.

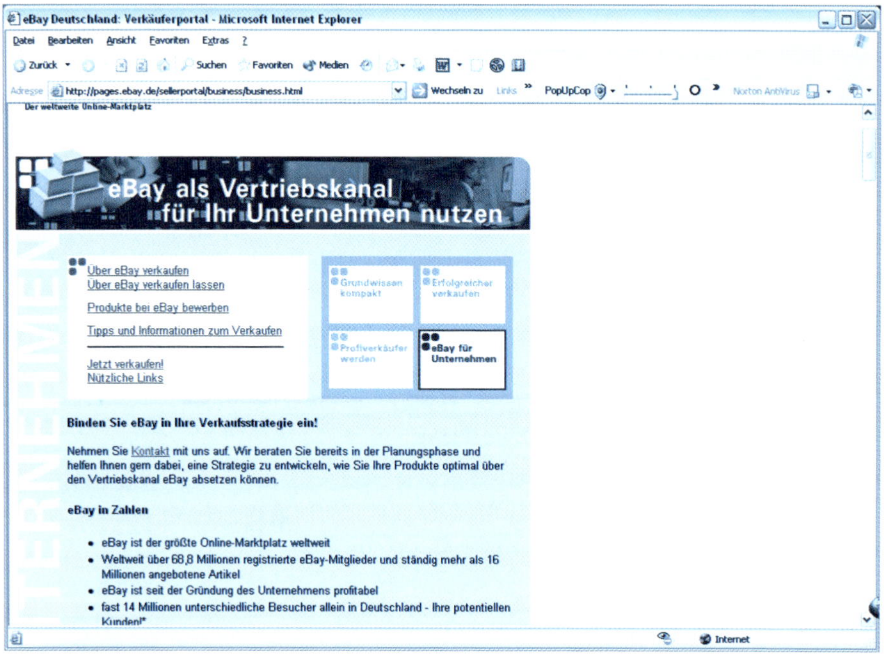

Überprüfen Sie dieses Konzept dann im Hinblick auf Machbarkeit und Finanzierbarkeit. Am besten legen Sie es in Form eines Exposees zunächst kompetenten Bekannten oder Freunden vor. Findet es gleichermaßen Zustimmung, sollten Sie eventuell einen Gründungsberater (der arbeitet leider nicht umsonst), einen Unternehmens- oder Steuerberater konsultieren und Ihr Konzept prüfen lassen. Wenn Sie eine Anschubfinanzierung benötigen, werden Sie auch nicht umhinkommen, Ihr Konzept potentiellen Kapitalgebern vorzulegen, um diese von Ihrem Projekt zu überzeugen. In der Regel wird das Ihre Hausbank oder eine andere Bank sein, doch auch ein privater Geldgeber kommt in Frage. Ebenso sollten Sie sich fragen, ob Sie das Zeug zum Unternehmer haben und eine Firma leiten können. In der Gründungsphase Ihres Unternehmens ist an geregelte Arbeitszeit nicht zu denken, und Sie werden sehr viel Zeit und Nerven in den Aufbau Ihrer Existenz investieren müssen. Folgende Punkte erscheinen mir wichtig, um für unerwartet auftauchende Schwierigkeiten gerüstet zu sein:

- Sorgen Sie für finanzielle Rücklagen.
- Versichern Sie sich der 100-prozentigen Unterstützung im familiären/privaten Bereich (weniger Zeit für Familie, Freund(in) etc.).
- Auch als Optimist sollten Sie die Leistungen Ihres Unternehmens realistisch einschätzen.
- Eignen Sie sich Kompetenz durch Fachwissen, Marktforschung, Erfolgsanalysen usw. an.
- Kalkulieren Sie realistisch, und bleiben Sie auf dem Teppich – es muss nicht gleich ein neuer Firmenwagen sein.

Absolut erforderlich für eBay-Verkäufer ist der Gewerbeschein. Ihn brauchen Sie immer dann, wenn Sie eine Tätigkeit selbstständig und regelmäßig mit der Absicht, Gewinne zu erzielen, betreiben. Sie brauchen ihn auch dann, wenn Sie nebenberuflich bei eBay verkaufen und diese Tätigkeit regelmäßig ausüben.

Hinweis

Ausnahmen sind dabei die so genannten freien Berufe (Journalist, Landwirt, Arzt, Architekt etc.).

Gewerbeanmeldung und Gewerbeschein

Das Konzept steht, und Sie sind bereit, den Schritt in die Selbstständigkeit zu wagen. Jetzt beginnt der Behördenmarathon.

Wenn Sie Ihr Gewerbe anmelden, beantragen Sie einen Gewerbeschein. Abhängig von der Region ist dafür das Ordnungsamt oder ein eigenes Gewerbeamt zuständig. Die Anmeldung muss erfolgen, bevor Sie Ihre unternehmerische Tätigkeit aufnehmen.

Hinweis

Wollen Sie Förderprogramme für Unternehmensgründer in Anspruch nehmen, müssen Sie diese unbedingt vor der Gewerbeanmeldung beantragen. Nachträglich haben Sie keine Chance mehr auf Förderung. Förderprogramme finden Sie unter www.arbeitsamt.de, www.bmwi.de und www.dta.de.

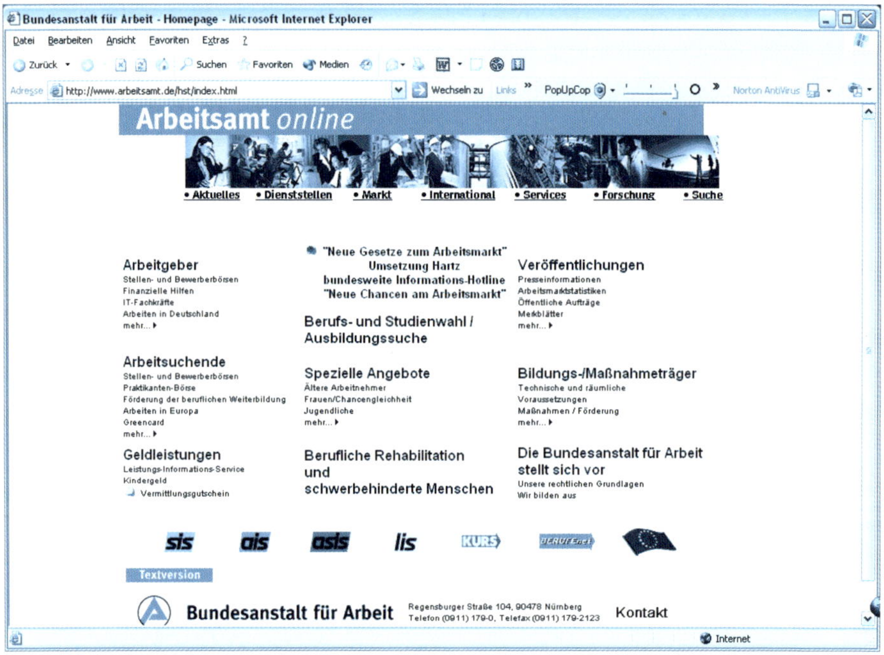

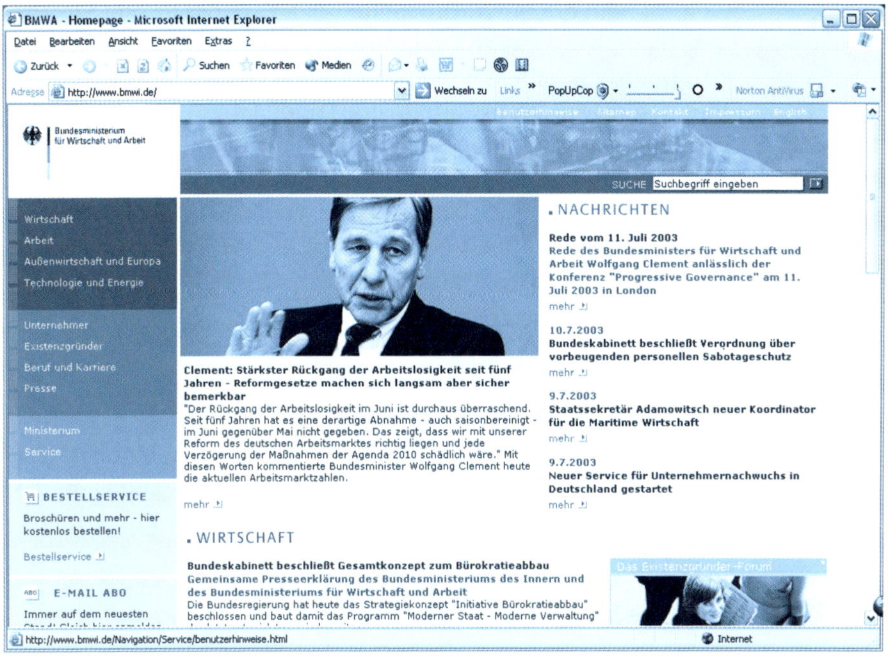
BMWA - Homepage - Microsoft Internet Explorer
Datei Bearbeiten Ansicht Favoriten Extras ?
Zurück Suchen Favoriten Medien
Adresse http://www.bmwi.de/
Wechseln zu Links PopUpCop Norton AntiVirus
Bundesministerium für Wirtschaft und Arbeit
SUCHE Suchbegriff eingeben
Wirtschaft
Arbeit
Außenwirtschaft und Europa
Technologie und Energie
Unternehmer
Existenzgründer
Beruf und Karriere
Presse
Ministerium
Service
BESTELLSERVICE
Broschüren und mehr - hier kostenlos bestellen!
Bestellservice
E-MAIL ABO
Immer auf dem neuesten
Clement: Stärkster Rückgang der Arbeitslosigkeit seit fünf Jahren - Reformgesetze machen sich langsam aber sicher bemerkbar
"Der Rückgang der Arbeitslosigkeit im Juni ist durchaus überraschend. Seit fünf Jahren hat es eine derartige Abnahme - auch saisonbereinigt - im Juni gegenüber Mai nicht gegeben. Das zeigt, dass wir mit unserer Reform des deutschen Arbeitsmarktes richtig liegen und jede Verzögerung der Maßnahmen der Agenda 2010 schädlich wäre." Mit diesen Worten kommentierte Bundesminister Wolfgang Clement heute die aktuellen Arbeitsmarktzahlen.
mehr
NACHRICHTEN
Rede vom 11. Juli 2003
Rede des Bundesministers für Wirtschaft und Arbeit Wolfgang Clement anlässlich der Konferenz "Progressive Governance" am 11. Juli 2003 in London
mehr
10.7.2003
Bundeskabinett beschließt Verordnung über vorbeugenden personellen Sabotageschutz
mehr
9.7.2003
Staatssekretär Adamowitsch neuer Koordinator für die Maritime Wirtschaft
mehr
9.7.2003
Neuer Service für Unternehmernachwuchs in Deutschland gestartet
mehr
WIRTSCHAFT
Bundeskabinett beschließt Gesamtkonzept zum Bürokratieabbau
Gemeinsame Presseerklärung des Bundesministeriums des Innern und des Bundesministeriums für Wirtschaft und Arbeit
Die Bundesregierung hat heute das Strategiekonzept "Initiative Bürokratieabbau" beschlossen und baut damit das Programm "Moderner Staat - Moderne Verwaltung"
Das Existenzgründer-Forum
http://www.bmwi.de/Navigation/Service/benutzerhinweise.html
Internet

DtA-Portal - Microsoft Internet Explorer
Datei Bearbeiten Ansicht Favoriten Extras ?
Zurück Suchen Favoriten Medien
Adresse http://www.dta.de/dtaportal/index.jsp
Wechseln zu Links PopUpCop Norton AntiVirus
My-DtA Suche FAQ Sitemap Kontakt Glossar English
PRESSECLUB
FINANZIERUNG
BERATUNG
GRÜNDERZENTRUM
WIR ÜBER UNS
gbb
ibg
Schnellsuche:
GO
DtA
Deutsche Ausgleichsbank
Die Gründer- und Mittelstandsbank
FINANZIERUNG
Rückenwind für Kleinstgründungen
Das speziell auf den Bedarf von Kleinstgründungen zugeschnittene DtA-Mikro-Darlehen hilft, kleine Finanzierungsvorhaben bis zu 25.000 Euro einfacher umzusetzen...
My-DtA
nd KfW-Umweltprogramms +++ Integration des
BILDUNGSFÖRDERUNG
Informationen zu unseren Bildungsförderungsprodukten
Meister-BAföG, BAföG-Bank-darlehen, Bildungskredit und Unterhaltsgeld und deren Förderbedingungen sowie Kontaktdaten...
GRÜNDERZENTRUM
Forum für clevere Gründer
Wer sich selbstständig macht, steht vor vielen Fragen. Unser virtuelles Gründerzentrum bietet Ihnen ein Forum, das Sie von Anfang an unterstützt...
ANTRÄGE ONLINE
Gemeinsamer Antragsvordruck DtA - KfW
Unsere elektronische Formularsammlung ist auf den neuen gemeinsamen
FINANZIERUNG
Neuordnung der Förderprogramme gestartet
Als erste Maßnahme zur Bündelung der Programme von DtA und KfW wurde die Förderung von
AKTUELLES
Themen-Special "Basel II": Alles, was Sie wissen müssen...
Virtuelle Pressemappe: DtA-Forum "Wirtschaftsdynamik durch Existenzgründungen von Migranten?"...
"Hessen-Tender": Kooperationspartner ziehen positives Fazit...
Thema des Monats im Presseclub: Emissionshandel
NEWS VON NETZEITUNG.DE
Telekom muss Produkte auch einzeln verkaufen...
15.07.2003 15:37
KfW bewilligt mehr Kredite für Investitionen...
16.07.2003 14:15
Großkonzerne greifen Gerling unter die Arme...
DtA-BERATER-FORUM
Nutzer-ID:
Kennwort:
LOGIN
Registrierung
Fertig
Internet

Sobald der Gewerbeschein erteilt wurde, meldet das zuständige Amt Sie automatisch bei verschiedenen anderen Institutionen an. Da wäre zunächst das Finanzamt, das sich auf zukünftige Steuereinnahmen freut. Ebenso werden Sie bei der für Ihre Region zuständigen Industrie- und Handelskammer (IHK) angemeldet, in der Sie Pflichtmitglied sind. Außerdem wird das zuständige Gewerbeaufsichtsamt informiert. Dieses kann und darf Ihre Geschäftsräume prüfen und informiert Sie auch über eventuell bestehende Auflagen, die Sie zu erfüllen haben. Mit der Erteilung des Gewerbescheins ist die erste Hürde genommen.

Betriebsstättennummer

Diese Nummer benötigen Sie, falls Sie Arbeitnehmer beschäftigen wollen, denn darüber werden die Sozialabgaben für Ihre Mitarbeiter abgerechnet. Die Nummer bekommen Sie von Ihrem Arbeitsamt erteilt. Sie beantragen die Betriebsstättennummer beim Arbeitsamt unter Vorlage Ihres Gewerbescheins.

Finanzamt

Obgleich das Finanzamt automatisch von Ihrer Gewerbeanmeldung erfährt, sollten Sie dort vorstellig werden, um eine Steuernummer und Umsatzsteuernummer für Ihr Gewerbe zu beantragen. Diese Nummern werden immer dann gebraucht, wenn Sie mit dem Finanzamt zu tun haben, etwa bei der Einkommenssteuererklärung, der Abführung der Umsatzsteuer oder anderer Steuern.

Berufsgenossenschaft

Sie müssen Ihr Gewerbe auch der zuständigen Berufsgenossenschaft melden, und zwar innerhalb von sieben Tage nach der Gewerbeanmeldung. Normalerweise wird diese Anmeldung jedoch automatisch durch das Ordnungs- oder Gewerbeamt vorgenommen. Die Berufsgenossenschaft ist in Versicherungsleistungen, Arbeitssicherheit, Gesundheitsschutz usw. von Arbeitnehmern involviert.

Auch wenn Sie keine Arbeitnehmer beschäftigen, ist die Mitgliedschaft in der Berufsgenossenschaft für Sie Pflicht (doch werden Sie in der Regel in diesem Fall beitragsfrei gestellt).

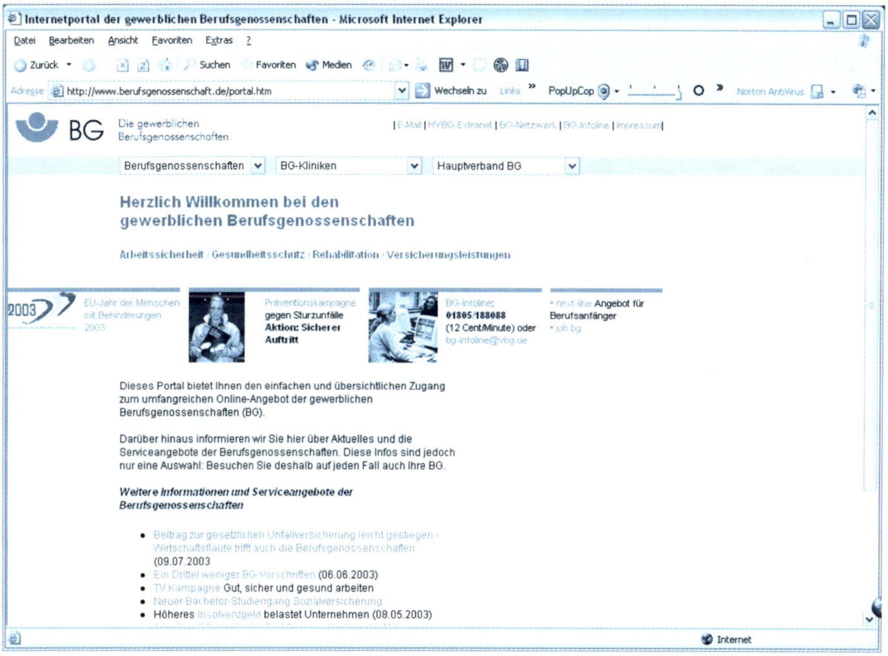

Handelsregister

Sobald Sie für Ihr Unternehmen die Rechtsform Gesellschaft mit beschränkter Haftung (GmbH), Kommanditgesellschaft (KG) oder Offene Handelsgesellschaft (OHG) wählen, muss der Eintrag ins Handelsregister erfolgen. In der Regel erledigt auch das die Behörde, bei der Sie Ihr Gewerbe angemeldet haben. Auch ein Notar ist berechtigt, diese Anmeldung in Ihrem Namen vorzunehmen.

Versicherungen

Der Behördenmarathon ist abgeschlossen, jetzt sollten Sie noch verschiedene Versicherungen abschließen, um sich und Ihr Unternehmen zu schützen. Sparen Sie dabei nicht am falschen Ende, indem Sie auf Versicherungen verzichten, denn ohne die nötigen Absicherungen stehen Sie im Zweifelsfall finanziell im Regen. Bei Wassereinbruch oder Feuer im Warenlager können Sie die Ware gar nicht mehr oder nur mit erheblichem Verlust verkaufen und bleiben ohne Versicherung auf allen Kosten sitzen. Ich habe hier die wichtigsten Versicherungen aufgelistet:

Lebensversicherung

Das Thema Tod ist nicht sonderlich angenehm, doch gilt es für diesen Fall Ihre Familie abzusichern, falls Sie als Hauptverdiener endgültig ausfallen. Und auch wenn der schlimmste Fall nicht eintritt, können Sie mit kapitalbildenden Absicherungen für ein zusätzliches Rentenpolster sorgen.

Altersversorgung

Neben einer gesetzlichen Rentenversicherung, die Sie weiter freiwillig bezahlen können, sind Zusatzmaßnahmen sinnvoll. Bilden Sie Altersrücklagen! Das kann eine Lebensversicherung oder ein Eigenheim sein. Aber auch Wertpapiere, Aktien- und Investmentfonds kommen dafür in Frage.

Krankenversicherung

Als Selbstständiger müssen Sie sich selbst um eine Krankenversicherung kümmern, damit im Krankheitsfall alle nötigen Kosten bezahlt werden. Als Unternehmer sollten Sie außerdem eine Krankentagegeldversicherung abschließen, die die Einkommenseinbußen abdeckt, wenn Sie wegen Krankheit für längere Zeit arbeitsunfähig sind und so auch keinen Umsatz erwirtschaften können. Sichern Sie sich auch für den Fall der Berufsunfähigkeit ab. Berufsunfähig bedeutet, dass Sie nur noch maximal vier Stunden täglich beruflich arbeiten können. Noch schlimmer ist die Erwerbsunfähigkeit, denn in diesem Fall können Sie gar keinen Beruf mehr ausüben. Schließen Sie auf jeden Fall eine Berufs- und/oder Erwerbsunfähigkeitsversicherung ab.

Betriebshaftpflichtversicherung

Diese Versicherung deckt alle Schäden ab, die einem anderen durch Ihren Betrieb entstehen. Ohne diese Versicherung kommen Sie persönlich für einen Schaden auf, denn vom Gesetz her sind Sie auf alle Fälle zur Schadenshaftung verpflichtet.

Feuer-, Sturm- und Leitungswasserversicherungen, Einbruch- und Diebstahlversicherung

Wenn Sie ein Warenlager haben, sind diese Versicherungen wichtig. Brennt z. B. Ihr Lager samt Waren ab, decken diese Versicherungen den Schaden ab. Darin eingeschlossen sind Betriebsgebäude und -einrichtungen, Fuhrpark und die Warenbestände. Abgedeckt sind ebenfalls die Kosten für Lösch-, Aufräum- und Bergungsarbeiten. Die Einbruch- und Diebstahlversicherung schützt Sie vor Schäden durch den Diebstahl von Waren und/oder Betriebsmitteln. Versichert sind die Warenbestände, die Geschäftsausstattung im Büro, Lager und den Verkaufsräumen. Auch durch Einbruch verursachte Schäden und deren Reparatur sind abgedeckt.

Produkthaftpflicht

Diese Versicherung benötigen Sie, wenn Sie Produkte selbst herstellen. Dann nämlich haften Sie für Schäden, die durch diese Produkte entstehen. Sie haften natürlich nicht für Schäden durch fahrlässigen Umgang mit dem Produkt.

Betriebsunterbrechungsversicherung

Feuer-, Wasser- oder Sturmschaden können Ihr Unternehmen oftmals für eine Weile lahm legen. Daraus resultieren Umsatzausfall und Gewinneinbußen. Kosten wie Mieten oder Löhne laufen aber weiter. Diese Kosten und den Gewinnverlust deckt die Betriebsunterbrechungsversicherung ab.

Hinweis

Nehmen Sie alles mit, was Sie an Beratung und Hilfeleistung bekommen können. Informieren Sie sich bei der IHK, Ihrer Hausbank und Ihrem Steuerberater (die Erstberatung durch einen Steuerberater ist kostenlos).

Der ebay PowerSeller

Die Lage auf dem Arbeitsmarkt ist alles andere als berauschend. Wen wundert es da, dass der Trend zur Selbstständigkeit ungebrochen anhält. Online-Auktionen sind in und bieten vielen Menschen eine Gelegenheit, zusätzliches Geld zu verdienen und sogar eine Existenz als eBay-Händler aufzubauen. Doch bei der Unmenge an Konkurrenten ist es sehr schwierig, sich positiv abzuheben und so einen Vorteil gegenüber den Auktionen anderer Anbieter zu gewinnen. Neben attraktiver und professioneller Präsentation der Ware ist ein positives Bewertungsprofil das beste Mittel, potentiellen Käufern die Sorge vor einer schwierigen Geschäftsabwicklung oder Betrug zu nehmen. eBay hat das PowerSeller-Programm eingeführt, das Händlern und privaten Vielverkäufern ein seriöses Geschäftsgebaren bescheinigt. Allerdings sind an die Teilnahme an diesem Programm einige Bedingungen geknüpft, die es nicht für jeden attraktiv erscheinen lassen. Wann lohnt es sich also, ein PowerSeller zu werden?

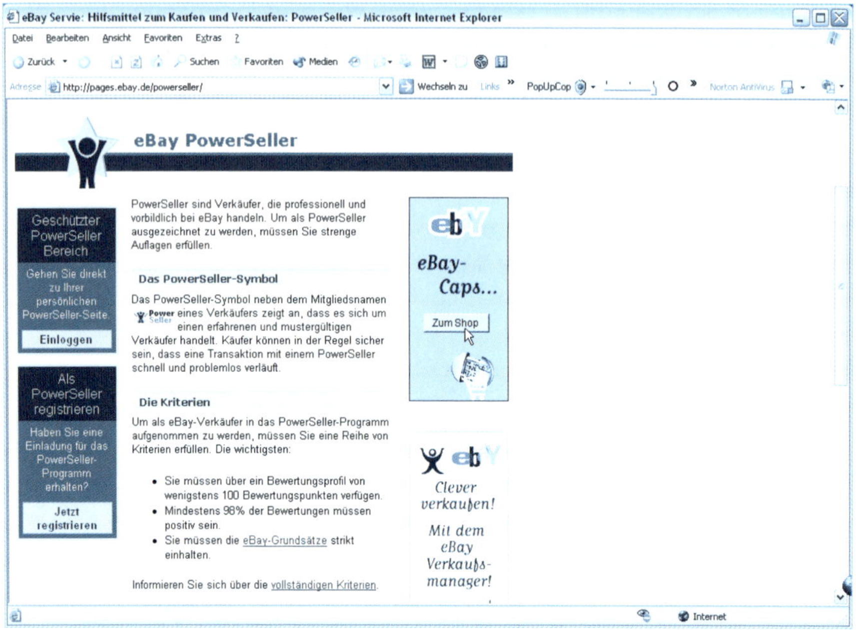

Die Kriterien

PowerSeller kann nur werden, wer mindestens 100 Bewertungen bekommen hat, von denen 98 % positiv sein müssen. Zudem darf der Anteil an negativen und neutralen Bewertungen auch in Zukunft nicht höher als 2 % liegen. Es besteht die ausdrückliche Verpflichtung, die eBay-Grundsätze strikt einzuhalten und jegliche Manipulation (z. B. Selbst-Hochbieten) zu unterlassen. Pro Monat müssen im Durchschnitt vier Artikel erfolgreich eingestellt werden, der Mindestumsatz liegt bei 3 000,– Euro. eBay bezieht sich bei der Ermittlung dieser Zahlen jeweils auf einen Zeitraum von drei Monaten. Sie müssen also mindestens zwölf Artikel im Wert von mindestens 9 000,– Euro in drei Monaten ohne Schwierigkeiten verkaufen. Wird das Soll in einem Monat nicht erreicht, so kann es im nächsten Monat ausgeglichen werden. Gelingt es Ihnen auch dann nicht, werden Sie aus dem PowerSeller-Programm gestrichen.

Weiterhin müssen Sie für eine Registrierung als Händler bei *eBay.de*, *eBay.ch* oder *eBay.at* Ihren Wohnsitz in Deutschland, der Schweiz oder in Österreich haben. Erst wenn alle diese Bedingungen erfüllt sind, wird überhaupt eine Einladung von eBay ausgesprochen, am PowerSeller-Programm teilzunehmen. Die Teilnahme ist netterweise kostenlos und nicht verpflichtend. Sie kann jederzeit durch eine einfache Abmeldung des Verkäufers wieder aufgehoben werden (zum Beispiel infolge von Krankheit oder Geschäftsaufgabe).

Pro PowerSeller

Zunächst erscheint das PowerSeller-Symbol hinter dem Verkäufernamen. Es dient als eine Art TÜV-Plakette oder Garant, woran Käufer auf den ersten Blick sehen sollen, dass sie es mit einem seriösen und vertrauenswürdigen Verkäufer zu tun haben. Ferner dürfen Sie auch auf der eigenen Website mit dem PowerSeller-Logo werben.

Es dient als Zugangsportal für die aktuellen Auktionen und bietet somit die Möglichkeit, mehr Interessenten auf die zu verkaufende Ware aufmerksam zu machen.

Bei Problemen steht eine spezielle Unterstützung (Support) zur Verfügung. Tauchen irgendwelche technischen Probleme auf oder zickt die eBay-Software, steht ein Expertenteam mit Rat und Tat bereit. Für den »Normal-eBayer« dagegen ist es in der Regel fast unmöglich, Hilfe von eBay in Softwarefragen zu bekommen. Der Support erfolgt telefonisch oder per E-Mail. Ein eigenes kompetentes Diskussionsforum steht einem PowerSeller ebenfalls offen sowie die Möglichkeit, sich auf der Website *www.powersellertreff.de* registrieren zu lassen.

Kontra

Neben den angeführten Vorteilen gibt es aber auch Nachteile. PowerSeller sind in drei Kategorien (Bronze, Silber und Gold) eingeteilt, die sich in erster Linie durch den geforderten Mindestumsatz unterscheiden. Bereits für den Bronze-Status ist ein Mindestumsatz von 3 000,– Euro pro Monat erforderlich. Silber (10 000,– Euro), Gold (25 000,– Euro) und Platin (150 000,– Euro) erreichen Sie nur, wenn Sie Waren hauptberuflich und mit der Power eines ausgewachsenen Unternehmens bei eBay einstellen. Für alle Kategorien gilt, dass in zwei von drei Monaten mindestens vier Verkäufe getätigt werden müssen. Wenn es sich jedoch nicht gerade um teure Produkte wie Autos, Schmuck oder Antiquitäten handelt, müssen für die höheren PowerSeller-Kategorien wesentlich mehr Artikel verkauft werden. Die Anforderungen sind ganz schön hoch und für jemanden, der die Handelsplattform eBay nur zum Nebenerwerb nutzen möchte, fast unerreichbar.

Fassen wir zusammen:

Der Status des PowerSellers lohnt sich nur, wenn Sie die monatlich erforderlichen Mindestanforderungen problemlos erfüllen können. 10 000,– oder 25 000,– Euro im Monat wollen erst einmal erwirtschaftet werden, und Sie werden es nur schaffen, wenn Sie Ihr Unternehmen mit vollem Einsatz betreiben. Ist das der Fall, bringen der PowerSeller-Status und die PowerSeller-Plakette den nötigen Vertrauensvorschuss und höhere Gebote der Interessenten. Wie ich bereits sagte, erfolgt keinerlei vertragliche Bindung, denn der Status als PowerSeller kann jederzeit wieder aufgegeben werden. Falls Ihr eBay-Handel also floriert, sollten Sie es ruhig wagen, Sie können dabei nichts verlieren. Und wer weiß, vielleicht spornt Sie ja bereits die erfolgreiche Teilnahme am Bronze-Programm derartig an, dass Sie Ihren Umsatz weiter steigern und noch erfolgreicher werden.

Handeln, doch womit?

Haben Sie das richtige Produkt, läuft der Handel bei eBay fast von allein. Profit dagegen machen Sie durch einen günstigen Einkauf. Ihr Erfolg als PowerSeller ist also maßgeblich von der günstigen Beschaffung attraktiver Produkte abhängig.

Der größte Umsatz nutzt wenig, wenn nach Abzug der Kosten nur ein verschwindend kleiner Gewinn übrig bleibt. Die Warenbeschaffung und die Logistik müssen also so günstig wie möglich sein. Doch richtig großen Geschäftserfolg werden Sie bei eBay nur erreichen, wenn Ihr Angebot sich genau nach den Bedürfnissen Ihrer Kundschaft richtet und auf ein weites Publikumsinteresse stößt. Zunächst gilt es also zu klären, mit welchen Waren der Handel überhaupt sinnvoll ist.

> **Hinweis**
>
> *Websites wie z. B. www.kostenlos.de oder www.werksverkauf.de können Ihnen bei der Warenbeschaffung gute Dienste leisten.*

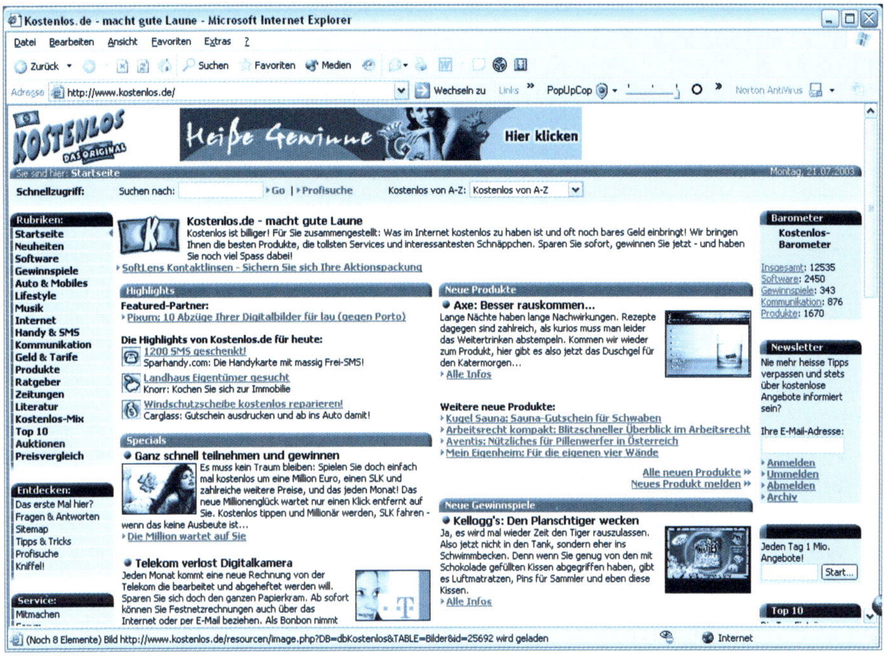

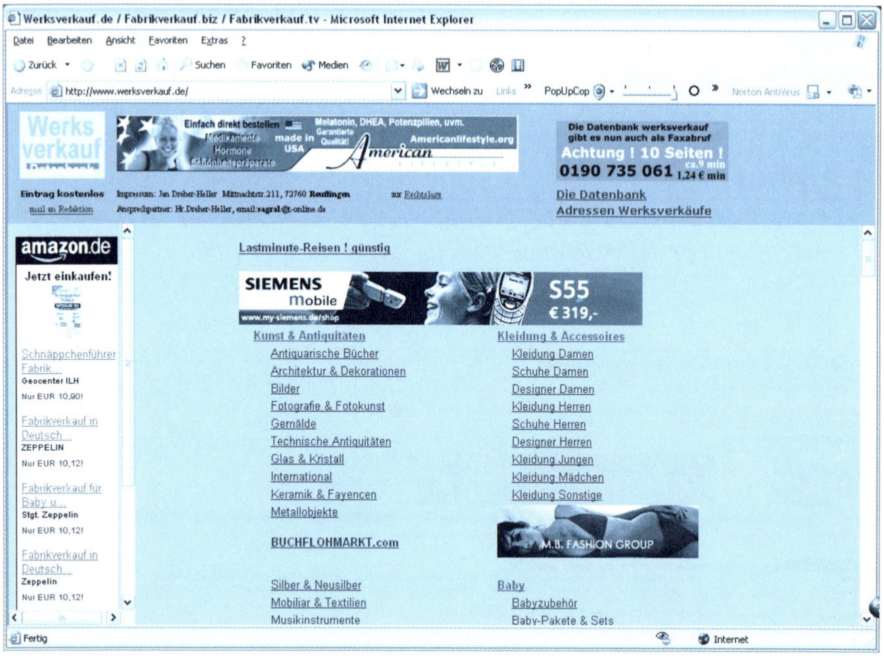

Prinzipiell ist alles geeignet, was Sie billig kaufen und mit Gewinn verkaufen können. Wichtig ist dabei nur, dass es sich um einen gängigen, allgemein bekannten Artikel handelt, mit dem jeder umzugehen weiß (T-Shirt, Gießkanne etc.). Wenn Sie mit dieser Art von Ware handeln wollen, kommt es wirklich nur auf einen möglichst günstigen Einkauf und einen profitablen Verkauf an. Wenn Sie jedoch mit Produkten handeln, die erklärt, aufgebaut und betrieben werden müssen, also komplexer sind als etwa ein Küchenmesser, dann sollten Sie sich möglichst gut damit auskennen. Und da Sie als Händler auch gewährleistungspflichtig sind, sollten Sie das Know-how mitbringen, Reklamationen zu handhaben oder Reparaturen durchzuführen. Haben Sie das erforderliche Wissen nicht oder nur zum Teil, müssen Sie es sich aneignen. Verfügen Sie dagegen – vielleicht durch Beruf oder Hobby – über fundierte Sachkenntnisse, haben Sie bessere Chancen, als wenn Sie von Null anfangen müssen. Zusätzlich benötigen Sie ein ausgezeichnetes Wissen über den Markt und Kunden, um erfolgreich verkaufen zu können. Wenn Sie ein Gefühl für den Markt entwickelt haben, wissen Sie, welche Ware wann am besten geht.

Das richtige Produkt

Um gut gehende Handelsware zu finden, ist also Recherchearbeit unerlässlich, doch wo soll man sich informieren? Na, befragen Sie doch einfach die Kunden. Zwei Vorgehensweisen bieten sich an: die direkte und die indirekte Kundenbefragung.

Bei der direkten Kundenbefragung sprechen Sie mit einer vorher genau definierten Zielgruppe. Nutzen Sie für die Befragung Chats und Newsgroups im Internet, in denen Ihre Zielgruppe hauptsächlich zu finden ist. Auch die Foren und Cafés von eBay gehören dazu, denn hier sprechen Sie direkt mit Ihren zukünftigen Kunden. Lesen Sie in erster Linie, doch reden Sie auch mit, wobei es sinnvoll ist, Ihre wahren Absichten zu verschleiern. Fallen Sie nicht mit der Tür ins Haus, sondern fragen Sie geschickt und diplomatisch.

Bei der indirekten Methode befragen Sie nicht den Kunden selbst, sondern werten sein Kaufverhalten aus. Bei eBay sehen Sie sich die Auktionen in den Kategorien an, in denen Sie selbst als Verkäufer tätig werden wollen. Analysieren Sie hier, welche Produkte am häufigsten angeboten und erfolgreich verkauft werden. Finden Sie heraus, welche Ware läuft und welche nicht. Aus dieser Beobachtung des Konsumverhaltens erhalten Sie Informationen über marktfähige Produkte. Sehen Sie sich innerhalb Ihrer Zielgruppe um, finden Sie heraus, was dort gerade in ist. Auf alle Fälle dürfen Sie keinen Trend verpassen, denn wenn er vorbei ist, bleiben Sie auf der Ware hocken.

Hinweis

In Kapitel 6, »Helferlein«, stelle ich das Programm »Baywotch« vor, das Ihnen dabei hilft, schnell und teuer verkaufte Artikel bei eBay zu fin-

Wo einkaufen und wie?

Doch wo und wie soll man einkaufen? Nun, das hängt davon ab, wie groß Sie einsteigen wollen. Reicht Ihnen ein netter Nebenverdienst, werden Sie die Ware anders beschaffen, als wenn Sie Ihren Lebensunterhalt über das Verkaufen bei eBay verdienen wollen und dafür Masse brauchen. Für Masse brauchen Sie niedrigpreisige Waren in großen Mengen. Auch das Gegenteil, nämlich der Verkauf nur geringer Mengen, aber mit hohem Gewinn, kann lukrativ sein. Ein gutes Beispiel wären Luxusgüter, Antiquitäten und teure Sammlerstücke. Achten Sie stets darauf, dass Sie realistisch einkaufen. So verlockend Staffelpreise und Mengenrabatte auch sein mögen, kaufen Sie nur so viel Ware ein, wie Sie zunächst vorfinanzieren und auch absetzen können. Es nützt nichts, 15 000 Küchenmesser mit 30 % Rabatt zu kaufen, wenn Sie am Ende nur 200 bei eBay loswerden können. Halten Sie Ihre Warenbestände im Lager klein, und sorgen Sie für einen hohen Lagerumschlag, indem Sie sich nur so viel Ware auf Vorrat legen, wie Sie auch sicher verkaufen können. Bestellen Sie lieber Ware nach, als darauf sitzen zu bleiben. Eine hohe Lagerumschlagsgeschwindigkeit zu bekommen ist bei eBay nicht sehr schwer, wie man bei den vielen PowerSellern sehen kann.

Wenig Zwischenhändler

Weg mit dem Zwischenhandel und ran an den Hersteller! Denn auch der Zwischenhändler will Ware günstig kaufen und mit Profit verkaufen. Je mehr Zwischenhändler zwischen Ihnen und der Ware stehen, umso teurer wird die Ware für Sie. Wenn Sie größere Mengen abnehmen und verkaufen können, ist es fast immer lohnend, direkt beim Hersteller anzufragen. Dann können Sie die Marge einstreichen, die sonst bei den Zwischenhändlern hängen bleibt.

Sperrmüll & Co.

Wenn bei Ihnen Sperrmüll abgeholt wird, dann ist Ihnen sicher schon das Heer kleiner Transporter aufgefallen, deren Fahrer den Sperrmüll durchwühlen und allerhand Sachen aufladen. Oft genug wird darunter der eine oder andere eBay-Händler auf »Einkaufsfahrt« zu finden sein, der auf diese Weise den Warenbestand seines Lagers auffüllt. Was für den einen Schrott ist, verkauft der andere mit Profit. Vorteil: Sie bekommen die Ware sogar umsonst. Haben Sie ein passendes Fahrzeug und keine Scheu, im Sperrmüll zu wühlen, dann gehen Sie doch selbst auf »Einkaufstour«.

Drittverwertung

Bei der Drittverwertung müssen Sie ein Gespür dafür entwickeln, welche Dinge für den Verkauf taugen, welche nicht, also womit Sie genug Profit machen können. Bewerten Sie das am besten aus der Kundenperspektive: Einen alten durchgesessenen Sessel würden Sie wohl kaum bei eBay kaufen, die gut erhaltene Kommode im Biedermeierstil, die mit etwas Pflege und leichten Reparaturen wieder in Schuss zu bringen ist, dafür schon eher.

Restpostenmärkte

Pleitegeier, Rudis Resterampe, Fundgrube und wie die Restpostenmärkte alle heißen: In diesen Läden wird neben Kitsch oftmals auch viel Brauchbares zu niedrigen Preisen verramscht. Meist kaufen die Betreiber Konkursmassen oder Waren mit Havarie- oder aus Transportschäden und Lagerauflösungen sowie Überhangware auf, um diese dann weiter zu verkaufen. Werkzeuge (nicht immer hochwertig), Küchen- oder Gartengeräte findet man dort ebenso wie Kleidung und sogar Lebensmittel, aber in erster Linie Kitsch. Wenn überhaupt, eignen sich diese Märkte eher zur Warenbeschaffung für den Nebenverdienst. Wenn Sie professionell verkaufen wollen, können Sie bei diesen Märkten spicken und selbst solche Quellen für den Einkauf nutzen.

Konkursmassen und Zwangsversteigerungen

Unter *www.zvg.com* und *www.immozv.de* werden im Internet Termine von gerichtlichen und anderen Zwangsversteigerungen veröffentlicht. Auch die Gerichte in Ihrer Nähe inserieren Zwangsversteigerungen in Amtsblättern und Tageszeitungen.

Internet

Auch für den Wareneinkauf ist das Internet ein riesiger Marktplatz. Empfehlenswerte Adressen sind u. a.:

www.softpreis.de

www.rossmann.de

www.kostenlos.de

www.schnaeppchen.de

www.probenjagd.de

www.billig.de

VEBEG GmbH

Die VEBEG GmbH ist eine bundeseigene Treuhandgesellschaft, welche gebrauchte Materialien von staatlichen Institutionen, Behörden (z. B. der Bundeswehr) im Versteigerungsverfahren verkauft. Jeder kann hier für alte Dienst- oder Bundeswehrfahrzeuge (sogar Schiffe), Geräte und Materialien bieten und diese erwerben. Hier können Sie unter Umständen günstig an alte Autos, Werkzeuge, Maschinen und Ähnliches kommen und diese bei eBay verkaufen. Beachten Sie, dass Sie alles grundsätzlich selbst abholen müssen (Kosten!). **Als Händler besteht für Sie außerdem auch für gebrauchte Waren die Gewährleistungspflicht.** Vorsicht, denn oft sind beispielsweise Fahrzeuge, die von der VEBEG zum Kauf angeboten werden, ziemlich heruntergekommen und nicht immer funktionstüchtig.

Angebote für Wiederverkäufer

Der Max Schimmel Verlag gibt die Zeitschrift »Zentralmarkt« heraus. Gewissermaßen ist diese eine Art Anzeigenzeitung für Wiederverkäufer. Darin finden sich alle nur erdenklichen Waren, die sich oft sehr billig einkaufen und Gewinn bringend verkaufen lassen. Die Zeitschrift gibt es auch in einer Online-Version, die Sie unter *www.zentrada.de* im Internet finden können. Allerdings müssen Sie diesen Service kostenpflichtig abonnieren. Der Jahrespreis beträgt zurzeit ca. 100,– Euro. Anbetracht der Tatsache, dass Sie hier aber viele Waren sehr billig bekommen können, macht sich der Abopreis schnell bezahlt.

Inseratzeitungen

Beim Zeitschriftenhändler bekommen Sie Inseratzeitungen, wie beispielsweise »Sperrmüll«. In diesen werden neben Immobilien, Fahrräder, Autos usw. auch Restposten, Überhangwaren und andere günstige Schnäppchen angeboten.

Zum Schluss!

Kuriose Auktionen bei eBay

Kaum zu glauben, aber selbst eine einzelne Sandale fand Verwendung.

Kapitel 10

Abrechnen

Geschenkt bekommen Sie nichts und bei eBay schon gar nicht, denn die wollen ebenfalls Geld verdienen.

Das können Sie schon:

Das lernen Sie neu:

Abrechnen und Gebühren

Um zu wissen, was Sie der Spaß bei eBay kostet, sollten Sie die Kosten für den Verkauf von Artikeln berechnen. Zu diesem Zweck besuchen Sie die eBay-Seite *pages.ebay.de/help/sellerguide/selling-fees.htm*. Von dort aus führen mehrere Verweise zu den benötigten Informationen.

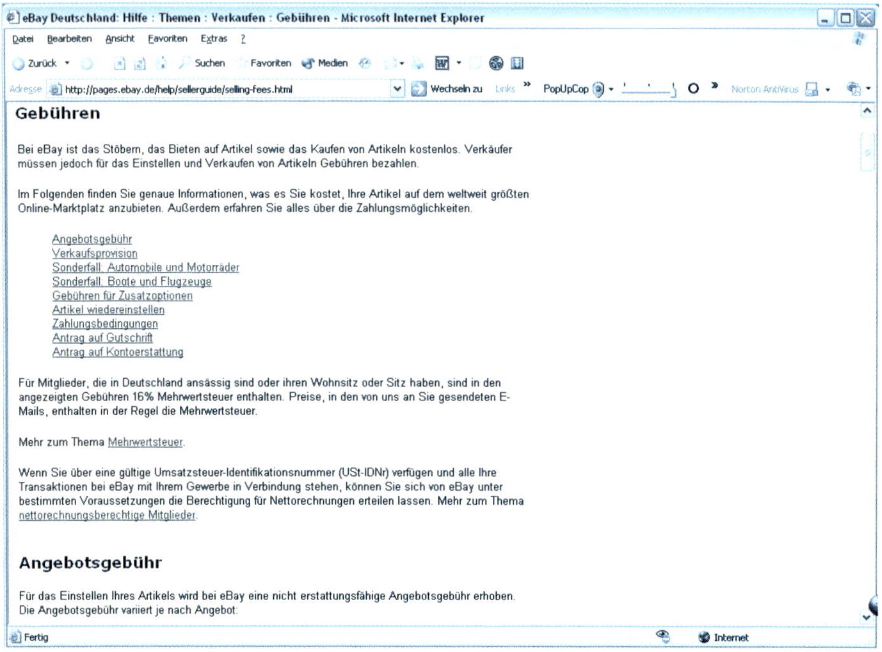

Die eBay-Gebühren setzen sich aus der Angebotsgebühr, der Verkaufsprovision und eventuellen Kosten für Zusatzoptionen zusammen.

Fixkosten

Startpreis	Angebotsgebühr
EUR 1,00 - EUR 1,99	EUR 0,25
EUR 2,00 - EUR 9,99	EUR 0,45
EUR 10,00 - EUR 24,99	EUR 0,80
EUR 25,00 - EUR 99,99	EUR 1,60
EUR 100,00 - EUR 249,99	EUR 3,20
EUR 250,00 und höher	EUR 4,80

Verkaufsprovision

Wie hoch die variablen Kosten sind, erfahren Sie erst nach dem Ende einer Auktion. Maximal fünf Prozent des erzielten Verkaufspreises werden hier fällig und müssen, ebenso wie die anderen Gebühren auch, vom Verkäufer bezahlt werden. Eine nicht unbedeutende Summe, die in jedem Fall Bestandteil Ihrer Kalkulation sein sollte.

Verkaufspreis	Verkaufsprovision
EUR 1,00 - EUR 50,00	5,0% des Verkaufspreises
EUR 50,01 - EUR 500,00	EUR 2,50 zzgl. 4,0% des Preises über EUR 50,00
EUR 500,01 und mehr	EUR 20,50 zzgl. 2,0% des Preises über EUR 500,00

Automobile und Motorräder

Eine Ausnahme bei der Kostenregelung besteht beim Verkauf von Autos und Motorrädern.

Gebührenordnung für das Anbieten in den Kategorien Automobile und Motorräder

	Einzelner Artikel	Mehrere Artikel
Auktion / Auktion mit Sofort-Kaufen-Option	Die Angebotsgebühr beträgt EUR 20,00 für Automobile und EUR 10,00 für Motorräder.	Auch bei einer Powerauktion beträgt die Angebotsgebühr nur EUR 20,00 für Automobile und EUR 10,00 für Motorräder.
Festpreis	Die Angebotsgebühr beträgt EUR 20,00 für Automobile und EUR 10,00 für Motorräder.	Die Gebühr für das Einstellen mehrerer Fahrzeuge beträgt EUR 20,00 für Automobile bzw. EUR 10,00 für Motorräder multipliziert mit der Anzahl der eingestellten Fahrzeuge.

Verkaufsprovision für die Kategorien Automobile und Motorräder

	Einzelner Artikel	Mehrere Artikel
Auktion / Auktion mit Sofort-Kaufen-Option	Die Verkaufsprovision beträgt EUR 50,00 für Automobile und EUR 15,00 für Motorräder.	Bei einer Powerauktion beträgt die Verkaufsprovision EUR 50,00 für Automobile und EUR 15,00 für Motorräder multipliziert mit der Anzahl der verkauften Fahrzeuge.
Festpreis	Die Verkaufsprovision beträgt EUR 50,00 für Automobile und EUR 15,00 für Motorräder.	Die Verkaufsprovision bei Festpreisangeboten, wobei mehrere Fahrzeuge eingestellt wurden, beträgt EUR 50,00 für Automobile bzw. EUR 15,00 für Motorräder multipliziert mit der Anzahl der verkauften Fahrzeuge.

Boote und Flugzeuge

Auch in diesen Kategorien ist eBay nicht gerade billig.

Gebührenordnung für das Anbieten in den Kategorien Boote und Flugzeuge

	Einzelner Artikel	Mehrere Artikel
Auktion / Auktion mit Sofort-Kaufen-Option	Die Angebotsgebühr beträgt EUR 20,00.	Auch bei einer Powerauktion beträgt die Angebotsgebühr nur EUR 20,00.
Festpreis	Die Angebotsgebühr beträgt EUR 20,00	Die Gebühr für das Einstellen mehrerer Boote oder Flugzeuge beträgt EUR 20,00 multipliziert mit der Anzahl der eingestellten Boote oder Flugzeuge.

Verkaufsprovision für die Kategorien Boote und Flugzeuge

	Einzelner Artikel	Mehrere Artikel
Auktion / Auktion mit Sofort-Kaufen-Option	Die Verkaufsprovision beträgt EUR 50,00.	Bei einer Powerauktion beträgt die Verkaufsprovision EUR 50,00 multipliziert mit der Anzahl der verkauften Boote oder Flugzeuge.
Festpreis	Die Verkaufsprovision beträgt EUR 50,00.	Die Verkaufsprovision bei Festpreisangeboten, wobei mehrere Fahrzeuge eingestellt wurden, beträgt EUR 50,00 multipliziert mit der Anzahl der verkauften Boote oder Flugzeuge.

Gebühren für Zusatzoptionen

Hier langt eBay meiner Meinung nach ordentlich hin.

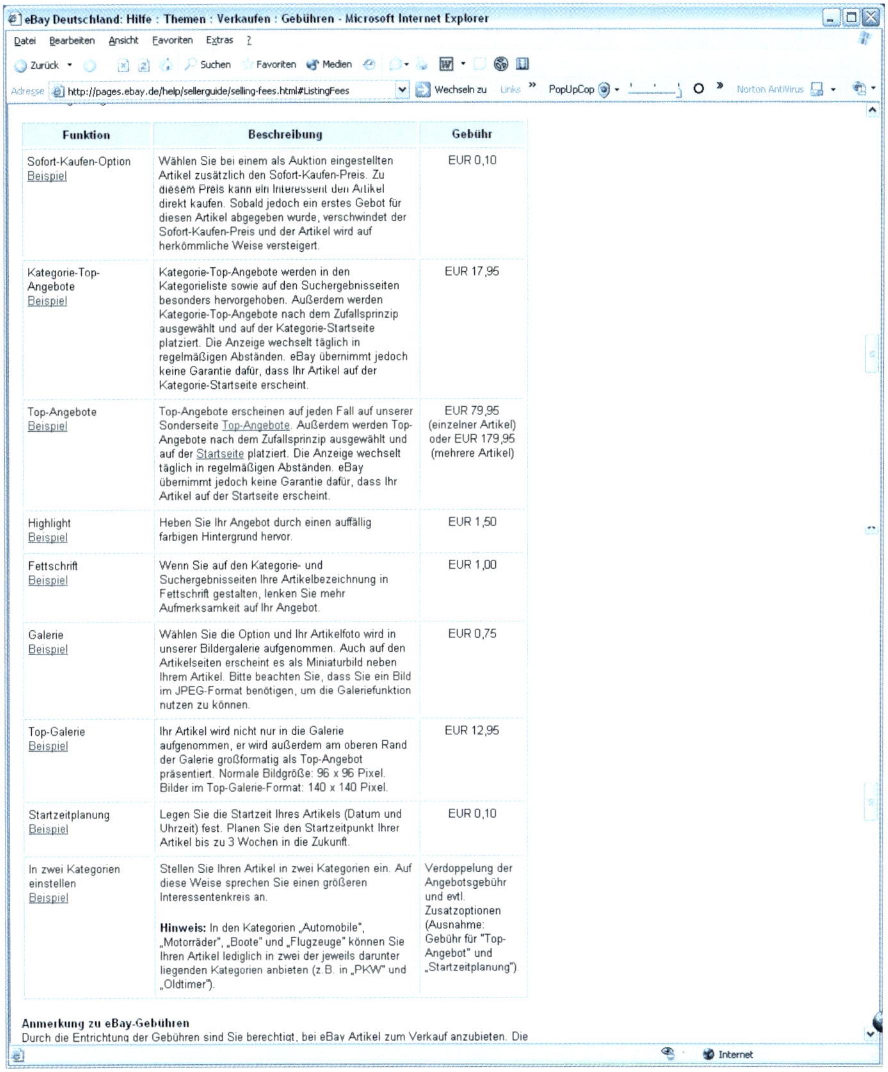

Funktion	Beschreibung	Gebühr
Sofort-Kaufen-Option Beispiel	Wählen Sie bei einem als Auktion eingestellten Artikel zusätzlich den Sofort-Kaufen-Preis. Zu diesem Preis kann ein Interessent den Artikel direkt kaufen. Sobald jedoch ein erstes Gebot für diesen Artikel abgegeben wurde, verschwindet der Sofort-Kaufen-Preis und der Artikel wird auf herkömmliche Weise versteigert.	EUR 0,10
Kategorie-Top-Angebote Beispiel	Kategorie-Top-Angebote werden in den Kategorieliste sowie auf den Suchergebnisseiten besonders hervorgehoben. Außerdem werden Kategorie-Top-Angebote nach dem Zufallsprinzip ausgewählt und auf der Kategorie-Startseite platziert. Die Anzeige wechselt täglich in regelmäßigen Abständen. eBay übernimmt jedoch keine Garantie dafür, dass Ihr Artikel auf der Kategorie-Startseite erscheint.	EUR 17,95
Top-Angebote Beispiel	Top-Angebote erscheinen auf jeden Fall auf unserer Sonderseite Top-Angebote. Außerdem werden Top-Angebote nach dem Zufallsprinzip ausgewählt und auf der Startseite platziert. Die Anzeige wechselt täglich in regelmäßigen Abständen. eBay übernimmt jedoch keine Garantie dafür, dass Ihr Artikel auf der Startseite erscheint.	EUR 79,95 (einzelner Artikel) oder EUR 179,95 (mehrere Artikel)
Highlight Beispiel	Heben Sie Ihr Angebot durch einen auffällig farbigen Hintergrund hervor.	EUR 1,50
Fettschrift Beispiel	Wenn Sie auf den Kategorie- und Suchergebnisseiten Ihre Artikelbezeichnung in Fettschrift gestalten, lenken Sie mehr Aufmerksamkeit auf Ihr Angebot.	EUR 1,00
Galerie Beispiel	Wählen Sie die Option und Ihr Artikelfoto wird in unserer Bildergalerie aufgenommen. Auch auf den Artikelseiten erscheint es als Miniaturbild neben Ihrem Artikel. Bitte beachten Sie, dass Sie ein Bild im JPEG-Format benötigen, um die Galeriefunktion nutzen zu können.	EUR 0,75
Top-Galerie Beispiel	Ihr Artikel wird nicht nur in die Galerie aufgenommen, er wird außerdem am oberen Rand der Galerie großformatig als Top-Angebot präsentiert. Normale Bildgröße: 96 x 96 Pixel. Bilder im Top-Galerie-Format: 140 x 140 Pixel.	EUR 12,95
Startzeitplanung Beispiel	Legen Sie die Startzeit Ihres Artikels (Datum und Uhrzeit) fest. Planen Sie den Startzeitpunkt Ihrer Artikel bis zu 3 Wochen in die Zukunft.	EUR 0,10
In zwei Kategorien einstellen Beispiel	Stellen Sie Ihren Artikel in zwei Kategorien ein. Auf diese Weise sprechen Sie einen größeren Interessentenkreis an. **Hinweis:** In den Kategorien „Automobile", „Motorräder", „Boote" und „Flugzeuge" können Sie Ihren Artikel lediglich in zwei der jeweils darunter liegenden Kategorien anbieten (z.B. in „PKW" und „Oldtimer").	Verdoppelung der Angebotsgebühr und evtl. Zusatzoptionen (Ausnahme: Gebühr für "Top-Angebot" und „Startzeitplanung").

Anmerkung zu eBay-Gebühren
Durch die Entrichtung der Gebühren sind Sie berechtigt, bei eBay Artikel zum Verkauf anzubieten. Die

Prüfen Sie also ganz genau, ob diese Optionen wirklich so entscheidend für den Erfolg Ihrer Auktion sind, dass diese Preise gerechtfertigt sind.

Ihr eBay-Konto

1 Rufen Sie *Mein eBay* auf, und wählen Sie dort die Registerkarte *Konto*. Hier können Sie jederzeit die Einstellungen rund um Ihr eBay-Konto, Zahlungsweise oder die Rechnungswährung ändern. Besonders wichtig ist dabei der Verweis *Kontostand anzeigen* im Bereich *eBay-Kontostand*.

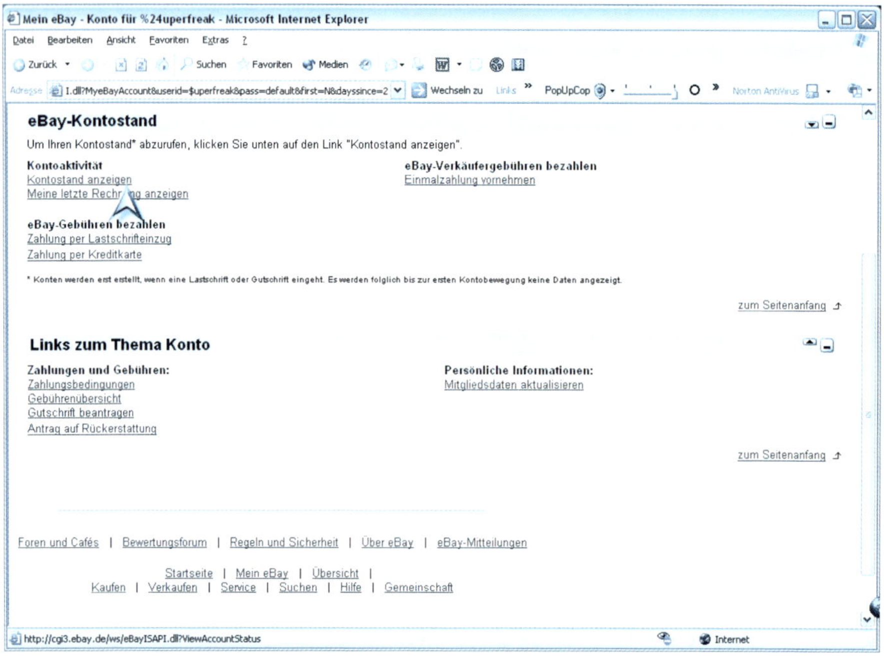

2 Nun können Sie einen Zeitraum auswählen und brauchen nur noch auf die Schaltfläche *Senden* zu klicken, und kurz darauf erhalten Sie einen übersichtlichen Kontoauszug.

Hier finden Sie die angefallenen Gebühren, aber auch Ihre Gutschriften ausführlich und chronologisch aufgelistet. Ebenso sehen Sie, welche Gebühren bei eBay aktuell angefallen sind, also demnächst von Ihrem Konto abgebucht werden.

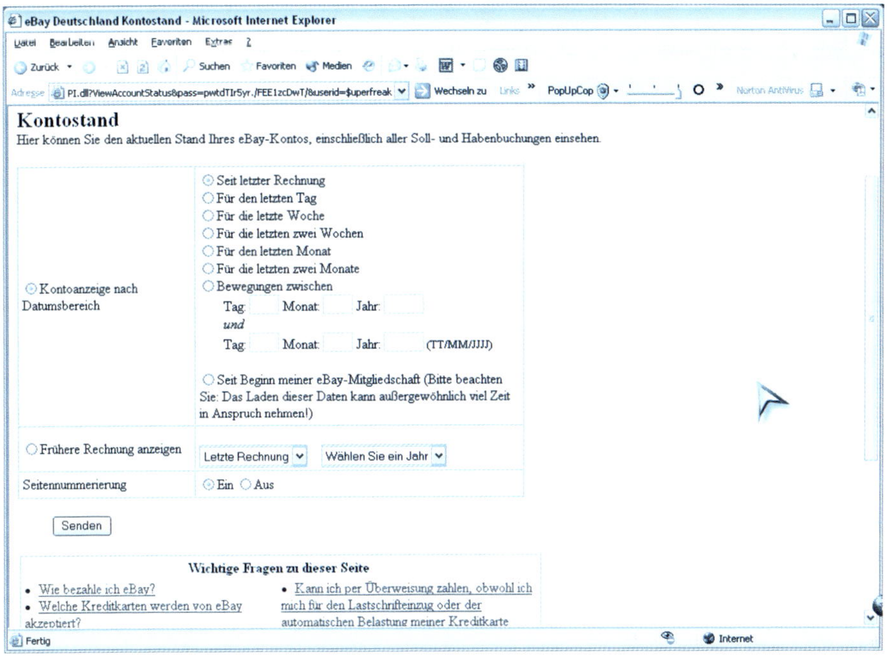

Zum Schluss!

Kuriose Auktionen bei eBay

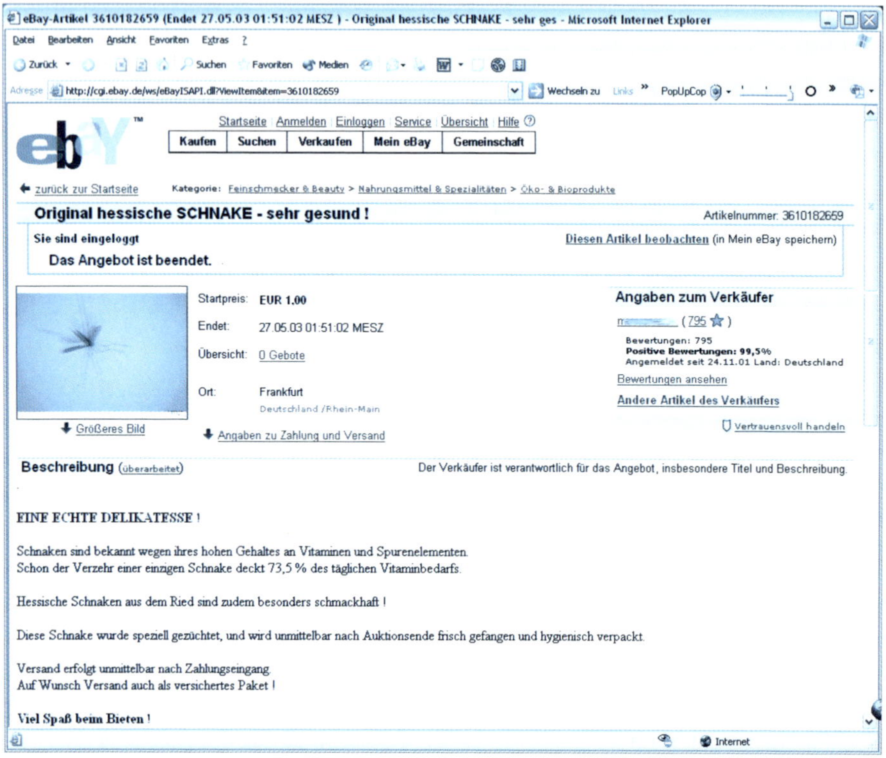

Ein netter Versuch! Aber der Handel mit lebenden Tieren ist natürlich bei eBay verboten.

Kleines Lexikon

Account

Mitgliedschaft, Benutzerkonto

ADSL

(Asymmetric Digital Subscriber Line); Technik, die eine hohe Übertragungsgeschwindigkeit von Daten über das bestehende Kupferkabelnetz (der Telekom) ermöglicht

Betriebssystem

Software eines Rechners, die zwingend nötig ist, damit die Hardware für Anwendungen genutzt werden kann

Bildlaufleiste (Scrollbar)

Die Bildlaufleisten befinden sich am unteren und rechten Rand eines Fensters in Windows, sofern dessen Inhalt nicht vollständig angezeigt werden kann. Mit Hilfe der Bildlaufleisten ist es möglich, sich innerhalb eines Dokuments zu bewegen und den gerade nicht sichtbaren Teil im Fenster sichtbar machen.

Body

Textkörper in einem HTML-Dokument

Browser

Programm, das die Verbindungsaufnahme mit Servern im Internet ermöglicht

Button

Schaltfläche

Desktop

Computer als Tischgerät, die Bedienoberfläche eines Programms

DFÜ

Abkürzung für Datenfernübertragung

Digitalisierung

Digitale Darstellung von Signalen oder Daten, die vorher in einer anderen Form vorlagen und dadurch von einem Computer bearbeitet werden können

Download

Herunterladen von Daten aus dem Internet

E-Mail

Elektronische Post, ein Softwaresystem zum Nachrichtenaustausch

eBay

Internetauktionshaus, gegründet von Pierre Omidyar

Eingabe/eingeben

Übergabe von Daten an den Computer

Explorer

Windows-Dateimanager

Fake

Fälschung

FAQ

(Frequently Asked Question); häufig gestellte Fragen zu einem bestimmten Thema mit den entsprechenden Antworten

Festplatte

Massenspeicher

Font

Computerschrifttyp

Forum

Diskussionsplattform im Internet

FTP

(File Transfer Protocol); ein Dateiübertragungsprotokoll

GMX

(**G**lobal **M**essage E**x**change); kostenloser E-Mail-Dienst

Head

Kopf eines HTML-Dokuments

Hilfe

Hilfefunktion

Homepage

Empfangs-, Willkommensseite, Portalseite im Internet

HTML

(HyperText Markup Language); Programmiersprache für Websites im Internet

Hypertext

Textelemente eines Dokuments, die einen Querverweis zu anderen Textelementen des gleichen Dokuments oder anderen Dokumenten herstellen können

iBook

Notebook der Firma Apple

Icon

Symbol auf einer grafischen Benutzeroberfläche

Internet Explorer

Weit verbreiteter Browser der Firma Microsoft

iPod

Mobiles Abspielgerät für Musikdateien der Firma Apple

ISDN

(Integrated Services Digital Network); das digitale Telefonnetz der deutschen Telekom

JP(E)G

(Joint Photographic Experts Group); Bildformat

Konfigurieren

Software und Hardware eines Computers aufeinander anpassen

Kontextmenü

Menü, das sich beim Betätigen der rechten Maustaste öffnet

Link

Querverweis auf eine Seite im Internet

Lizenz

Nutzungserlaubnis des Herstellers

Mail

Nachricht

Mailbox

Elektronischer Briefkasten

Microsoft

(Microsoft Corporation); am 4. April 1975 von Bill Gates und Paul Allen gegründetes amerikanisches Softwareunternehmen. Bekannt für die Software »Windows« und »Office«

Netiquette

Kunstwort aus Network und Etiquette; das korrekte Verhalten im Internet

NTBA

(Network Terminator of Basic Access); ISDN-Basisanschluss

Offline

Es besteht keine Datenverbindung.

Online

Gegenteil von offline. Es besteht eine Datenverbindung.

Online-Shop

Geschäft im Internet

Paybox

Sicheres Zahlungsverfahren im Internet

PC

Abkürzung für Personal Computer

Scanner

Gerät, das Texte und Grafiken einliest und digitalisiert

Server

Computer in einem Netzwerk, der andere Computer bedient

Shareware

Software, die man kostenlos für einen bestimmten Zeitraum testen kann und bei Eignung kauft

Sniper

Programm zum automatischen Bieten in Online-Auktionen

Software

Computer-Programm

T-DSL

Internet-Hochgeschwindigkeitszugang

Tag

Einzelner HTML-Befehl

Urheberrecht

Stellt geistiges Eigentum unter Schutz

Virus

Ein Programm, das sich vom Nutzer ungewollt von allein verbreitet und Schaden anrichten kann

Website

Sammlung von zusammengehörenden Webseiten

Windows

Betriebssystem der Firma Microsoft mit einer grafischen Benutzeroberfläche, den sog. »Fenstern«

WYSIWYG

(what you see is what you get); (was du siehst, bekommst du auch); die Bildschirmdarstellung stimmt exakt mit dem Ausdruck überein.

Liebe Leserin, lieber Leser!

Herzlichen Glückwunsch, Sie haben es geschafft. eBay ist Ihnen nun vertraut. Ist es Ihnen nicht viel leichter gefallen, als Sie am Anfang dachten? Genau das ist das Ziel unserer Bücher aus der easy-Reihe. Sie sollen Ihnen helfen, erfolgreich die ersten Schritte zu gehen und Sie auf keinen Fall mit unverständlichem Fachchinesisch überhäufen.

Als Lektorin hoffe ich, dass Sie durch das Buch die richtige Unterstützung bekommen haben. Denn für Ihre Zufriedenheit stehen alle Beteiligten mit ihrem Namen: die Autoren, die Hersteller, die Druckerei.

Aber niemand ist perfekt. Wenn Sie Fragen haben: Fragen Sie. Wenn Sie Anregungen zum Konzept haben: Schreiben Sie uns. Und wenn Sie uns kritisieren wollen: Kritisieren Sie uns.

Ich verspreche Ihnen, dass Sie Antwort erhalten.

Denn nur durch Sie werden wir noch besser.

Ich freue mich auf Ihr Schreiben!

Birgit Ellissen
Lektorin Markt + Technik
Pearson Education Deutschland GmbH
Martin-Kollar-Str. 10-12
81829 München

E-Mail: *bellissen@pearson.de*
Internet: *http://www.mut.de*

Stichwortverzeichnis